불확실하고 급변하는 위기의 시대,
우리 결국 이겨내고 살아남을 겁니다.
과감히 변화를 받아들이는 사람에겐
기회가 다가올겁니다.

자신의 미래를 믿는 사람은
타인의 삶을 부러워하지 않습니다.

{ 라이프 트렌드 Life Trend 2021 }

Fight or Flight

지은이 김용섭

Trend Insight & Business Creativity를 연구하는 '날카로운상상력연구소' 소장. 트렌드 분석가이자 경영전략 컨설턴트, 비즈니스 창의력 연구자다. 삼성전자, 현대자동차, LG, GS, CJ, SK, 한화, 롯데 등 주요 대기업과 기획재정부, 국토교통부, 외교부 등 정부기관에서 2000회 이상의 강연과 비즈니스 워크숍을 수행했고, 150여 건의 컨설팅 프로젝트를 수행했다. 《한겨레신문》《주간동아》《머니투데이》《세계일보》《국제신문》《비즈한국》 등 다수 매체에 칼럼을 연재했으며, KBS1 라디오 〈최경영의 경제쇼〉〈박종훈의 경제쇼〉〈함께하는 저녁길 정은아입니다〉〈생방송 오늘〉〈성공예감〉〈생방송 토요일 아침〉, KBS월드라디오 〈생생코리아〉〈한민족 네트워크〉, CBS 라디오 〈뉴스로 여는 아침〉, SBS CNBC 〈경제, 굿앤굿〉, 평화방송 〈신부님 신부님 우리 신부님〉, TBS FM 〈유쾌한 만남〉〈김갑수의 마이웨이〉 등 각 프로그램에서 트렌드 관련 고정 코너를 맡아 방송했다. SERICEO에서 트렌드 브리핑 〈트렌드 히치하이킹〉을, 휴넷CEO에서 〈트렌드 인사이트〉를 통해 대한민국 CEO들에게 최신 트렌드를 읽어 주고 있으며, 다수 기업을 위한 자문과 다양한 프로젝트를 진행했다.

저서로 《언컨택트 Uncontact》《펭수의 시대》《라이프 트렌드 2020: 느슨한 연대 Weak Ties》《요즘 애들, 요즘 어른들: 대한민국 세대분석 보고서》《라이프 트렌드 2019: 젠더 뉴트럴 Gender Neutral》《라이프 트렌드 2018: 아주 멋진 가짜 Classy Fake》《실력보다 안목이다》《라이프 트렌드 2017: 적당한 불편》《라이프 트렌드 2016: 그들의 은밀한 취향》《라이프 트렌드 2015: 가면을 쓴 사람들》《라이프 트렌드 2014: 그녀의 작은 사치》《완벽한 싱글》《라이프 트렌드 2013: 좀 놀아 본 오빠들의 귀환》《아이의 미래를 망치는 엄마의 상식》《트렌드 히치하이킹》《페이퍼 파워》《날카로운 상상력》《대한민국 디지털 트렌드》, 공저로는 《집요한 상상》《디자인 파워》《소비자가 진화한다》 등이 있다.

이메일 trendhitchhiking@gmail.com
페이스북 facebook.com/yongsub.kim

라이프 트렌드 2021 Fight or Flight

2020년 10월 5일 초판 1쇄 발행 | 2020년 10월 13일 초판 3쇄 발행

지은이 김용섭
펴낸곳 부키(주)
펴낸이 박윤우
등록일 2012년 9월 27일 | 등록번호 제312-2012-000045호
주소 03785 서울 서대문구 신촌로3길 15 산성빌딩 6층
전화 02) 325-0846 | 팩스 02) 3141-4066
홈페이지 www.bookie.co.kr | 이메일 webmaster@bookie.co.kr
제작대행 올인피앤비 bobys1@nate.com
ISBN 978-89-6051-806-3 13320

책값은 뒤표지에 있습니다. 잘못된 책은 구입하신 서점에서 바꿔 드립니다.

이 도서의 국립중앙도서관 출판예정도서목록(CIP)은 서지정보유통지원시스템 홈페이지 (http://seoji.nl.go.kr)와 국가자료공동목록시스템(http://www.nl.go.kr/kolisnet)에서 이용하실 수 있습니다. (CIP제어번호: CIP2020034638)

{ 라이프 트렌드
Life Trend 2021 }

Fight or Flight

〈김용섭 지음〉

부·키

Fight or Flight!
싸울지 피할지 선택해야 한다!

매년 우리는 새로운 해를 맞이하기 전에 다양한 계획을 세우곤 한다. 대개의 계획은 자신의 과거와 현재, 그리고 미래로 연결되는 흐름에 기초하는데, 2021년을 앞두고는 계획의 방향을 잡지 못하는 이가 유독 많다. 우리가 살면서 전혀 예상하지 못했던 사태, 팬데믹(Pandemic)이 초래한 사회적 격리와 봉쇄 속에서, 일상의 당연한 것들이 더 이상 당연하지 않은 2020년을 살았기 때문이다.

2020년을 기점으로 우리가 가진 욕망의 방향도, 트렌드의 속도도 달라졌다. 그래서 2021년을 앞두고 우리는 트렌드에 더더욱 민감해졌고, 트렌드 서적들이 주목해야 할 상황도 많아졌다. 트렌드 분석가이자 〈라이프 트렌드〉 시리즈를 계속 출간한 저자로서 책임감과 부담감은 그 어느 해보다 클 수밖에 없다.

트렌드 책을 읽는 이유는 지적 탐구가 아니라 현실에 대해 냉정하게 대응하기 위해서다. 이 책을 쓰는 이유도 다르지 않다. 2021년, 급변한 사회가 유발시킨 생존 본능이 우리의 라이프스타일과 비즈니스, 사회와 문화, 소비를 바꿀 것이다. 그런 변화 속에서 우리는 각자의 방법으로 기회를 잡고 행복을 누리며 살아남으려 한다.

2021년을 관통할 트렌드 코드로 'Fight or Flight(맞서 싸우거나 도망가거나)'를 제시한다. 2021년은 행동의 해다. 급변하는 사회에 대한 각자의 답을 내놓는 해다. 작년과 같은 내년을 맞이한다는 안일한 생각을 버려야 할 해다. 'Fight or Flight'는 이 책 전체를 관통하는 메시지이자 2021년 주요 트렌드 이슈들의 핵심 맥락이다. 우리에게 다가온 2021년에는 상황이 급변하고 예상치 못한 변수가 난무하며 위험과 위기도 커질 수밖에 없다. 이런 상황에 대응하는 데에는 큰 맥락에서 2가지 방법이 있다. 치열하게 맞서 싸우거나, 과감히 회피하여 도망가거나.

맞서 싸운다는 것은 변화와 위기에 적극 대응하며 살아남는 방법이다. 분명 리스크는 있겠지만 넘어야 할 산이라면 부딪힐 필요가 있다. 하지만 모두가 그럴 수는 없다. 회피를 비겁하거나 무능하게 볼 필요는 없다. 그 또한 합리적인 선택일 수 있다. 당장 맞서 싸우기 힘든 상황인 사람들도 있고, 급변하거나 변수가 난무하는 상황이 두렵기만 한 사람도 많다.

그럴 때는 잠시 비를 피하는 것도 방법이다. 우리에게는 동물적인 생존 본능이 있다. 싸워 볼 만한 상대 앞에서는 투쟁력이 나오고, 감당 못 할 상대 앞에서는 도피 반응이 나온다. 이것은 계산적이라거나 비겁하다는 문제가 아니라, 살아남으려는 본능이다. 2021년에는 우리의 욕망, 소비, 세상을 보는 관점, 문제를 풀어 가는 방식이 생존 본능에 더 충실한 흐름으로 이어질 것이다. 우리는 싸울지 도망갈지 정해야 한다. 사안별로 다르게 선택해도 된다. 중요한 것은 선택과 행동이다. 주저하고 관망할 때가 아니라는 것이다.

도망은 일시적이든 장기적이든 상관없다. 그 또한 살아가는 방법이니까. '36계 줄행랑(줄行廊)'이라는 병법을 들어 봤을 것이다. 원래 중국의 병법에는 36가지 계책이 있는데 그중 마지막이 주위상계(走爲上計)다. 패전 상황에서 도망할 때 쓰는 것이다. 싸워서 질 것이 뻔한 상황에서 쓸데없이 자존심을 세워 맞서면 병력을 잃고 자폭 공격이 되기 십상이다. 이럴 때에는 차라리 과감하게 도망가는 것도 하나의 계략이 된다. 엄밀히 말하면 눈치만 보다가 급하게 도망치는 것이 아니라, 훗날을 도모하기 위한 작전상 후퇴로 봐야 한다.

우리나라에서는 36계를 주위상계 대신 줄행랑이라고 표현하는데 얼핏 비슷해 보이지만 뜻은 좀 다르다. '행랑'은 대문 좌우, 집을 감싸는 벽 안쪽으로 붙어 있는 하인들의 거처를 뜻한다. 대개 양반의 기와집에는 대문 좌우에 한두 채의 행랑이 있는데, 행랑이 줄지어 있다는 것은 그만큼 하인이 많다는 것이고 권세 있는 부자라는 의미다. '줄행랑을 놓았다'는 것은 이런 줄행랑을 두고서 급히 도망갔다는 뜻으로, 이 표현이 일제 강점기를 거쳐 광복이 된 이후에 많이 사용되었다는 점을 미루어 보면 그 의도가 가늠된다. 양반의 몰락 이미지와 비겁함을 강조하기 위해서 이 표현을 더 많이 사용했을 수도 있는 것이다.

하지만 비겁한 도망과 작전상 후퇴는 엄연히 다르다. 작전상 후퇴는 자존심을 내려놓더라도 훗날을 위하는 일이다. 그래서 후퇴는 전쟁에서 가장 어려운 결정 중 하나다. 장군이라면 후퇴나 항복을 수치스럽게 여기는 경우도 있어서 오히려 결사 항전을 선택하기 쉽다. 하지만 작전상 후퇴는 더 전략적인 선택이다. 지거나 죽으면 끝이다. 항복해도 끝이다. 그러므로 도망을 비겁한 선택으로 매도할 필요는 없다.

영어에도 'Fleeing is Best(도망가는 것이 최고)' 'Operational Retreat(작전상 후퇴)'라는 표현이 있는 것을 보면, 상황에 따라 도망이 최선일 수 있다는 것은 동서고금 모두가 동의하는 셈이다.

 2021년을 대비하는 이들을 위해 우리가 주목할 트렌드의 방향을 'Fight or Flight'로 보고, 책 전반에서 2가지 방향의 트렌드 이슈들을 다루었다. 그동안 〈라이프 트렌드〉 시리즈에서는 첫 번째로 소개되는 트렌드 이슈를 가장 영향력 있는 것으로 보았고 부제로 사용했다. 하지만 이번에는 개별 트렌드 이슈 대신 전체를 관통하는 메시지를 부제로 쓰기로 했다. 이는 2020년 우리 사회가 큰 변화를 맞이했기 때문이다. 2021년 트렌드에는 코로나19 팬데믹이 미친 영향이 크다.

 '세이프티 퍼스트(Safety First)'가 중요 트렌드 코드가 되어 우리의 일상과 비즈니스를 바꾸고 있다. '뉴 프레퍼(New Prepper)'가 부각된 것, 거대 담론(巨大談論)의 시대가 부활한 이유, 팬데믹 세대(Pandemic Generation)가 보여 줄 특별한 역할, 극단적 개인주의가 초래한 '욜리(YOLY)'와 '피시(FISH)' 모두 팬데믹 효과다. '원격 근무(Remote Work)'가 기업이 일하는 방식을 변화시킬 뿐 아니라 새롭게 뜨는 비즈니스와 지는 비즈니스를 가를 것이다. 또한 부동산과 인테리어, 패션과 뷰티, 자동차, 출산율과 세대 차이에 영향을 미치는 것도 주목해야 한다.

출퇴근 중심 문화에서 원격/재택 근무로의 전환은 의식주 전반의 판을 바꾸는 장치가 되어, 2021년 이후 오랫동안 소비와 라이프 트렌드에 중요한 역할을 하게 될 것이다. '로컬(Local)'과 '메타버스(Metaverse)'는 서로 완전히 다른 공간이지만 2가지 모두 지금 시점에서 가장 중요한 공간이 되었다. 우리는 두 공간 모두를 동시에 탐하고 있다. '울트라 라이트웨이트(Ultra Lightweight)' 트렌드는 물리적 가벼움뿐 아니라 심리적으로도, 그리고 변화 대응에 대한 태도에서도 중요 코드다. '서스테이너블 라이프(Sustainable Life)'는 더 심화되어 일상에 스며들고 비즈니스에서 더 중요해진다.

트렌드 코드로서 '다시(RE)'가 소비, 라이프, 비즈니스에 어떤 이슈를 만들어 낼지도 지켜봐야 한다. '언컨택트 이코노미(Uncontact Economy)'가 더 커지고, 전방위적으로 산업 구조의 판이 바뀌며 전통적 기업 중 위기를 맞는 기업도 더 많아진다. 다양한 이유로 구조 조정의 규모가 더 커질 것이고, 위기를 맞는 개인도 더 많아질 수밖에 없을 것이다.

기업과 달리 개인 독자라면 이 책에서 제시한 트렌드 이슈들을 모두 받아들이고 소화할 필요는 없다. 트렌드를 받아들일 때에는 선택과 집중을 하는 것이 좋고, 트렌드 전반을 이해할 때에는 보다 폭넓고 개방적인 태도가 좋다. 트렌드는 옳고 그름의 문제가 아니라, 변화 자체에 대한 냉정한 인식과 포용이 중요하다. 그것이 트렌드에 짓눌리거나 휩쓸리지 않고 자기중심을 지키는 길이다.

〈라이프 트렌드〉 시리즈는 늘 'Culture Code, Lifestyle, Business & Consumption'이라는 3가지 파트로 구성되었는데 이번에도 그 구성 방향은 같다.

Culture Code 파트에서는 우리 사회와 우리의 라이프에 결정적 영향을 주는 사회적, 경제적, 문화적 트렌드를 다루면서 우리 삶의 방향에 대한 고민을 담고 있다. Lifestyle 파트에서는 의식주를 둘러싼 일상 트렌드와 그로 인한 소비와 산업 방향을 다루고, Business & Consumption 파트에서는 산업, IT 기술, 비즈니스의 중요 트렌드와 여기에 연결된 소비와 산업 트렌드를 다룬다. 〈라이프 트렌드〉 시리즈를 꾸준히 읽어 온 독자라면 알겠지만 각 파트의 개별 이슈들은 전체 흐름 속에서 서로 연결된다. 이러한 구성과 스토리텔링을 통해 우리를 둘러싼 사회, 문화, 경제, 산업, 라이프스타일, 소비가 각기 개별 트렌드로서 존재함과 동시에 서로 유기적으로 연결되어 전방위적 트렌드로서도 존재함을 확인할 수 있다. 또한 이를 통해 보다 폭넓게 트렌드 이슈를 이해할 수 있다.

트렌드는 암기 공부가 아니다. 배경과 방향을 이해하는 것이 무엇보다 중요하고, 그것을 자신의 상황에 대입시켜 해석하는 능력이 필요하다. 그러기 위해서라도 트렌드 이슈를 해석할 때 넓은 스펙트럼으로 관찰하고 분석하는 것이 필요하다. 마찬가지로 독자들도 이런 시각으로 트렌드 이슈들을 살펴봐 주길 당부한다.

이번 책은 〈라이프 트렌드〉 시리즈의 아홉 번째다. 지난 9년여의 누적된 경험들이 이 책에 녹아들어 갔는데, 특히 이번 책은 시리즈의 앞선 책들과 달리 준비하던 이슈들의 방향을 갑작스럽게 다 바꿨다. 팬데믹과 대봉쇄로 인해 대공황에 버금갈 경제적, 사회적 타격이라는 변수를 만났기 때문이다. 원래 2021년에 주목할 트렌드를 분석하기 위한 준비는 2019년 말부터 시작되었다. 《라이프 트렌드 2021》 준비는 《라이프 트렌드 2020》 출간 직후부터 시작된 것이다. 다음 해에 주목할 트렌드 이슈 후보들을 뽑고 추이를 지속적으로 지켜본다. 대개 1년 이상 지켜보는 이슈가 많고, 때에 따라 몇 년씩 지켜봐야 하는 경우도 있다. 그래서 2021년의 주요 트렌드 이슈 후보군들을 2019년 말부터 선정해 두고 계속 분석하던 중이었다.

트렌드의 흐름은 긴 호흡으로 이어지는 것이기 때문에 몇 달 전에 바싹 준비해서는 다음 해의 트렌드 방향을 예측하기 어렵다. 본격적인 집필은 몇 달 안에 이뤄지겠지만 이슈를 선정하고 사례를 분석하고 방향성을 진단하고 그 속에서 제시할 인사이트를 찾아내는 작업은 금방 이뤄지지 않는다. 그리고 트렌드는 살아 있는 생물과 같아서 기술적, 산업적, 사회적, 정치적 변화에 따라 변수가 계속 등장하기 때문에 긴 호흡으로 관찰하고 분석하지 않으면 짧은 유행과 자극적 현상에 유혹되어 착각과 오류에 빠질 수도 있다.

그렇게 트렌드 이슈들을 찾아서 관찰하고 분석하던 과정을 팬데믹 때문에 모두 중단하고 다시 시작할 수밖에 없었다. 덕분에 이 책은 가장 고생스럽게 집필한 책이 되었지만 반대로 가장 잘한 선택이기도 하다. 〈라이프 트렌드〉 시리즈 중 출간 시기가 가장 빠르기 때문이다. 무엇보다 2021년에 대한 대비가 중요하기에, 독자들이 하루라도 빨리 2021년 트렌드의 방향과 이슈들을 접하고 고민하며 대비할 수 있

는 시간을 주고 싶었다. 아무쪼록 이 책을 통해 더 많은 기회를 만날
수 있기를 바란다.

트렌드 분석가 · 날카로운상상력연구소장

김용섭

2021년을 위한 12가지 질문, 그리고 18부류의 사람들

2021년, 라이프 트렌드에서 주목할 문제의식은 무엇이고, 여기서 나올 기회는 무엇일까?

2021년 우리를 둘러싼 트렌드에 대한 문제의식이자 연구 과정에서 집중적으로 관심을 가진 질문은 아래의 12가지다. 12가지라고 했지만 각 질문 속에서 서로 연결된 다양한 질문들이 있기 때문에 실제로는 훨씬 더 많은 질문이자 문제의식인 셈이다. 이 책의 역할은 이 질문에 대한 답을 찾을 수 있는 단서, 방향, 이슈를 분석해서 제시하는 것이고, 이 책을 읽는 독자들의 역할은 이 질문들을 자기 상황에 적용해서 재해석하고, 자기만의 답을 고민해 보는 것이다. 다른 책과 달리 트렌드 책은 맹목적으로 읽고 외우면 안 된다. 트렌드는 유동적이고 변수가 많다. 특히 아주 심각하고 급변하는 위기를 겪은 2020년의 연장선상에서 맞이하는 2021년은 더욱 그럴 것이다. 과연 우리는 2021년에 무엇을 해야 할 것인가? 어디에서 기회를 잡아야 할 것인가? 어떤 일상을 누릴 것인가?

1. 코로나19 팬데믹이라는 초유의 상황과 극도의 불안을 겪은 한국인에게 'Safety'는 어떻게 새로운 욕망과 소비를 만들어 낼까? '세

이프티 퍼스트'는 어떻게 우리의 의식주를 바꾸고, 건강에 대한 태도를 바꾸고, 여가와 여행을 바꿀 것인가? 또 사무실 공간과 기업의 마케팅 전략에는 어떤 영향을 미칠 것인가? 'Safety'를 둘러싼 기회와 위기는 무엇일까?

2. 코로나19 팬데믹 시대, 사람들이 가진 위험에 대한 대비와 대응에는 어떤 변화가 생겼을까? 자연 재난, 경제 위기, 식량 위기, 일자리 위기 등 우리가 직면한 위기들은 우리의 욕망에 어떤 변화를 일으킬까? 생존 본능이 발현된 자급자족과 자기 계발이 우리 사회와 사람들에게 어떤 변화를 만들어 낼까?

3. 팬데믹이 초래한 경제적, 사회적, 정치적 거대 위기 시대에 사회가 가질 변화의 방향과 우리가 가질 삶의 방향에는 어떤 변화가 있을까? 또 그 둘 사이에는 어떤 괴리가 있을까? 갈등이 극도로 심화된 한국 사회의 문제를 해결하기 위해서는 어떤 거대 담론이 필요할까? 한국 사회가 수십 년간 쌓아 온 고질적 문제는 과연 해결될 수 있을까? 해결이 불가능한 것일까, 아니면 기득권을 지키기 위해 해결하기 싫은 것일까? 거대 담론이 우리의 라이프 트렌드에 어떤 영향을 줄까? 거대 담론이 비즈니스에 어떤 영향을

줄까?

4. 코로나19 팬데믹 위기 상황에 가장 타격을 받은 세대는 누구일까? 15~25세, 팬데믹 세대로 일컬어질 그들은 한없이 약한 존재일까, 아니면 특별한 힘을 가지고 있을까? 과연 한국 사회에서 그들이 가진 사회적, 정치적, 문화적 영향력은 'Youngest Power'가 될 수 있을까?

5. 위기와 불안 사회가 초래한 역대 최고 수준의 주식 투자 열풍과 부동산 패닉 바잉(Panic Buying), 재테크에 올인하는 사회는 우리 삶에 어떤 영향을 줄까? 재테크와 자기 계발 열풍은 우리를 더 개인주의적으로 만들까? 극단적 집단주의가 가진 폐해가 극명하게 드러난 2020년의 한국 사회를 겪은 한국인들은, 개인주의가 심화된 극단적 개인주의를 어떻게 받아들일까? MZ세대가 지지하는 극단적 개인주의가 사회와 문화, 관계에 미치는 긍정적 요인은 무엇일까?

6. 빠르게 확산되는 원격/재택 근무가 기업의 조직 문화, 인재관, 평가 방식, 채용 방식에 어떤 영향을 미칠까? 원격/재택 근무가 의식주, 사회, 문화, 경제에 어떤 영향을 줄까? 원격/재택 근무가 초

래할 위기와 갈등, 그리고 기회는 무엇일까? 원격/재택 근무 확산 때문에 뜨는 비즈니스와 지는 비즈니스는 무엇일까? 왜 원격/재택 근무가 기업들만의 이슈가 아니라 사회 전체의 이슈가 되는 것일까?

7. 해외여행이 멈춘 시대에 글로벌 대신 로컬이 뜨는 것은 당연하다. 그런데 과연 우리가 주목할 로컬은 어떤 것일까? 그동안 주목했던 로컬 트렌드의 한계는 무엇이고, 팬데믹으로 인해 재발견한 로컬의 가치는 무엇일까? 공간으로서의 로컬과 태도로서의 로컬은 어떤 차이가 있을까? 그동안 키워 왔던 여행에 대한 욕구를 국내 여행만으로 다 해소할 수 있을까? 국내 여행에서 주목해야 할 트렌드 변화는 무엇일까?

8. 온라인 체험과 랜선 투어 같은, 현실이 온라인과 연결되어 확장되는 경험은 우리의 여가와 여행에 어떤 영향을 줄까? 다양한 가상 공간 소셜 플랫폼이 계속 등장하고 지지를 받는 것은 인간이 가진 사회적 동물로서의 연결 본능 때문일까? 현실과 가상의 경계가 사라진 메타버스의 역할이 점점 커지는 상황에서 메타버스가 만들어 낼 기회는 어떤 것일까?

9. 울트라 라이트웨이트는 왜 트렌드 코드가 되는 것일까? 기후 변화와 지속 가능성이 울트라 라이트웨이트에 미치는 영향은 무엇일까? 소비의 태도와 삶의 방향에서 '가벼워진다'는 의미는 무엇일까? B급이 주는 소비의 가벼움은 왜 지금 시대에 중요 마케팅 코드가 된 것일까?

10. 팬데믹의 역설적 효과 중 하나는 기후 위기에 대해 각성한 것이다. 과연 서스테이너블 라이프 트렌드는 더 확산될까? 기업들은 어떻게 대응할 것인가? 제로 웨이스트(Zero Waste)와 동물 복지를 동시에 소비하는 사람이 늘어나는 이유는 무엇일까? 서스테이너블 라이프가 대중화, 보편화되면 누가 기회를 얻을까?

11. 위기의 시대는 왜 '다시(RE)'를 강력한 욕망이자 비즈니스 코드로 선택한 것일까? 왜 콘텐츠 산업에서 리메이크(REmake)와 리부트(REboot)가 점점 중요해졌는가? 왜 글로벌 기업들이 리사이클(REcycle)과 재생 에너지(REnewable Energy)에 적극적일까? 누가 리셀(REsell) 열풍을 주도하고 있으며 누구에게 기회가 되는가? 기업의 역대급 구조 조정(REstructuring)이 이뤄질 2021년에 어떤 관점과 전략이 필요할까? 비즈니스의 '대체(REplacement)'가 활발

한 상황에서 어떻게 살아남을 것인가?

12. 팬데믹 시대에 IT 기업들은 어떻게 역대급 주가 상승과 매출을 기록하며 퀀텀 점프(Quantum Jump)를 하는 것일까? 언컨택트 이코노미는 무엇이고 산업과 기업에는 어떤 영향을 미치는가? 비대면 비즈니스가 전방위로 확산되면 누가 기회를 가져가고 누가 위기를 맞을 것인가? 언컨택트 이코노미는 대면과 오프라인을 모두 버리라는 의미일까? 언컨택트 이코노미의 근간을 이루는 핵심은 무엇일까?

2021년, 라이프 트렌드에서 주목할 사람들은 누구인가?

2021년 컬처와 라이프스타일, 비즈니스와 소비에 영향을 미치고, 트렌드를 주도할 18부류의 사람들을 기억해 두자. 당신이 바로 그 사람일 수도 있고, 당신 주변에 있는 사람일 수도 있다. 이들이 무엇을 하는지를 지켜보자. 당신의 2021년이 달라질 것이다.

1. '세이프티 퍼스트'를 지향하며 안전을 위해 적극적으로 소비하고

행동하는 사람들

2. 위험 사회에 적극 대응하는 진화한 프레퍼들과 자급자족 주의자들

3. 과거의 관성을 과감히 버리고 변화를 받아들이는 현실 감각 높은 사람들

4. 거대 담론 속에서 현실의 문제를 적극적으로 해결하려는 리더들

5. 자신들이 처한 현실적 상황과 자신의 힘에 대한 자각을 한 팬데믹 세대

6. 욜리 & 피시를 받아들이는 극단적 개인주의자들

7. 로케이션 인디펜던트가 가능하고 자기 주도적 업무 수행을 하는 리모트 워커(Remote Worker)

8. 원격/재택 근무 확산이 만들어 낼 비즈니스 기회를 적극 공략하는 마케터

9. 로컬의 환상에서 벗어나 진짜 로컬의 가치를 찾아내는 사람들

10. 메타버스로 진화하는 소셜 플랫폼에서 활동하는 인플루언서

11. 일상과 소비에서 울트라 라이트웨이트를 적극 받아들이는 사람들

12. 더 과감하고 새로운 B를 만들어 낼 크리에이터와 마케터

13. 팬데믹의 교훈을 자각하고 서스테이너블 라이프를 실천하는 사람들

14. 리메이크와 리부트 열풍 속에서 자기만의 색깔을 드러낼 크리에이터

15. 리사이클과 재생 에너지를 비즈니스 전략으로 이해한 마케터와 경영자

16. 투명하고 품위 있는 이별, 과감한 구조 조정을 하는 경영자와 정치 리더

17. 언컨택트 이코노미를 이해하고 비즈니스 어댑테이션을 하는 경영자

18. 어떤 변화에도 적응하며 자신만의 플랜 B를 가진 사람들

취미산업 · FISH · 재테크 광풍 · 주린이 · 패닉바잉 · 실용주의

생존훈련 · 노후대비 · 레깅스 · YOLY · 극단적 개인주의 · 사회적

안전벙커 · 나도 자연인이다 · Sweat life · 투명성

자기계발 열풍 · 취향 심화 · 탈 집단주의

NEW PREPPER · 사회적 거리두기 · 비대면 의료 · 사회적

비상식량 · 안전민감증 · Self Medication · Health Care

가정용 채소재배기 · 식량위기 · 자급자족 · Food safety · 동물복지 · Wa

개인위생 · anti-Virus · UV살균기 · Home safety · 쓰레

Safety First · safety fashion · Safety · 일회

VIP · 면역여권 · Travel safety · 생활

HMR · Chief Safety Officer · Security · 서비스

외식업 위기 · planterior · 파티션 · drive-thru

구내식당 위기 · Deskterior · 홈오피스 · 공유오피스 · 화상회의 · 온라

Bodyfullness · Mindfullness · 여가산업 · 동네의 기

무임승차 논쟁 · 절대평가 · Remote Work · 요가 · LOCAL

사내정치 쇠락 · 조직내 세대갈등 · diversity report · 여행

노동조합 쇠락 · 부동산 시장 · 구조조정 · 국내여행 · Ne

단독주택 · 전원주택

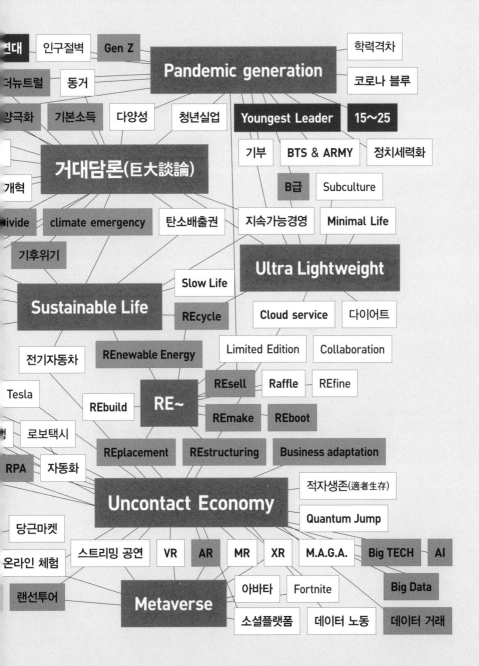

프롤로그 Fight or Flight! 싸울지 피할지 선택해야 한다! **4**
Guide to Reading 2021년을 위한 12가지 질문, 그리고 18부류의 사람들 **14**

Part 1 CULTURE CODE

1 세이프티 퍼스트: 불안이 만든 새로운 기회   **31**

안전 민감증과 팬데믹 효과: 생각지도 못한 전화위복 | 삼성전자는 왜 스마트폰 살균기를 만들었을까? | 서비스 로봇에 대한 태도 변화: '신기'에서 '안전'으로 | '불안'이 공유 경제의 치명적 리스크인가? | 기업의 안전 책임자는 필수가 된다 | 파티션은 왜 다시 늘어나는가? 파티션의 부활과 안전한 공간 | 여행 트렌드의 핵심은 '안전' | 안티바이러스, 패션의 새로운 트렌드가 될까? | 셀프 메디케이션: 내 몸은 내가 지킨다 | 안전과 일회용품의 상관관계: 안전과 환경의 공존은 불가능한가?

2 뉴 프레퍼: 진화하는 프레퍼와 위험 사회   **80**

프레퍼는 왜 등장했을까? | 〈살아남기〉 시리즈는 왜 글로벌 베스트셀러가 되었을까? | 코로나19 팬데믹이 프레퍼에게 미친 영향은? | 벙커를 갖겠다는 생각은 과연 오버인가? | 북유럽의 프레퍼로 불리는 핀란드 | 지진을 걱정하는 사람들 | 식량 위기 경고에 당신은 어떤 대비를 하는가? | 나도 자연인이다: 자급자족과 생존 본능 | 어른들의 진짜 공부가 본격화된다: 자기 계발과 프레퍼

3 다시 부활한 거대 담론의 시대   **127**

당신은 인구 절벽과 기본 소득에 대해 생각해 본 적 있는가? | 팬데믹이 준 선물: 입으로 하는
혁신이 진짜 혁신으로 바뀌는 계기 | 거대 위기 시대가 거대 담론을 요구한다 | 왜 거대 담론의
시대가 다시 부활하는 것일까? | 인문학 열풍 같은 사회과학 열풍이 불어서는 안 된다

4 팬데믹 세대와 Youngest Power   **159**

BTS는 지금 시대의 특별한 Youngest Leader | K팝은 음악뿐 아니라 한국 팬클럽의 기부 문
화도 퍼뜨렸다 | 왜 BTS 팬들은 정치적 영향력을 드러내는가? | 같은 듯 다른 그때와 지금의
15~25세 | 팬데믹 세대가 받은 손해는 누가 해결해 주니? | 15~25세는 결코 어린아이가 아니다

5 극단적 개인주의: 믿을 것은 나뿐이다   **187**

주린이와 재테크 열풍: 믿을 것은 돈뿐이다 | 극단적 개인주의와 윤리 & 피시 | 자기 계발 열풍
에서 '자기만의 콘텐츠'가 중요해진 이유 | 양말이 넥타이를 이겼고, 레깅스가 청바지를 이겼다
| 극단적 개인주의와 취향의 심화는 이미 예고된 일이었다 | 사회적 거리 두기가 우리를 더 개인
주의적으로 만들까? | 극단적 개인주의와 사회적 투명성, 의외의 연결 고리

Part 2 LIFE STYLE

6 원격 근무 확산의 나비 효과   219

원격/재택 근무는 정말 대세가 될까? | 원격/재택 근무 확산이 직장인에게 어떤 영향을 줄까?
| 원격/재택 근무 확산이 인재관과 채용 방식에 어떤 영향을 줄까? | 왜 원격/재택 근무 도입
에 대해 세대 차이가 발생할까? | 재택근무를 하면 집 안 인테리어를 바꾸게 될까? | 원격/재
택 근무가 부동산 시장에 어떤 영향을 줄 것인가? | 원격/재택 근무가 확산되면 옷과 자동차
가 덜 팔릴까? | 원격/재택 근무로 인해 기회가 커질 마인드풀니스 & 보디풀니스 | 원격/재택
근무 확산으로 인한 의외의 피해자들 | 원격/재택 근무 확산이 출산율에 영향을 줄까? | 원격/
재택 근무 확산이 젠더 이슈와 차별 문제에 영향을 줄까?

7 로컬 & 메타버스: 공간의 새로운 중심이 되는 두 가지 욕망   268

로컬에 대한 환상이 무너져야 로컬이 진화한다 | 동네의 재발견: 알고 보니 우리 동네도 좋았네
| 로컬은 물리적 공간만의 의미가 아닌 태도이기도 하다 | 여행의 위기 시대지만 누군가는 살아
남는다 | 랜선 투어, 정말 여행을 떠나지 않고 가상 체험만으로 해소될까? | 메타버스, 드디어
우리의 현실이 되는가?

8 울트라 라이트웨이트: 트렌드 코드가 된 특별한 가벼움   296

울트라 미니멀 라이프와 마인드풀니스: 일상도 생각도 가벼워지는 | 패션에서의 울트라 라이
트웨이트: 패션이 가벼워진다는 것은 | 지속 가능성과 울트라 라이트웨이트: 왜 자동차는 점점
가벼워지는가? | 소비의 가벼움: 소비자는 왜 B를 좋아하는가?

9 다시, 계속 서스테이너블 라이프   316

제로 웨이스트는 이제 환경 운동이 아니라 라이프스타일이다 | 왜 동물 복지 계란이 잘 팔리고
있을까? | 팬데믹은 우리에게 슬로 라이프를 경험시켰다

Part 3 BUSINESS & CONSUMPTION

10 트렌드 코드로서의 'RE': 왜 위기의 시대에 'RE'가 뜰까?   **333**

자본의 논리가 주도하는 콘텐츠에서의 리메이크와 리부트 열풍 | 리사이클: 왜 나이키는 쓰레기 신발을 팔았을까? | 리셀: 뜨거운 리셀 시장이 더 뜨거워질 이유 | 재생 에너지: 왜 선택이 아닌 필수가 되는가 | '구조 조정'과 '대체': 바꿔야 살아남는다

11 언컨택트 이코노미: 날개를 단 비대면 경제   **369**

왜 글로벌 IT 기업들은 팬데믹 효과로 더 잘나갈까? | 언컨택트 이코노미와 우리의 '편리, 안전'에 대한 욕망 | 언컨택트 이코노미에서 더 중요해진 빅데이터, 데이터 거래, 데이터 노동 | 과감히 오프라인을 정리하는 기업들: 익숙한 것과의 작별 | 비즈니스 어댑테이션과 적자생존

참고자료 **403**

Life Trend

2021

Culture
Code

세이프티 퍼스트:
불안이 만든 새로운 기회

뉴 프레퍼:
진화하는 프레퍼와
위험 사회

다시 부활한
거대 담론의 시대

팬데믹 세대와
Youngest Power

극단적 개인주의:
믿을 것은 나뿐이다

세이프티 퍼스트:
불안이 만든 새로운 기회

이미 벌어진 일이 없었던 일이 될 수는 없다. 우리가 가진 강렬한 경험은 우리를 지배한다. 2020년은 누구에게나 살면서 처음 경험한 것이 너무 많았던 시기다. 코로나19 팬데믹은 2020년을 장악했다. 기업이나 개인이 세워 놓은 2020년 계획들이 송두리째 무너졌다고 해도 과언이 아닐 정도로, 팬데믹은 당연하던 일상을 다 바꿔 놓았다. 처음으로 정부 지침에 의한 사회적 거리 두기를 했다. 살면서 이렇게 광범위하고 오랫동안 팬데믹을 겪었던 적이 있었을까? 세계보건기구(WHO)는 창설된 이래 3번의 팬데믹 선언을 했다. 1968년 홍콩 독감, 2009년 신종 플루, 그리고 2020년 코로나19다. 현재 60대 이상인 사람은 이 3번의 팬데믹에 대한 기억을 모두 갖고 있겠지만, 그보다 어린 이(솔직히 50대는 1968년에 세상에 있긴 했겠지만 어릴 때라 기억이 없을 듯하다)는 홍콩 독감에 대한 기억이 없을 것이다. 홍콩 독감으로 전 세계에서 100만 명이 죽었다는데 놀랍게도 한국의 사망자는 0명이었다. 이런 결과가 나온 데에는 당시 국내 의료 환경이 열악했기 때문에 어떤 질병으로 사망했는지 그 구분이 지금처럼 과학적으로 이뤄지지 않았기 때문일 수도 있다. 설령 확진자와 사망자가 꽤 생겼어도 의료 환경이 열악하고 먹고사는 문제가 더 절박했을 시대여서 지금처럼 전염병을 통제하고 방역하는 것은 불가능했을 것이다. 즉 한국에서는 60대 이상이라도 팬데믹에 대한 경험이 없다는 이야기다.

2009년 신종 플루에 대해서는 다들 기억한다. 전 세계에서 20만 명 이상(WHO는 1만 8500명으로 발표했지만 미국의 질병통제예방센터(CDC)와 조지 워싱턴대학교 공중보건센터는 그보다 10배 정도 많은 수치를 제시했다) 사망했고, 국내에서도 270명이 사망했다. 이때 우리가 전염병 공포에 떨긴 했어도 코로나19와 같은 상황은 아니었다. 일상에서 달라진 것은 거의 없었고 다들 평온하게 지냈다. 즉 살면서 코로나19 팬데믹과 같은 상황은 처음이다. 마스크를 쓰고 보낸 2020년은 우리에게 안전에 대한 욕망을 키워 주기에 충분한 해였고, 2021년 우리는 소비와 라이프스타일 이슈로서, 마케팅과 비즈니스 이슈로서, 사회와 문화, 의식주, 산업 전반의 중요 코드로서 '세이프티 퍼스트(Safety First)'를 받아들이게 되었다. 그동안 세이프티 퍼스트, 즉 '안전제일'은 공사판 외벽이나 공장에 붙어 있는 것만 봤을 것이다. 하지만 팬데믹 효과로 인해 세이프티 퍼스트는 모든 트렌드의 중심이 되었다.

안전 민감증과 팬데믹 효과: 생각지도 못한 전화위복

안전 불감증이라는 말의 반대말은 안전 민감증, 혹은 안전 과민증일 것이다. 평소 한국인에게는 안전 불감증이 문제가 되었지,

안전 민감증이 문제가 되지는 않았다. 안전 불감증 문제는 큰 사고나 재난을 겪으면 늘 제기되었지만 오래가지 않았다. 그런데 코로나19 팬데믹은 좀 달랐다. 꽤 오래 지속된 데다 광범위하게 모두 해당되고 일상에서도 직접적으로 영향을 미쳤다. 전 국민에게 개인위생 관리를 이토록 오랫동안 집요하게 요구한 적이 있었을까 싶을 정도다. 덕분에 손 씻기와 기침 예절은 확실하게 자리를 잡았다. 수십 년간 그 누구도 해내지 못한 태도 변화를 팬데믹이 계기가 되어 이뤄 낸 것이다. 마스크를 필두로 손 소독제, 손 소독기, 체온계 등 위생용품이 역대급으로 많이 팔렸고, 관련 업계는 최대 호황을 누렸다. 안전 민감증이 보편화되었을 정도로 비위생 대신 결벽에 가까운 위생을 안겨 주었다. 그랬더니 놀라운 결과가 나타났다. 코로나19 바이러스 확산을 차단하는 데도 기여했지만 결정적으로 그동안 상존하던 다른 감염병 발생도 크게 줄어든 것이다.

수족구병, 눈병, 식중독은 대표적인 여름철 바이러스 질환이자 유행병이다. 그런데 2020년 여름에는 좀 달랐다. 질병관리본부에 따르면, 영유아들이 주로 걸리는 수족구병(전국 95개 의료 기관의 표본 감시 자료) 환자가 2019년 25주차(6월 14~20일)에는 외래 환자 1000명당 42.7명이었는데, 2020년 25주차에는 1000명당 1.2명이었다. 거의 1/35 정도로 줄어든 것이다. 눈병(92개 의료 기관의 표본 감시 자료)도 2019년 25주차에는 1000명당 15.5명이었는데 2020년 25주차에는 1000명당 6.7명이었다. 거의 1/3가량으로 줄어든 셈이다. 식중독을 유발하는 노로 바이러스 감염(70개 의료 기관의 표본 감시 자료)은 팬데믹 이전인 2020년 1월 1주차(12월 29일~1월 4일)에 감염자가 307명이었다. 그런데 9주차

(2월 23~29일)에는 76명이었고, 25주차(6월 14~20일)에는 12명이었다. 2019년 25주차에 감염자는 67명이었다. 전년 동기 대비 1/5로 줄어든 것인데 확실히 팬데믹 효과로 볼 수 있다. 급성 호흡기 감염증을 유발하는 리노바이러스 감염(214개 의료 기관의 표본 감시 자료)은 2019년 25주차에 651명이었으나 2020년 25주차에는 178명으로 거의 1/4로 줄었다. 급성 호흡기 감염병이나 인플루엔자(독감)도 봄철에 기승을 부렸지만 2020년 봄에는 상대적으로 크게 줄었다.

질병관리본부가 감염병 현황을 집계했더니 2020년 18주차(4월 26일~5월 2일)에 아데노·리노·사라코로나 등 7개 바이러스에 의한 급성 호흡기 감염병 입원 환자가 3명으로 집계됐다. 전년 같은 시기에는 2046명이 발생했다. 정말 말도 안 되는 감소 폭이다. 그동안 서로 거리 두기를 하고, 사람 앞에서는 마스크를 쓰고, 기침을 할 때에는 옷으로 가리고, 손 소독제를 이용해 손도 수시로 씻고, 덜 돌아다니고

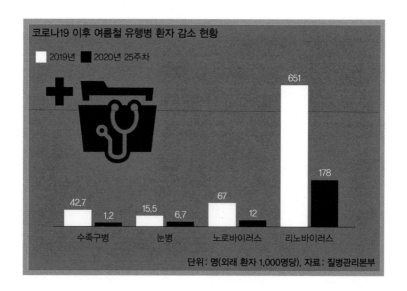

코로나19 이후 여름철 유행병 환자 감소 현황

■ 2019년 ■ 2020년 25주차

수족구병 42.7 / 1.2
눈병 15.5 / 6.7
노로바이러스 67 / 12
리노바이러스 651 / 178

단위: 명(외래 환자 1,000명당), 자료: 질병관리본부

사람도 덜 만났다. 개인위생 관리 강화가 이렇게나 감염병에 효과적이었음을 새삼 확인했다. 코로나19 바이러스를 막으려 애쓰다 보니 자연스럽게 다른 감염병 유발 바이러스도 차단된 것이다. 팬데믹의 긍정적 효과라고 말하지 않을 수 없다.

우리는 확실하게 경험했다. 개인위생을 철저히 관리하도록 만들기 위한 지난 수십 년간의 어떤 시도보다, 한 번의 강력한 팬데믹이 훨씬 더 효과적이었다. 코로나19 팬데믹이 종식되더라도 손 씻기와 개인위생에 대한 우리의 태도는 다시 과거로 되돌아가지 않을 것이다. 안전민감증으로 우리는 좀 더 안전할 수 있게 되었고, 안전과 위생은 우리의 중요한 욕망으로 부상했다. 이런 욕망의 부상을 기업은 간과하지 않는다. 이는 곧 상품과 서비스의 새로운 수요로 이어질 것이기 때문이다. 세이프티 퍼스트는 아주 매력적인 소비 트렌드이자 마케팅 코드가 된다.

삼성전자는 왜 스마트폰 살균기를 만들었을까?

2020년 7월, 삼성전자는 흥미로운 신제품을 선보였다. 스마트폰 UV(자외선) 살균 무선 충전기인데 10분이면 대장균, 포도상구균, 백색염주균을 포함한 유해 세균을 최대 99% 살균(글로벌 시험·검사 기관인 인터텍과 SGS 인증 결과)한다. 살균되는 동안 무선 충전도 된다. 수납형 스타일의 살균기 안에 물건을 넣고 커버를 닫으면 10분간 살균 기능이 작동하는데 도중에 커버가 열리면 자동으로 살균이 중지되는 안전장치가 있다. 커버를 열지 않아도 10분이 지나면 자동으로 꺼진

다. 사이즈는 가로 96밀리미터, 세로 196밀리미터, 높이 33밀리미터
다. 아주 크지 않은 것은 휴대성을 위해서다. 언제 어디나 가지고 다
니면서 살균과 무선 충전을 할 수 있다. 갤럭시 기종 중 가장 큰 사이
즈를 가진 S20 Ultra 5G를 비롯해서 웬만한 스마트폰은 모두 들어
간다. 심지어 애플 아이폰을 넣어도 된다. 사실 살균하는 데 스마트
폰 브랜드는 상관없다. 스마트폰뿐 아니라 안경이나 무선 이어폰 등
살균기 안에 넣을 수 있는 크기의 물건이라면 모두 가능하다. 심지
어 무선 충전이 가능한 스마트폰이라면 애플 아이폰을 비롯해 타사
의 제품이라도 살균하면서 충전된다. 엄밀히 삼성전자가 제작한 것은
아니고, 삼성 모바일 액세서리 파트너십 프로그램(SMAPP) 파트너사
인 삼성물산에서 제작한 것이지만 삼성전자의 공식 라인업 제품이다.
7월에 한국, 독일, 네덜란드, 태국, 싱가포르 등에서 출시했고 미국을
비롯해 다른 나라에도 순차적으로 출시된다. 한국에서는 삼성닷컴과
삼성 디지털프라자 등 삼성전자의 공식 유통 경로를 통해서 판매되
는데 국내 판매가는 5만 원이다.

  우리는 하루 종일 스마트폰을 만지지만 손을 수시로 씻거나 손 소
독제를 쓰는 것과 달리 스마트폰에는 별다른 대비를 하지 않았다. 팬
데믹 이전에도 이런 문제 제기나 우려가 있었지만 각자 알아서 할 몫
이었다. 하지만 팬데믹 이후 이런 문제를 기업이 상품과 서비스로 대
응해 줘야 했다. 지금은 개인위생에 대하여 이보다 더 중요하게 다뤄
진 적이 없다. 한국뿐 아니라 전 세계가 손 씻기와 개인위생을 필수로
여기는 상황에서 스마트폰 살균기이자 휴대용 소형 살균기를 글로벌
기업이 공식적으로 제품화한 것은 의미가 있다. 그동안 스마트폰 살

균기가 없었던 게 아니다. 대개 스마트폰 액세서리를 만드는 중소기업 제품이었을 뿐, 글로벌 스마트폰 제조사가 공식적으로 만들지는 않았다. 사실 삼성전자는 이 제품으로 큰돈을 벌려는 것이 아니다. 프리미엄 스마트폰인 갤럭시의 포지션을 강화하기 위해서라도 세이프티 퍼스트 트렌드를 선점할 필요가 있었다.

팬데믹 초기에 WHO는 사스 바이러스가 시멘트 벽에서는 최대 36시간, 플라스틱에서는 최대 72시간, 유리에서는 최대 96시간 살아있을 수 있다는 결과를 제시하며 코로나19 바이러스도 이와 비슷할 것이라고 했다. 아울러 싱가포르 보건부 의료국장은 공식 기자 회견에서 마스크를 쓰는 것보다 스마트폰 청소가 더 중요하다는 발언을 했다. 이런 상황에서 불안감을 가진 소비자가 할 수 있는 선택은 헤어드라이기의 고열로 소독하거나, 스마트폰에 손 소독제를 뿌려 닦거나, 기존에 있던 살균기를 이용하는 것이었다. 그런데 이런 방법이 스

마트폰의 디스플레이 보호막을 손상시킬 수 있다 보니 삼성전자와 애플 등 스마트폰 제조사들은 스마트폰 전용 살균기를 사용하거나 아니면 극세사 천에 소량의 소독제를 묻혀 닦는 것이 좋다는 공지까지 하기도 했다. 잘못된 살균이나 소독 방법 때문에 스마트폰이 손상되거나 고장이 나더라도, 소비자는 스마트폰 제조사에게 불만을 제기하기 때문이다. 결국 소비자가 가진 불만을 해결해 주는 것은 기업의 몫이다.

삼성전자는 전용 살균기만 만들어 낸 것이 아니라 스마트폰 케이스의 항균 코팅도 고려할 수밖에 없다. 미국 애리조나주립대학교의 연구 결과에 따르면, 항균 코팅으로 처리된 표면에는 설령 코로나 바이러스가 붙더라도 10분 후에 90%, 2시간 후에는 99.9%가 소멸된다. 삼성전자는 신제품 스마트폰의 항균 코팅을 위해 국내는 물론이고 스페인, 이탈리아, 영국, 스위스 등에서 관련 특허를 등록함으로써 다른 제조사들과 차별화할 새로운 이슈를 선점했다. 코로나19 확진자가 많은 유럽이나 미국에서 이런 수요가 더욱 많을 수밖에 없다. 팬데믹이 아니었다면 삼성전자는 스마트폰 살균기나 항균 코팅된 케이스로 스마트폰을 만들지는 않았을 것이다. 하지만 팬데믹으로 인해 사람들의 불안이 커지고 개인위생에 대한 관심이 극대화되자 신속하게 세이프티 퍼스트에 대응한 것이다.

하루 종일 손에 쥐고 있는 스마트폰이 실은 세균에 속수무책이었다. 영국의 화장실 위생 서비스 전문 기업 이니셜(Initial)의 2018년 조사 결과에 따르면, 좌변기에서 세균이 모여 있는 부분은 평균 220군데가 있는데 스마트폰에는 1479군데가 있었다. 6.7배나 많은 셈이다.

그리고 좌변기보다 훨씬 크기가 작은 스마트폰에서 저렇게 많은 분포를 보였다는 것은, 스마트폰 전체에 고루 세균이 있다는 의미로도 해석된다. 특히 지갑 겸용 가죽 케이스를 쓰는 스마트폰은 세균이 모여 있는 부분이 좌변기보다 17배나 많았다. 손에 늘 쥐고 있다 보니 손에서 옮겨 묻는 세균이 스마트폰에 광범위하게 있을 수밖에 없고, 유리나 플라스틱으로 만든 케이스보다 가죽 케이스에서 세균이 살아남기에 유리하다. 당시 이니셜은 전문 장비를 이용해 실제 사용 중이던 스마트폰 50대의 세균 서식 여부를 조사했었다. 이니셜은 앞선 조사와 별개로, 2000명을 대상으로 설문 조사한 결과 스마트폰 사용자의 40%가 화장실에서도 스마트폰을 사용하는 것을 확인했다. 사실 이 조사보다 더 많을 것이다. 화장실 좌변기에 앉아 볼일을 보면서 스마트폰을 보는 경우는 보편적이다. 그런데 이 과정에서 세균 감염이 많아진다고 한다.

런던위생 열대의학 대학원(London School of Hygiene & Tropical Medicine, LSHTM)의 2011년 조사 결과에 따르면, 스마트폰을 포함한 휴대폰 6대 중 1대에서 대장균이 검출되었는데 대변에서 옮겨 온 것으로 추정했다. 이런 결과를 보면 우리가 애정하며 하루 종일 손에 쥐고 있는 스마트폰이 달리 보일지도 모르겠다. 우리는 세균에 노출된 스마트폰을 늘 만지고, 그 손은 언제든 우리 얼굴로 다가와 눈, 코, 입으로 세균이 침투할 여지를 만든다. 이것은 스마트폰을 깨끗하게 하지 않고서는, 그냥 조심한다고 해결되는 문제가 아니다. 미국의 리서치 회사 디스카우트(Dscout)가 2016년에 발표한 스마트폰 사용자의 터치 횟수에 대한 조사 결과에 따르면, 사용자는 하루 평균 2617회를 터치하고 그중 상위 10%에 해당하는 헤비 유저들은 하루 평균 5427회를 터치했다. 사용 시간은 하루 평균 145분이고 상위 10%는 225분이었다. 적어도 2~3시간씩 스마트폰을 쥐고 있고 수천 번씩 터치하는 것이다. 이 조사 결과가 2016년의 것이었으니 지금은 이보다 더 많으면 많았지, 적지는 않을 것이다. 이렇게 자주 터치하고 만지는데 어찌 다 조심할 수 있겠나. 결국 기술적으로 이 문제를 해결하는 상품을 만드는 수밖에 없다.

살균기는 스마트폰에만 필요한 것이 아니다. 공항이나 대형 빌딩 로비에는 전신 살균기가 설치된 경우가 있다. 그런데 만약 집의 현관에 전신 살균기가 있으면 어떨까? 현관이라는 공간은 집 밖과 집 안을 이어 주는 의미가 있다. 그런데 여기서 진화하여 안과 밖을 분리시키고 오염 물질이나 바이러스가 집 안으로 들어오지 못하게 막는 방역의 의미가 더해지면 어떨까? 이렇게 되면 집 안은 확실한 청정 구역이 될 것이다. 아파트의 엘리베이터가 클린 기능을 가지면 어떨까? 사람이 타고 있지 않을 때 자외선 조명을 이용한 살균 장치가 자동으로 작동하거나, 아파트 관리자가 정기적으로 직접 확인하면서 살균 장치를 가동해도 괜찮을 것이다. 이미 이런 그림을 그리고 이를 마케팅 포인트로 활용하려는 건설사가 있다. 안전은 건설사들이 아파트 분양에서 강조할 새로운 마케팅 포인트가 되는 것이다. 고급 아파트라면 더더욱 이런 마케팅이 필요하다. 이처럼 팬데믹 시대에 홈 세이프티(Home Safety)는 중요한 화두다.

서비스 로봇에 대한 태도 변화: '신기'에서 '안전'으로

2018년부터 카페와 식당에 사람을 닮은 서비스 로봇이 도입되는 조짐이 일어나기 시작했다. 아직 전방위적 유행이 된 것은 아니고 선도적 이미지를 선점하기 위한 초기 시도들이었다. 카페에서는 로봇 바리스타가 커피를 내리고, 식당에서는 로봇이 서빙을 하거나 음식을 만들고, 쇼핑몰에서는 로봇이 안내를 맡기도 했다. 2018년 6월 샌프란시스코에 오픈한 햄버거 레스토랑 크리에이터(Creator)에서는 세계 최초로 로봇이 햄버거를 만들어서 판다. 물론 사람처럼 생긴 로봇은 아니다. 그저 식재료들이 들어 있는 길고 큰 기계다. 하지만 350개의 센서와 50개의 구동 장치를 이용해 피클, 양파, 치즈 등 재료를 손질하고 패티를 구우며 여러 주문을 소화한다. 버거 가격은 6~7달러로, 버거 한 개를 완성하는 데 5분이 걸리고 시간당 130개를

만들 수 있다. 분명 직접 만들긴 하지만 사람 손이 아니기 때문에 수제 버거라고 해야 할지 모르겠다. 사람은 이 햄버거 만드는 로봇에 식자재를 채워 넣는 일만 하면 되고, 앱으로 주문을 받는 것에서부터 포장까지 로봇이 다 알아서 한다. 2018년 5월 보스턴에서 오픈한 볶음밥 식당 스파이스(Spyce)의 요리사는 7대의 로봇이다. 주문부터 조리까지 3분 정도 걸리고, 로봇 1대당 1시간에 200인분의 요리를 만들 수 있다. 조리 후에는 로봇 스스로 조리에 사용한 팬을 설거지한다. 이런 로봇 식당은 효율성이 높아서 손님이 계속 찾는다면 가격을 낮춰 경쟁력을 확보할 수 있다.

국내에서도 2018년부터 로봇이 카페와 식당에서 일하기 시작했다. 달콤커피는 2018년 로봇 카페이자 무인 카페인 '비트'를 런칭해 매장 70개(2020년 5월 기준)를 만들었다. 이중 40여 곳은 24시간 운영된다. 로봇 카페의 커피 가격은 달콤커피의 기존 매장에서 파는 것에 비해 절반 수준이다. 같은 원두를 쓰지만 인건비가 들지 않아 가격을 낮출 수 있다는 이유다. '라운지 엑스(LOUNGE X)'는 서울 강남 직영점을 시작으로 대전, 제주에 하나씩 오픈했고 2020년 4분기에 3곳이 더 오픈할 예정이다. 2019년 성수동에 오픈한 카페 봇봇봇(CAFE BOTBOTBOT)에서는 3대의 로봇이 일한다. 핸드 드립 커피를 내리는 드립봇, 케이크 위에 그림이나 메시지를 그리는 디저트봇, 칵테일을 만들고 쉐이킹 퍼포먼스를 선보이는 드링크봇이다. 이외에도 로봇이 커피나 음료를 만드는 카페는 속속 생겨나고 있다. 2020년 1월, 서울 논현동에 롸버트치킨이 1호점을 냈다. 로봇 2대가 일을 하는데 한 대는 토막 난 닭에 튀김옷 반죽을 입히고, 다른 한 대는 튀기는 역할을 맡았다. 롸버트치킨의 가격도 다른 치킨 브랜드보다 조금 싸다. 로봇을 쓰면 가격을 낮출 수 있고, 매뉴얼대로 조리하기 때문에 맛도 일정하며, 위생에서도 사람보다 좀 더 안전한 이미지를 줄 수 있다. 과연 로봇을 들여놓은 효과가 있었을까? 호기심 때문에 매장을 찾는 사람은 있었지만 계속 찾지는 않았다. 신기한 것은 한 번 보는 것만으로 충분하기 때문이다. 2018~2019년만 해도 로봇 카페 사진을 인스타그램에 올리면 주목을 받았지만, 업계의 기대처럼 서비스 로봇의 인기는 좀처럼 뜨거워지지 않았다. 신기함의 벽을 넘어서지 못했던 것이다. 그런데 코로나19 팬데믹이 이를 바꿔 놓았다. 팬데믹이 사회와 산업 전반에서 트리거(Trigger)가 되어 주었는데 서비스 로봇 시장에도 기회를 주고 있다. 우리가 로봇에 대한 태도를 '신기'에서 '안전'으로 여기기 시작했기 때문이다.

인공 지능과 로봇 공학에 초점을 둔 미국의 미래학자 마틴 포드 (Martin Ford)는 2020년 4월 19일자 BBC와의 인터뷰에서 "사람들은 전체적인 위험을 낮출 수 있다고 생각하기 때문에, 직원이 적고 로봇 기계가 많은 장소에 가는 것을 선호하게 될 것이다" "코로나19는 소비자의 선호도를 바꾸고 자동화의 새로운 기회를 열 것이다"라는 이야기를 했다.

2018년 8월, 배달의민족이 피자헛과 손잡고 매장 내에서 피자를 서빙하는 딜리 플레이트를 시범 운영하기 시작했다. 이 딜리 플레이트는 실리콘밸리 로봇 기술 스타트업인 베어로보틱스(BEAR Robotics)가 개발한 제품으로 최대 22킬로그램의 음식을 실을 수 있다. 2019년 11월, 배달의민족은 딜리 렌털(Rental) 프로그램을 시작했다. 세부적인 내용은 3종류(2종류는 베어로보틱스의 제품, 1종류는 LG전자의 제품)의 딜리 로봇을 24개월 계약 기준 월 85만~90만 원, 36개월 계약 시 65만~70만 원의 이용료도 렌털할 수 있다. 이 로봇들은 모두 실내 레스토랑 전용으로 최대 4개 선반을 이용해 한 번에 4개 테이블의 음식을 실을 수 있다. 렌털 비용에는 로봇 운행 중 손님에게 사고가 발생했을 때 손해 배상에 대한 영업 배상 책임 보험비도 포함되어 있다.

우아한형제들(배달의민족)과 LG전자는 2020년 2월, 배달과 서빙 로봇 사업화 업무 협약을 맺기도 했다. 서빙 로봇이 확산되면 두 회사 모두에게 기회이기 때문에 서로의 이해관계가 잘 맞다. LG전자는 2019년 서울대학교병원과 CJ푸드빌 등에서 자율 주행 서비스 로봇인 LG 클로이 서브봇(LG CLOi ServeBot)을 시범 운영했고, 2020년 7월에는 정식으로 제품을 출시해 판매하기 시작했다. 정식 판매 제품은 국내 병원 중 최초로 서울대학교병원에 투입되었고 혈액 검체, 처

©BEAR Robotics

방약, 수액, 진단 시약, 소모품 등의 물품을 운반하는 용도로 사용한다. CJ푸드빌은 제일제면소, 빕스, 계절밥상 등의 매장에서 서빙용으로 사용한다. 지금까지 LG전자는 서빙 용도로 2종류의 서브봇을 비롯해 안내 로봇, 셰프봇, 홈 로봇 등 5종류를 출시했고 앞으로도 계속 신제품이 나올 것이다. LG전자는 병원, 식당뿐 아니라 호텔, 사무실 등에서 활용될 서비스 로봇 시장을 겨냥하고 있다. 참고로 LG전자는 2018년 12월 1일자로 CEO 직속 로봇 사업 센터를 신설했는데 이는 LG전자의 미래 전략 사업 중 하나다. 생활 로봇, 공공 로봇, 산업용 로봇, 웨어러블 로봇, 엔터테인먼트 로봇 등 5개의 카테고리를 중심으로 중장기·단기 로드맵에 따라 제품들을 꾸준히 선보일 방침이다. 삼성전자도 근골격계 보조 로봇과 셰프봇을 비롯해 생활 로봇 사업에 들어와 있다. 한국을 대표하는 양대 가전사가 만드는 생활 로봇이나 서비스 로봇을 집집마다, 매장마다 다양하게 둘 날도 멀지 않은 셈이다.

2020년 7월, 우아한형제들은 한화건설과 업무 협약을 맺었는데 그 내용은 2021년 2월에 신규 입주하는 공동 주택 '포레나 영등포'에 실내 자율 주행 배달 로봇 '딜리타워'를 설치 운영하기로 한 것이다. 배달원이 아파트까지 음식과 물건을 가져오면, 그다음부터는 로봇이 엘리베이터를 호출해 층간 이동을 하고 복도를 자율 주행하면서 최종 배달한다. 물품이 도착하면 주문자에게 문자와 전화로 도착 사실을 알리기도 한다. 도로에서의 자율 주행 배달 로봇이 좀 더 나중의 일이라면, 건물 내부에서의 자율 주행 배달은 이미 다가온 현실인 것이다. 포스트 코로나 시대에는 서빙 로봇의 수요가 더 많아질 것이다.

팬데믹을 겪으면서 사람들이 낯선 사람을 가장 불안하고 두려운 존재로 인식해 버렸기 때문이다. 이것은 서비스업에서는 치명적 위기이자 동시에 새로운 기회다.

'불안'이 공유 경제의 치명적 리스크인가?

코로나19 팬데믹으로 공유 경제가 추락할까? 공유 경제의 핵심은 공유와 연결이다. 그런데 팬데믹이 낯선 타인을 불안하고 불편한 존재로 여기게 만들다 보니 공유와 연결을 통한 비즈니스에는 치명적 손해가 될 가능성이 크다. 2020년 5월, 에어비앤비는 전체 직원의 25%인 1900명을 해고했다. 우버는 전체 직원 중 14%인 3700명을 해고했다. 리프트는 17%인 982명을 해고하고 추가로 288명은 무급 휴직시키기로 했다. 여기까지만 보면 팬데믹이 공유 경제 대표 기업들을 위기로 몰아넣은 것이 맞다. 하지만 팬데믹 때문에 공유 경제의 미래가 어둡다거나, 공유 경제가 추락한다는 것은 좀 더 깊게 생각해 볼 문제다. 우버와 리프트 같은 차량 공유 비즈니스의 위기는 이미 2019년부터 크게 제기되었다. 시장의 경쟁이 치열해진 것도 있고, 법제도적 변화도 있고, 경영의 문제도 있었다. 공유 경제의 또 다른 대표 주자인 위워크가 바로 경영의 문제에 해당되는 대표 사례이기도 하다. 2019년의 위기가 팬데믹을 만나 더 커진 것은 맞다. 하지만 위기의 실체는 감염에 대한 우려로 '공유'에 거부감을 가지는 것 때문이 아니다. 엄밀히 공유에 대한 불안이나 거부감이 아니라 거리두기와 이동 제한, 여행의 중단 등으로 이동이 크게 줄었기 때문이다.

특히 우버의 위기는 공유 경제의 위기가 아닌 여행업의 위기라는 게 더 정확할 것이다.

팬데믹이 이어지면 이동이 줄어든 상황은 지속될 것이기 때문에 우버를 비롯한 차량 공유 비즈니스가 손실을 보는 것은 당연하다. 하지만 공유에 대한 감염 불안은 살균과 방역을 통해 충분히 해결할 수 있다. 즉 대안이 없는 것이 아니기 때문에 치명적 위기가 아닐 수 있다. 차량 공유에서는 리셋 타임을 가지면 된다. 가령 2016년 보잉에서 콘셉트로 제시했던 조명 살균 시스템 같은 것을 활용하는 방법도 있다. 보잉의 화장실(Boeing Clean Cabin-Fresh Lavatory) 콘셉트는 3초 만에 99.9%의 세균을 제거하는 조명 시스템으로, 혁신적인 항공기 객실 제품이나 콘셉트에 시상하는 크리스털 캐빈 어워드(Crystal Cabin Award)에서 2016년 최종 후보(Finalist)로 뽑혔다. 화장실이 비어 있을 때 활성화되는 살균 시스템인데 화장실 내 모든 부분을 소독한다. 이를 발전시켜 기내 좌석에 살균 조명을 설치하는 방안도 고려해 볼 수 있다.

승객들이 공간을 공유하는 항공기든 공유 차량이든 살균 시스템을 이용해 불안감을 제거하는 방법이 필요한 것은 마찬가지다. 팬데믹으로 인해 차량 공유가 쇠퇴하고 사람들은 다시 자동차 소유를 늘릴 것이라는 보고서도 계속 나온다. 타인과의 접촉을 꺼리기 때문에 대중교통 이용은 줄어들고 자동차에 대한 선호가 높아질 것이라는 이유이지만, 솔직히 일시적일 수는 있어도 지속적일 수는 없다. 경제적 여유가 있는 사람들이라면 대중교통 이용 과정에서 타인과의 접촉이 우려된다는 이유로 자를 살 수 있겠지만 그런 수요는 제한적일 수밖에 없다. 오히려 팬데믹이 친환경 이슈를 더 부각시켰기 때문에 전기 자동차에 대한 수요가 커지는 것은 당연해 보인다. 차가 없던 사람들이 새로 차를 사는 것보다, 내연 기관 자동차를 타던 사람들이 전기 자동차로 대거 전환하고 싶은 욕구가 팬데믹을 통해 더 부각될 수 있겠다.

우버의 CEO 다라 코즈로샤히가 2020년 5월 7일, 1분기 실적 발표 콘퍼런스 콜에서 4월 한 달간 차량 호출이 전년 동기 대비 80% 정도 줄었다고 밝힌 바 있다. 상식적으로 봐도 공유 차량 이용이 크게 줄어들 것은 분명하다. 그런데 2020년 1분기, 우버의 매출은 오히려 전년 동기 대비 14.2% 늘어난 35억 4000만 달러였다. 이는 우버이츠 (Uber Eats) 덕분이었다. 우버의 공유 비즈니스 중 차량 공유는 크게 줄었지만 배달 서비스는 크게 늘었다. 팬데믹으로 인해 손해를 본 영역과 이득을 본 영역이 한 회사 내에서 동시에 존재하는 것이다. 우버이츠의 2020년 1분기 주문액은 2019년 4분기보다 7%가 늘었고, 전년 동기인 2019년 1분기보다 52% 증가했다. 물론 우버의 2020년 1분기 매출 증가와 달리 순손실은 29억 4000만 달러로 전년 동기 대비 169.7%나 급증했다. 사실 우버의 위기는 팬데믹이 아니라 2019년부터 크게 제기되었다. 치열해진 경쟁 환경에서 수익성이 떨어지고 성장세가 둔화된 것이 이유였다. 또한 캘리포니아에서 시행된 긱 이코노미 (Gig Economy) 법의 영향으로 공유 차량 운전자들을 노동자로 볼지, 프리랜서로 볼지에 대해서 이해관계가 상충했고 그에 따른 소송 제기도 위기를 불러왔다. 우버는 2019년 2분기 매출이 31억 6000만 달러였는데 순손실이 54억 8500만 달러로 역대 최악의 분기 손실을 냈다. 5월에 뉴욕증권거래소에 상장하느라 일시적 보상 비용이 늘어나서라고 밝히기는 했지만 치열해진 경쟁 환경에서 수익성이 떨어졌다는 점이 주요했다. 상장 당시 45달러였던 우버의 주가는 그 뒤로 한 번도 상장 당시의 가격을 회복하지 못했다. 2020년 2월 초에 40달러까지 회복하나 싶었지만 팬데믹을 만나며 15달러의 벽까지 무너졌고, 그 후 회복했지만 30달러 초반(2020년 9월 초 기준)에 머물고 있다. 그렇다면 차량 공유 비즈니스 자체가 한계점을 만나 위기에 처하게 된 것일까?

경쟁과 도태는 자연스러운 시장 논리이고, 긱 이코노미에 대한 법제도적 개선은 업계가 감수해야 할 몫이다. 법의 빈틈에서 기회를 차지하는 것은 일시적일 수밖에 없다. 긱 워커에 대한 법제도적 보호 장치가 준비되더라도 긱 이코노미는 결국 경쟁력을 가진 공유 비즈니스 기업들이 주도할 수밖에 없기 때문이다. 사실 차량 공유 업계에게는 법제도적 개선보다 기술적 진화가 더 크고 치명적인 위기 요소다. 현재의 차량 공유 비즈니스는 자율 주행 자동차 시대가 오기 전까지만 유효하다. 이것은 팬데믹이 오기 전부터 예고된 미래였다. 장기적으로 차량 공유 비즈니스에서 무인 로봇 택시는 대세가 될 수밖에 없다. 자율 주행 자동차가 보편화되면 사람 운전자가 공유 차량을 운전할 필요가 없다. 그러면 결국 긱 이코노미의 노동법 관련 법제도로부터 벗어날 수 있을 것이고, 로봇 택시는 사람 운전자가 운전하는 공유 차량보다 훨씬 싼 요금으로 이용이 가능해질 것이다.

로보택시(Robotaxi) 사업에서 가장 선도적인 주자는 테슬라다. 일론 머스크는 2020년 말까지 완전 자율 주행이라 할 수 있는 레벨 5단계까지 개발하겠노라 호언을 2019년부터 해 왔고, 2020년 7월에도 이 말을 재차 했다. 2019년 4월 22일, 일론 머스크는 2020년 말까지 테슬라의 완전 자율 주행 자동차를 이용해 운전자 없이 라이드 셰어링(Ride Sharing) 서비스를 제공하는 네트워크를 만들 것이라고 선언한 바 있다. 가령 테슬라 자동차를 가진 사람이 회사에서 일하는 동안 주차장에 있는 자신의 차가 무인 상태로 나가서 손님을 태우고 돈을 벌어오게 할 수 있다는 것이다. 테슬라는 관련 네트워크를 만들고 운영하는 대가로 25~30%를 수수료로 가져간다. 테슬라나 테슬라 자동차를 소유한 사람이나 둘 모두에게 이득이 되는 접근인 셈이다. 대신 요금은 기존의 우버, 리프트, 웨이모가 마일당 2~3달러를 받는 것에 비해 훨씬 싼 18센트 정도로 책정해, 차량 공유 비즈니스의 선발 주자이자 주도권을 가진 경쟁사들을 압도하겠다는 것이 테슬라의 계획이다. 현재 테슬라가 팔고 있는 차량의 오토파일럿 기능은 레벨 2단계 수준이고, 어느 나라에서도 법제도적 규제에서 아직 완전 자율을 허용하지 않는 상황이기 때문에 테슬라의 계획대로 되지는 않을 것이다. 그럼에도 불구하고 테슬라의 계획은 시간이 조금 더 걸릴 뿐 구현될 가능성이 높다. 테슬라의 레벨 2단계 자동차도 추후 오토파일럿 소프트웨어 업데이트를 통해 상위 단계의 자율 주행을 구현할 수 있기 때문에, 레벨 2단계 자동차를 산 고객들도 훗날 자율 주행을 누리게 될 것이다.

글로벌 자동차 회사들 모두 로봇 택시 사업이 미래의 자동차 산업의 중심이 될 것으로 본다. 알파벳(구글)의 자율 주행 사업부인 웨이모는 볼보와 자율 주행 전기 자동차 공동 개발을 하고 있는데, 자율 주행과 전기 자동차에 최적화된 차량 호출 서비스를 만들어 로보택시를 만드는 것이 목표다. 벤츠는 엔비디아와 손잡고 차량용 컴퓨팅 시스템이자 운전 플랫폼을 개발하여 2024년 출시 차량부터 탑재할 계획이다. 테슬라의 오토파일럿처럼 자율 주행 기능을 소프트웨어로 업데이트할 수 있게 되는데 벤츠도 로보택시의 미래를 바라보고 있는 것이다. 현대자동차도 2020년 3월 미국의 자율 주행 전문 업체 앱티브와 조인트 벤처(Joint Venture)를 만들었다. 그리고 2020년 안에 무인 운전 시스템을 개발하고, 2022년까지 자율 주행 택시를 위한 자율 주행 플랫폼을 양산할 계획을 밝힌 바 있다. 결국 차량 공유 비즈니스는 로보택시가 중심이 될 것이고, 초기 차량 공유 비즈니스를 주도하던 우버와 리프트 등에게서 위기 요소라고 제기되었던 문제들은 로보택시 환경에서 해소될 수 있다.

팬데믹 때문에 공유 경제가 무너진다고 보면 오산이다. 오히려 팬데믹으로 인해 공유 오피스 시장에서는 기회라는 시각이 생겼다. 재택

©Apollo

근무와 원격 근무 확산이 새로운 변수가 될 수 있다는 것이다. 아울러 원격 근무 확산이 로케이션 인디펜던트(Location Independent)가 가능한 디지털 노마드를 급격히 늘릴 수 있기 때문에, 에어비앤비의 장기(월 단위) 임대 시장에도 유리하게 작용할 것이다. 차량 공유에서도 로보택시 단계로 나아가면서 더 많은 기회가 생길 것이다. 공유 경제는 자원을 더 싸고 편리하고 효율적으로 활용하는 방법이기 때문에, 공유 경제의 대표 업체가 무너질 수는 있어도 공유 경제 자체는 앞으로 가속될 것이다. 물론 이를 위해서도 세이프티 퍼스트는 기본이 된다.

기업의 안전 책임자는 필수가 된다

기업에 안전 관련 책임자인 CSO(Chief Safety Officer)를 두는 것은 화학, 건설, 자동차 등 중공업 분야에서는 오래전부터 있던 일이다. 생산 라인이나 업무 공정에서 물리적 안전이 중요하기 때문이다. 그러다가 IT가 모든 기업에서 중요해지면서 보안 관련 책임자인 CSO(Chief Security Officer)가 필수처럼 여겨지게 되었다. 특히 IT 서비스 기업에게는 필수이며 금융이나 유통에서도 점점 중요해졌다. 그러다가 코로나19 팬데믹을 계기로 또 다른 의미의 안전 책임자가 강화되기 시작했다. 전염병 안전 관리를 위한 역할이 중요해진 것은 전염병 대응을 못해 사업적 성과가 훼손되는 상황을 막기 위해서다. 온라인 쇼핑몰은 코로나19 팬데믹의 수혜를 본 업종이다. 기회를 더 이어가기 위해서라도 문제가 될 부분은 최소화시켜야 한다. 물류 센터는 전염병 확산의 요주의 대상이다. 이것은 기업으로서도 리스크다. 물류 센터에서 확진자가 나오면 물류 센터 자체가 폐쇄될 수 있고, 이는 전체적인 물류와 배송의 차질이 되어 큰 손실로 이어진다.

이는 실제로 쿠팡이 겪은 일이다. 쿠팡은 이런 리스크를 줄이기 위해 2020년 7월부터 총 2400명 규모의 안전 감시단을 운영하는 선택을 했다. 출근을 위해 통근 버스에 오르는 모든 직원의 체온을 측정하고 마스크 착용을 점검하며, 물류 센터 내부에서 거리 두기나 손소독을 체크한다. 또한 배송 단계에서도 배송 인력들이 안전을 위해 정한 예방 조치를 잘 준수하는지 체크한다. 사실 2400명은 실제 물류와 배송에 투입되는 것이 아니기 때문에, 팬데믹이 아니었다면 이들의 인건비를 추가로 부담하는 일은 없었을 것이다. 쿠팡이 밝힌 안전 감시단의 월 인건비는 47억 원인데 그 외 위생 물품과 시설에 대한 비용 투자까지 감안하면 훨씬 더 큰 비용이 투자되는 셈이다. 만약 팬데믹이 길어져 연간으로 운영한다면 인건비와 비용은 600억 원대를 넘을 것이다. 그럼에도 불구하고 이런 비용을 투입하는 이유는 분명하다. 고객에게 배송이 안전하다는 이미지를 확보하지 못하면 치명적 손실이 될 수 있기 때문이다. 안전이 온라인 쇼핑몰에서 중요한 마케팅 이슈가 된 것이다. 안전은 알아서 지켜지는 문제가 아니다. 책임자가 있고 담당자가 있고 그에 따른 재원이 투자되어야 한다. 기업으로서는 비용이지만, 선택이 아닌 필수 비용이다.

코로나19 팬데믹의 최고 수혜자로 꼽히는 회사 중 하나가 화상 회의 솔루션 '줌(Zoom)'을 서비스하는 줌비디오커뮤니케이션스(Zoom Video Communications)다. 2021년 회계 연도 1분기(2020년 2~4월) 매출은 3억 2820만 달러로 전년 동기 대비 169%나 증가했다. 2021년 연간 예상 매출은 17억 7500만~18억 달러인데 이는 팬데믹 이전에 예상했던 2021년 연매출의 2배 정도 높은 수준이다. 전 세계적으로 팬데믹을 피해 원격 근무, 재택근무가 확산된 덕분에 하루 사용자가 3억 명에 이를 정도로 화상 회의 솔루션 줌은 인기였다. 그런데 보안 문제가 제기되면서 위기를 맞게 되었다. 줌비디오커뮤니케이션스로서는 일생일대의 기회를 맞은 2021년인데 보안 이슈로 망치게 둘 수 없었다. 그래서 페이스북 최고 보안 책임자(CSO)를 역임했던 앨릭스 스타모스(Alex Stamos)를 고문으로 영입하고, 마이크로소프트에서 보안 엔지니어링 책임자를 지내고, 세일즈포스의 보안 운영 부문 수석 부사장으로 있던 제이슨 리(Jason Lee)를 최고 정보 보안 책임자(CISO)로 영입했다. 보안에 대한 투자 강화와 전문가 영입을 통해 팬데믹으로 얻은 수혜의 효과를 더 이어 가려는 선택이다. 경쟁사들이 줌을 공략하려고 제기한 이슈들도 주로 보안 이슈였다. 사실 화상 회의 솔루션

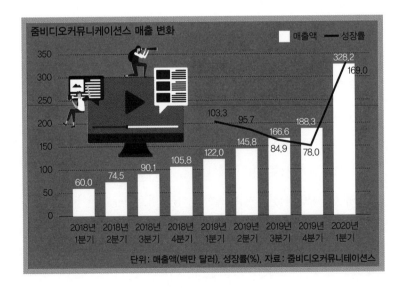

단위: 매출액(백만 달러), 성장률(%), 자료: 줌비디오커뮤니테이션스

에서 줌의 경쟁사는 구글, 마이크로소프트 등 비교할 수 없을 정도로 큰 기업이다. 보안에 대한 투자는 기업 규모와 비례하다 보니 상대적으로 작은 기업은 갑자기 커진 기회 앞에서 보안 문제를 겪는 것이 당연한 수순일 것이다. 이제 큰 기업이든 작은 기업이든 안전에 대한 비용 투자는 필수다. 안전에 소홀했다가 소탐대실하는 경우는 많다. 점점 보안 관리의 중요성은 커지고 있고, 전염병을 비롯한 지진과 재난 등 비상 상황에 대한 대응 매뉴얼을 상시로 갖추는 것이 필수가 되고 있다.

파티션은 왜 다시 늘어나는가? 파티션의 부활과 안전한 공간

사무용 가구 브랜드 퍼시스의 2020년 1분기 매출 중 파티션은 전년 동기 대비 28% 늘었고, 1인용 업무 공간 솔루션은 전년 동기 대비 91% 늘었다. 사무실에서 파티션 수요가 다시 늘어나고, 1인용 업무 공간을 통해 서로의 간격을 띄우려 한다고 해석될 수 있다. 파티션의 높이도 1미터 20센티미터가 선호되던 것에서 1미터 40~80센티미터로 높아지고 있다고 한다. 회의용 테이블의 경우도 마주 보고 앉으면 간격이 1미터~1미터 20센티미터인 경우가 많은데 이보다 더 넓은 탁자에 대한 수요가 늘었다고 한다. 이것은 모두 팬데믹 때문이고 사무 공간에서도 거리 두기를 원한다는 것은 안전에 대한 욕구 때문이다. 팬데믹 이전까지 파티션은 사라지는 추세였다. 탁 트인 넓은 공간에 책상들을 직급별로 일렬로 배치하는 테일러리즘(Taylorism, 1904년)은 사무실 공간 설계의 기본이자 원조다. 동일 공간 내에서 가장 많은 책상을 밀집시켜 배치할 수 있고, 사무실 내 모든 사람이 일하는 모습을 한눈에 파악하기 쉬워서 감시 감독하고 제어하기 좋다. 파티션은 1960년대 독일을 중심으로 유럽에서 유행한 뷔로란트샤프트(Bürolandschaft)에서 처음 등장했다. 프라이버시를 위해 일부 파티션이 도입된 것이다. 파티션이 전면으로 도입되고 확산된 것은 1980~1990년대다. 하지만 2000년대에 들어서 파티션은 퇴조했다. 파티션으로 독립적 칸막이를 나눈 구조가 구성원 간 소통을 막는다는 것이 이유였다. 또한 실리콘밸리의 IT 기업들의 경우 큰돈을 버는 글로벌 기업이 되면서 획일화된 구조 대신 개성적이고 창조적인 공간에 대한 수요가 늘어났다. 결국 파티션은 점점 없어지거나 있어도 아주 낮은 상태로 유지되었다. 그렇게 파티션의 시대가 끝나나 했다. 하지만 놀랍게도 코로나19 팬데믹이 파티션을 부활시켰다.

원격 근무와 재택근무가 확산되더라도 사무실 공간이 필요 없는 것

은 아니다. 모든 업종과 역할이 원격 근무로 다 대체되지 못하기 때문이다. 또한 아무리 원격 근무라고 해도 완전히 출근을 안 하는 것이 아니라 주 1~2회 정도 사무실에 출근하는 경우가 많기 때문이다. 그리고 팬데믹으로 인해 임시로 재택근무를 했던 것이지, 다시 사무실 출근을 유지할 기업들로서는 사무실 내에서의 밀도를 낮추는 것이 중요해졌다. 그렇다고 사무실이 더 커질 필요는 없다. 유연 근무제와 순환 근무제, 여기에 원격 근무까지 일부 적용하면 같은 사무실 면적으로도 훨씬 낮은 밀도로 일할 방법을 찾을 수 있다. 이런 맥락에서 사무실 내 밀도를 낮추는 트렌드는 넓은 사무실 공간을 필요로 하고 그래서 업무용 오피스 임대 시장에 오히려 기회가 생길 것이라는 해석도 있기는 하다. 하지만 이는 업무용 오피스 임대 시장에 이해관계가 있는 이들의 희망이자 주장일 뿐이다. 단기적으로 사무실 공간을 줄일 필요는 없겠지만 장기적으로 줄어들 가능성이 크고, 업무용 오피스 임대 시장으로서는 이 영향을 받을 수밖에 없다. 오피스 빌딩은 안전과 편리를 중요한 차별점으로 강조할 수밖에 없으므로 이 2가지가 잘 갖춰진 오피스 빌딩의 수요는 점점 커질 것이다.

사무 공간 내의 밀도를 낮추는 문제와 함께, 외부인의 출입 통제를 위해 출입구를 최소화하는 것도 필요하다. 안전은 결국 관리에 달렸기 때문이다. 아무나 출입하지 못하도록 통제가 필요한데 얼굴 인식 시스템으로 이를 통제하고 출입 기록은 클라우드 서버에 저장하는 방법이 필요하다. 2021년 완공 예정인 네이버 제2사옥은 세계 최초로 로봇 친화형 테크 컨버전스 빌딩을 표방하고 있다. 로봇, 자율 주행, 인공 지능, 클라우드 등 기술이 빌딩에 적용되는데 그 목적은 결국 비대면이자 안전이다. 제2사옥은 기존 네이버 사옥보다 연면적이 1.6배 정도 커지지만 건설 비용은 3배 정도 높다. 안전을 위한 테크 비용 차이로 봐도 된다. 엄밀히 안전만을 위한 것은 아니고 편리도 위한 것이다. 안전과 편리, 이 2가지는 우리가 비대면을 받아들이는 가장 중요한 이유이기도 하다. 설령 팬데믹이 와도 직원 간의 업무 동선상 접촉이 최소화되면 업무를 중단할 필요가 없다. 사무실 책상을 재배치하고 회의실 전체에 화상 회의 시스템을 설치하고 건물 내 방역 기능을 강화하는 것은 코로나19 팬데믹을 겪고 얻은 교훈이다. 사무 공간 내에서 자율 주행 로봇의 운용 범위가 늘어나는데, 네이버로서는 자율 주행 로봇이 그들의 비즈니스이기도 하다. 사무실 내에 택배나 문서를 배달하는 자율 주행 로봇을 도입하려는 시도는 수년 전부터 있었다. 그냥 사람 한 명이 담당하면 되지, 굳이 비싼 로봇을 사서 해야 되는가 하는 주장도 제기되었다. 하지만 이제는 달라졌다. 사람보다 로봇이 더 안전하다는 인식이 있기 때문이다.

팬데믹 효과로 인해 사무실 공간에 대한 세이프티 퍼스트는 중요 이슈가 되었다. 2021년, 건축과 건설업계와 업무용 부동산업계에서도 새로운 이슈를 적용하는 다양한 시도가 나올 수밖에 없다. 사무실 공간 구성과 배치, 동선에 대한 새로운 답이 계속 제기될 것이고, 사무실 공간과 원격 업무 공간과의 연결, 방역과 살균, 소독은 기본이 되어 버린다. 사무실에서의 안전이 강화되면서 누군가는 비즈니스의 새로운 기회를 맞을 것이다.

흥미롭게도 공연 현장에도 일종의 파티션이 등장했다. 영국 가수 샘 팬더(Sam Fender)는 2020년 8월 11일, 뉴캐슬의 고스포스 파크에서 세계 최초로 사회적 거리 두기를 적용한 대규모 콘서트를 진행했다. 공연장에 펜스를 설치하여 최대 5인이 들어갈 수 있는 공간 500개를 마련한 것이다. 총 2500명이 공연장을 찾았지만 5명의 일행과만 가까이 있을 수 있고, 타인과는 자연스럽게 거리를 두게 되었다. 음식과 음료도 사전 주문을 받아 가게 앞에 줄 서는 상황을 피했고, 공연장을 걸어 다니거나 음식을 구매할 때에는 반드시 마스크를 쓰도록 했다. 이 공연은 사회적 거리 두기 상황에서 실행 가능한 대규모 공연 방법의 한 예를 제시한 셈이다. 팬데믹으로 인해 모든 현장 공연이 중단된 후 몇 달 만에 처음 진행된 공연이어서 그런지 티켓은 온라인 예매를 시작한 지 몇 분 만에 매진되었다. 우리는 변화한 상황을 받아들이고 곧바로 대안을 찾는다. 다시 예전으로 돌아가기만을 바라며 고민하지 않고 기다리는 것보다 훨씬 현명한 전략이다.

여행 트렌드의 핵심은 '안전'

팬데믹이 종식되기 전까지는 자유로운 해외여행이 불가능하다. 어딜 가든 자가 격리 기간을 감수해야 하기 때문에 단기 여행은 불가능하다. 2019년 수준으로 국제선 여객 수송 실적이 회복되려면 2023~2024년이 되어야 할 것이라는 국제항공운송협회(IATA)의 전망이 있었다. 하지만 사실 이 전망이 담긴 보고서는 2020년 4월에 발표되었다. 4월만 하더라도 여름이면 팬데믹이 끝날 것이라고 예상하기도 했으므로 실제 국제선 여객 수송 실적 회복은 더 오래 걸릴 수도 있다. 역대 가장 많은 해외여행자가 있었던 해는 2019년이다. 아마

코로나19가 아니었다면 역대 가장 많은 해외여행자 기록을 2020년에 경신했을 것이다. 매년 해외여행자가 늘어났던 것은 경제적 풍요와 함께, 항공권 가격과 전체 여행 비용이 저렴해진 덕분이다. 하지만 이제 그런 시대는 끝났다.

여행 비용이 비싸질 수밖에 없는 것은 안전 때문이다. 여행 서비스에서 방역, 안전, 사회적 거리 두기를 강화하면 비용은 올라갈 수밖에 없다. 공항이든 항공기 내부든 호텔이든 안전을 강화하는 데는 돈이 들고 그 돈은 고스란히 여행자가 부담해야 한다. 코로나19 팬데믹 이후 전 세계 공항의 방역 기준이 강화되었다. 미국교통안전국(TSA)은 보안 검색 전후로 20초간 손을 씻어야 한다는 공식 지침을 만들었다. 보안 검색을 하기 위해 줄을 서더라도 1~2미터 거리 두기는 기본이고 마스크와 손 세정제도 필수다. 전신 살균기를 도입하는 공항도 많을 수밖에 없다. 전신 살균기를 통과하는 동안 세균과 바이러스를 죽

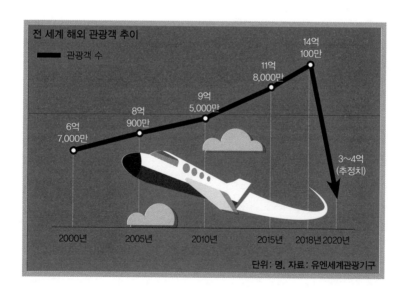

전 세계 해외 관광객 추이

— 관광객 수

14억
100만

11억
8,000만

9억
5,000만

8억
900만

6억
7,000만

3~4억
(추정치)

2000년 2005년 2010년 2015년 2018년 2020년

단위: 명, 자료: 유엔세계관광기구

이는 액체가 피부와 옷에 뿌려진다. 각국의 공항은 각종 방역과 살균 장비를 도입하고 이를 운용하는 비용을 모두 부담해야 하는데 이는 공항 이용료로 부과될 수 있다.

공항뿐 아니라 항공사도 자체적으로 추가 검사를 하기도 한다. 에미레이트항공은 항공편 탑승을 위해 정부가 승인한 검사소에서 발급한 코로나19 PCR 음성 확인서(출발 96시간 이내 발급된 것만 유효)를 지참해야 한다. 두바이 공항 터미널에서 탑승한 승객에 대해서는 코로나19 혈액 검사를 한다. 검사 후 10분 만에 결과가 나오는 신속 혈액 검사 키트를 사용하는데 이 비용도 결국 여행 비용에 포함된다. 비행기 실내의 청소와 소독도 강화될 수밖에 없고, 승객들의 거리 두기를 위해 좌석 간 간격을 유지하려면 모든 좌석에 승객을 앉힐 수 없다. 빈 좌석을 중간에 두고 띄엄띄엄 앉는 임시 방법도 있지만 근본적으로는 좌석 배치 자체를 바꿀 수도 있다. 백신과 치료제가 나오기 전까지는 팬데믹이 종식되지도 않거니와 설령 종식되어도 다음 전염병과 팬데믹이 오지 않는다는 보장이 없다. 이미 사람과 가축 모두에게도 전염병이 계속 증가하는 추세이기 때문에 임시방편이 아닌 근본적 대응을 하는 항공사도 나올 것이다. 이탈리아 항공 좌석 제조업체 아비오인테리어(Avio Interiors)는 코로나19 이후 여객기 이코노미 클래스 좌석 디자인 콘셉트를 제시한 바 있는데, 옆자리를 서로 교차해서 앉는 방법으로 좌석을 다 바꾸거나 기존 좌석 구조에서 투명 가림막을 설치하는 방법 등을 제시했다. 이밖에 물리적 가림막 대신 에어 커튼을 이용해 각자의 호흡이 다른 좌석으로 넘어가지 않도록 하는 방법, 환기에 대한 새로운 방법들이 계속 제기되고 있다. 이런 방법들도

다 돈이 든다. 아울러 항공기 연료 부분에서 탄소 배출을 줄이기 위해 상대적으로 더 비싼 바이오 연료 사용을 확대하는 등 환경(기후 변화 대응)에 대한 비용이 늘어나는 것도 전체 여행 비용이 높아지 데 기여한다.

여기에 입국세 혹은 입국 보증금, 입국 보증 보험 등이 추가되는 것도 고려해야 한다. 이미 캄보디아가 먼저 시행했는데, 입국하는 모든 외국인은 보증금 3000달러를 예치해야 한다. 입국 후 코로나19 검사에서 음성을 받으면 보증금을 돌려받을 수 있지만 검사를 위해 투여된 이동 및 숙박, 식대, 검사 비용 등은 차감된다. 만약 함께 입국하는 인원 중 한 명이라도 확진자가 나오면 보증금은 돌려받을 수 없고 14일간의 격리 비용으로 쓰인다. 입원 치료비나 추가 검사비 등으로 비용이 3000달러를 넘으면 추가로 내야 한다. 캄보디아의 방식을 따르는 국가는 많아질 수 있다. 태국은 보증금 대신 10만 달러를 보

©Avio Interiors

상할 수 있는 여행 보험 가입을 입국 전제 조건으로 내걸었다. 코로나19 확진자의 유입을 막는 데 필요한 조치를 해야 하는데 그 비용을 자국이 아니라 여행객에게 직접 부담시키겠다는 것이다. "제주도에 가느니 그 돈이면 동남아에 가겠다"는 말이 자연스럽게 나왔던 시절은 정말 옛날이 되어 버린 것이다. 관광이 주수입원인 국가들은 팬데믹이 종식되기 전에 해외여행객들을 받으려 한다. 이를 위해 상대적으로 확진자가 적은 국가의 여행객만 입국시키거나, 코로나19 검사를 실시하여 음성인 여행객만 입국시키는 방법을 선택한다. 또한 입국 후에도 일부 관광지로의 이동을 제한하고, 하루에 들어오는 여행객 수를 제한하여 통제가 가능한 범위의 관광객만 받는다. 이 모든 것이 안전 때문이고, 우리가 지불해야 할 여행 비용이 된다.

방역 안전 국가 간에 소규모 여행을 허용하는 트래블 버블(Travel Bubble)과 입국 시 2주간의 격리 조치를 일시 면제하는 면역 여권(Immunity Passports)이 제기되는 것도 여행이 중요한 산업이기 때문이다. 무조건 국경을 닫고 이동과 여행을 중단하는 것이 능사는 아니다. 팬데믹으로 무너진 여행 산업은 외면할 수도, 방치할 수도 없다. 면역 여권은 유럽에서 먼저 제기되었다. 국가 경제에서 여행 산업 비중이 아주 큰 그리스가 먼저 제기했고 영국, 스페인, 이탈리아 등도 뒤따랐다. 팬데믹이 완전 종식되기 전까지 트래블 버블과 면역 여권은 지속적으로 제기될 것이고, 여러 나라의 이해관계와 맞물려 꽤 진전을 보일 것이다. 물론 팬데믹이 종식되어도 다음 팬데믹이 오지 않는다는 보장은 없다. 그러다 보니 방역을 잘하는 안전한 국가와 그렇지 않은 국가를 구분하고 차이를 둘 수밖에 없을 것이다. 아무리 여행 자원이 좋더라도 방역에 문제가 있는 지역이면 여행 산업은 살아날 수 없다. 결국 여행 산업에서도 세이프티 퍼스트는 필수다.

누구나 해외여행을 가는 시대는 당분간 끝났다. 부자들로서는 이런 상황이 나쁘지 않을 수 있다. 대봉쇄와 격리가 한창이던 상황에서 미국과 유럽의 부자들 사이에서는 개인 섬을 구매하거나 임대하는 일이 크게 늘었고, 개인용 항공기 구매 및 임대, 호화 요트 수요도 모두 늘었다고 한다. 해외여행이 제한되는 시대이지만 부자들은 예외다. 향후 여행 산업에서 부유층의 비중은 더 높아질 것이다. 반대로 일반인들은 돈 때문이든 안전 걱정 때문이든 해외여행에 대한 욕망 자체가 크게 사그라질 수 있다. 그렇다고 여행 자체를 안 가지는 않을 것이다. 결국 그 자리를 대신하는 것은 국내 여행이다. 국내 여행지는 2020년 여름 휴가철에 수혜를 받았다. 해외로 떠났을 휴가를 국내로 가다 보니 국내 펜션과 캠핑장 예약은 전년 대비 늘었고 제주, 충청도, 강원도, 전라도 등 코로나19 확진자가 상대적으로 적은 지역이 휴가지로 선호되었다. 이런 휴가지 지자체로서는 관광객이 늘어나 지역 경제에 이득이 되는 것은 반갑지만 외부인 유입이 자칫 지역 주민들에게 불안감을 줄 수도 있기 때문에 휴가지에서의 거리 두기를 위한 인원 제한이 적극 시행되었다. 관광객이 너무 많이 몰리면 거리 두기가 불가능하기 때문에 미리 예약한 사람들만 제한적으로 오게 한 것이다.

대표적으로 해수욕장 예약제가 있다. 전남 지역 해수욕장을 찾으려면 해수욕장이 위치한 지역 시군 홈페이지에서 미리 예약을 해야만 했다. 예약을 통해 인원수를 제한할 수 있고, 방문한 사람들이 누구인지 파악도 할 수 있으니 확진자가 발생했을 때 관리가 수월하다.

예약을 안 하는 대신 선착순으로 입장시키는 해수욕장도 많았다. 부산 해운대를 비롯해 경포, 낙산, 하조대, 고래불 등 16개 유명 해수욕장은 해변 모래사장에 구획을 정하고 일련번호를 부여해 선착순으로 입장시켰다. 심지어 워터 파크에서도 강도 높은 안전 이용 기준이 시행되었다. 캐리비안 베이는 모든 입장 인원이 모바일 본인 인증과 문진을 거쳐야 하고 마스크 착용과 발열 체크를 의무화했다. 이때 발열자는 입장을 거부했다. 물놀이 시설이다 보니 마스크가 젖을 수 있기 때문에, 입장 후 각자 놀 때는 마스크를 방수 팩이나 비닐봉지에 보관하고 거리 두기가 필요한 상황에서는 즉시 착용하도록 했다. 설악 워터피아는 시간당 입장 인원을 제한했고, 워터 슬라이드를 탈 때에도 거리 두기를 실시했으며, 실내 선베드도 거리를 두고 배치했고, 푸드 코트 테이블도 서로 거리를 뒀다. 매표소나 물품 대여소에 투명 아크릴 차단막을 설치하고, 로커와 신발장은 하루 3회 방역을 실시하며, 수영복과 수영모 대여를 중단했다. 그 외 다른 워터 파크에서도 비슷한 이용 가이드를 적용했다. 하지만 방역과 안전을 위한 비용 투자, 그리고 입장 인원 제한으로 인한 전체 입장객 감소 때문에 이런 상황이 지속되면 입장료가 오를 수밖에 없다. 팬데믹 와중에도 어떻게든 영업을 하기 위해 방역과 안전 비용을 감당했지만 앞으로도 계속 그러지는 못할 것이다. 안전은 공짜로 구현되지 않는다. 해외여행이든 국내 여행이든 세이프티 퍼스트가 당연해지면서 과거보다 더 비싸지는 것을 감수해야 한다. 물론 안전에 대한 추가 비용 지불을 받아들이는 소비자는 많을 것이다.

안티바이러스, 패션의 새로운 트렌드가 될까?

코로나19 팬데믹으로 패션업계도 타격을 받았다. 패션 소비가 침체되는 상황에서 패션업계는 마스크에 주목했다. 국내외 패션업계가 마스크를 새로운 상품군으로 받아들였고, 심지어 럭셔리 명품 브랜드들도 마스크 생산에 동참했다. 일시적으로 마스크로 돈을 벌긴 했지만 사실 패션업계에게는 마스크가 핵심이 아니다. 기존 패션에서 항(抗)바이러스 혹은 안티바이러스(anti-virus)를 강화하는 것이 핵심이다. 마스크뿐 아니라 패션 자체가 바이러스로부터 우리를 보호할 필요가 생겼다. 패션의 욕망에 항바이러스가 자리를 잡은 것이다. 과거에도 미세먼지나 황사로부터 우리를 지켜 주는 방오 소재가 패션에 적용되었고, 기능성 소재에 대한 보호, 안전 이슈가 제기된 적도 많았다. 하지만 코로나19 팬데믹처럼 강력하지는 못했다. 그전에는 선택이었다면 이제는 필수가 되어 버렸다. 패션에서도 세이프티 퍼스트가 중요한 마케팅 코드가 된다.

여기서 소위 명품 패션이라 부르는 럭셔리 브랜드의 역할이 중요하다. 그들이 항바이러스와 안전 이슈를 어떻게 녹여 내느냐가 패션계 전반에 영향을 미치기 때문이다. 구찌, 발렌시아가 등 브랜드를 소유한 케링, 프라다, 아르마니 등 럭셔리 패션 브랜드에 옷감을 납품하는 알비니그룹(Albini Group)은 2020년 5월, 스위스의 섬유 가공업체 하이큐(HeiQ)와 함께 항바이러스 기능이 적용된 옷감을 개발했다고 발표했다. 이 회사의 설명에 따르면 코로나19 바이러스는 원단 표면에 접촉한 후 30분 안에 99.99%가 소멸되었다고 한다. 옷감 표면에 살균

막을 코팅하는 방식인데, 가정용 세탁 기준으로 30회까지 효과가 유효하다는 것이다. 항바이러스 기능을 가졌으면서 외관과 촉감은 기존 럭셔리 소재와 똑같다는 것이 이들의 주장이기도 했다. 기능이 아무리 좋아도 패션 소재로서의 제약이 따르면 한계가 있기 마련인데, 이런 부분이 해소되었다는 것은 럭셔리 브랜드에서도 패션 소재로 적극 활용할 수 있다는 의미다. 사실 코로나19 팬데믹 때문에 명품 패션 브랜드들도 항바이러스에 대한 관심이 많았다. 패션에서도 항바이러스와 세이프티 퍼스트는 프리미엄의 필수 조건이 될 수밖에 없다. 멋진 것은 이미 충분히 경험했으므로 이제는 안전하면서도 멋진 것이 럭셔리의 주된 욕망이 될 것이다.

항바이러스 패션은 데님 업계가 앞서 나가고 있다. 미국의 프리미엄 데님 브랜드 DL1961은 하이큐와 협업하여 2020년 10월부터 항바이러스 처리가 된 데님 제품을 선보인다. 청바지로 유명한 이탈리아 패션 브랜드 디젤은 2021년 SS시즌의 데님 제품에 항바이러스 기술인 바이럴오프(ViralOff) 기능을 도입한다고 발표했다. 바이럴오프 기능은 스웨덴의 폴리진(Polygiene)에서 개발한 것으로 양모, 리넨, 면 등 천연 원사로 만들어진 원단에 항바이러스 처리를 할 수 있다. 디젤은 폴리진과 파트너십을 맺음으로써 데님 옷감에 대한 항바이러스 처리 독점권을 얻었다고 한다. 폴리진에 따르면 원단에 묻은 바이러스는 30분 안에 93% 제거되고 2시간 내에 99% 제거된다고 한다. 기술은 늘 더 나은 답을 찾아낸다. 그리고 그 답을 찾는 동기 부여는 결국 비즈니스다. 항바이러스 패션이 잘 팔릴수록 관련 기술은 더 진화될 수밖에 없다.

2007년 설립된 영국의 프로메티언파티클(Promethean Particles)은 나노 입자 분야에서 세계적 기업이다. 그런데 2020년 4월, 구리 나노 입자를 이용한 항바이러스 섬유를 개발해 미국과 영국에서 시제품을 테스트 중이라고 발표했다. 이 인증이 최종 통과되면 항바이러스 섬유로 유니폼, 방진복, 마스크, 침대 커버 등을 만들 수 있다. 구리는 항균 효과가 있는 물질로, 엘리베이터 키패드에 붙인 항균 필름 또한 구리 이온이 산화되면서 바이러스를 죽이는 방식으로 만들어졌다. 프로메티언파티클이 연구하던 것 중에는 의료 부문을 위한 내구성 있는 항균 섬유 개발도 포함되어 있었다. 구리 나노 입자를 나일론 같은 섬유 안에 삽입하여 항균 효과를 오래 지속시키는 것이다. 기존 방식은 섬유에 항균 코팅을 하는 방식이어서 빨래를 할수록 성능이 떨어질 수밖에 없었다. 기존의 문제를 나노 기술을 통해 해결한 셈인데, 항바이러스 섬유 소재는 기능성 분야 외에 패션 분야에도 적용될 가능성이 크다.

나노 섬유를 이용해 바이러스와 박테리아를 죽이는 연구는 오래전부터 있었다. 2007년 코넬대학교의 학내 패션쇼인 코넬 디자인 리그 (Cornell Design League, 현재는 Cornell Fashion Collective로 명칭이 바뀌었다)에서 의류 디자인 전공자 올리비아 옹(Olivia Ong)은 나노 섬유로 만든 재킷을 선보였다. 여기에는 코넬대학교 섬유 공학과 후안 하인스트로자 (Juan Hinestroza) 연구 팀에서 만든 나노 섬유가 쓰였다. 항균 기능이 있는 은을 바이러스나 박테리아 크기인 5~20나노미터 정도의 나노 금속 입자로 만들어 섬유에 코팅한 것이다. 나노 크기의 입자이기 때문에 눈으로 보거나 만져 보아도 일반 섬유와 차이가 없다. 결국 패션 소재로 자유롭게 이용할 수 있는 것이다. 바이러스를 비롯해 미세먼지도 침투하지 못하게 막아 주기 때문에 항바이러스이자 항오염 소재가 되는 셈이다. 물론 연구실에서 만든 것과 대량 생산하는 것은 분명 다르지만, 이미 2007년부터 이런 항바이러스 패션은 시도되었고 그 뒤로도 계속 다양한 분야에서 이뤄졌다. 특히 의료 분야와 군사 분야에서 이런 소재에 대한 관심이 더 높을 수밖에 없었다. 그런데 신종 플루, 메르스 등을 지나고 코로나19까지 거치면서 항바이러스 소재에 대한 관심은 특수 분야 외에 패션 전반으로 커질 수밖에 없다. 패션의 새로운 욕망, 새로운 트렌드는 우리가 겪은 불안과 불편에서 시작될 수 있기 때문이다.

셀프 메디케이션: 내 몸은 내가 지킨다

유통업계, 식품업계, 제약업계 등이 한결같이 좋아하는 키워드가 셀프 메디케이션(Self Medication)이다. 자기 스스로 치료한다는 뜻의 셀프 메디케이션은 가벼운 질환이나 만성 질환을 예방하거나 건강 상태를 개선시키기 위해 구입 가능한 약을 구입해 자체 처방하는 것이다. 의사의 처방전 없이 구입 가능한 의약품인 일반 의약품(Over The Counter Drug, OTC)이나 의약 외품, 건강 기능 식품이 여기에 해당된다. 제약업계에서는 처방이 필요한 전문 의약품(Ethical The Counter Drug, ETC)이 훨씬 더 큰 시장이지만 이는 일반 소비자가 주도하는 시장이 아니라 병원과 의사가 주도하는 시장이다. 건강에 대한 관심이 점점 커져 가는 시대다. 특히 노령화와 1인 가구 증가로 인해 자기 건강은 자기가 더 신경 쓰고 체크한다는 태도가 늘었고, 건강 기능 식품 시장도 계속 성장하고 있다. 관련 기업들이 미래 성장 동력으로 셀프 메디케이션을 주목한 것은 그 때문이다. 그리고 이는 운동과 트레이닝 시장에도 영향을 준다. 약을 통해서만 건강을 관리하는 것이 아니라 운동도 필수가 되고 이는 더 확장되어 의식주 전반으로 이어진다. 무엇을 먹고, 어떤 환경에서 사는지에 관심을 더 가질 수밖에 없다. 식품 기업들과 유통 기업들부터 건설과 부동산, 가구, 인테리어업계, 패션업계마저도 건강과 안전을 중요한 마케팅 코드로 삼을 수 있는 것이다. 이런 변화는 다양한 기업에게 중요하다. 어떻게 대응하는지에 따라 기회와 위기가 엇갈리고, 업계에서 주도권이 바뀔 수 있기 때문이다.

셀프 메디케이션이 제약 분야에서 제기된 용어라는 사실도 비즈니스의 이해관계와 무관하지 않다. 국내외 제약 회사들도 새로운 성장 동력으로 일반 의약품 시장과 건강 기능 식품 시장을 공략하는 것은 당연하다. 회사명에서 '제약'이나 'Pharma' 같은 말 대신 '건강'이나 'Consumer Health' 같은 말이 자꾸 보이는 것도 이런 흐름의 연장선상이다. 산업의 흐름은 이해관계와 직결되는데, 의료 산업에서 병원과 의사의 주도권을 조금 떨어뜨리고 제약 회사와 약국(약사)의 역할이 조금 더 올라가는 흐름이 되기도 한다. 물론 이것은 이해관계의 상충이라기보다 각기 전문 역할에 대한 강화라는 게 더 정확할 것이다. 셀프 메디케이션은 갑자기 나온 트렌드가 아니다. 노령화와 1인 가구 증가 같은 인구 통계적 변화가 영향을 줬고, 의료 보험이나 복지 재정도 영향을 주었다. 그리고 제약업계와 디지털 헬스케어, 진단과 예방 중심의 의료 비즈니스 등의 이해관계가 있고, 결정적으로 정보가 풍부해진 시대에 소비자가 가진 소비 결정권과 선택권이 증가하는 상황이 가져온 영향도 컸다. 여기에 코로나19 바이러스가 결정타가 되고 있다. 셀프 메디케이션의 흐름이 서서히 확산되고 있었다면, 코로나19 팬데믹은 개인위생 관리와 면역력 강화에 대한 관심과 지출을 크게 끌어올리는 계기가 되었기 때문이다.

셀프 메디케이션의 중요한 타깃은 노인들이다. 상대적으로 나이가 들수록 질병도 많아진다. 즉 노령화는 질병을 안고 살아가는 기간이 길어지는 것을 말한다. 행정안전부의 주민 등록 인구 통계에 따르면 2019년 말 기준, 65세 이상 고령 인구는 802만 6915명으로 전체 인구 중 15.5%였다. 2019년에 처음으로 65세 이상 800만 명 선을 돌파한 것이다. 2008년 65세 이상 인구는 501만 명으로 처음 500만 명을 넘었는데 당시 전체 인구 중 10.3%였으며 처음으로 10% 벽을 돌파했다. 그 후 600만 명 선을 돌파한 것은 2013년으로 613만 명, 전체 인구 중 비율은 12.2%였다. 2008년부터 2013년까지 5년간 100만 명 정도가 늘었던 것이다. 65세 이상 인구가 700만 명 선을 돌파한 것은 2017년(712만 명, 14.2%)이다. 2013년부터 2017년까지 4년간 100만 명 정도가 늘었다. 그리고 2019년에 800만 명 선을 돌파했다. 즉 100만 명이 추가된 것은 2017년부터 2019년까지 2년간이다. 65세 이상 인구가 100만 명씩 증가하는 속도가 점점 빨라지는 셈이다.

통계청의 〈장래 인구 특별 추계: 2017~2067년〉에 따르면, 2025년 65세 이상 인구가 1000만 명을 넘어서고 전체 인구 중 20.3%가 되어 처음으로 1000만 명 벽과 20% 벽을 돌파할 것으로 전망한다. 통계청은 65세 이상의 비중이 2030년 25.0%, 2035년 29.5%, 2040년 33.9%로 계속 높아질 것으로 전망했다. 아울러 만 85세 이상 초고령 인구는 2017년 59만 8000명이었는데, 2024년에 처음으로 100만 명 선을 돌파해 104만 7000명이 될 것으로 전망했고, 2040년이면 229만 명 정도가 될 것으로 봤다. 그렇게 멀리까지 갈 필요도 없이 노령화는 이미 우리의 당면 과제가 되었다. 2021년을 맞은 우리에게 노령 인구 증가에 따른 문제는 미래가 아닌 현재의 일이다. 코로나19 바이러스 사망률에서 압도적 비율을 차지한 세대가 노인이었다. 전염병은 노인과 만성 질환자들에게 더 치명적일 수밖에 없다. 그리고 전염병은 젊은 층에게도 공포와 위협이 된다. 2030세대 사이에서도 각종 비타민과 건강 기능 식품, 기능성 의약 외품에 대한 관심이 계속 높아지고 있었다. 그런데 코로나19 팬데믹이 이를 더 크게 만드는 데 일조했다. 결국 셀프 메디케이션 시장이 커지고, 관련 기업들로서는 소비자를 적극 공략하는 마케팅을 할 수밖에 없다.

한국건강기능식품협회에 따르면, 2019년 건강 기능 식품 시장은 4조 5821억 원 규모다. 이는 2018년 대비 3.5%, 2017년 대비 9.6% 성장한 것이다. 특히 2020년 1분기 주요 건강 기능 식품 상장사(뉴트리, 종근당바이오, 서흥, 노바렉스, 코스맥스엔비티, 콜마비앤에이치 등)들의 매출이 증가했다. 팬데믹 와중에도 이들은 전년 동기 대비 20~60% 정도 매출이 증가한 것이다. 팬데믹으로 인해 증폭된 건강에 대한 관심은 건강 기능 식품 외에 안마 의자나 의료 가전 등 헬스케어 가전에 대한 관심으로 이어졌다. 신세계백화점의 2020년 1~4월까지 헬스케어 가전 매출은 전년 동기 대비 36.3% 증가했다고 한다. 이러니 유통업계로는 헬스케어와 건강 기능 식품 관련 기획전을 열거나 대대적인 마케팅을 펼칠 수밖에 없다. 심지어 생수업계가 면역력 강화를 내걸고 미네랄이 강화된 프리미엄 생수를 팔고, 프리바이오틱스(Prebiotics)는 만능 키워드처럼 여러 분야에 적용되고 있으며, 편의점업계와 커피 전문점에서도 건강 음료를 판매한다. 소비자가 관심을 가지는 이슈에 기업이 적극 대응하는 것은 당연하기 때문이다. 그리고 이런 흐름은 일시적이지 않고 지속될 수밖에 없다. 이미 그전부터 건강과 헬스케어에 대한 관심은 계속 증가하던 중이었기 때문이다. 코로나19 팬데믹이 커지던 시장에 트리거가 되어서 더 성장하게 만들어 주고 있다. 노인뿐 아니라 2030세대와 1인 가구도 건강에 대한 관심이 크다. 혼자 살거나 나이가 많거나, 둘 다 건강 관리를 스스로 할 수밖에 없는 상황이기 때문이다.

셀프 메디케이션은 정부도 중요하게 고려할 이슈다. 고령화 사회에

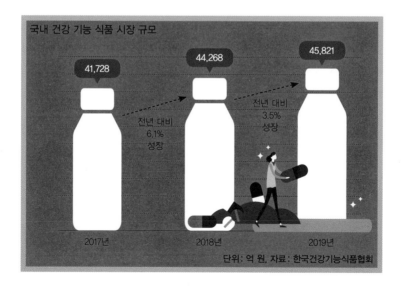

국내 건강 기능 식품 시장 규모

41,728

44,268

45,821

전년 대비
6.1%
성장

전년 대비
3.5%
성장

2017년

2018년

2019년

단위: 억 원, 자료: 한국건강기능식품협회

는 건강 보험 재정 지출이 더 늘어나기 때문이다. 초고령 사회인 일본에서는 2017년부터(2021년까지의 5년간 한시적 특례 제도이지만 더 연장될 수도 있다) 개인이 자체 처방을 위해 사는 약 구입비 중 일부를 소득 공제해 주고 있다. 노인들로서는 수명이 길어진 만큼 건강에 대한 관심도, 지출도 더 늘어날 수밖에 없다. 늘어난 환자의 모든 질환을 전부 병원에서 처리한다면 결국 의료 보험 재정을 감당할 수 없게 된다. 경증이나 만성 질환 예방을 위해서는 일반 의약품을 통한 셀프 메디케이션 시장 활성화가 필요하다. 이는 관련 업계의 이해와 건강 보험 재정을 고려할 수밖에 없는 정부의 이해가 서로 통하는 지점이기도 하다. 디지털 헬스케어 시장의 성장, 원격 의료와 비대면 의료의 활성화는 법제도적 변화가 필요한 분야인데 이해관계가 첨예하게 상충되다 보니 법제도적 해석도 서로 다를 수밖에 없는 분야다. 변화가 필요했음에도 상대적으로 더뎠던 분야이기도 하다. 그러나 코로나19 팬데믹 효과로 인해 그 변화가 빨라지기 시작했다.

안전과 일회용품의 상관관계: 안전과 환경의 공존은 불가능한가?

2020년 이전의 우리는 2020년이 코로나19 팬데믹에 잠식될 것이라고 생각하지 않았다. 하지만 다른 모든 이슈가 묻혀 버릴 만큼 강력한 이슈가 우리를 지배했다. 그렇게 묻힌 이슈 중 하나가 일회용 플라스틱 절감이다. 2019년에 수많은 나라에서 일회용 플라스틱을 얼마나 줄여 갈 것인지(2021년부터 아예 전면 사용 금지를 실시한다는 나라들도 있었다) 구체적인 계획들이 쏟아져 나왔다. 유럽 연합, 캐나다, 미국,

심지어 한국을 비롯한 아시아 국가들까지 이런 흐름에 동참했다. 당연히 2020년에 그 계획들이 꽤 실현되고 2021년과 그 이후에는 정말 일회용 플라스틱 사용이 크게 줄어들 것이라고 기대했다. 하지만 팬데믹은 일회용품이 상대적으로 안전하다는 인식을 갖게 만들었고, 일회용 플라스틱에 대한 규제가 보류되기에 이르렀다. 그동안 (마치 죄인 같은 심정으로) 숨죽여 지내던 플라스틱 산업과 일회용품 관련 업계는 이때다 싶었는지 목소리를 내기 시작했다.

2020년 3월 팬데믹으로 국가 비상사태가 선포된 미국에서는 미국 플라스틱산업협회(PIA)가 미국 정부를 상대로 일회용 플라스틱이 보건에 안전한 옵션이라는 내용의 공개 성명을 요구하기도 했다. 틀린 말은 아니지만 딜레마이기도 하다. 우리는 개인위생을 이유로 일회용품을 선호하게 되었고, 그동안 일회용 플라스틱이 가진 환경에 대한 폐해를 잊어버렸다. 일회용 컵 대신 머그잔을 쓰던 카페에서 머그잔 사용을 중단하고, 식당에 있는 케첩이나 소스도 큰 통 대신 일회용 포장 제품으로 바뀌었다. 누구나 일회용 마스크를 일상적으로 쓰면서 마스크 쓰레기도 상상 이상으로 많아졌다. 외식 대신 배달 음식 소비가 늘어난 것도 일회용 배달 용기와 포장재 쓰레기가 늘어나는 데 일조했고, 장을 보러 마트에 가는 대신 온라인 쇼핑몰을 더 많이 이용하다 보니 택배 포장재와 비닐 쓰레기가 많아질 수밖에 없다. 거리 두기가 필수고 전염병에 의한 보건 위기가 국가 위기에 준하는 상황에서 일회용품을 제어할 여력까지는 없었다. 팬데믹으로 인해 영국에서는 비닐 봉투에 요금을 부과하는 방안이 유보되었고, 미국 메인(Maine)주에서는 일회용 플라스틱 규제가 보류되었다. 팬데믹 효과는 의외의 상황을 만들어 냈다. 전염병의 실체가 생태계 파괴, 기후 위기와 밀접함에도 불구하고 당장의 안전을 위해 우리는 근본적 변화를 잠시 멈춘 것이다.

국내에서도 환경부에 따르면 2020년 1분기 플라스틱 포장재는 전년 동기 대비 20% 증가했고, 폐지는 15%, 폐비닐은 8% 증가했다. 태국에서는 2020년 3~4월 일회용 플라스틱 배출량이 전년 동기 대비 62% 증가했다고 한다. 사용된 일회용 플라스틱이 전부 수거되면 문제가 덜하겠지만 현실적으로는 꽤 많은 양이 버려진다. 이미 전 세계 곳곳의 바다에서는 일회용 마스크와 일회용 장갑이 눈에 띄게 늘었다고 한다. 팬데믹으로 인해 전 세계가 소비하는 마스크와 비닐장갑 같은 일회용품의 양은 상상 이상이다. 가령 5000만 명이 6개월간 매일 마스크를 한 장씩 쓴다면 전체 양은 90억 장이다. 며칠에 한 장씩 쓴다고 해도 적어도 20억 장 이상이 된다. 세계 각국에서 모두 이런

다고 치면 그 양은 가늠하지도 못할 정도다. 중국 마스크 업계의 하루 생산량은 2019년에 2000만 장 수준이었는데 2020년 3월에는 1억 장을 넘더니 5월에는 하루 최대 10억 장까지 생산했다. 2019년 중국의 마스크 제조업체는 수백 개 수준이었지만 팬데믹 효과를 누리기 위해 2020년 6월 최대 1만 개까지 생겨났다. 그들이 전 세계에 판매한 마스크 수도 가늠이 안 될 정도다. 국내 마스크 업계도 2020년 6월 기준, 하루 최대 1800만 장, 일주일에 1억 장 이상을 만들어 냈다. 이외에도 마스크를 만드는 나라는 더 많을 테니 하루에 소비되는 양과 그중에 버려지는 양은 어마어마하다. 비닐장갑, 손 세정제, 항균 티슈 등도 작년에 비해 비교도 못할 정도로 많이 소비되는데 이 또한 쓰레기로 버려지지 않는다는 보장이 없다.

사실 일회용 플라스틱 쓰레기가 버려지고 환경을 파괴하는 것은 결국 우리에게 고스란히 돌아온다. 미세 플라스틱이 생선, 조개, 생수, 소금, 심지어 과일과 채소에서도 발견된다. 과거에는 미세 플라스틱 입자가 식물 뿌리의 미세한 구멍을 통과하지 못할 것이라는 게 과학계의 보편적인 입장이었지만 최근 논문들의 연구 결과들은 이를 뒤집고 있다. 미세 플라스틱은 채소보다 과일에서 더 많이 발견된다는데, 더 오랫동안 오염에 노출되는 나무의 과일에서 더 많은 양이 발견되는 것은 당연하다. 나무의 뿌리가 더 크고 토양의 수분 흡수량도 더 많기 때문이다. 과일 중에서도 사과에서 검출되는 양이 가장 많다는 연구가 있다. 아무래도 사람들이 가장 보편적으로 좋아하고 광범위한 지역에서 오랫동안 재배되다 보니 오염에 장기간 노출될 가능성도 높아서일 것이다. 플라스틱병에 든 생수에도 미세 플라스틱이 녹아 있고, 티백으로 끓인 차에도 미세 플라스틱이 녹아 있다. 음식을 통해 미세 플라스틱 입자를 먹고, 대기 중 미세먼지를 호흡하면서도 먹게 된다. 당연히 우리의 몸속이나 대변에서 미세 플라스틱이 많이 발견된다. 우리가 버린 플라스틱 쓰레기가 결국 해양, 대기, 토양을 오염시키기 때문에 그 속에서 자란 가축의 고기, 채소, 과일을 비롯한 모든 먹거리에 미세 플라스틱이 있다는 사실은 끔찍한 현실이다.

2019년 5월, 미국의 탐험가 빅터 베스코보(Victor Vescovo)가 세계에서 가장 깊은 마리아나 해구의 수심 11킬로미터 지점에서 플라스틱 봉지와 사탕 포장지 같은 쓰레기를 발견했다. 2019년 8월, 독일과 스위스 과학자들은 북극에 내리는 눈 1리터당 1만 개 이상의 미세 플라스틱 입자를 발견해 학술지에 발표한 적도 있다. 인간과 가장 떨어진 오지의 대명사 같은 마리아나 해구나 북극마저 플라스틱 쓰레기에 오염되었다는 것을 보면 지구상에 플라스틱 오염으로부터 안전지대는 없다. 이 문제는 시간이 지난다고 해결되는 것이 아니다. 우리가 하지 않으면 누가 대신 해결해 줄 수도 없다. 결국 우리는 안전을 이유로 일회용품을 관대하게 받아들이지 말아야 한다. 대신 다회용 용기 세척을 보다 안전하게 관리할 수 있는 방법이 필요하다. 플라스틱 용기 대신 유리, 도자기, 금속 등 재활용이 가능하고 지속적으로 사용할 수 있는 소재의 용기를 이용하는 것은 더 이상 선택이 아닌 필수다. 비용이 더 들고 좀 더 번거롭더라도 반드시 해야 할 일이다. 감염 위험을 덜겠다는 이유로 일회용품 사용을 권장하거나 일회용품 사용을 제어하지 않고 방관하는 것은 도리어 위험할 수밖에 없다. 이것이 결국 우리의 안전을 더 위협할 테니까 말이다.

세이프티 퍼스트는 우리가 선택할 소비 트렌드이기 이전에, 우리의 라이프스타일이자 삶의 방향을 결정할 핵심 욕망이고 동시에 사회적·문화적 메가트렌드다. 기업은 세이프티 퍼스트를 통해 우리를 유혹하는 마케팅을 하고, 우리를 더 소비하게 만드는 것이 당연하다. 그것이 기업으로서의 역할에 충실한 것이기 때문이다. 결국 우리는 '소비자'뿐 아니라 지금 시대의 '사회 구성원'으로서도 이 문제를 바라봐야 한다. 소비가 가진 힘이 기업과 정치, 사회를 바꾼다는 사실을 이해하며 살아야 한다.

뉴 프레퍼:
진화하는 프레퍼와
위험 사회

우리에게 전쟁만큼 두려운 것이 경제 위기와 자연재해다. 그런데 이번에 우리는 전염병도 여기에 추가시켰다. 대다수가 살면서 코로나19 팬데믹처럼 광범위하고 긴 팬데믹을 처음 겪었다. 강력한 전염성 때문에 사람들은 더 두렵고 혼란스러웠다. 일상의 당연한 것들이 당연하지 않게 된 지 한 달, 또 한 달이 늘더니 반년이 되고 그 이상 이어지는 상황을 겪었다. 그러면서 프레퍼(Prepper)가 다시 주목받기 시작했다.

프레퍼는 왜 등장했을까?

프레퍼란 재난과 사고가 닥칠 것을 우려해 일상생활 중에도 생존을 위해 스스로 대비하는 사람들을 일컫는 말이다. 1929년 대공황(Great Depression) 전후, 대공황의 중심에 있던 미국과 영국에서 처음 등장했는데 요즘 관점으로 보면 프레퍼들이 과잉 염려하는 사람 혹은 유난을 떠는 사람으로 보일 수도 있겠다. 하지만 제1차 세계 대전(1914~1918년)을 겪으며 위기에 대한 불안과 생존 욕구를 키워 간 사람들에게 대공황은 전쟁 이상의 위기와 공포였을 것이다. 대공황은 1929년 10월, 검은 목요일(10월 24일), 검은 화요일(10월 29일) 등 월스트리트 대폭락(The Wall Street Crash)의 여파로 본격화되었고 1930년대 후반까지 이어졌다. 대공황의 원인에는 미국 경제 위기가 세계 경제 위기로 이어진 부분도 있고, 제1차 세계 대전 이후인 1920년대가 유럽과 전 세계의 단기간 호황기로서 경제 버블이 커졌던 시기였다는 점도 작용했다.

대공황은 결코 전쟁과 무관하지 않다. 그리고 대공황은 다음 전쟁을 부르기도 했다. 제2차 세계 대전은 1939년에 발발해서 1945년까지 진행되었는데, 발발 원인으로 세계 대공황에 따른 경제 위기와 그때 부상한 파시즘을 중요하게 꼽는다. 즉 대공황은 두 차례의 세계 대전에 큰 영향을 미쳤다. 한 번은 전쟁의 결과로, 다른 한 번은 전쟁의 배경으로 작용했다고 해도 과언이 아닌 것이다. 그런 시대에 프레퍼의 등장은 어쩌면 당연한 것으로 전쟁의 위기이자 공포가 만들어 낸 산물인 셈이다.

1950~1960년대는 프레퍼가 가장 부각되던 시기다. 냉전 시대의 정점으로서 핵전쟁에 대한 공포가 고조되고 제3차 세계 대전을 걱정하는 이가 많아졌기 때문이다. 자기 집 지하에 핵전쟁에도 끄떡없는 지하 대피 시설을 만드는 사람도 있었고, 창고에 수년 동안 먹을 수 있는 음식 캔을 비상식량으로 쌓아 두는 사람도 있었다. 그러다가 냉전 시대가 끝나고 소련이 붕괴된 1990년대부터 프레퍼는 과잉 염려증 이미지나 괴짜 이미지를 가지기도 했다. 세상이 바뀌었는데 아직 전

쟁을 걱정하고 대비하니 말이다.

솔직히 몇 년 치 식량 구매나 핵 대피 시설 구축 같은 방법은 좀 과한 면이 있지만, 집 안에 비상 구급약을 두는 것처럼 간단한 비상식량, 생수, 방독면, 라이터, 나침반, 손전등, 라디오 등 생존 배낭을 비치해 두는 것은 합리적이기도 하다. 20세기에 등장한 프레퍼는 21세기에도 건재했다. 프레퍼들은 위기가 생길 때마다 수면 위로 떠올랐다. 꽤 많은 프레퍼가 있지만 평소에는 티를 내지 않고 지내는 것이다. 프레퍼의 건재를 알리는 데 유튜브가 한몫했다. 생존법을 다루는 유튜버가 많고, 비상식량 준비나 비상 상황에서의 생존법을 배우려는 이도 늘었다. 온라인 쇼핑몰에서도 프레퍼를 위한 상품 구성이 생겼다. 특히 자연재해나 사회적 위기가 되면 쇼핑몰에서는 더욱 프레퍼와 잠재적 프레퍼들을 유혹하고 공략한다.

〈살아남기〉 시리즈는 왜 글로벌 베스트셀러가 되었을까?

2001년 미래엔 아이세움 출판사에서 〈살아남기〉라는 학습 만화 시리즈를 시작했다. 시작은 《무인도에서 살아남기》였는데 《바이러스에서 살아남기》《방사능에서 살아남기》《에너지 위기에서 살아남기》《이상기후에서 살아남기》《미세먼지에서 살아남기》《비행기 사고에서 살아남기》《고층건물에서 살아남기》등 2020년 상반기까지 50여 종류의 〈살아남기〉 시리즈가 나왔다. 미래엔 공식 블로그에는 2016년 9월 기준, 한국 1100만 부, 중국 800만 부, 일본 530만 부, 그 외 국가 370만 부 등 총 판매량이 2800만 부로 제시되어 있다. 2001년부터 시작한 시리즈를 15년간 2800만 부 판매한 셈이다. 일본에서 2020년 3월 기준 누적 900만 부가 팔렸다는 발표가 있었는데 이를 감안해서 추정하면 2001년부터 2020년까지 누적 판매량은 약 3500만 부 정도가 될 듯하다. 출판계 불황인 상황에서도 〈살아남기〉 시리즈는 매년 국내외에서 성과가 좋다. 〈살아남기〉라는 타이틀이 주는 힘이라고 본다면, 지금 시대 사람들에게 재난과 사고에 대한 우려가 꽤 존재하고 있다는 의미도 된다.

생존법에 대한 관심은 재난이나 큰 위기를 겪었을 때 커지기 마련이다. 일본에서도 2011년 동일본 대지진 때 생존법과 재난 대처에 대한 책이 잘 팔렸다. 특히 당시에는 대지진으로 후쿠시마 원자력 발전소 사고가 발생하여 방사능에 대한 공포가 커졌던 시기다. 한국의 〈살아남기〉 시리즈 중 《방사능에서 살아남기》가 일본 아마존의 아동 학습 만화 부문 베스트셀러 1위가 되었던 것도 우연이 아니다.

2014년 세월호 참사 때도 생존 수영 강좌가 유행했다. 부모들은 아이들에게 수영을 배우게 했고, 각종 위기와 재난 상황에 대한 대응법과 생존법에 대한 관심이 커졌다. 그때 특수 부대 전술 교본을 바탕으로 각종 자연재해나 재난에 대응하는 방법을 다룬《생존 지침서》, 야생생존훈련학교(ALSS) 창립자이자 미국의 유명 생존 전문가가 쓴《재난이 닥쳤을 때 필요한 단 한 권의 책》, SurvivalBlog.com 운영자이자 생존 전문가가 쓴《세상의 종말에서 살아남는 법》, 세계적인 서바이벌 전문가들이 쓴《위기 탈출 생존 교과서》를 비롯해《SAS 서바이벌 가이드》《미육군 서바이벌 가이드》《최악의 상황에서 살아남는 법》등의 판매량이 늘었다. 이들의 공통점은 모두 해외 번역서라는 것이다. 즉 생존법은 해외에서(특히 영국, 미국, 캐나다) 많이 다뤄지는 콘텐츠일 정도로 수요와 관심이 크다. 책보다 방송에서 더 많이 다뤄지는데 미국 다큐멘터리 채널인 디스커버리와 내셔널 지오그래픽에서 생존법 콘텐츠를 자주 다룬다. 가장 대표적인 것이 영국 특수 부대 SAS 출신인 서바이벌 전문가이자 세계적 유명인이 된 베어 그릴스가 출연하는 프로그램이다. 한국에서도 생존법에 대한 관심이 높아지기 시작하면서 그 이후로 국내 저자들의 생존법 책들이 많이 나오게 되었고, 생존법을 다룬 유튜브 채널이 계속 만들어진다. 국내외 모두 서바이벌 전문가의 상당수는 특수 부대 출신이다. 아무래도 생존의 극한 상황을 가장 많이 겪어 본 사람들이고 생존법 자체를 체계적으로 배웠기 때문일 것이다.

프레퍼에게는 생존 능력이 중요하다. 위기 대처를 위한 순발력도 중요하지만 특히 자급자족 능력이 필요하다. 현대 문명을 충분히 누리고만 살았던 우리들로서는 자급자족 능력이 취약하다. 그런데 재난은 현대 문명이 제 기능을 못하도록 만들 수 있다. 그래서 야생에서의 자급자족 능력이 중요할 수밖에 없다. 2014년 7월에 시작한 유튜브 채널 〈Jungle Survival〉은 6년간 구독자 388만 명(2020년 9월 초 기준)을 모았고, 조회 수는 4억 2500만 회다. 구독자와 조회 수에서 이들이 얻을 막대한 수입이 그려진다. 말 한마디 없이 원시적인 도구와 손만 써서 나무와 진흙으로 집과 수영장을 짓는다. 탁월한 능력으로 기계 없이 주거와 관련한 여러 시설을 건축하는데 한번 보기 시작하면 멈추지 못하고 끝까지 시청하게 만든다. 만약 현대 문명이 파괴되어도 〈Jungle Survival〉 채널 속 등장인물들은 충분히 잘 살아갈 듯하다. 이런 성공 사례 이후 유사한 유튜브 채널이 많이 생겼다. 그만큼 수요가 많은 콘텐츠, 돈이 되는 콘텐츠라는 것이다.

2020년 상반기 출판계에서는 '바이러스' '전염병'을 주제로 하는 책

©유튜브 채널 Jungle Survival

들이 주목을 받았다. 그러다 보니 관련 책들이 쏟아져 나왔다. 우리가 팬데믹을 겪으며 이와 관련한 관심이 커져서 출판계가 이 부분을 공략하는 것이다. 〈살아남기〉 시리즈보다 더 히트한(2001년 시리즈가 시작된 이후 국내에서만 7800만 부 이상 팔린 것으로 추산된다) 학습 만화 시리즈인 예림당의 〈Why?〉 시리즈는 2020년 4월, 발 빠르게 《Why? 세균과 바이러스》를 출간했다. 《지구를 들었다 놨다! 세균과 바이러스》 《신종 바이러스의 습격》 《바이러스와 인간》 《세계사를 바꾼 전염병 13가지》 《세상을 바꾼 전염병》 《전염병의 세계사》 《전염병이 휩쓴 세계사》 《전염병, 역사를 흔들다》 《전염병 전쟁》 《전염병과 마주한 기독교》 《영화로 읽는 전염병의 세계사》 《전염병과 함께한 인류 역사》 등 관련 책들이 쏟아졌다.

'포스트 코로나'를 주제로 하는 책도 많이 나왔다. 아예 책 제목에 노골적으로 '코로나'를 명시한 주요 책들만 해도 《코로나 이후의 세계》 《코로나 투자 전쟁》 《코로나 경제 전쟁》 《포스트 코로나》 《코로나 사피엔스》 《코로나 빅뱅, 뒤바뀐 미래》 《코로나19, 자본주의의 모순이 낳은 재난》 《코로나19, 한국 교육의 잠을 깨우다》 《코로나19, 동향과 전망》 《포스트 코로나 사회》 《코로나19》 《빅체인지, 코로나19 이후의 미래 시나리오》 《코로나 이후의 새로운 세계》 《포스트 코로나 한국교회의 미래》 《코로나 바이러스와 그리스도》 《코로나19 이후의 미래》 《코로나 시대, 부동산의 앞날》 《코로나 시대, 부의 흥망성쇠》 등 일일이 열거하지도 못할 만큼 계속 쏟아져 나왔고, 이 흐름은 꽤 지속될 수밖에 없다. 팬데믹으로 인한 갑작스러운 변화가 두렵고, 미래에 대한 대비를 하고자 하는 수요가 많아졌기 때문이다. 결국 이런 수요도 프레퍼의 일환이다.

코로나19 팬데믹이 프레퍼에게 미친 영향은?

일어난 일이 일어나지 않은 일이 될 수는 없다. 마스크 대란을 경험한 사람들로서는 팬데믹이 종식되더라도 마스크는 여유 있게 비축해 놓을 것이다. 가정상비약으로 감기약, 각종 반창고, 소독제 등이 필수인 것처럼 이제 마스크도 그렇게 되었다. 미세먼지와 황사가 기승을 부리던 때에도 마스크는 쳐다보지 않았던 이들도 코로나19 팬데믹 때는 달랐다. 그럴 수밖에 없는 것이 선택이 아닌 필수였기 때문이다. 마치 배급을 받듯 자신에게 할당된 마스크를 사려고 줄을 서야 했고, 신분증을 들고 마스크를 사야 했다. 살면서 이런 경험은 처음이다. 물질 풍요 사회를 살아가는 지금 시대의 사람들에게는 더욱 낯선 경험이었다. 살면서 이렇게 손을 열심히 씻었던 적이 있었을까? 누구나 손 씻기가 당연해졌고 손 소독제도 일상이 되었다. 이것은 과잉 대응이 아니라 기본적 대응이다. 즉 이번 팬데믹이 지나도 손 씻기 문화는 어느 정도 유지될 것이다. 손을 잘 씻고 위생 관리를 더 잘한 덕분에 감기를 비롯한 감염성 질환들이 크게 줄었다. 코로나19가 초래한 긍정적 효과 중 하나다.

미국에서는 각종 생필품 사재기를 비롯해서 화장실 휴지 품귀 현상이 발생했지만 한국에서는 일어나지 않았던 것은, 우리의 원활한 배송 시스템과 한국의 방역 체계 때문이었을 것이다. 뭘 주문해도 하루 만에 가져다주는 배송의 나라인데 굳이 사재기로 집에 쌓아 둘 필요가 없다. 우리도 가끔 남북 관계가 위기를 맞거나 대형 재난 사고가 발생한 뒤 사재기 현상을 겪을 때도 있지만 극히 일부의 제한된 이야기였다. 평소 준비가 잘되어 있고 미리미리 여유 있게 사 둬서 그런 것이 아니라, 사재기를 해야 할 상황이 생길 것에 대한 걱정이 없기 때문이라는 것이 더 맞다. 수요 대비 공급이 늘 원활하게 이뤄졌기 때문에 패닉에 빠질 만큼 공포에 빠지거나 걱정은 생기지 않았다. 그런데 장기간 이어진 팬데믹을 겪으면서 우리의 생각도 조금 달라졌다. 팬데믹이 언제 끝날지 모른다는 불안감보다, 이런 팬데믹이 앞으로 자주 올 수 있겠다는 불안감 때문이다. 새로운 전염병의 등장은 생태계 파괴와 기후 위기의 산물이므로 결코 금방 끝날 수 있는 일이 아니다. 가뜩이나 우리의 사회는 세계화, 도시화로 촘촘히 얽혀 있다. 결국 전쟁이 아닌 전염병이 지금 시대에 가장 무서운 위험 요소다. 프레퍼는 전쟁 때문에 시작되었고 전염병으로 인해 진화를 맞게 되었다. 전염병의 상시적 위험 속에서 우리가 가질 대비 능력은 중요하게 부각될 수밖에 없다. 위생, 보건에 관한 대비 능력과 면역력을 키우기 위해 평소 몸과 건강을 관리하고 여기에 투자하는 이가 늘었다. 그동안 관성적으로 지나쳐 왔던 비위생적인 문화도 이번 경험을 계기로 많이 바뀌었다. 술잔 돌리기는 완전히 사라졌고, 한 그릇의 찌개를 여럿이 숟가락으로 함께 먹는 문화 대신 각자 개인 그릇에 덜어서 먹는 문화가 대세로 자리 잡았다. 관성적으로 하던 악수도 이번 계기로 바뀌게 되었다. 주먹끼리 맞부딪치거나 그냥 목례만으로 악수를 대신하는 것을 나이든 사람들마저 받아들이고 있다. 온정과 끈끈함이 반드시 손을 맞잡는 행동에서 나오는 것은 아니지만, 과거로부터 이어진 관성을 바꾸는 데에는 조심스러울 수밖에 없었다. 분명 과거에도 바꾸고 싶었던 것들이지만 문화적 관성 때문에 바꾸기가 쉽지 않았던 것들이다. 코로나19가 초래한 또 다른 긍정적 효과라고 할 수 있다. 이런 변화도 결국 우리의 위생관리의 진화다.

"만약 무언가가 앞으로 수십 년간 1000만 명이 넘는 사람을 죽인다면 그것은 전쟁이 아니라 전염성이 매우 강한 바이러스일 것이다. 인류는 핵 억제에 막대한 돈을 투자했지만 전염병을 멈출 시스템에는 매우 적게 투자했다. 전염병 확산은 전시 상황(War Time)이다. 우리가 경계해야 할 것은 미사일이 아니라 미생물(Microbes)이다." 빌 게이츠가 2015년 4월, TED 강연에서 한 말이다. 당시 빌 게이츠는 2014년 서아프리카 에볼라 바이러스가 전 세계로 퍼지지 않은 이유를 의료진의 용기, 에볼라가 공기 중 전파가 아니라는 점, 그리고 도시로 퍼지지 않았다는 점을 꼽았다. 도시로 퍼지지 않은 이유는 그저 운이 좋았

던 것뿐이라고 했다. 운은 매번 생기는 것이 아니다. 코로나19 팬데믹은 운이 나빠서 시작된 것이 아니다. 그냥 팬데믹이 올 만한 상황이어서 왔을 뿐이다. 코로나19는 전파가 너무 쉽고 속도도 빨랐으며 대도시와 전 세계로 퍼졌다. 만약 서아프리카 에볼라 바이러스가 코로나19처럼 번졌다면 인류는 더 가혹한 상황을 겪었을 것이다. 코로나19 때문에 우리는 전염병의 위험성에 대해 좀 더 진지하게 생각하게 되었고, 상시적 위험에 대한 대비를 고민하게 만들었다. 전쟁이 만든 프레퍼의 이미지에는 다소 과잉 염려증의 느낌이 있었다면, 전염병이 만든 프레퍼의 이미지에는 위기 대응 능력을 키우는 합리주의자 느낌이 좀 더 묻어난다. 대비된 위기는 결코 위기가 아니다.

프레퍼의 진화는 물리적 위험에 대한 대응을 넘어, 우리를 둘러싼 광범위한 위험 요소들에 대한 근본적 대응이기도 하다. 육체만 안전하게 지키는 것에서 그치지 않고 태도의 변화를 이끌어 낸 것이다. 가령 코로나19 팬데믹이 초래한 경제 위기와 산업 구조 변화는 우리의 일자리 문제와 직결된다. 따라서 이런 경제적, 산업적 변화에 대응하기 위해 직업을 전면적으로 바꿀 상황에도 대비하게 되었다. 단순한 이직이 아니라 완전히 새로운 인생을 위한 승부수가 필요해진 이유는 당연했던 것이 더 이상 당연하지 않아서다. 거대 담론에 관심을 가지거나, 새로운 직업을 받아들이기 위해 적극적으로 투자하고 변신하는 것도 프레퍼의 일환이다. 미래의 위험에 대비하기 위해 오늘 새로운 투자를 하는 것이다. 하지만 엄밀하게 말하면 미래를 위해 오늘을 포기하는 것이 아니라 오늘의 행복을 지속적으로 이어 가기 위함이다. 미래에 대한 대비가 없는 사람이 변화에 도태되는 순간, 오늘의 행복 자체가 무너지기 때문이다. 지난 수십 년의 변화보다 최근 수년의 변화가 더 가파르다. 앞으로도 변화는 우리를 더 거침없이 흔들 수 있다. 결국 프레퍼에게는 변화하는 세상에서 자기중심을 잡고 살아가기 위해, 자신의 능력치를 계속 끌어올리는 선택이 필요하다. 돈과 음식을 쌓아 두는 것보다 더 강력한 미래 대비는 바로 자신의 능력을 쌓는 것이기 때문이다.

일손이 로봇으로 대체되어 사람의 일자리가 점점 줄어드는 것은 예고된 미래다. 새로운 일자리가 나오겠지만 전통적 일자리 중 대체되고 소멸되는 것이 훨씬 더 많을 것이다. 생산직, 서비스직, 사무직을 막론하고 이미 로봇과 자동화 기술에 의한 대체는 본격화되고 있다. 그리고 코로나19 팬데믹을 겪으며 더 가속화되는 중이다. 이번에 기업에게 가장 크게 다가온 리스크가 바로 사람에 의한 것이었다. 생산현장에서 확진자가 나오면 생산 라인은 중단된다. 이것은 물류 현장이든 판매 매장이든 사무실이든 어디든 마찬가지였다. 이러니 공장 자동화, 물류 자동화, 로봇 프로세스 자동화(Robotic Process Automation, RPA)에 대한 글로벌 기업들의 투자가 늘어날 수밖에 없다. 코로나19 팬데믹으로 디지털 트랜스포메이션(Digital Transformation)도 더 가속화 되고 있다. 능력 있는 사람들에게는 오히려 기회 상황이다. 더 효율적으로 일하고, 더 투명하게 평가되고, 권한과 책임도 분산되며 자신의 능력을 펼치기 유리해진다. 이런 변화가 더 치열한 경쟁을 만들어 준다. 오래 일했다고, 직급이 높다고, 기득권을 가졌다고 유리했던 것도 줄어든다. 인맥이 좋고 사교적이어서 유리했던 것도 점점 줄어든다. 결국은 능력 그 자체다. 산업의 성장이 일자리의 증가로 이어지지 않는 시대에 자동화의 가속화, 일하는 문화와 방법의 진화는 기회와 위기를 동시에 가져다준다. 이번 팬데믹이 변화의 트리거가 되었고, 지금 시기가 티핑 포인트가 되고 있다. 이때 기회도 많지만 위기도 가장 많다.

이번 사회적 격리, 거리 두기가 누군가에게는 일자리가 사라지는 결과가 되기도 했다. 세계가 일시적으로 단절되면서 수많은 산업이 타격을 받았고, 잘나가던 기업도 무너지게 되었다. 안타까운 일이지만 그렇다고 이들을 전부 세금으로 살려 낼 수도 없다. 기업은 물론 산업마저 팬데믹으로 인해 큰 타격을 받는 상황에서 개인은 어떨까? 개인은 더 가혹한 상황에 내몰린다. 아무리 정부가 복지 정책을 쓴다고 해도 극히 제한된 경제적 지원에 불과하다. 결국은 각자 살아남을 길을 찾아야 한다. 경제적 능력, 즉 적어도 먹고사는 문제가 해결되어야 안전에 대한 대비도 가능해진다. 이미 부자라면 먹고사는 문제가 해결된 상태라 걱정이 덜하겠지만 그렇지 않은 대다수의 사람에게는 이 문제를 해결하는 것이야말로 진짜 위험 대비의 핵심이다. 우리 모두가 미래에 대한 전면적 대비를 하는 '뉴 프레퍼'가 되어야 하는 것이다. 이번 팬데믹에서는 2020년을 잘 버텨 왔더라도 또 다른 팬데믹이 오거나 이번 팬데믹으로 인한 나비 효과가 가속화되어 2021년, 2022년에 어떤 변수를 만들어 낼지 장담할 수 없기 때문이다. 위기는 결코 기회가 아니다. 대비되고 준비된, 능력 있는 자들만 위기 속에서도 기회를 찾아내는 것이다. 그 외의 사람들에게 위기는 그냥 위기일 뿐이다.

벙커를 갖겠다는 생각은 과연 오버인가?

미국 캔자스주에 있는 서바이벌 콘도(Survival Condo)는 아주 비싼 호화 벙커다. 1960년대 초에 건설된 이곳은 원래 핵탄두가 탑재된 대륙간 탄도 미사일을 보관하던 지하 격납고였다. 이를 부동산 개발업자가 매입해서 부자들을 위한 피난처로 개조해 2012년에 분양했는데 100평 규모의 아파트가 450만 달러(관리비 별도)였지만 분양하자마자 다 팔렸다. 수요가 꽤 있었다는 이야기이며, 그래서 근처에 두 번째 단지도 만들어지고 있다고 한다.

미사일 보관 지하 격납고답게 개조된 호화 벙커는 아주 깊어서 지하 15층 규모이고 수영장, 영화관, 공원, 도서관, 사우나, 진료소, 사격장, 탁구장, 암벽 등반장 등이 갖춰져 있다. 최대 75명이 생활할 수 있는데 5년간 먹을 수 있는 비상식량이 비축되어 있고, 식용 물고기를

©Survival Condo

기르는 수조와 채소를 수경 재배할 수 있는 비닐하우스도 있다. 재난을 맞아 생존을 위해 머무는 콘크리트 덩어리 회색빛 지하 벙커를 떠올리면 안 된다. 이쯤 되면 재난 속에서도 생존 정도가 아니라 호화롭게 아주 잘살 수 있다. 핵탄두가 탑재되는 미사일을 보관했던 곳이었기 때문에 핵무기 공격에도 끄떡없을 듯하다. 실제로 서바이벌 콘도의 출입문의 무게는 7.2톤이라 외부와 완전 차단될 수 있고, 핵무기나 생화학 무기 공격에도 견딜 수 있다고 한다. 재난이 발생하면 서바이벌 콘도에 소속된 특수 기동대 팀이 출동해서 반경 400마일(640킬로미터) 안에 있는 입주민들은 이송해 줄 수도 있다. 미국 전역에 있는 부자가 아니라 캔자스주에 있는 부자만 겨냥한 호화 벙커인 셈이다. 그리고 이 말은 다른 주에도 이런 수요가 있을 것이고 거기에

©Survival Condo

도 호화 벙커가 계속 만들어질 수 있다는 이야기다. 미국 외에 독일에도 비보스 유로파 원 셸터(Vivos Europa One Shelter)라는 호화 벙커가 있는데, 유럽 부자들을 위한 곳으로 보급품 창고를 개조해 만들어졌다. 전체 공간은 호화 요트를 제작하고 인테리어를 담당했던 인력에 의해 개조되었기 때문에 마치 요트에 있는 기분을 느낄 수 있다. 소유주가 원하면 개인 수영장과 헬스장 등 편의 시설을 추가할 수 있다.

사실 진짜 세계적인 부자들은 이런 벙커를 구매하기보다 자기 집 지하에 벙커를 건설하는 경우가 많다고 한다. 미국의 벙커 제작 회사 라이징에스컴퍼니(Rising S Company)는 맞춤형 벙커 매출이 2015년 대비 2016년에 700% 증가했다고 밝힌 바 있다. 이때 그 원인으로 제시한 것이 트럼프의 미국 대통령 당선이었다. 2016년 미국 대선에서 트럼프가 당선되자 미국이 가진 불확실성이 높아졌고 그로 인해 벙커에 관심을 가지는 부자가 늘었다는 것이다. 실제로 당시 CNN은 빌 게이츠가 자신이 소유한 부동산에 벙커를 설치했다는 소문을 보도하기도 했다. 아주 많은 돈은 하고 싶은 것을 뭐든 할 수 있게 해 준다. 벙커 또한 마찬가지여서 일반 사람들은 관심에서 그치지만 부자들은 직접 만들 수도 있고, 이미 완공된 것을 구입할 수도 있다. 부자라고 해서 불안과 위기에 더 민감한 것은 아니겠지만 적어도 그들이 대비는 더 잘할 수밖에 없다. 그리고 이런 벙커에 들어가는 사람의 입장에 접근하기보다는 이런 벙커를 만드는 사업가에 대한 접근이 필요하다. 위기를 대비하는 것도 중요한 비즈니스다. 비즈니스에서의 프레퍼도 필요한 것이다.

물론 호화 벙커만 있는 것은 아니다. 미국 중서부에 위치한 사우스

다코타주에는 비보스 엑스포인트(Vivos xPoint)라는 민간 벙커가 있는데, 도시가 아닌 허허벌판에 있다. 제1차 세계 대전 때 탄약 저장고로 건설되어 1967년까지 사용되었던 575개의 벙커를 개조한 것으로 가격은 각각 2만~20만 달러다. 이 가격도 싸지는 않지만 앞서 소개한 호화 벙커에 비하면 저렴해 보인다. 그리고 우리나라 부동산 가격을 떠올리면 비싸다는 생각이 덜 들기도 하다. 이 벙커는 구매한 사람들이 각자의 취향대로 개조할 수 있다. 물론 비용은 따로 들여야 한다. 최대 5000명을 수용할 수 있고 개별 공간 외에 체육관, 스파, 의료 시설이 공용 시설로 마련되어 있다. 물론 이곳은 앞서 얘기한 서바이벌 콘도처럼 핵무기나 생화학 무기로부터 지켜 줄 정도는 되지 않는다. 하지만 도시에서 떨어진 피난처라는 의미에서는 충분히 활용할 만하다. 이곳은 분양 이후 모두 팔리지는 않았지만, 비보스 엑스포인트에 따르면 팬데믹 이후 그전보다 문의가 20배, 판매는 4배 늘었다고 한다. 코로나19의 수혜를 입은 셈이다. 대도시는 인구 밀도가 높아서 전염병에 취약한데 사람과의 거리 두기를 통해 안전을 확보하는 시기라면 외딴곳의 벙커는 충분히 선택지가 될 수 있다. 흥미롭게도 미국에서도 중부 지방에 위치한 네브라스카주, 뉴멕시코주, 인디애나주에 이런 민간 벙커 시설들이 있다. 뉴욕, 보스턴이 위치한 동부, LA와 샌프란시스코가 있는 서부보다 상대적으로 중부에 대도시가 별로 없고 면적 대비 도시 숫자도 적으며 인적이 드문 지역도 많다. 우리나라에서도 상대적으로 개발이 덜 되고 소외되었던 지역, 소위 '깡촌'이라고 불리던 곳에 누군가는 새로운 기회를 만들어 낼 수도 있겠다는 생각이 든다. 재난과 위험에 대한 대비는 우리나라 사람에게도 필요할 테니까.

북유럽의 프레퍼로 불리는 핀란드

코로나19 팬데믹을 맞아 유럽을 비롯한 전 세계 국가들이 마스크 대란과 각종 의료 장비 부족을 겪을 때 핀란드는 예외였다. 핀란드는 마스크를 전국의 병원에 원활히 보낼 수 있었는데 모두 비축된 물량이었다. 오래되긴 했지만 정상적으로 기능하기 때문에 테스트를 거친 후 다른 의료 보호 장구들과 함께 전국으로 보내졌다. 핀란드에서 비축된 의료 장비 물자를 활용한 것은 이번이 처음이었다. 제2차 세계 대전 이후 물자 비축의 필요를 느낀 핀란드는 준비를 해 왔고, 1950년대부터 가동된 물자 비축 시스템은 현재까지 계속 이어져 왔다. 거의 70년 정도를 이어 온 물자 비축 시스템은 누적으로 따지면 엄청난 비용이 들었겠지만 2020년에 그 덕을 봤다. 할아버지 대에서 시작한 비축을 손자와 증손자 대에서 활용한 셈이다. 여전히 핀란드는 어떤 물자를 얼마만큼, 어디에 보관하고 있는지 공개하지 않는다. 이 모든 비축 시스템이 기밀이기 때문이다. 다만 비축을 위한 시설망이 전국에 퍼져 있다는 점만 드러났다. 역시 잘사는 북유럽 복지 강국은 다르다고 생각하는 사람도 있겠지만, 사실 핀란드의 대단한 유비무환 정신은 아픈 역사의 교훈에서 시작되었다. 핀란드는 제2차 세계 대전으로 인해 심각한 피해를 봤기 때문에 그들로서는 제3차 세계 대전에 대한 대비를 철저히 해 두지 않을 수 없었다.

제2차 세계 대전 당시 핀란드는 소련과 겨울 전쟁(Winter War, 제1차 소련-핀란드 전쟁)과 계속 전쟁(Continuation War, 제2차 소련-핀란드 전쟁)을 치렀다. 겨울 전쟁은 1939년 11월 30일, 소련이 핀란드를 침공해서 벌어졌다. 소련은 핀란드에 비해 훨씬 강대국이었기 때문에, 스탈린은 침공할 당시만 해도 1939년 말이면 핀란드 전체를 정복할 것이라고 생각했다. 하지만 핀란드가 겨우내 강력히 저항하며 버틴 덕에 겨울 전쟁은 1940년 3월 모스크바 평화 조약을 맺으면서 끝이 났다. 이때 소련은 결과적으로 승리를 거뒀지만 피해가 막심했고, 핀란드는 패배했지만 완전히 정복된 것은 아니었다. 전쟁을 멈추기 위한 평화 조약이었으므로 핀란드는 영토의 10%(당시 핀란드 제2의 도시가 포함된 지역이었으며 국가 전체의 산업 능력 기준으로 보면 20% 정도)에 해당되는 카렐리아 동부 지역을 넘겨주는 선에서 평화 조약을 체결했다.

지금은 발트해 연안의 국가를 발트 3국(에스토니아, 라트비아, 리투아니아)이라 부르지만 제2차 세계 대전 이전에는 핀란드를 포함하여 발트 4국이라고 불렀다. 그때 핀란드만 소련에 병합되지 않았고 나머지 발트 3국은 소련에 병합되었다. 겨울 전쟁이 끝나고 1년 후인 1941년 6월, 핀란드와 소련은 다시 전쟁을 시작했고 1944년 9월까지 계속되었다. 이 전쟁은 계속된 전쟁이라는 의미로 계속 전쟁이라고 부른다. 핀란드는 빼앗겼던 카렐리아 지역을 되찾았다가 대부분 다시 잃었고, 당시 핀란드 인구의 1/8이 실향민이 되었다. 소련과 싸우던 핀란드는 독일과 동맹 관계를 맺었다. 하지만 독일이 핀란드의 라플란드에서 학살을 벌이자, 1944년 9월부터 1945년 4월까지 독일과 라플란드 전쟁을 치른다. 약소국인 핀란드로서는 소련과 독일 사이에서 살아남기 위해 독일과 동맹을 맺기도 하고 반대로 독일을 공격하기도 하는 등 제2차 세계 대전 기간에만 3번의 전쟁을 치렀다. 이렇게 핀란드는 약소국으로서의 설움과 전쟁에 대한 위험을 교훈으로 새겼다. 사실 핀란드는 스웨덴에 650년간, 제정 러시아에 110년간 식민 지배를 당한 바 있다. 이처럼 강대국 사이에 끼었고 발트해를 통해서만 물품을 보급받을 수 있는 지정학적 상황이며, 제1, 2차 세계 대전을 정통으로 겪으면서 제3차 세계 대전이나 대규모 재난에 대비해 의료, 군사 장비, 연료, 식량 등을 적극적으로 비축할 수밖에 없었다. 핀란드가 북유럽의 프레퍼라 불리는 이유는 바로 약소국의 설움 때문이었던 셈이다. 다른 북유럽 국가들도 제2차 세계 대전 이후 물자 비축을 꾸준히 해 왔지만 냉전 시대가 끝나면서 대부분 중단했다. 그러나 핀란드는 여전히 계속하고 있다.

스칸디나비아반도의 북유럽 4개국(덴마크, 노르웨이, 스웨덴, 핀란드) 중 핀란드만 심각한 전쟁을 치렀다. 노르웨이와 덴마크는 독일에 금방 점령되었고, 스웨덴은 계속 중립을 유지해 전쟁을 잘 피해 갔다. 덴마크, 노르웨이, 스웨덴은 제1, 2차 세계 대전 때 중립국으로 전쟁에 직접 개입하지 않았다. 물론 이중에서 제2차 세계 대전이 끝날 때까지 중립을 유지한 것은 스웨덴뿐이다. 아무리 중립국이라고 해도 세계적 전쟁 상황에서 피해를 겪지 않은 것은 아니다. 독일이 러시아 침공의 교두보로 삼기 위해 노르웨이와 덴마크를 점령한 것처럼 중립국이라고 공격을 피할 수는 없기 때문이다. 사실 중립국이 된다는 것은 약소국으로서 선택할 수 있는 불가피한 상황이기도 하다. 북유럽 3개국을 비롯해 또 다른 중립국인 스위스와 오스트리아 모두 인구수가 500만~1000만 명 정도이고 지정학적으로도 강대국 사이에 끼어 있다. 그래서인지 중립국들은 오히려 전쟁 대비에 더 적극적이다. 전쟁이 나면 약소국이 가장 피해를 보기 때문이다. 생존 본능이 만들어 낸

유비무환이다.

 핀란드의 인구는 550만 명으로 유럽에서 인구 밀도가 가장 낮다. 우리나라보다 면적이 3배 넓은데 인구는 1/10 정도인 셈이다. 핀란드는 국토 중 삼림의 비율이 73%이고 내수면(호수와 강) 비율이 10% 정도다(참고로 우리나라는 삼림 비율 63%, 내수면 비율 3% 정도다). 산과 호수(강)를 합치면 83%나 되는 셈이니 이것을 감안하면 실제로 사람들이 사는 지역은 제한적일 수밖에 없다. 핀란드 인구 중 약 1/4인 140만 명이 수도 헬싱키에 산다. 헬싱키는 핀란드의 최남단에 위치하지만 전 세계에서 인구 100만 명 이상 도시 중에서는 가장 북쪽에 위치한 셈이다. 핀란드는 우리나라와 묘하게 비슷한 부분이 많다. 인구가 적다는 것은 내수 기반이 취약하다는 의미이고, 경제에서 해외 의존도가 높을 수밖에 없다. 가뜩이나 스웨덴과 러시아 사이에서 전쟁도 많이 치르고, 강대국들 틈바구니에서 손해도 많이 봤다. 그렇다고 자원이 풍부한 것도 아니다. 유럽 최대 산유국인 노르웨이는 석유와 천연가스 덕분에 경제 부국이 되었다. 덴마크도 천연가스가 경제에 큰 기여를 했고, 스웨덴도 철광과 삼림 자원 덕을 봤다. 세계 최대 가구 회사 이케아, 세계 최대 제지 및 펄프 회사 스토라엔소(Stora Enso)가 스웨덴 기업인 것은 우연이 아니다. 스웨덴의 철광 산업이 급성장한 것도, 다이너마이트를 발명한 알프레드 노벨이 스웨덴 사람인 것도 무관하지 않다. 그런데 핀란드는 삼림 자원 빼고는 천연자원이 그리 마땅치 않다. 믿을 것은 인적 자원밖에 없다는 이야기는 우리나라만 한 것이 아니었다. 그럼에도 불구하고 세계경제포럼(WEF) 국가 경쟁력 지수(The Global Competitiveness Index) 2019년 순위에서 핀란드는 11위, 한국은

13위를 차지했다. 2018년에는 핀란드 11위, 한국 15위, 2017년은 핀란드 10위, 한국 26위였다. 한국은 핸디캡을 딛고 대단한 성장을 이루었는데 핀란드도 만만치 않다. 핀란드의 산업 구조는 제조업, 건설업, 정보통신업의 비중이 높다. 결과적으로 '흙수저'로 시작했지만 인적 자원의 힘으로 '금수저'가 된 셈이다.

UN 세계행복보고서(World Happiness Report)에서 핀란드는 2018~2020년까지 3년 연속 세계 1위를 차지했다. 2020년 순위에서 톱(Top) 10은 핀란드, 덴마크, 스위스, 아이슬란드, 노르웨이, 네덜란드, 스웨덴, 뉴질랜드, 오스트리아, 룩셈부르크 순이다. 북유럽 3개국을 비롯해 대표적인 중립국과 소위 복지 강국이라고 불리는 국가들이 다 들어가 있다. 그들이 복지 강국이 된 것은 약소국으로서 국민들의 안전과 행복, 생존을 위해 더 적극적으로 복지 정책을 펼쳤기 때문으로 볼 수 있다. 복지는 공짜로 이뤄지지 않는다. 복지에는 막대한 돈이 필요한데 그 비용 마련은 결국 사회적 합의를 통해 국민들이 세금을 더 내기 때문에 가능한 것이기도 하다. 핀란드가 경제 성장을 이룬 후의 분배를 복지 방법으로 택하지 않고, 애초부터 공존 중심의 사회

최근 3년 세계 행복 지수 10위권 국가 비교

연도	1	2	3	4	5	6	7	8	9	10
2020	핀란드	덴마크	스위스	아이슬란드	노르웨이	네덜란드	스웨덴	뉴질랜드	오스트리아	룩셈브르크
2019	핀란드	덴마크	노르웨이	아이슬란드	네덜란드	스위스	스웨덴	뉴질랜드	캐나다	오스트리아
2018	핀란드	노르웨이	덴마크	아이슬란드	스위스	네덜란드	캐나다	뉴질랜드	스웨덴	오스트레일리아

자료 : UN 세계행복보고서

체제를 구축한 것은 약소국으로서 자신들의 약점을 극복하기 위한 방법이었다고 해석할 수 있다.

참고로 2020년 한국의 UN 세계행복보고서 순위는 61위다. 2019년 54위, 2018년 57위, 2017년 56위, 2016년 58위로 조사 대상국 150여 국가 중 겨우 중간보다 좀 앞에 있는 정도다. 다른 나라의 지표가 좋아 보인다고 무작정 따라 할 수는 없다. 각기 상황과 사정이 다르기 때문이다. 그럼에도 불구하고 북유럽 국가들의 복지와 정책 방향에 대해서는 적극적으로 검토하고 수용할 요소가 많다. 사실 코로나19 팬데믹에 대한 한국 정부의 대응은 세계적으로도 잘한 사례로 꼽히지만, 2015년 메르스를 겪었을 때에는 대응을 잘 못한 사례로 꼽혔었다. 그때의 시행착오 이후 대비를 잘해 왔기 때문에 2020년의 코로나19 팬데믹을 겪고서는 다른 결과를 얻었다. 즉 우리에게 닥쳐올 위험과 위기는 얼마든지 더 많다. 그런 상황에도 시행착오를 겪지 않는 것, 상대적으로 대비가 취약한 것도 여전히 많다. 정부와 정치의 역할이 더욱 중요해진 시대인데 여전히 정치적 대결 구도에 치중된 현실은 안타까운 부분이다.

지진을 걱정하는 사람들

1999~2008년 동안 우리나라 전체에서 발생한 리히터 규모 2.0 이상의 지진 횟수는 연평균 69.95회였다. 그런데 2016~2019년까지 4년간 발생한 연평균 횟수는 169.5회다. 횟수가 많은 것 같아도 2.0 규모의 지진은 사람이 감지하지 못할 정도다. 우리에게 지진은 일

상의 위험 요소는 아니었다. 사실 2016년 이전까지만 해도 일상에서 지진을 생각하거나 걱정해 본 적 없는 이들이 대다수였다.

1978년부터 시작된 기상청의 관측 사상 우리나라에서 가장 강력한 지진은 2016년 경주에서 발생한 리히터 규모 5.8의 지진이다. 두 번째로 강력한 지진은 2017년 포항에서 발생한 5.4 규모의 지진이다. 가장 지진이 많았던 해는 2016년으로 리히터 규모 2.0 이상의 지진이 252회 발생했다. 두 번째로 많은 해는 2017년으로 223회였다. 그럼 세 번째로 많은 해는 언제일까? 바로 2018년, 115회다. 즉 2016년과 2017년은 각각 경주와 포항에서 강력한 지진이 발생한 후 여진이 이어져서 만들어진 결과다. 큰 지진은 많은 여진을 동반하며 수년에 걸쳐 온다. 그런데 이것이 또 다른 지진으로 이어질 수도 있다. 경주나 포항은 큰 규모의 지진이 없던 지진 정지기 지역이었는데 지진 에너지가 꾸준히 축적되었기 때문에 대형 지진이 발생할 수 있었다는 것

2010년대 국내 지진 발생 건수

2010	2011	2012	2013	2014	2015	2016	2017	2018	2019
42	52	56	93	49	44	252	223	115	88

단위: 회, 자료: 기상청

한반도 역대 지진 규모 톱(TOP) 10

순위	규모	날짜	지역
1위	5.8	2016년 9월 12일	경북 경주시 남서쪽
2위	5.4	2017년 11월 15일	경북 포항시 북쪽
3위	5.3	1980년 1월 8일	평안북도 삭주 남서쪽
공동 4위	5.2	2004년 5월 29일	경북 울진 동남동쪽
	5.2	1978년 9월 16일	경북 상주시 북서쪽
공동 5위	5.1	2016년 9월 12일	경북 경주시 남서쪽
	5.1	2014년 4월 1일	충남 태안 북서쪽
공동 6위	5.0	2016년 7월 5일	울산 동구 동쪽
	5.0	2003년 3월 30일	인천 백령도 남서쪽
	5.0	1978년 10월 7일	충남 홍성군 동쪽

3위 삭주

북한

남한

6위 인천 백령도

4위 울진

5위 태안

4위 상주

6위 홍성

5위 경주

2위 포항

1위 경주

6위 울산

자료: 기상청

이 학계의 견해다.

　한반도에서 가장 강력한 지진이 일어난 지역(경주)과 그다음으로 강력한 지진이 일어난 지역(포항)은 바로 인접해 있다. 이 둘 사이에도 연관이 있을 수밖에 없다. 경주와 포항 지역은 지진이 발생할 가능성이 있는 양산 단층대에 속한다. 《조선왕조실록》에서 양산 단층대에 해당되는 울산에서의 대지진(학계는 당시 지진 규모를 6.5 이상이었을 것으로 추정)이 1643년과 1681년에 두 차례 기록되어 있고, 《삼국사기》에는 779년 신라 경주에서 대지진(6.7 규모로 추정)이 기록된 바 있다. 양산 단층대는 경북 영덕에서 경남 양산을 거쳐 부산시에 이르는 단층대로, 앞서 언급한 대지진 지역이 전부 이곳에 해당된다. 한반도 본토에서 일본과 가장 가까운 곳은 부산, 울산, 경남 지역으로 이 지역의 인구는 약 800만 명이며 원자력 발전소도 가장 많다. 바로 이곳에 양산 단층이 있다. 원자력 발전소와 방사성 폐기물 처분 시설(방폐장)의 내진 설계 범위는 7.0이다. 그 이상의 지진에는 대응 방법이 없는 셈이다. 대지진 자체로 인한 피해 이상으로 심각한 피해가 생길 수 있는 것이다. 동일본 대지진으로 후쿠시마 원자력 발전소에 사고가 발생한 것처럼 말이다. 후쿠시마 원자력 발전소의 방사능 누출과 오염된 지하수 유출은 지금도 현재 진행형이다. 물론 우리나라에서 대지진이 발생할 가능성은 아주아주 낮을 것이지만 그렇다고 장담할 수도 없다. 불의 고리(Ring of Fire)라고 불리는 환태평양 조산대는 지각 변동이 활발한 판(Plate)의 경계가 모여 이뤄진 곳으로 지진과 화산 활동이 자주 일어나는데 전 세계 지진의 90%가 여기서 발생한다. 지진이 잦은 일본이 바로 환태평양 조산대에 위치해 있다. 우리는 일본과 가깝기는 하지만 환태평양 조산대에서 벗어나 있어서 상대적으로 지진 안전 지대라고 여겼다. 하지만 땅속의 일을 우리가 통제할 수 없고, 지진과 지각 활동은 계속 영향을 주고받으며 어떤 변수를 만들어 낼지 누구도 장담할 수 없다.

축적되는 지진 에너지가 어디에서 드러날지 현재 기술로는 사실상 예측이 불가능하다고 한다. 결국은 내진 설계를 비롯해 비상 상황에 대비하는 수밖에 방법이 없다. 1992년 이전에 건설된 고층 건물과 대규모 건물, 특히 연약 지반에 지어진 아파트 단지가 상대적으로 위험성이 높다. 참고로 1989년에 주택 개발 계획이 발표된 1기 신도시인 분당, 일산은 1991년부터 입주했으니 그 지역 건물들은 내진 설계가 필수가 되기 전에 지어진 경우가 꽤 있다. 삼성화재 방재연구소에 따르면 수도권 일대에도 단층이 존재하는데 그중에서 지진에 가장 취약한 지역이 서울의 강남이다. 강북은 암지반인데 강남은 퇴적층인 연약 지반이고 대규모 고층 건물도 많기 때문이다. 압구정 현대아파트는 1976년 1차를 시작으로 1987년 14차까지 지어졌고, 대치동 은마아파트는 1979년, 개포 주공아파트는 1982년 1단지를 시작으로 1983년에 7단지까지 지어졌다. 아무래도 강남 개발이 1970~1980년 내에 본격적으로 이뤄졌기 때문에 대규모 아파트는 당시에 지어진 단지가 많을 수밖에 없다. 물론 이들은 결국 모두 재건축되겠지만 그전까지는 지진에 대한 대비가 취약한 상태인 것이 사실이다.

1992년 이후 건설된 건물에는 내진 설계가 필수로 적용되었지만 내진 설계에도 단계가 있다. 항만, 철도 등 국가 기간 시설은 좀 더 높은 단계의 내진 설계가 적용되지만 민간 건물이나 아파트는 법이 정하는 수준에만 맞춰 적용된다. 즉 지진이 일어나면 사람이 다치지 않을 정도의 수준인 것이지, 모든 규모의 지진에도 건물이 건재할 수 있다는 것은 아니다. 국내에서는 1988년에 내진 설계 관련 기준이 처음 적용되었는데 그때 토목은 리히터 지진계 6.0 내외, 건축은 5.5~6.5를 견디는 것이 규정이었다. 1992년 내진 설계가 필수가 되었지만 이 기준은 변함없이 적용되었다가 2005년부터 모든 건물이 6.0~7.0 수준을 견디도록 내진 설계 규정이 강화되었다. 물론 적용 대상은 모든 건축물이 아니라 3층(연약 지반의 경우 2층)이나 높이 13미터 이상 건축물과 연면적 500제곱미터 이상 건축물이다. 즉 소형 주택에는 법적으로 내진 설계가 필수가 아니다. 지진이 많은 일본에서는 저층 건물의 지진 피해가 더 심각하다고 한다. 노후한 저층 건물 중에서 단독 주택보다 노후 빌라나 연립 등이 더 취약하다. 서울시 전체 건축물 중 30년 이상 된 건축물은 약 28만 동으로 전체 건축물 약 61만 동 중 45% 정도다. 꽤 많은 건물이 내진 설계가 되지 않았다는 이야기이며, 만약 규모 7.0보다 더 강력한 지진이 왔을 경우에는 최근에 지어진 건물이라도 안전을 보장할 수 없다는 것이다.

리히터 규모 1이 증가하면 진폭은 10배가 증가하고 방출되는 에너지는 약 31.6배 커진다. 즉 리히터 규모 7의 지진은 6보다 31.6배, 5보다 1000배 큰 에너지가 방출된다. 6.0에서 나오는 에너지 방출량을 폭탄(TNT)이 내는 폭발력으로 비유하면 TNT 15킬로톤, 7.0은 480킬로톤 수준이다. 히로시마에 투하되었던 원자 폭탄 '리틀 보이'가 TNT 20킬로톤급이었다. 7.0만 해도 무시무시한 파괴력인데 그 이상은 생각하는 것만으로 공포스럽다. 5.0~5.9는 좁은 면적에 걸쳐 부실하게 지어진 건물에 심한 손상을 일으키고, 6.0~6.9는 진앙지에서 최대 160킬로미터에 걸쳐 건물들을 파괴하는데 전 세계에서 연간 약 120건 발생한다. 7.0~7.9는 넓은 지역에 심각한 피해를 입히며 전 세계에서 연간 약 18건 발생하고, 8.0~8.9는 수백 킬로미터에 걸쳐 심각한 피해를 입히는데 전 세계에서 연간 1건 정도 발생한다. 9.0~9.9는 수천 킬로미터에 걸친 지역을 완전히 파괴하는데 전 세계에서 약 20년에 1건 정도 발생한다.

2011년 3월 11일 발생한 동일본 대지진이 리히터 규모 9.0이었다. 이는 일본 관측 사상 역대 최고였고 1900년 이후 전 세계에서 네 번째로 강력한 지진이었다. 지진은 일본이 가진 위험 요소 중에서도 특히 중요하다. 나라가 활발한 지진대에 위치했기 때문에 지진을 자주 겪지만 2020년에는 지진 공포가 더 확산되었다. 대지진의 징후라면서 이상 자연 현상을 목격한 이들의 이야기가 소셜 네트워크를 통해 꽤 돌고 있다. 일본 기상청에 따르면 2020년 5~6월 두 달간 리히터 규모 4.0 이상의 지진은 78건 일어났다. 이중 가장 강력한 것은 도쿄와 가까운 치바현 앞바다에서 일어난 6.1 규모의 지진이었다. 당시 일부 지역에서는 사람이 제대로 걷지 못하고 가구가 쓰러질 정도로 흔들렸고 일부 철도 노선이 운행 중단되기도 했다. 일본은 2019년 6월에 니가타현 앞바다에서 6.8 규모의 지진이 일어나기도 했다. 2019년 5~6월에는 70건의 규모 4.0 지진이 있었다. 2017년 5~6월에는 55건, 2018년 5~6월에는 70건이었다. 5~6월로 범위를 좁히면 확실히 최근 몇 년 동안 매년 지진이 증가하는 추세다. 2011년 동일본 대지진 이후 지진 공포가 계속 커지고 있는 일본에서는 규모 7.0~8.0 수준의 지진이 수도권을 강타할 가능성에 대해 우려와 대비가 필요하다는 목소리가 제기되고 있다. 2021년에 무슨 일이 생길지, 그 일이 생기기 전까지 우리는 결코 알 수 없다.

코로나19 팬데믹으로 우리가 얻은 교훈 중 하나는, 인간은 자연 앞에서 한없이 약한 존재일 뿐이라는 사실이다. 기후 위기와 생태계 파괴가 초래한 전염병으로 인류가 고통을 받는 동안 대기질은 오히려 좋아졌다. 사람의 이동 제한으로 인한 교통량 감소, 공장과 생산 시설의 폐쇄와 중단이 결과적으로 지구에게 이득이 된 아이러니한 상황을 겪었다. 지진을 비롯해 인류가 통제하지 못할 자연의 막강한 힘 앞에서 우리가 가져야 할 겸손의 방법 중 하나는 바로 프레퍼. 단순히 대비만 하는 것이 아니라 대비하는 과정을 통해 우리의 삶을 돌아볼 계기를 가질 수 있기 때문이다.

식량 위기 경고에 당신은 어떤 대비를 하는가?

유엔 산하 식량농업기구(Food and Agriculture Organization of the United Nations, FAO)는 2020년 5월 18일 공개한 보고서를 통해, 코로나19로 인하여 2020년 한 해 동안 전 세계에서 1억 8300만 명 이상이 식량 위기에 처할 수 있다고 전망했다. 2019년 식량 위기에 처한 전 세계인은 1억 3500만 명이었으니 이보다 훨씬 증가한 것이다. 식량농업기구는 세계 식량 안보와 농촌 개발에 중심 역할을 하는 국제기구다. 유엔 산하 세계식량계획(World Food Programme, WFP)의 데이비드 비즐리 사무총장은 2020년 4월 22일자 영국 《가디언》과의 인터뷰에서 전 세계에 2억 6500만 명이 굶주림에 처해 있고 이는 코로나19로 인해 전년보다 약 2배 늘어난 수치라고 했다. 세계식량계획은 매년 전세계 1억 명 이상의 기아 인구를 지원하는 국제기구인데 전 세계에서 기아 인구가 사라지는 '굶주림 제로(Zero Hunger)'를 달성하는 것이 목표다.

두 국제기구가 비슷한 듯하지만 조금 다른 역할이기 때문에 코로나19가 초래한 기아 인구 증가에 대한 예측치도 조금 다를 수 있다. 기아 문제에 더 집중하는 세계식량계획으로서는 식량 생산량 감소보다 경제 위기로 인해 제3세계 기아 인구에 대한 지원이 줄어드는 상황을 더 우려할 수밖에 없다. 사실 식량 위기는 가난한 사람과 제3세계에 더 심각한 타격을 준다. 맛있는 것을 먹고 안 먹고의 문제, 비싸게 먹고 싸게 먹고의 문제가 아니다. 이들은 먹을 수 있는 식량이 주어지느냐 아니냐의 문제에 처해 있다. 같은 위기라도 경제적 상황에 따라 위

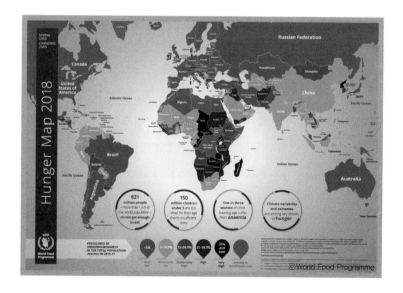

기의 강도가 다를 수밖에 없다. 식량 위기는 식탁 물가 상승으로 이어질 것이니, 제3세계뿐 아니라 우리의 문제도 된다.

코로나19 팬데믹으로 인한 식량 위기 우려를 제시한 몇 가지 이유가 있다. 첫째, 코로나19가 초래한 봉쇄령과 거리 두기 때문이다. 코로나19로 각국의 국경이 폐쇄되고 이동이 제한되었는데 이때 농산물 수출도 중단되는 경우가 많았다. 봉쇄령으로 물류가 막혀서 수출이 차질을 겪은 것이다. 아예 정부 차원에서 자국의 식량 불안 문제를 이유로 수출 금지도 했지만, 정부가 금지시키지 않아도 수출이 원활하지 못한 상황이 발생한 것이다. 전 세계 쌀 수출 1위 국가인 인도는 봉쇄령으로 인해 물류업체 직원들이 출근하지 못하고, 항구 노동자들도 구하지 못해서 어쩔 수 없이 수출용 쌀이 항구에 묶여 있기도 했다. 이런 영향 때문에 물류비용이 급증하기도 했는데 이것 또한 쌀 가격이 오르는 데 영향을 줬다. 쌀 수출 3위 국가인 베트남은 정부 차원에서 일시적(한 달 이상)으로 쌀 수출을 중단했다. 5월부터는 이들 국가에서 쌀 수출이 원활해졌지만, 2020년 6월 국제 쌀 선물 가격은 2011년 이후 최고치를 기록했다. 5월 27일, 시카고상품거래소(CME)에서 쌀 선물은 1cwt당 16.36센트였지만 6월 5일 장중에는 한때 23.565센트까지 오르기도 했다. 《월스트리트저널》은 그 시점부터 2주간 47%나 급등했다고 보도하기도 했다. 이후 좀 더 안정을 찾았지만 이 기간 동안 식량 위기에 대한 우려가 커졌었다. 코로나19 팬데믹이 언제 종식될지 몰라도, 재확산의 위험이나 다른 팬데믹이 닥칠 위험을 배제할 수 없다 보니 봉쇄령은 언제든 다시 가능하다.

아울러 봉쇄령과 거리 두기는 농업에 투입되어야 할 노동력을 부족하게 만드는 결과를 초래한다. 세계 곡물 생산량 1위 국가인 미국에서 농작물 수확 일등공신은 멕시코를 비롯한 중남미 노동자들이다. 프랑스, 독일, 이탈리아 등 서유럽의 대표적 농업 국가들도 동유럽과 북아프리카 이주 노동자들의 역할이 절대적이다. 봉쇄령과 이동 제한은 이들 노동자의 유입을 어렵게 만들어 농업 분야에서 인력이 부족하게 된다. FAO는 유럽에 부족 농업 인력이 약 100만 명이며 이것이 시장 가격에 영향을 줄 요소가 된다고 예측한 바 있다. 2020년 농업 수확의 문제는 결국 2021년 우리 식탁 물가에 영향을 줄 수밖에 없다.

둘째, 자국 이기주의와 식량 안보에 대한 정치적 태도다. 세계화는 자유 무역 시대를 만들었고 전 세계를 공존하게 했다. 그런데 팬데믹을 맞아 각국이 봉쇄령과 자국 이기주의 노선을 드러내게 되었으니 식량 수출에 차질이 생길 수밖에 없다. 전 세계 밀 수출 1위 국가인 러시아도 식량 안보를 이유로 모든 곡물 수출을 일시적으로(3월 20~30일) 금지했다. FAO, WHO, 세계무역기구(WTO)가 공동 성명을 통해 러시아의 결정에 대해 경고했음에도 불구하고 러시아는 한발 더 나아가 곡물 수출 금지를 확대시켰다. 러시아를 중심으로 카자흐스탄, 벨라루스, 키르기스스탄, 아르메니아 등 구 소련권 5개국이 만든 유라시아경제연합(EAEU)은 4월부터 7월 1일까지 회원국 이외 국가에 곡물과 일부 채소류 수출을 금지하도록 조치했다. 이는 곡물 수출국들이 앞으로도 언제든 꺼낼 수 있는 카드다.

셋째, 기후 위기의 심화다. 코로나발 식량 위기라고 표현하기도 하는데 사실은 기후 위기가 더 심각한 복병이다. 미국도 세계적 쌀 수출국인데 2019년 미국의 쌀 생산량은 전년 대비 17%나 줄었다. 2019년 봄부터 여름까지 미국의 주요 쌀 재배 지역인 아칸소주, 미주리주, 미시시피주, 루이지애나주, 텍사스주에 허리케인급 폭풍을 동반한 폭우와 홍수가 닥쳐 심각한 피해가 발생했기 때문이다. 당시 미국에는 국가 비상사태까지 선포되었는데, 미국은 코로나19 팬데믹으로 국가 비상사태를 선포하기도 했다. 2019년은 전 세계가 이상 기후로 인해 심각한 타격을 받은 해이다. 프랑스는 기상 관측 사상 최고 기온인 45.9도를 기록했고 영국, 독일, 스위스, 이탈리아, 오스트리아, 크로아티아 등 유럽의 다른 지역들도 모두 기상 관측 사상 최고 기온을 기록했을 정도로 폭염이 심각했다. 호주 북동부 지역에는 연 강수량에 맞먹는 기록적 폭우가 강타했다. 하지만 호주 전체로 따지면 120년 만에 최저 강수량을 기록하며 심각한 봄 가뭄을 겪고 산불도 많았다. 뉴질랜드는 관측 사상 최대치인 1086밀리미터 폭우로 비상사태가 선포되기도 했다. 러시아에는 1월에 68년 만의 폭설이, 2월에는 140년 만의 폭설(45센티미터)이 내렸다. 아프리카에는 위성 관측 사상 가장 강력한 수준의 태풍 2개가 연속으로 덮쳤고, 인도와 방글라데시도 태풍과 폭우로 큰 피해를 겪었다. 미국 중북부 지역에는 10월 초에 30센티미터라는 기록적 폭설이 내려 수확 전 농작물에 심각한 피해를 끼쳤다. 여기 언급된 나라들 중 미국, 인도, 프랑스, 호주, 러시아 등은 세계적인 곡물 수출국이기도 하다. 기후 위기가 초래할 이상 기후는 2020년, 2021년이라고 다를 바가 없다. 기후 위기발 식량 위기가 현실로 다가온 셈이다.

코로나19와 별개로 식량 위기에 영향을 미치는 이슈는 계속 발생한다. 아프리카는 초대형 메뚜기 떼로 인해 심각한 농작물 피해를 보고 있다. 동아프리카 지역에 심각한 식량난을 초래한 초대형 메뚜기 떼는 중동과 인도까지 이어졌고 중국도 안심할 수 없게 만들었다. 여기에 가축의 전염병도 끊이지 않는다. 전 세계는 매년 살처분을 경험하는 중인데 그중 2019년에 발병한 아프리카돼지열병으로 전 세계 돼지의 1/4이 살처분된 것으로 추정된다. 가장 심각한 타격을 입은 중국은 돼지 사육 두수 중 최소 절반 이상(중국에서 공식 통계를 발표하지 않기 때문에 일부 외신에 따라서 60% 이상 혹은 2/3라고 추정하기도 한다)이 살처분되었을 것으로 추정한다. 중국의 돼지 사육이 회복되려면 5년은 더 걸릴 수 있다는데, 전 세계 돼지 중 60%가 중국에서 사육되고 전 세계 돼지고기 중 64%를 중국에서 소비하고 있다. 연간 1인당 돼지고기 소비량도 약 40킬로그램으로 전 세계 1위다. 삼겹살을 좋아하는 우리나라도 돼지고기 소비량 부분에서는 알아주는데 연간 30킬로그램 수준이다. 14억 명이 넘는 중국 인구가 갑자기 돼지고기를 안 먹을 수는 없다. 그러므로 중국의 돼지고기 수입이 늘어날 것이며 이는 국제 돼지고기 가격 상승으로 이어질 수밖에 없다. 로이터 통신이 중국의 세관 통계를 인용해 보도한 내용에 따르면, 2020년 1~4월까지 중국의 돼지고기 수입량은 전년 동기 대비 170.4% 증가했다. 또한 신화망(新華網)이 중국 국가통계국의 2020년 1분기 돼지고기 생산량 통계를 인용해 보도한 내용에 따르면, 전년 동기 대비 29.1%나 줄어들었다. 그러므로 전년 대비 가격은 폭등할 수밖에 없다. 중국내 돼지고기 가격은 2020년 3월 기준으로 미국보다 3~4배 정도 비쌌을 정도다. 돼지고기 가격의 폭등은 소고기, 닭고기 가격에도 영향을 준다.

아프리카돼지열병이 초래한 육류 시장의 도미노 현상이 중국에서 발생한 것인데 이는 국제 육류 시장에도 영향을 줄 수밖에 없다.

한국농촌경제연구원의 〈2020 농업 전망〉에 따르면, 2020년 식량 자급률 전망치가 45.4%다. 1999년에는 54.2%였지만 계속 하락하면서 2019년 45.2%까지 떨어졌고, 2020년에 조금 상향될 것이라는 전망이었다. 물론 코로나19 팬데믹 이전의 보고서이기 때문에 다소 차이는 생길 듯하다. 우리나라에는 쌀이 흔해서 식량 자급률이 꽤 높을 것이라고 오해하는 사람이 많은데, 2018년 기준 쌀의 자급률은 97.3%지만 밀은 1.2%에 불과하다. 옥수수는 3.3%, 콩은 25.4%였다. 곡물 자급률만 보면 2019년 기준 겨우 21.7%다. 20년 전인 1999년에는 29.4%였지만 지속적으로 떨어져서 이제 OECD 회원국 중 최하위 수준이다. 이런 이유로 우리나라는 세계 식량 안보 지수(GFSI)에서 OECD 회원국 중 최하위권으로 분류되어 있다. 곡물은 가축 사료까

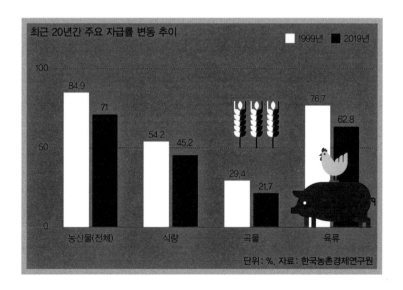

최근 20년간 주요 자급률 변동 추이   □ 1999년 ■ 2019년

100

84.9
71

50

54.2
45.2

29.4
21.7

76.7
62.8

0

농산물(전체)   식량   곡물   육류

단위 : %, 자료 : 한국농촌경제연구원

지 포함하지만 우리가 먹는 것이 아니라고 해서 낮은 자급률을 걱정하지 않아도 되는 것은 아니다. 이는 결국 육류 자급률에도 영향을 미치기 때문이다. 육류 자급률은 2019년에 62.8%인데 1999년에는 76.7%였다. 한미 FTA를 비롯해 여러 국가와 체결한 FTA로 인해 육류 수입이 늘어난 이유도 있다.

식량 자급률이든 곡물 자급률이든 육류 자급률이든 우리는 수입에 꽤 의존하고 있어서 국제적 식량 위기 상황이 발생하면 영향을 받을 수밖에 없다. 이 문제는 개인이 대비하기도 어렵다. 모두가 농사를 짓거나 자기 식량을 직접 확보하기 어렵기 때문이다. 하지만 그렇다고 방치하고 있을 수도 없다. 그동안 해외 수입에 의존하며 식량 자급률이 계속 떨어지도록 놔두었고, 자유 무역을 통한 효율성만 따졌으며, 산업과 무역에만 힘을 쏟고 농촌은 상대적으로 외면했다. 이것은 정치의 문제라기보다 우리 사회가 그 상황에 대해 암묵적 동의와 합의를 했기 때문이기도 하다. 미국, 캐나다, 프랑스, 영국, 독일 등 경제적 부국이자 선진국으로 불리는 국가들은 대부분 약 100%의 곡물 자급률을 기록한다. 한국농촌경제연구원이 FAO 산하 농산물시장정보시스템(AMIS)의 데이터베이스를 토대로, 세계 22개국과 유럽 연합의 3개년(2016~2018년) 평균 곡물 자급률을 산출했더니 100.8%였다. 이중 미국은 124.7%, 캐나다 177.4%, 호주 251.7%였고 인구가 많은 중국도 98.9%였다. 같은 시기 우리의 곡물 자급률은 약 24%인 것을 보면 확실히 큰 차이가 난다. 어떤 방법으로든 대비가 필요하다.

나도 자연인이다: 자급자족과 생존 본능

2020년 6월, G마켓의 텃밭 세트 판매량은 전년 동기 대비 130% 증가했다. 씨앗, 모종, 묘목 판매는 85% 증가했고, 새싹 재배기 판매는 43% 증가했다. 11번가도 마찬가지였는데 새싹 재배기는 88%, 화분 영양제와 비료는 16% 증가했다. 교원 웰스의 식물 재배기 웰스팜 렌털 서비스는 2020년 1분기 매출액이 전년 동기보다 약 5배 증가했다. 텃밭과 식물 재배에 대한 사람들의 관심이 왜 갑자기 늘어난 것일까? 2020년 6월, SSG닷컴의 원예 공구 매출은 전년 동기 대비 1012.6% 늘었다. 살충, 영양제 매출은 166.8%, 흙과 자갈(토양) 매출은 128.1%, 화분과 화분 받침 매출은 125%, 가드닝 카테고리 전체 매출은 125%가 늘었다. 도대체 2019년과 2020년이 무엇이 다르기에 원예에 대한 사람들의 관심이 급증한 것일까? 결정적으로 다른 것은 코로나19 팬데믹이 아닐까. 팬데믹 때 자발적 격리를 겪은 사람들에게 텃밭이나 식물 가꾸기가 새로운 욕망으로 부각된 셈이다. 이것은 일시적인 욕망이 아니다. 텃밭에 대한 도시인의 관심은 2010년대에 들어 꾸준히 있었다. 지자체가 공공복지 차원으로 도시 내 텃밭을 빌려주기도 하고, 도시 외곽과 농촌에 주말 농장형 작은 텃밭을 개별적으로 마련하는 이들도 늘었다. 귀농 귀촌을 위한 사전 연습이거나 나이든 은퇴자들의 소일거리 차원이 아니라 자연과 자급자족, 노동과 수확의 즐거움에 관심을 가지는 현대인들의 욕망 때문이다.

사람들이 욕망을 쉽고 편리하게 이룰 수 있도록 도와주는 것이 기업이다. 그것이 곧 비즈니스니까. 기업들이 소비자들 사이에서 새롭게

나타나거나 더 커지는 욕망을 캐치하는 것은 지극히 당연하다. 삼성전자와 LG전자는 수년간 TV, 건조기 등 제품 분야에서 매우 뜨거운 신경전을 벌였다. 때로는 비방이나 공격도 서슴지 않았는데 이는 자존심 때문이기도 하고, 비즈니스 때문이기도 하다. 기술의 비교 우위를 가지는 것은 경쟁 관계에서 아주 중요하다. 두 회사는 가전 시장뿐 아니라 로봇 시장에서도 경쟁한다. 로봇 청소기 정도가 아니라 생활용 로봇 시장을 두고 경쟁한다. 향후 큰 시장이 될 것이기 때문에 초기부터 전 세계 수많은 기업이 각축전을 벌이고 있다. 국제전자제품박람회(CES)는 바로 그런 기업들의 최신 제품을 비교해 볼 수 있는 가장 좋은 기회다.

흥미롭게도 CES 2020에서 삼성전자와 LG전자는 똑같이 식물 재배기를 내놓았다. 외양은 양문형 냉장고와 비슷하다. 식물 재배기는 생소한 이름처럼 들리지만 가정용 채소 재배기다. 소비자는 복잡한 재배 과정을 신경 쓸 필요 없이 1년 내내 신선한 채소를 키워서 먹을 수 있다. 씨앗, 토양, 비료 등이 일체형 패키지로 마련되어 있는데 소비자는 그냥 이것을 식물 재배기 선반에 넣고 문을 닫으면 된다. 그러면 자동으로 알아서 재배가 된다. 상추, 케일 등 20여 종의 채소를 야외보다 더 빠르게 키울 수 있는데 새싹 채소는 2주, 잎채소는 4주면 다 자란다고 한다. 삼성전자가 내놓은 식물 재배기의 경우 한쪽은 식물을 키우는 곳, 한쪽은 식재료를 보관하는 곳으로 구성되었다. 사실 LG전자는 시제품을 선보인 것이고, 삼성전자는 당장의 출시 계획은 없지만 향후 시장의 흐름을 보는 중이다. 국내에서는 2017년 교원 웰스가 이들 가전 빅2보다 먼저 웰스팜이라는 이름의 식물 재배기를 출시했고, 위니아딤채도 식물 재배기 시장 진출을 준비하며 팜인홈이라는 상표권을 확보했다. 독일의 가전사 밀레도 2019년 12월에 관련 스타트업을 인수한 후 식물 재배기 사업 진출 의사를 밝혔다. 이처럼 국내외 가전사들에게 가정용 식물 재배기는 향후 중요한 상품이 될 가능성이 크다. 자급자족의 진화된 방법인 셈으로, 자신이 먹을 채소를 자급자족하는 것이 더 프리미엄 라이프라는 인식이 만들어질 수 있다. 식물 재배기는 가전제품이므로 싸지 않다. 채소 가격이 얼마나 한다고, 그 제품 살 돈으로 그냥 상추나 사 먹겠다는 사람도 있을 것이다. 하지만 더 비싸더라도 식물 재배기를 통해 채소를 자급자족하겠다는 것은 '안전한 먹거리' 확보의 의미가 크다. 그리고 기업이 보다 손쉬운 자급자족 시대를 만들려는 것은 그것이 상품화가 가능하기 때문이다. 욕망은 늘 소비를 낳는다.

《라이프 트렌드 2016: 그들의 은밀한 취향》에서 자급자족(Self

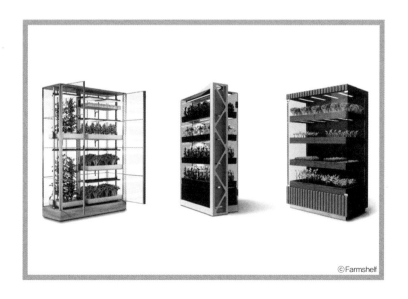

©Farmshelf

Sufficiency) 트렌드를 제시했었다. 구시대의 화두 같은 자급자족이 21세기에 다시 필요해진 것은 식량 위기나 먹거리 안전에 대한 우려 때문만이 아니다. 대량 생산의 시대지만 자기만의 취향과 개성을 추구하며 필요한 것을 직접 자신의 손으로 만드는 자급자족이 주는 즐거움 때문이기도 하다. 소비가 더 이상 필요에 의해서만 이뤄지지 않고 욕망을 채우기 위해서도 이루어진다. 아니, 어쩌면 욕망 채우기가 더 우선일 수도 있다. 필요한 것이 없을 만큼 이미 다 가진 시대에 자급자족은 하나의 삶의 태도이자 개인의 생산 능력이며 창작력을 위한 도구이기도 하다. 그래서 2016년 라이프 트렌드에서 자급자족과 DIY, 1인 제조업과 생산자로서의 개인 역량에 대해 이야기했던 것이다. 자급자족 트렌드는《라이프 트렌드 2018: 아주 멋진 가짜 Classy Fake》에서 다시 제시했다. '월드니즘(Waldenism): 나만의 월든을 찾는 사람들'이라는 트렌드 이슈를 통해 자발적 고립과 자급자족의 삶이 지금 시대에 점점 중요한 욕망이 되고 있음을 설명했다. 19세기 미국의 철학자이자 작가인 헨리 데이비드 소로는 1845년부터 1847년까지 2년 2개월 동안 세상과 인연을 끊고 미국 매사추세츠주 콩코드에 위치한 월든 호숫가에 작은 통나무집을 짓고 살았다. 그는 사회에서 실패한 사람도 아니었다. 하버드대학교를 나온 사업가로서 교수로도 지냈으며 명성과 능력이 있는 사람이었다. 그가 2년여 동안 한 실험은 자급자족과 자발적 고립에 대한 것이었다. 우리가 보기에 실험이라고 하지만, 사실 그에게는 삶의 새로운 도전이자 즐거움을 위한 시도였을 것이다. 돈을 벌고 출세를 하기 위한 삶이 아니라, 자신의 행복을 위하고 사유하며 자기 관심사에 집중하는 삶을 살아 보는 것이었다. 우리는 자기만의 방식으로 살아가지 못한 채 사회가 정한 방식, 부모님을 비롯해 기성세대가 살았던 방식을 그대로 이어받아 반복하는 경우가 많다.

MBN의 〈나는 자연인이다〉는 2012년 8월부터 방송되어 현재까지 이어지고 있는 장수 프로그램이다. 주 1회 편성으로 8년간 410명 이상의 자연인을 소개했다. 처음 방송이 시작되었을 때만 해도 이런 프로그램이 얼마나 오래 갈까 생각하는 이들이 있었겠지만 지금은 명실공히 MBN의 대표 프로그램이 되었다. 4~5%의 시청률을 꾸준히 기록하는(최고 7%) 스테디셀러로서 종편 교양 최고 시청률 프로그램이다. 산속에 은둔해서 자급자족하며 사는 사람이 얼마나 될까 싶겠지만 MBN 관계자로부터 전해 들은 이야기로는 지리산에만 5000명쯤 된다고 한다. 산속에 사는 사람들을 어떻게 알고 섭외를 할까 싶지만 MBN으로 직접 자신을 제보하는 자연인이 무척 많다고 한다. 자연 속에서 살지만 세상과 단절되어 사는 것은 아닌 셈이다. 그래서 〈나는 자연인이다〉는 소재 고갈, 즉 다룰 자연인이 모두 소진될 걱정은 사실상 하지 않아도 된다. 예전에는 자연인을 사회에서 실패하고 산속으로 도피해 세상과 담을 쌓은 사람, 혹은 심각한 질병 때문에 건강을 회복하기 위해 자연을 찾은 사람이라고 여겼다. 하지만 이제는 사회에서 충분히 성공했지만 자기 삶의 변화를 위해 마치 《월든》의 소로처럼 산속으로 들어간 자연인 이미지가 속속 등장하고 있다. 확실히 자연인이 되는 이유도, 자연인으로서 살아가는 모습도 다양해졌다. 이런 다양성은 각자의 개성과 취향을 구현하는 데 자급자족의 삶으로도 충분히 가능하다는 증거이기도 하다.

어른들의 진짜 공부가 본격화된다: 자기 계발과 프레퍼

　　'모르는 게 약 vs 아는 것이 힘'의 대결은 상황에 따라 다른 답이 나올 수 있다. 하지만 팬데믹을 겪은 우리는 절대적으로 '아는 것이 힘'을 지지한다. 모르는 것은 약이 아니라 위기와 위험을 방치하는 것이고, 그 결과는 고스란히 자신이 감당해야 한다. 한국인은 유행에 민감하지만 사회 변화나 산업 변화에는 아주 민감하지 않았다. 소비 트렌드에는 민감했지만 사회 트렌드, 산업 트렌드, 기술 트렌드 같은 것에는 둔감했다. 그러다 보니 소비재 기업에게는 더할 나위 없이 좋은, 무엇이든 잘 사 주는 소비자였다. 우리는 소비자가 되려고 살아가는 것이 아니지만 소비자로서의 삶에 너무 충실했다. 그런데 팬데믹이 우리의 생존 본능을 이끌어 냈다. 마스크를 쓰는 불편과 감염에 대한 공포 때문이 아니라, 산업과 비즈니스 구도가 바뀌고 내 일자리와 미래가 위태로워지는 것에 대한 공포 때문이다.

　불안과 설렘은 다른 듯 비슷하다. 둘 다 어떤 일이 생길지 몰라서 생기는 감정이다. 불안은 안전과 생존이 위협받거나 손해를 입을 수 있는 상황에서 느끼고, 설렘은 새로운 도전과 기회에 대한 기대를 가지는 상황에서 느낀다. 누구든 설렘만 느끼고 싶고, 불안해하고 싶지는 않을 것이다. 하지만 불안은 생존에 있어 아주 중요한 감정이다. 위험이나 위기가 있더라도 그것을 감지하지 못하면 불안하지도 않다. 즉 여전히 위험과 위기는 계속 다가오는 중인데 불안하지 않으니 자신만 모를 뿐이고, 결국 더 심각한 상황을 맞게 되는 것이다. 불안을 느끼면 적어도 대비나 대응을 할 수 있고 그러면 어느 정도 방어와 회피가 가능하다. 하지만 이를 감지하지 못하고 불안해하지도 않으면 속수무책으로 당해 그대로 무너질 수 있다. 크고 작은 고난을 이겨 내며 올라간 사람과 고난 없이 탄탄대로를 걸으며 올라간 사람은 위기 앞에서 대응이 다를 수 있다. 코로나19 팬데믹은 사회 변화와 산업 진화의 속도를 아주 빠르게 만들었는데 이는 과거 방식을 고수하던 이들의 치명적 위기로 이어진다. 소매업의 몰락이 가속화되었고 오프라인 유통에서는 대기업 유통마저 하락세를 거스를 수 없게 되었다. 경기 침체와 기업의 위기로 역대급 구조 조정이 발생하고, 위기는 악순환의 고리가 되어 다른 위기로 계속 이어진다. 결국 '이대로라면 괜찮겠지'라며 안심하던 태도를 버리고 '내가 받아들일 변화는 어떤 것일까'라는 고민거리가 모두에게 주어졌다. 이런 상황에서 자기 계발의 방향에서도 동기 부여 같은 감정적, 추상적 내용이 아니라 구체적인 전문성 쌓기와 트렌드, 미래에 대한 공부로 옮겨 갈 가능성이 크다. '열심히'가 아니라 '제대로'가 필요해졌기 때문이다. 이는 거대 담론에 대한 관심으로 이어진다. 내가 잘되기 위해서라도 사회 구조적 변화에 대한 이해가 필요해진 것이다. 아울러 재테크에 대한 관심과 수요도 역대급이 될 것이다. 위기의 시대, 팬데믹을 겪으며 믿을 것은 오직 돈과 자신의 능력뿐이라는 생각이 그 어느 때보다 강해졌다. 사실 이런 공부의 수요가 곧 프레퍼이기도 하다.

미래를 대비하는 방법으로 공부를 선택하는 것은 가장 현실적인 방법이다. 인맥을 만들 의도로 시작된 수많은 독서 모임, 공부 모임, 토론 모임, 소셜 살롱에서 보다 구체적이고 치열한 학습의 욕구가 드러날 수 있다. 그만큼 우리는 2020년 팬데믹을 겪으며 2021년과 그 이후의 시대가 주는 위기와 위험을 심각하게 감지했다. 모두가 살아남지는 못하더라도 자신만은 살아남겠다는 의지를 가진 이들의 공부가 치열해진다. 대표적인 것이 스타 강사 김미경의 'MKTV'에서 하는 유튜브 대학이다. 위기 속에서 미래에도 살아남기 위해 공부하겠다는 사람들은 계속 늘어날 것이다. 급변하는 상황에는 위기만큼 새로운 기회도 나타난다. 판이 바뀌는 상황에서는 다윗이 골리앗이 되기도 하고, 공룡이 쓰러지기도 한다. 사실 평생 동안 했던 공부 중 중고등학생 때 입시 공부와 대학 졸업 후 취업 공부가 가장 큰 비중을 차지하는 사람이 많다. 그 두 번의 시기 이후에는 공부 없이 안일하게 살아온 사람도 많다. 학생들의 학습력 부분에서는 전 세계 상위권인 우리가 성인 독서량과 문해력 부분에서는 OECD 하위권이라는 사실은 부끄러운 일이다.

먹고사는 게 바빠서 책 읽을 시간이 없었다는 핑계만큼 터무니없는 것도 없다. 아무리 바빠도 설마 일론 머스크보다 바쁠까? 전기 자동차이자 자율 주행 자동차를 만들며 자동차의 역사를 바꾸는 회사 테슬라, 유인 우주선을 만들고 궁극에는 화성 이주를 목표로 삼은 회사 스페이스X, 둘 다 일론 머스크가 만들었다. 테슬라는 전 세계 자동차 회사 중 시가 총액 1위이고, 일론 머스크는 탁월한 사업가이자 억만장자이며 천재로서 괴짜 이미지도 강하다. 그런데 전 세계에서 가장 바쁜 사람 중 하나일 일론 머스크가 하루에 책 2권씩 읽는다고 한다. 빌 게이츠, 스티브 잡스 등 세계적 혁신가이자 미래를 앞당긴 사람들 중에는 유독 책벌레가 많다. 공부만 하는 범생이가 아니다. 이들의 공부는 입시 학습도 아니고 자격증 공부도 아니다. 세상의 변화, 사회와 산업, 사람, 기술에 대한 공부다. 세계적 부자들까지 살펴보지 않아도, 국내 부자들 중에도 책을 열심히 보는 사람이 많다. 대기업 CEO를 비롯해 잘나가는 전문직과 부자들이 이른 아침 호텔에 모여 강연을 듣고 공부하는 조찬 포럼은 셀 수 없이 많다. 그들은 오래전부터 그렇게 미래를 대비해 왔고, 공부를 하고 책을 읽으며 생존 본능을 키워 왔다. 최선을 다해 공부한 덕분인지 그들은 늘 생존에서 우위다.

야생의 세계에서는 모두가 최선을 다한다. 누구도 생존이 보장되지 않기 때문이다. 하물며 사자도 모든 사냥에 성공하지 않고, 생존율도 다른 동물에 비해 높지 않다. 강자이지만 그들도 약점이 있고 한계가 있다. 그렇기 때문에 생존 본능 앞에서는 절대 강자 같은 사자마저도 최선을 다해야만 살아남을 수 있다. 세렝게티에서 사자, 표범, 치타는 대표적인 포식자로서 이들은 빠르고 강력한 힘을 가진 맹수다. 이중 치타는 순간 속도 최대 시속 112킬로미터로 달리며 사냥한다. 하지만 치타는 300미터 이상을 전력 질주하면 체온이 급상승해 생명이 위험해진다. 사자나 표범도 500미터 정도만 전력 질주할 수 있다. 그래서 초식 동물은 이들로부터 500미터만 도망가면 된다. 즉 아무리 빠르고 강력한 맹수여도 늘 사냥에 성공하는 것은 아니고, 힘없는 초식 동물이라도 다가오는 위협을 더 빨리 발견하고 생존 본능을 발휘해 끈질기게 도망가면 살아남는다. 실제로 세렝게티에서 사자의 생존율은 평균 20%인데 초식 동물의 생존율은 30~40%로 더 높다. 초식 동물은 더 많이 번식하기도 하고, 포식자의 위협에 대해 일부를 희생시켜 나머지 다수를 살리는 생존 전략도 쓴다. 반드시 강한 자가 오래 사는 것은 아니다. 최선을 다하고 생존 본능을 가진 자가 오래 산다.

전쟁 직후 출산율이 급증하는 것은 우리의 생존 본능이 발현된 결과일 수 있다. 소나무가 솔방울을 많이 만들어 내는 경우는 소나무가 생명의 위기를 느꼈을 때라고 한다. 소나무뿐 아니라 식물은 절박한 위기의 상황에서 번식을 위해 꽃과 열매에 더 집중한다. 코로나19 팬데믹은 우리가 겪은 새로운 위기다. 단지 전염병에 의한 위기만 겪은 것이 아니라, 팬데믹이 초래한 경제 위기도 겪었고, 격리와 단절 때문에 일상의 당연함이 무너지는 위기도 겪었다. 한국 사회가 겪었던 IMF 외환 위기나 전쟁에 비견될 정도로 심각하고 강력한 위기다. 각자도생을 넘어 생존 본능이 극대화되는 시기를 맞은 것이다. 아이들의 공부가 아닌, 어른들의 공부가 본격적으로 시작될 수밖에 없다. 학위와 자격증이 아니라, 진짜 실력과 안목을 키우는 공부다. 출판과 콘텐츠, 교육 사업 분야에서 이런 수요를 어떻게 비즈니스로 바꿔 놓을지 지켜볼 일이다.

다시 부활한
거대 담론의 시대

트렌드 이슈로서 거대 담론을 이야기해야 할 시점이 다시 찾아왔다. 소비 트렌드는 그 상위에 있는, 의식주를 둘러싼 라이프 트렌드와 사회 트렌드의 영향을 받을 수밖에 없다. 이는 정치와 산업 트렌드와도 영향을 주고받을 수밖에 없다. 우리의 일상은 그냥 우리의 개인적 욕망으로만 이뤄진 것이 아니다. 우리의 욕망도 사회가 어떤 담론에 집중하는지, 그에 따라 정부와 정치가 어떤 제도와 규제를 만드는지, 산업이 어떤 방향으로 나아가는지, 그에 따른 기업의 대응과 일자리는 어떤 영향을 받는지 등의 문제가 모두 우리의 일상에 영향을 미친다. 그러므로 거대 담론 따위는 나와 상관없다는 태도는 위험하다. 그동안 먹고사는 문제에 집중하느라 거대 담론을 무시해 왔던 이들이 사실 거대 담론이 풀어야 할 숙제의 가장 큰 수혜자가 될 수 있다. 위기는 이미 누구에게나 다가왔고, 과거에 구축한 사회 체계와 관점으로는 풀기 어려워졌다.

담론(談論, Discourse)은 어떤 주제에 대해 체계적으로 논의하는 것이다. 철학, 사회학, 정치학 분야에서 쓰이는 말이지만, 담론이 다뤄질 분야는 제한이 없다. 정치, 경제, 사회, 문화, 예술, 종교 등 모든 분야에서 담론은 만들어지고 계속 심화되어 쌓여 왔다. 이를 통해 우리의 사고와 사회가 진화되어 왔다고 해도 과언이 아니다. 우리는 호모 사피엔스다. 우리는 언어를 가지고 생각을 나누는 사회적 동물이다. 이것이 사람속(Homo) 중 유일하게 멸종되지 않고 살아남을 수 있었던 이유이자 계속 진화할 수 있었던 이유라고 해도 과언이 아니다. 말과 글로 주고받는 정보와 사고가 이어지고 심화될수록 더 깊고 넓은 논의로 이어질 수 있다. 이런 담론을 특정 세부 주제에 한정하지 않고 보다 포괄적이고 상위 범주까지 아우르는 것을 거대 담론이라고 한다. 사회와 인간에 대한 포괄적 논의를 통해 얻고자 하는 것은, 우리는 어떻게 살아갈 것이며 우리 사회는 어떤 방향으로 가야할 것인가에 대한 답이기 때문이다.

당신은 인구 절벽과 기본 소득에 대해 생각해 본 적 있는가?

트렌드 책이 트렌디하지 않게 무슨 담론이냐 싶겠지만 사실 트렌드는 가벼운 욕망과 흥미만 자극하는 것이 아니다. 마찬가지로 소비 트렌드는 사회와 무관하게 하늘에서 떨어지는 것도 아니다. 사회 트렌드, 정치 트렌드, 산업 트렌드, 우리의 라이프스타일과 가치관의 변화에 따라 영향을 받는다. 그리고 지금 우리에게 필요한 궁금증은 특이하고 새로운 상품의 소비보다 '점점 일자리가 줄어드는 시대에 우리는 어떤 일을 하고 어떻게 생계를 유지할 것인가'가 아닐까.

우리는 경쟁에서 치열하게 싸워 이긴 자가 더 가져가는 것을 정당하고 공정하게 여긴다. 그렇다면 경쟁에서 살아남은 사람들만 기회를 장악하는 승자 독식 사회에서, 훨씬 다수인 패자들은 도태되어야 할까? 사회는 그들의 소외와 도태를 방관하고 방치해야만 할까? 이 문제에 대한 대안이 결국 복지다. 우리나라의 경제는 전 세계에서 상위권이다. GDP 순위는 세계 12위 정도, 지난 10년을 살펴보면 가장 낮았을 때가 14위, 가장 높았을 때가 11위였다. 평균적으로 12~13위다. 작은 영토, 적은 인구, 강대국 사이에 끼어 있는 핸디캡을 가졌음에도 불구하고 경제 선진국이라 해도 과언이 아니다. OECD 국가 중에서는 GDP 순위가 10위 정도다. 2020년, 스위스 국제경영개발대학원(IMD)의 국가 경쟁력 평가 순위에서도 인구 2000만 명 이상 국가 중 8위에 해당된다. 이처럼 우리나라는 경제력에 있어 세계 상위권에 있다. 그런데 복지에 있어서는 그렇지 못하다. 2018년 기준, 우리나라의 GDP 대비 공공 사회 복지 지출 비율은 11.1%로 OECD 회원국 평균인 20.1%의 절반 수준이다. 그런데 이 팩트를 두고, 복지 지출을 늘릴 여력이 있으니 복지와 기본 소득에 대해 적극적으로 논의하자는 입장이 있는 반면, 복지 타령만 하다가 나라가 망할 것이라는 입장도 있다.

"OECD 평균의 절반인 한국 복지비, 20년 후 평균 넘는다." 이것은 2020년 6월 24일자 《조선일보》 기사의 헤드라인이다. 우리의 복지 예산이 OECD 평균보다 한참 낮으니 여기에 예산을 더 쓰는 것이 결코 과하지 않다는 주장에 대하여 《조선일보》는 이러한 시각을 가졌다. 그들도 이 주장 자체를 반박하는 것은 어려웠던지, 20년 후인 2040년쯤에는 OECD 평균을 넘을 테니 지금 복지 예산을 늘리자고 하거나 기본 소득 이야기를 꺼내는 것은 위험하다고 한 것이다. 왜 복지와 기본 소득 문제에 대해 이런 태도를 가질까? 이러한 태도는 《조선일보》뿐 아니라 소위 친기업적 태도를 가진 신문들에게서 비슷하게 드러난다. 복지 지출을 늘리고 기본 소득을 고려하는 것은 결국 세금 문제로 이어지기 때문이다. 증세를 선택할 필요도 있고, 세금을 쓰는 기존 부분을 변화시켜야 하는 선택도 필요하다. 이 2가지 선택 모두 자신에게 손해가 된다면 당연히 반대하는 태도를 가질 것이다. 자신에게 유리한 입장을 주장하고 그것을 관철시키려고 애쓸 권리와 자유는 누구에게나 있다. 하지만 그러려면 더 공론화되어야 하고, 치열하게 다투고 계산하면서 최선의 답을 찾는 일에 사회가 투자해야 한다. 왜냐하면 이것은 우리 모두의 삶에 직접적으로 영향을 주는 일이기 때문이다. 내가 볼 이득에는 찬성하지만 내가 내야 하는 세

금은 반대한다면 어불성설이다. 세금도 안 내고 이득도 안 보겠다는 것도 어불성설이다. 부자라면 그렇게 살아도 지장이 없겠지만 대다수의 사람은 그렇지 못하다. 의료 보험과 국민연금도 돈을 낼 때와 막상 그 혜택을 볼 때에는 태도가 달라진다.

분명한 점은 양질의 일자리가 충분해지는 상황은 불가능하다는 것이다. 모두가 일자리를 가질 수도 없다. 로봇과 기술 진화가 일자리를 대체해 가는 것을 막는 데에도 한계가 있다. 이 문제에 대한 대안으로 떠오른 것이 기본 소득이다. 하지만 '과연 기본 소득은 현실이 될 것인가? 그렇다면 기본 소득을 위한 재원은 어디서 마련할 것인가? 기본 소득을 위해 당신은 어느 정도의 세금 인상을 감수할 수 있을까?'는 짚고 넘어가야 할 부분이다. 기본 소득의 취지에는 공감하지만 실효성과 재원 마련의 현실성 때문에 기본 소득을 회의적인 시각으로 보는 이가 많다. 사실 학계에서도 의견이 분분하다. 아주 어려운 숙제지만 미래를 위해 어떤 방향으로든 풀긴 해야 하는 것이 기본 소득 논의이다.

"사회적 문제를 해결하기 위해서는 기본 소득처럼 모든 이에게 쿠션이 될 수 있는 새로운 아이디어를 찾아야 한다." 이것은 2017년 5월, 페이스북의 CEO 마크 저커버그가 하버드대학교 졸업식에서 발표한 연설문의 일부다. "로봇이 인간 능력을 능가하지 못하는 과제가 점점 줄어든다. 내 생각에는 일종의 기본 소득이 필수가 될 것이다." 이것은 2017년 2월, 두바이에서 열린 세계정부정상회의(World Government Summit)에서 테슬라의 CEO 일론 머스크가 한 말이다. 가장 자본주의적인 미국에서 가장 자본주의적인 역할을 하는 글로벌 기업을 창업한 경영자이자 세계 부자 순위 상위 리스트에 올라 있는 이들이 기본 소득의 필요성을 이야기한 것이다. 이들뿐 아니라 글로벌 IT 기업 경영자들 중에서 기본 소득을 지지하는 이가 많다. 그들은 로봇이 인간의 일자리를 대체하게 될 상황에서, 복지가 아닌 경제 관점으로 기본 소득에 대한 논의가 필요하다고 이야기하는 것이다. 소비자가 소비할 여력이 없다면 기업으로서는 비즈니스를 지속할 여력이 사라지는 것이니까.

심지어 우리는 한국의 보수를 대표하는 미래통합당(2020년 9월, 국민의힘당으로 당명이 바뀌었다)에서 공식적으로 기본 소득을 채택하는 상황을 지켜보게 되었다. 정의당에서나 주장했을 법한 기본 소득 문제를 통합당에서 수용할 정도로, 우리는 변화한 시대를 살아가고 있다. 이러면 정의당으로서는 정체성을 고민할 수밖에 없다. 사실 더불어민주당, 미래통합당, 정의당 모두 이념적 도구로서의 진보와 보수라는 틀을 중심으로 활동했다. 하지만 이 틀이 무용지물이 되는 시대가 와버렸다. 더 이상 국민들도 진보와 보수라는 낡은 과거의 구도를 원하지 않고, 실용적이고 합리적인 정치 세력을 원한다. 더 이상 이념으로만 무장한, 이념에서는 프로지만 실용과 전문성에서는 아마추어인 정치권에게 미래를 맡길 수 없기 때문이다. 통합당이 기본 소득을 이야기했다고 해서 그들이 진보가 되는 것은 아니다. 사회는 계속 진화한다. 과거 사회에서는 진보적 주장이었던 것이, 지금 사회에서는 지극히 당연하거나 보수적인 주장이 되는 경우도 많다. 미래통합당에서는(엄밀히 말하면 김종인 미래통합당 비상대책위원장이 주도한) 기본 소득뿐 아니라 대학 교육 혁신, 전일 보육제도 제기했는데 이들 모두 우리 사회가 그동안 풀어야 했지만 풀지 못했던, 혹은 풀지 않았던 거대 담론이다. 미래통합당이 어떤 의도에서 이런 화두를 제기하고 프레임을 만드는지는 쉬이 알 수 있다. 하지만 그런 의도보다 더 중요한 것은 이런 담론을 보수를 자처하는 정당이 쟁점으로 부각시켰다는 사실 자체다. 사회적 변화를 실감하는 대목이다. 이런 변화가 팬데믹과 맞물리며 더 과감하게 이어질 것이다. 그들도 보수의 위기를 극복하기 위해 변신이 필요하기 때문이다. 결국 탈이념, 탈 진보-보수 구도, 탈 좌우 대결 구도가 지금 시대의 화두가 되었다. 그러므로 결국 이를 대체할 새로운 담론이 계속 제기될 수밖에 없다.

아직 시작하지도 않은 기본 소득 외에 이미 존재하는 국민 연금에 대해서도 '기금이 소멸되는 시점에 다음 세대의 부담은 어떻게 할 것인가? 그들에게 부담을 가중시키는 것이 부당하지 않은가? 기성세대가 누리는 연금을 줄이는 것도 방법인가? 자칫 이런 문제가 세대 간

갈등과 사회적 문제가 되는 것을 어떻게 감당할 것인가?' 등을 짚고 넘어가야 한다. 광범위하게 사회 전체가 연관되고, 돈이 개입되는 문제일수록 사회적 합의가 중요하다. 여기서 개개인의 이해관계만 내세워도 안 되고, 임시방편을 마련해도 곤란하다. 기본 소득과 국민연금 문제는 지금의 우리와 향후 다음 세대까지 모두 연관된 문제라서 근시안적으로 풀어서는 안 된다. 회피한다고 해서 풀리는 문제도 아니고 감정적으로 대응할 문제도 아니다. 이 문제를 풀다 보면 인구 감소와 저출산 문제가 이어진다.

수년 새에 한국 사회에서 인구 절벽이라는 말이 유행어처럼 번졌다. 해리 덴트는 경제 예측 분야에서 인지도가 높은 경제 평론가다. 자기 이름을 건 리서치 회사도 가지고 있다. 인구 절벽이라는 용어도 그가 쓴 책의 제목에서 나왔다. 미국에서 2014년 1월에 출간된《The Demographic Cliff》는 2015년 1월에 국내에 번역 출간되었는데 그 제목은《2018 인구 절벽이 온다》였다. 공교롭게도 2015년 10월에 열린 제16회 세계지식포럼에서 해리 덴트는 "한국은 3년 뒤면 인구 절벽에 직면, 경제 불황의 가능성이 높아지고 있는 상황이다"라고 주장했다. 결과적으로 볼 때 그의 주장은 틀렸다. 참고로 우리나라의 인구수는 2015년 5101만 명이었고, 2018년 5164만 명, 2020년 6월 기준으로는 5184만 명이다. 해리 덴트의 주장과는 조금 다르게 2018년에 인구 절벽이 찾아오지는 않았다. 통계청의 장래인구추계에 따르면, 우리나라에서 인구가 정점이 되는 시점은 2028년으로 보고 있는데 이 이야기는 인구가 그때부터 감소하기 시작한다는 의미다. 하지만 그렇다고 절벽이라고 표현할 정도는 아니다. 전 세계에서 인구 절벽 이야기를 가장 민감하게 받아들인 나라가 어딜까? 바로 한국이다. 가뜩이나 저출산으로 고심이 많은데 인구 절벽이라는 무시무시한 키워드에 더 솔깃할 수밖에 없다.

구글 트렌드(Google Trends)에서 '인구 절벽'과 'The Demographic Cliff'를 비교 검색하면 흥미로운 결과를 볼 수 있다. 두 키워드에 대한 전 세계의 관심과 변화 추이를 보니 'The Demographic Cliff'는 2014년에 큰 관심을 받은 후 급락하여 서서히 줄어들었다. 그런데 '인구 절벽'은 2017년에 관심이 정점이었고 지금까지 이어진다. 분명 전 세계를 대상으로 한 검색인데 한글인 '인구 절벽'이 영어인 'The Demographic Cliff'보다 더 많은 관심도를 보인 것이다. 이것은 유독 한국에서만 관심이 많다는 의미이기도 하다.

해리 덴트는 극단적인 경제 예측으로 유명세를 얻은 사람이다. 2006년에 출간한 《The Next Great Bubble Boom》에서 미국 다우

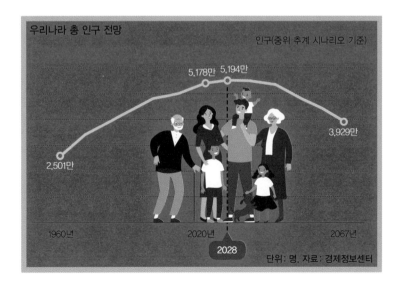

우리나라 총 인구 전망

인구(중위 추계 시나리오 기준)

5,178만 5,194만

3,929만

2,501만

1960년 2020년 2067년

2028

단위: 명, 자료: 경제정보센터

지수는 2008~2009년까지 3만 5000~4만까지 오른다고 주장했다. 2006년의 다우 지수는 1만 초반이었기 때문에 그의 주장에 솔깃한 이도 많았고 그래서 많은 미디어의 주목을 받았다. 하지만 2008년 글로벌 금융 위기가 오면서 2009년 7200선까지 떨어지며 그의 예상과는 완전히 다른 결과를 맞았다. 그러자 2009년에는 《The Great Depression Ahead》라는 책을 출간해 대공황이 찾아올 것이며 다우 지수가 3900선까지 추락한다고 주장했다. 하지만 2009년 말에 1만 선을 회복했고 그 뒤로 계속 상승해 2017년에 2만을 넘더니 2020년 초반에 2만 9000까지 갔다. 팬데믹 여파로 잠시 급락했지만 금세 회복하여 2020년 7월, 2만 5000까지 이어졌다. 해리 덴트는 증시 예측 부분에서 극단적 주장으로 이슈 몰이에 능할 뿐 맞는 것보다는 틀리는 것이 더 많았다. 하지만 그런 특기로 유명세와 비즈니스 기회를 만들어 냈다. 그랬던 그가 증시 대신 인구 구조를 가지고 극단적 예측

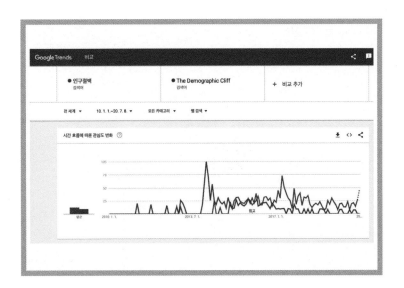

을 펼치기 시작했는데 그것을 한국이 가장 잘 받아 준 것이다. 그만큼 우리나라는 인구 문제가 절박하고 다급하다. 그럼에도 불구하고 이 문제가 사회적으로 논의되고 합의되는 과정에는 소극적이었다. 정부가 일방적으로 정하고 밀어붙여야 하는 문제가 아니라 사회 전체의 합의가 필요한 일임에도 불구하고 말이다.

설령 인구가 줄어드는 시점이 와도 인구 절벽이라고 할 정도로 심각한 위기일까? 오히려 인구 감소가 경제적 반등의 기회가 될 수는 없을까? 일자리 감소 시대에 인구 감소가 위기만은 아니지 않을까? 이런 문제에 대해서도 우리는 답을 찾아야 한다. 인구가 줄어드는 것은 분명한 손실이다. 하지만 아이를 낳도록 만들기 위해 10여 년 동안 별의별 방법을 동원해도 출산율 감소를 막지 못한다는 것은 현실적으로 한계가 있다는 이야기다. 출산율은 개인의 문제가 아니라 사회적 문제라고 정부나 기성세대가 입을 모아 이야기하는데 그 사회적 문제를 풀려면 사회적 합의가 필요하고 그에 따른 재원을 투입해야 한다. 변화는 받아들이지 않고 과거의 관점만 적용한다면 실제 출산의 당사자가 될 세대들로서는 공감하거나 받아들이기 어렵다. 사실 출산율 문제는 아이를 낳을 것인가 아닌가의 문제만이 아니라 청년 일자리 문제, 주거와 부동산 가격 문제와 직접적으로 연관이 있다. 부동산 문제도 '내로남불'인 태도가 많아서, 자신이 산 집으로 이득을 보는 것을 좋아한다.

개인의 이해관계와 사회 전체의 이해관계가 상충될 때 우리는 어떤 선택을 할 것인가? 개인의 이해관계가 우선일 때가 많다. 부동산 문제뿐 아니라 돈과 연관된 이해관계 상충은 사회적 합의를 이끌어 내지 못하면 구조적 문제를 해결하지 못한다. 아울러 성차별과 양극화 심화 등 한국 사회가 가진 구조적 문제와도 연관이 있다. 이런 문제가 해결되지 않았는데 어떤 희망으로 자녀를 출산할 것인가? 출산은 개인의 행복과 자녀의 행복을 기대하는 일이다. 결코 국가에 세금을 낼 사람을 만들기 위해 출산하는 것이 아니다. 국가를 위해 아이를 낳아야 한다면 국가가 어디까지 책임질 것인지, 그 책임을 위해 투입되는 재원은 어디서 나오고 그것을 위해 전 국민이 세금을 더 낼 것을 받아들일 것인지 등등 우리가 논의하고 합의해야 할 문제가 많다. 그런데 그동안 이런 과정 없이 당위와 강요만 있었다. 근본 문제 해결은 복잡하고 힘드니까 늘 핵심은 건드리지 않고 변죽만 울리고 임시방편의 답만 꺼내 왔던 것도 많았다. 저출산과 노령화는 전 세계적으로 보편적인 현상이다. 나름 출산율이 높다는 유럽 국가들도 2명 미만이다. 즉 남녀 2명이 짝을 이뤄 2명 이하가 출생하는 것이니 장기적으로는 그들 국가에서도 줄어든다. 줄어드는 출산율을 한탄하며 위기감만 가질 것이 아니라, 줄어든 인구를 받아들이고 그 속에서 실현 가능한 대안을 찾는 것이 더 필요하지 않을까?

더 이상 인구수는 인적 자원의 핵심이 아니다. 평범한 100만 명보다 빌 게이츠나 일론 머스크 같은 몇 명이 국가와 사회에 더 큰 경제적 기여를 하는 시대다. 분명 과거의 산업화 시대가 아니다. 세계적인 IT 기업들이 산업적 주도권을 쥐고 있고, 전통적 산업보다 훨씬 더 큰 매출과 순이익을 내고 있지만 직원 수는 훨씬 적다. 2010년 6월, 나스닥에 상장한 테슬라는 10년 만에 기업 가치 업계 1위가 되었다. 직원 수는 약 4만 8000명이다. 비교해 보면 1967년에 설립된 현대자동차의 직원 수는 약 10만 명인데 시가 총액은 테슬라의 1/10 정도다. 물론 2019년 기준 테슬라의 매출은 246억 달러(약 29조 원)로, 현대자동차가 같은 해 105조 7904억 원의 매출을 올린 것을 감안하면 여전히 현대차가 3배 이상 매출이 높다. 그런데 2019년 판매량은 테슬라가 37만 대가 채 되지 않았고, 현대자동차는 약 442만 대였다. 테슬라의 매출액은 탄소 배출권 매출이 더해진 것이기 때문에 차량 판매 대수 대비 상대적으로 높다. 하지만 이 또한 비즈니스 측면에서 테슬라가 가진 가치라고 봐야 한다. 탄소 배출권 수입은 꽤 오랫동안 늘어날 수 있을 테니 말이다. 2019년 폭스바겐과 토요타가 각기 1000만 대를 팔았지만 시가 총액에서는 테슬라에 뒤진다. 2020년 기록적인 주가 상승을 보였던 테슬라는 전기 자동차 시장의 성장 덕분에 2020년 판매량이 60만 대 이상으로 추정하고, 2025년에는 최대 225만 대까지 상승할 것으로 예측한다. 물론 추정과 예측이므로 줄어들 수 있겠지만 반대로 더 늘어날 수도 있다. 테슬라의 시가 총액이 자동차업계 1위가 된 것은 전기 자동차 분야의 경쟁력뿐 아니라 자율 주행 자동차 분야의 경쟁력도 가졌기 때문이다. 전기 구동 시스템과 자율 주행을 가장 잘 구현하는 자동차 브랜드가 테슬라인 셈이다.

4차 산업 혁명이라고 부르는 사업적 진화 속에서 사람의 노동력은 과거와 다른 관점에서 보아야 한다. 지금도 일자리가 충분치 않지만 앞으로 더 줄어들 것이다. 기술적, 산업적 진화는 새로운 일자리를 일부 만들어 내겠지만 줄어드는 일자리 수가 훨씬 많을 가능성이 크다. 장기적으로 보면 일자리는 큰 폭으로 줄어들 것이다. 줄어든 인구조차 모두 일자리를 가지진 못할 것이다. 기성세대는 원하고 노력하면 얼마든지 일자리를 가질 수 있는 시대를 살았지만, 로봇과 자동화가 뉴 노멀(New Normal)이 될 미래에는 달라질 수밖에 없다.

　모두에게 충분한 일자리가 주어지지 않는 시대를 사는 인간에게 노동의 의미는 어떻게 달라질 것인가? 직업과 자아 성취, 경제 활동과 부의 축적은 어떻게 될 것인가? 당장 나는 일자리가 있으니 이런 문제는 미래 세대가 알아서 하도록 미루고 싶은 사람이 많을 것이다. 실제로 그렇게 계속 미뤄 왔다. 코로나19 팬데믹으로 자동화가 가속화된 이때, 우리는 지금껏 미뤄 왔던 그 문제를 더 이상 미루지 못하는 상황에 닥쳤다. 공장 자동화, 물류 자동화, 사무직에서의 업무 자동화가 가속화되고 로봇이 서비스업을 비롯해 가정에도 속속 들어온다. 코로나19 팬데믹은 사람이 가장 큰 리스크가 될 수 있음을 깨닫게 했다. 기업들은 확진자 한 명이 발생하면 생산 라인을 중단하고, 빌딩을 폐쇄하고, 물류 센터를 닫아야 했다. 리스크를 해소하기 위해서는 자동화에 투자할 수밖에 없다. 이번 팬데믹은 우리의 일자리가 로봇에 의해 대체되는 상황을 더 앞당기는 결정적 계기가 되었다. 이는 일자리, 인간의 노동, 소득에 대해 과거 관점이 아닌 진화된 관점과 대안이 요구된다는 의미다. 바로 기본 소득 문제다. 이번 챕터에서는 복지와 기본 소득으로 시작해 국민연금, 인구 감소, 출산율, 부동산, 일자리, 노동 문제, 자동화로 이어졌다가 다시 기본 소득으로 마무리되었다. 기본 소득을 실시하자는 주장이 아니라, 하든 안 하든 우리 사회가 현실적인 고민을 해야 한다는 것을 강조한 것이다. 그리고 사회적 합의는 과거가 아닌 미래를 보고 해야 한다는 것이다. 어떻게 해도 모두를 만족시키기는 불가능하다. 그렇다고 각자도생으로 알아서 하라는 것도 무책임하다. 어떤 리더든 어떤 정부든 욕먹는 것을 각오하고서라도 구조적 문제를 풀어야 한다.

사실 이것은 하나의 예시일 뿐이다. 더 방대한 이슈들이 서로 연결되어 있다. 이 문제를 푸는 것은 더 미룰 수 없다. 거대 담론의 시대가 부활해야만 하는 것이다. 우리 모두의 문제면서 현재와 미래를 아우르는 문제이기 때문에, 대통령으로 누구를 뽑을 것인가 하는 문제보다 더 중요하다. 사회적, 국민적 합의가 없으면 안 된다. 만약 코로나19 팬데믹이 2020년에 오지 않았다면 이런 문제도 계속 미루고 회피했을 것이다. 누구나 복잡한 것은 싫다. 그저 웃으며 즐거운 것만 있었으면 한다. 하지만 현실의 복잡하고 힘든 문제를 풀지 않으면 결코 일상의 평안과 행복은 지속 가능하지 못할 것이다.

팬데믹이 준 선물: 입으로 하는 혁신이 진짜 혁신으로 바뀌는 계기

"SKY(서울대·고려대·연세대) 졸업장은 10년 내 의미가 없어질 것이다. 대학 졸업장이 아니라 진정한 능력으로 평가될 것이기 때문이다." 이것은 염재호 전 고려대학교 총장이 2020년 5월 26일, 여시재(yeosijae.org)와의 인터뷰에서 한 말이다. SKY의 대학 총장을 지냈고, 대학 교육의 정점 역할을 한 사람이 대학 졸업장 무용론을 이야기한 것이다. 그는 10년 내라고 했지만 실제로 그 시기는 더 빨라질 것이고, SKY 조차 그럴 것인데 다른 대학은 더할 것이다. 그동안 기업에서 대학 졸업장 무용론을 이야기한 적은 많았다. 2004년 코리아리더스포럼에서 윤종용 삼성전자 부회장은 대학을 졸업해도 당장 써먹을 수 없고 현장에서 3~4년 동안 교육해야 능력이 발휘된다면서 대학 교육의 허실을 지적했다. 당시 맥킨지컨설팅 최정규 대표는 더 자극적으로 말했다. 한국의 교육 방식으로 20년간 학교에서 배운 지식은 500원짜리 메모리칩 하나 가격밖에 되지 않는다는 것이다. 이런 지적은 국내에서만 있었던 것이 아니다. 애플의 CEO 팀 쿡은 백악관에서 열린 미국 노동력 정책 자문 위원회 회의에서 대학에서 배운 기술과 기업이 필요로 하는 기술, 특히 코딩과 관련하여 미스매치(Mismatch)가 있고, 2018년 애플이 미국에서 고용한 직원의 절반 정도는 4년제 학위가 없다고 이야기했다. 4년이라는 시간과 비싼 등록금을 투자할 만큼의 가치가 없다는 뜻이며, 그만큼의 돈과 그보다 적은 시간을 기업이 필요로 하는 자질을 갖추는 데 투자하는 것이 더 낫다는 의미였다.

취업 사이트 글래스도어(Glassdoor)에 따르면 애플, 구글, 넷플릭스, IBM, 힐튼, 뱅크오브아메리카(Bank of America) 등은 특정 부문에 대학 학위를 요구하지 않는다. 학위를 요구하지 않는 기업은 확대 중이며, 대학 무용론이 제기되는 이유이기도 하다. 교육이 필요 없다는 것이 아니다. 실제로 기업은 직원 교육에 더 많은 돈을 투자하고 있다. 대학의 역할이 사라진 셈이다. 결국 대학이 살아남으려면 그들의 역할을 되찾아야 한다. 1088년에 설립된 이탈리아 볼로냐대학교를 현대적 의미에서의 세계 최초의 대학으로 꼽는 경우가 많다. 하지만 1109년에 설립된 파리대학교, 1167년에 설립된 옥스퍼드대학교, 1209년에 설립된 케임브리지대학교 등 800~900년간 이어져 온 대학이 여전히 존재한다. 그동안 변화를 겪기는 했지만 과거 대학의 형태에서 크게 벗어나지 않은 것도 많다. 그래서 대학 교육에 대한 무용론은 21세기에 들어서도 계속 제기되고 있다. 특히 IT 산업이 주도권을 가지면서 더더욱 대학 교육에 대한 회의적인 시각이 늘었다. 사회와 산업은 많이 바뀌었는데 대학은 크게 변하지 않았기 때문에 생긴 문제다. 그래서 수십 년간 대학 교육 현실을 지적하며 혁신이 필요하다는 목소리가 많았다. 하지만 생각만큼 혁신이 되지는 않았다. 이해관계가 얽혀 있었고, 기득권을 가지고 있다 보니 혁신에 소극적으로 임하면서도 버틸 수 있었다. 하지만 코로나19 팬데믹을 만나고 버틸 여력이 무너지고 있다.

"삼성전자에 박사가 3000명 정도 있다고 한다. 이제 대학의 경쟁 상대는 다른 대학이 아니라 삼성이나 SK와 같은 기업이 될 것이다. 대학의 역할이 변할 것이다." 염재호 전 고려대학교 총장의 이야기로, 대학이 변해야 살아남는다는 메시지다. 더 이상 교육 기관으로서의 대

학은 한계가 있다. 교육도 과거의 방식으로는 안 된다. "변화(인쇄술)를 무시한 중세 대학이 몰락했듯, 지금 대학도 변하지 않으면 같은 운명이 된다. 정부는 대학의 원격 강의 비율 제한을 풀어야 한다." 이는 서승환 연세대학교 총장이 《조선일보》와의 2020년 5월 12일자 인터뷰에서 한 말이다. 2020년 2월에 총장이 된 서승환 총장의 공약 중 하나가 온라인 강의 플랫폼 'Y-Ednet'이었는데, 7월에 도입 계획을 승인하면서 "돌아올 수 없는 강을 건너네요"라고 말한 것이 신문에 소개되기도 했다. 대학 교육의 새로운 방향이 시작되었고 다시는 과거로 돌아갈 수 없다는 의미기도 하다. Y-Ednet은 전국의 대학들이 비슷한 커리큘럼과 같은 과목의 수업을 중복되게 하는 것은 비용과 시간 낭비라는 인식에서 출발했다. 전국의 경제학과는 100여 개로 이중 80%가 비슷한 커리큘럼으로 운영된다. 오프라인에서는 이 방법을 해결하지 못했지만 온라인에서는 방법이 생긴다. 전국의 경제학과들의 모든 기본 수업을 온라인 강의로 대체하고 각 대학교의 교수들은 각자 전문 분야를 살려 소수 과목에 집중해 교육의 질을 끌어올리자는 것이다. 연세대학교가 이를 주도하며 나선 것은 이런 변화에서 주도권을 가지기 위해서다. 즉 온라인 강의가 전면화되면 우수한 교육 콘텐츠를 가진 대학의 영향력이 더 커질 것이고 경쟁력이 취약한 대학들은 사실상 붕괴로 이어질 것이다. 기존의 SKY라는 강력한 입지를 가진 연세대학교가 향후 대학 교육이 전면 혁신되는 상황에서도 강력한 주도권을 유지하기 위해서 먼저 나선 셈이다.

팬데믹으로 인한 온라인 수업 확산 상황에서, 콘텐츠의 질만 따져보니 한국방송통신대학교나 사이버대학교가 훨씬 낫다는 평가가 나왔다. 팬데믹 때문에 온라인 예배가 늘어나니, 자신이 출석하는 교회 말고도 설교나 콘텐츠가 좋은 교회의 온라인 예배를 보는 사람이 늘었다. 결국 여기서도 권위가 지워지고 실력이 남은 셈이다. 기존 기득권은 이런 변화가 싫겠지만 실력이 좋은 이들이 기회를 더 가지는 것은 가장 합리적이면서 공정하다. 2030세대를 비롯해 사회가 보편적으로 지지할 변화인 것이다.

팬데믹은 우리 사회가 그동안 묵혀 놨던 고질적 문제, 구조적 문제를 해결하는 새로운 계기를 만들고 있다. 살면서 처음 겪는 상황이 우리 삶의 방식, 사회 구조에 대한 생각을 다시 하게 만들고 있다. 이런 구조적 변화가 생기는 것은 사회 전반에 다양한 나비 효과를 만들어 낸다. 미처 생각하지 못했던 영향이 도미노처럼 이어지기도 할 것이고, 그에 따라 누군가의 손해와 이해관계의 갈등도 나올 수밖에 없다. 사회적으로 기득권을 내려놓을 쪽도, 권위를 잃을 곳도 많다. 반대로 새로운 권력을 잡을 쪽도, 실력을 제대로 발휘할 기회를 얻는 곳도 많다. 고질적인 문제가 많지만 가장 바뀌지 않았던 대표적인 분야가 교육, 종교, 정치다. 이들 모두 권위를 중요한 기반으로 삼고 있기 때문에 혁신으로 인해 기득권이 손해를 보는 상황을 받아들이지 않는다. 그런데 팬데믹이 이들에게도 혁신을 받아들이도록 만들고 있다.

거대 위기 시대가 거대 담론을 요구한다

코로나19로 인한 세계 경제의 위기를 IMF는 대봉쇄(Great

Lockdown)라고 명명했다. 1944년 결성된 IMF는 국제 금융 체계를 감독하는 것을 위임받은 국제기구로 189개국이 참가할 만큼 국제 사회에서 영향력이 아주 크다. 이런 곳에서는 함부로 위기 앞에 'Great'라는 표현을 쓰지 않는다. 역사상 'Great'가 붙은 경제 위기는 1929년부터 1930년대 후반까지 이어진 대공황(Great Depression)과 글로벌 금융 위기가 촉발하여 2008년부터 2010년대까지 이어진 대침체(Great Recession)뿐이었다. 그런데 2020년 세계 경제는 역사상 3번째 'Great'가 붙는 경제 위기를 만났다. 대침체 때보다 훨씬 심각하고 여파가 오래갈 것으로 본다. 코로나19가 종식되어도 단기간에 회복될 수 없는 경제 위기다. 즉 2020년부터 시작된 위기의 여파가 2021년은 물론이고 2020년대 중반까지 미칠 수 있다. 영국 《파이낸셜타임스》의 수석 칼럼니스트 마틴 울프(Martin Wolf)는 봉쇄가 해제되어도 경제 위기는 계속될 것이라면서 대봉쇄보다 강력한 대폐쇄(Great Shutdown)라고 명명하기도 했다. 세계에서 가장 영향력이 큰 경제 칼럼니스트이자 《파이낸셜타임스》의 간판 격인 사람이 바로 마틴 울프다. 대봉쇄건 대폐쇄건 뭐라 부르건 90여 년 전에 세계를 극심한 위기로 몰아넣었던 대공황과 비교될 정도로 심각한 위기의 시대에 우리가 살게 된 것만은 분명하다. 이는 우리의 의지와 무관하지만 어쨌든 우리는 이런 시기를 살아가야 한다.

대공황은 제1차 세계 대전과 제2차 세계 대전의 사이에 있었다. 이전 전쟁의 영향으로 대공황이 찾아왔고, 대공황이 다음 전쟁에 영향을 줬다. 역사상 가장 큰 경제 위기이자 두 번의 세계 대전을 겪은 위기의 시대가 얼마나 힘겨웠을지 지금의 우리가 상상하기란 쉽지 않다. 인류를 위협한 큰 위기가 10년 주기로 세 번 연속 찾아왔던 시기가 바로 그때였다. 그래서인지 제2차 세계 대전 이후 전 세계적으로 재건이 이뤄지면서 거대 담론도 활발했다. 대침체로 불리는 2008년 금융 위기는 미국 부동산 버블 붕괴와 서브 프라임 모기지 부실이 미국발 금융 위기를 불러왔고, 이는 다시 전 세계적 경제 위기로 이어졌다. 대침체가 어느 정도 회복되어 극복을 이야기한 시점이 2014년이었는데, 2010년대 미국은 호황을 맞았다. 대침체는 유럽의 극우 세력들의 정치적 영향력을 높이는 데 기여했고 미국에서는 트럼프가 정권을 잡는 데 기여했다. 전 세계적으로 기존 사회 체계나 질서에 대한 문제 제기가 많아졌지만 거대 담론의 부활로 이어지지는 않았다. 그러다가 2020년, 생각하지도 못했던 변수인 코로나19 팬데믹으로 인해 역사상 유래가 없는 새로운 국면의 위기가 시작되었다. 대공황과 대침체 모두 위기의 시작점에 미국이 있었다. 미국 경제의 위기가 곧 세계 경제의 위기가 되는 셈이다. 코로나19 팬데믹으로 인해 가장 큰 타격을 받은 나라는 미국으로 가장 많은 환자와 사망자 수를 기록했다. 미국은 그저 전 세계의 수많은 국가 중 하나가 아니라 자본주의의 상징과도 같다. 전 세계에서 가장 강력하기도 하다. 세 번의 'Great' 위기 중 앞선 두 번이 미국에서 시작되었다. 세 번째 위기의 시작은 미국이 아니지만 결과적으로 미국이 이 문제를 극복하지 못하면 세계의 위기는 더 심화될 수밖에 없다. 2020년 11월, 미국 대선의 결과를 예단할 수는 없지만(이 책을 쓰는 시점은 선거보다 한참 전이다) 팬데믹과 대봉쇄의 영향을 크게 받을 수밖에 없다.

미국은 세계 최고의 강대국이자 가장 선진화된 사회 시스템을 가진 나라라고 자부했지만 팬데믹 위기 앞에서 무력화되었는데 이는 단지 미국만의 위기가 아니다. 아시아 국가들이 팬데믹 위기에서 좀 더 합리적으로 대처하는 모습을 보고 서구 사회의 우위 의식과 주도권이 달라지는 계기도 되었다. 거대 담론의 부활은 우리나라뿐 아니라 전 세계가 겪을 트렌드다. 대침체 때는 근본적으로 해결하기보다 임시방편으로 넘겼다. IT 산업이 모든 산업의 주도권을 가진 시대에, 기술과 산업은 성장해도 일자리는 계속 감소할 수밖에 없는 뉴 노멀에 대한 대안은 찾지 못했다. 미국에서는 여전히 인종 차별 문제가 쟁점일 정도로, 그들의 현실은 사회적 진화에 걸맞지 않다. 트럼프 정권이 들어선 이후에는 기후 위기와 환경 부분에 있어서 오히려 퇴보했다. 여전히 인권, 환경, 양극화 문제 등이 가장 중요한 시대지만 미국은 물론이고 전 세계가 명확한 답을 제시하지 못하고 있다. 한국에서도 그린 뉴딜 정책이 대두되었지만, 산업을 위한 '뉴딜'과 환경을 위한 '그린' 중 어느 것이 우선인지 혼재되어 있다. 이는 정치권이 일방적으로 풀어야 할 숙제가 아니라 사회가 함께 풀어야 할 숙제다. 결국 심각한 위기 앞에서는 임시방편 해결책이 아닌 근본적인 해결책이 모색되어야 한다. 거대 양당이 다음 정권 집권을 두고 싸움만 벌일 게 아니라, 한국 사회의 미래를 위한 거대 담론을 두고 통합적이고 건설적인 싸움을 벌일 때다.

거대 위기에서 가장 심각한 위기는 결국 사람과 공동체의 위기다. 팬데믹은 우리가 사회적 동물이고 앞으로도 사회적 동물이라는 사실을 일깨워 줬다. 잠시 거리 두기를 하며 일시적 단절을 겪기는 했지만 우리는 다시 연결되어야 한다. 포스트 코로나 시대의 중요한 이슈가 바로 공동체다. 뉴욕시 보건국에 따르면, 맨해튼에서 고소득 백인들의 거주지 중 하나인 그래머시파크(Gramercy Park)와 퀸즈에서 흑인과 라틴계가 많이 사는 외곽 지역인 파로커웨이(Far Rockaway)의 코로나19 치사율이 15배 정도 차이가 났다. 부의 불평등(양극화)은 전염병의 치사율 격차로 이어진 것인데 이것은 뉴욕만의 일이 아니라 우리의 일이기도 하다. 양극화 문제는 그전에도 심각했지만, 포스트 코로나 시대에는 더욱 심각할 것이기 때문에 사회적 대응이 더 요구된다.

양극화와 함께 대두된 이슈가 소외 계층이 겪는 디바이드(Divide) 문제다. 팬데믹을 겪으면서 언컨택트 서비스도 더 가속화되었다. 금융 서비스, 쇼핑, 심지어 주차 요금 결제나 카페에서 커피 주문에서도 IT 기술을 활용한 언컨택트 서비스가 점점 증가한다. 키오스크(Kiosk)나 스마트폰 사용이 서툰 사람들, 스마트폰이나 카드, 디지털 계좌가 아예 없는 사람들은 주차 요금을 정산하기도, 커피나 햄버거를 사 먹기

도 어렵게 됐다. 편리를 위한 기술이지만 모두가 누릴 수 있는 것은 아니다. 디지털 디바이드가 곧 언컨택트 디바이드가 되고 있다.

언컨택트 디바이드는 주로 노인, 농어민, 장애인, 저소득층이 겪게 되는데 이중에서도 노인과 농어민에게 더 심각하다. 현금 없는 사회를 지향하는 스웨덴에서도 언컨택트 디바이드 문제 때문에 다시 현금을 취급하는 은행 점포나 ATM 기기가 늘었다. 정부와 사회의 대응이 필요한 문제가 바로 언컨택트 디바이드인 것이다. 언컨택트가 초래할 일자리 감소도 중요한 사회적 문제다. 컨택트 사회에 기반한 일자리는 언컨택트 사회로 전환된 이후 어떻게 재배치될 것인가? 이런 문제에 대한 대응이 미흡할수록 공동체 안에서 불필요한 갈등이 더커진다. 포스트 코로나 시대에 우리 사회가 풀어 가야 할 숙제가 많기 때문에 우리는 먹고사는 문제를 넘어 사회와 공동체를 위한 거대 담론에 더 관심을 가져야 한다. 이는 특정 국가가 아닌 전 세계 모든 국가에게 주어진 숙제다.

왜 거대 담론의 시대가 다시 부활하는 것일까?

한국 사회에서 거대 담론의 시대는 이번이 처음이 아니다. 독재의 시대이자 민주주의에 대한 열망이 가장 뜨거웠던 1970~1980년대도 거대 담론의 시대였다. 이 시기는 또한 전 세계적으로 냉전 시대이자 민주화가 진전된 때였다. 기존 가치와 질서에 대한 저항 사건으로 기록되는 프랑스 68 혁명은 프랑스뿐 아니라 유럽 전체의 정치 지형과 담론을 바꿔 놓았다고 해도 과언이 아니다. 당시 대학생들이 베트남 전쟁 반대, 자본주의적 대학 교육 비판, 권위주의적 질서 타파 등에 대해 목소리를 내는 것에서 시작되었다. 이들 시위대의 대표적 구호는 "금지하는 것을 금지한다(Il est interdit d'interdire)"였다. 이후 노동자들의 총파업으로 이어지며 프랑스에서 1000만 명 이상이 시위에 참여했다. 한 달 반 동안 시위가 이어졌지만 정권을 바꾸지는 못했으니 혁명으로서 성공한 것은 아니다(다음 해인 1969년에 드골이 내세운 안건이 국민 투표에서 부결되자 대통령을 사임했으므로 결과적으로는 68 혁명의 영향으로 정권이 바뀐 것이라 볼 수도 있다).

성공한 혁명이든 실패한 혁명이든 중요한 것은 68 혁명에서 생활 속 민주주의와 일체의 권위를 거부하는 평등주의가 제창되었고, 가부장적 권위에 대한 저항, 성 해방, 인권, 공동체, 생태주의, 물질 만능의 자본주의적 생산 체제를 넘어 인간다운 삶에 대한 목소리가 부각되었다는 점이다. 일정 수준 이상의 정치적, 경제적 민주주의를 이룬 나

라에서 그다음으로 나아가기 위한 진화의 목소리가 나오는 것은 당연한 수순이다. 68 혁명에서 주창된 담론들은 유럽 전역과 미국으로 퍼졌는데 히피 문화도 이와 연결된다.

한국에서도 1970~1980년대에 청바지, 통기타, 생맥주로 대표되는 청년 문화와 반전과 자유에 대한 갈망이 번져 갔다. 1987년 6월 항쟁과 소련 붕괴 이후 냉전 시대가 종식되자 평등, 인권, 생태주의 등의 화두가 본격적으로 담론화되었다. 중국에서는 1989년 6월의 톈안먼 사건을 중요한 기점으로 보기도 한다. 이렇듯 국가마다 시기는 조금 차이가 나지만 1970~1980년대에 거대 담론에 대한 관심은 컸다. 우리나라에서도 그때가 가장 뜨거운 거대 담론의 시대였다. 물론 당시의 거대 담론에서는 '이념'이 가장 큰 비중을 차지했다. 가장 강력한 군부 독재의 시대, 반민주의 시대였지만 민주주의에 대한 갈망도 가장 컸고, 누구나 사회 비평서를 읽었다고 해도 과언이 아니다.

1966년에 창간한 계간지 《창작과 비평》과 1970년에 창간한 계간지 《문학과 지성》은 1970년대 한국 사회의 담론을 이끌었다(더 거슬러 올라가면 1960년대 《사상계》가 그 역할을 했지만 1970년 정권에 의해 강제 폐간되었다). 둘 다 1980년, 신군부 세력에 의해 강제 폐간되었다(군부 독재 시절 담론을 이끌던 사회 비평지는 핍박을 감수하고 목숨을 걸고 글을 썼던 셈이다). 이후 1988년이 되어서야 《창작과 비평》은 복간되었고 《문학과 지성》은 《문학과 사회》로 이름을 바꿔 재창간되었다. 1988년 창간한 계간지 《동향과 전망》, 1991년 창간한 격월간지 《녹색평론》 등과 함께 지금까지 이 4개 잡지는 명맥을 이어 가고 있다. 물론 위상과 구독자 수는 쇠락했다. 독재와 군부 정권이 끝나고 민주주의가 보편적으로 자리를 잡았으며 한국의 경제적 위상도 올라가면서 담론의 시대는 저물었다. 사회적 위상으로 보면 1970년대가 사회 비평지들의 전성기였고, 경제적으로는 1980년대 후반에서 1990년대 초반까지 전성기였을 것이다. 그 시기에 많은 사회 비평 잡지들이 창간되기도 했는데 그 중 하나인 《사회비평》은 1987년, 《사회평론》은 1991년에 창간했다. 하지만 이런 잡지들도 잡지의 위기 시대를 넘어서지는 못했다. 대개 1990년대 후반에서 2000년대 초중반에 폐간이나 휴간을 하는 경우가 많아졌다. 사회 비평 잡지들이 광고가 아닌 구독료에만 의존하다 보니 잡지 산업의 위기를 가장 먼저 맞이한 것이다.

그런데 흥미롭게도 2007년 사회 비평지들 중 복간을 시도하는 사례가 있었다. 1987년에 창간했다가 2003년에 발행을 중단한 《사회비평》은 2007년 여름호로 복간되었다. 1997년에 창간해서 2005년에 중단되었던 《당대비평》도 2007년에 돌아왔다. 두 잡지 모두 경제적 이유로 발행이 중단되었지만 2007년에 복간을 시도한 것이다. 그리고 이들이 복간하면서 내세웠던 화두는 거대 담론의 부활이었다. 2007년은 1987년 6월 항쟁 20주년이라는 상징적 의미가 있었고, 그해 12월에는 대통령 선거가 있었다. 대선 때는 사회 전체를 아우르는 어젠다(Agenda)들이 도출되기 좋은 시기이기 때문에 거대 담론의 부활을 이야기할 타이밍으로도 적합하고, 민주주의 이슈를 사회적으로 부각시키기에도 좋다. 이데올로기 문제가 아니라 여성 해방, 공동체, 환경 문제, 각종 차별과 인권, 복지 등 현실 생활 속 민주주의 이슈가 제기되었지만 결과적으로는 기업 경영자의 커리어와 경제를 내세우며 먹고사는 문제를 공략한 이명박 후보가 압승을 거두었다. 김대중과 노무현 전 대통령으로 이어진 민주 진영 정권이 두 번 연속 들어섰지만 세 번으로 이어지는 것은 역부족이었다. 거대 담론 부활 이야기가 꽤나 오갔지만 희망 사항이었을 뿐 결국 그렇게 묻히고 말았다. 당시 '기승전돈'이라는 말이 있을 정도로 모든 이야기는 돈으로 귀결되었다. 그때나 지금이나 여전히 부동산이 우리나라 최고의 쟁점이고, 수단과 방법을 가리지 않고 돈만 벌면 된다는 재테크 태도도 여전하다. 분명 경제적 풍요를 이루었지만 양극화는 더 커졌고, 차별과 부패의 골도 깊다. 우리 사회는 과거의 낡은 유물 같은 이념에 과몰입되어 정말 필요한 정치적 논쟁과 사회적 담론을 나누기 어려웠다. 뭐든지 이념의 틀과 진보-보수 구도로 해석하고 편싸움하면 배는 산으로 갈 수밖에 없다. 이 문제를 정치권 탓으로만 돌리기에는 너무 중요한 문제다. 우리의 미래를 결정하는 일이기 때문이다.

각자도생은 전 국민의 유행어가 되었고, 자기만 알아서 잘살면 되는 것이 당연할 정도로 사회는 각박해졌다. 남을 짓밟고서라도 돈을 벌고 성공해야 하며, 나만 잘살면 된다는 태도가 전혀 문제되지 않는 사회가 되었다. 이런 와중에 코로나19 팬데믹을 만났다. 그냥 전염병하나가 발생한 것이 아니라 우리 삶의 방식과 사회, 경제, 정치 환경까지도 바꿀 만큼 강력한 계기가 되었다. 심각한 위기를 맞고서야 먹고사는 문제만 신경 써서는 안 된다는 시대적 요구가 커졌다. 기후위기, 생태, 환경, 인권과 공생에 대한 좀 더 근본적이면서 진지한 담론이 필요해졌다. 각자도생만이 대안이어선 안 되고 함께 공존하고 상생할 대안이 필요해진 것이다. 팬데믹이 우리에게 다시 거대 담론의 부활을 요구한 셈이다. 다만 이번 요구는 '이념'을 벗어던지고 지금의 시대 변화에 맞는 거대 담론에 집중해야 한다.

인문학 열풍 같은 사회과학 열풍이 불어서는 안 된다

거대 담론이 트렌드가 된다고 해서 한때 불었던 인문학 열풍이 다시 분다는 의미는 아니다. 문사철(문학, 역사, 철학)로 대표되는 인문학(人文學, Humanities)이 아니라 사회과학(社會科學, Social Science)의 담론이 더 필요해진 시대다. 인공 지능과 로봇에 의한 인간 노동력 대체와 긱 고용의 확대 등 일자리에 대한 뉴 노멀은 우리 모두에게 직면한 생존 문제다. 기본 소득 제도를 위한 재원 마련은 선택이 아닌 필수가 되었고 노령화, 1인 가구 증가, 저출산도 과거의 관점으로는 접근할 수 없는 문제가 되었다. 코로나19 팬데믹을 계기로 안전을 위한 통제가 디스토피아 문제와 어떻게 연결되는지 그 담론도 부각되었고, 부의 양극화가 생명의 양극화로 이어지는 상황에 대한 사회적 대응도 고심하게 했다. 디지털 디바이드, 언컨택트 디바이드에 대한 사회적 대응도 여전히 중요 숙제이고, 사회적 투명성과 효율성을 높이는 것이 또 다른 갈등과 차별을 만들어 내는 상황에서 이에 대한 대응도 중요해졌다.

사회학(社會學, Sociology), 경제학(經濟學, Economics), 정치학(政治學, Political Science), 인류학(人類學, Anthropology), 법학(法學, Law) 등 사회과학 범주에 있는 학문 이야기가 아니다. 이런 관점과 전문성으로 풀어야 할 우리 사회의 문제와 담론이 많다는 의미다. 인문학 열풍도 엄밀히 인간에 대한 근원 문제이자 인간의 사상과 문화가 가진 가치에 대한 담론이었어야 한다. 하지만 지적 허영을 자극하는 스타 지식인에 의한 톱다운(Top down)식 지식 설파와 문사철 콘텐츠의 상업적 확산으로 그치고 말았다. 인문학 열풍이었지만 인간에 대한 고민은 부족했다. 인문학 열풍이 부는 동안에도 대학에서 문사철 전공의 입학 경쟁률은 최저였고, 졸업 후 취업률도 최저였다. 학과 통폐합에 가장 자주 거론되면서 사라져 간 전공의 대표 주자였다. 소수 문사철 스타 지식인들은 엄청난 기회를 얻었고, 관련 콘텐츠 시장은 돈을 벌었고, 언론에서는 연일 인문학 열풍을 노래했던 시대의 아이러니다. 사회과학 담론이 트렌드가 되는 상황은 달라야 한다. 그렇다고 사회과학 전공자들의 일자리가 늘어나야 한다는 이야기가 절대 아니다. 거대 담론이 지적 허영이나 재미있는 콘텐츠로만 다뤄지는 시행착오는 인문학 열풍 때 겪은 것으로 충분하다.

코로나19 팬데믹에 대한 대응을 통해 한국의 위상이 세계적으로 높아진 것은 분명하다. '국뽕'이 되어서는 안 되겠지만 그렇다고 서구 사회에 대한 맹목적 동경을 유지할 필요도 없다. 선진국이라는 말 앞에 암묵적으로 '서구'라는 말을 붙였던 서구 사회는 이번 팬데믹을 계기로, 자신들의 사회 시스템이나 민주주의 수준에 대한 우월 의식을 내려놓는 것이 필요해졌다. 우리는 경제적으로 세계 10위권이지만 스스로 선진국이라 부르지 않았다. 하지만 이제는 경제뿐 아니라 사회 시스템 부분에서 어느 선진국과 비교해도 크게 부족함이 없다. 특히 의료 보험 체계나 위기 대응 부분에서는 우리가 가장 선진국답다고 해도 과언이 아니었다. 우리는 늘 서구의 방식을 벤치마킹하고 그들이 한 것을 좋은 답이라고 여겨 왔다. 사회적, 정치적 담론에서는 늘

서구의 롤 모델을 찾아왔던 것도 사실이다. 우리보다 그들이 먼저, 더 심도 있는 담론 과정을 거쳐 답을 찾았으며 이 답을 실행하면서 시행 착오를 거치고 더 진화시켰다고 여겼기 때문이다. 사실 우리 사회가 풀어야 할 쟁점 중에는 소위 서구 선진국들도 풀지 못한 문제도 많다. 일자리, 기본 소득, 양극화, 노령화 문제는 모두가 풀어 가는 과정이다. 서구 사회에 대한 맹목적 벤치마킹을 할 것이 아니라 우리나라에 맞는 우리식 해법을 찾기 위해서는 우리 사회 스스로가 거대 담론을 형성하고 풀어 가는 것이 필요하다. 어쩌면 이 과정이 진짜 선진국이 되는 방법일 것이다.

코로나19 팬데믹이 트리거가 되어 촉발된 우리 사회의 문제와 진화를 위한 과제들을 풀어야 그다음 실행도 이어질 수 있다. 우리는 지금 여유를 부릴 시간이 없다. 한국 사회가 다음 단계로 진화하기 위해서는 사회적 통합, 경제와 산업 구조의 혁신이 필요하다. 이를 통해 더 성장할 것인지, 국제적 영향력을 더 키울 것인지, 국민들의 삶의 수준을 더 높일 것인지 등이 결정될 수 있다. 한국이라는 자동차의 운전대를 지난 수십 년간 집권 정당이 바뀌면서 번갈아 잡아 봤지만 사실 큰 범주의 변화는 없었다. 가는 길이 조금 달라질 수는 있었겠지만 가는 방향이 크게 바뀌지 않았고 목적지도 그대로였다. 정치권이 이념적 대결 구도를 일부 유지하며 대결해 왔지만 경제와 산업의 방향에서는 두 정치 세력의 차이가 별로 없었다. 이제 운전대가 아니라 자동차가 바뀔 시점이 왔다고 볼 수 있다. 당연히 이런 변화의 시점에서는 풀어야 할 문제가 많고, 사회 구성원들의 논의와 합의가 필요한 부분도 많다. 가령 산업이 바뀌었는데도 과거 산업화 시대의 공장 중심 노동법은 여전히 존재한다. 지금은 IT가 산업적 주도권을 쥔 시대, 그러므로 노동에 대한 유연성이 필요하지만 이 또한 쉽지 않다. 이해 관계가 첨예하게 상충하기 때문이다. 환경 문제도 그렇다. 전염병을 초래한 배경에는 인간이 저지른 생태계 파괴와 기후 변화라는 문제가 있다. 인과응보라고 하면 너무 속상하지만 지금 우리에게 닥친 위기에 우리 스스로 일조했음을 부인하기는 어렵다. 하지만 이를 해결하기 위한 과정에도 수많은 이해관계가 상충하고 있다. 당연하던 것이 당연하지 않게 되면 우리는 혁신을 요구하지만, 혁신은 모두에게 해피엔딩을 선사하지는 못한다. 산업과 규제, 제도 문제도 풀어야 할 숙제이지만 여기서도 이해관계 상충이 첨예하다. 그동안 사회는 계속 바뀌었고, 풀어야 할 문제도 분명하게 알았지만 미뤄 둔 것이 많았다. 미뤄 둔다고 누가 대신 해결해 주지는 않는다. 그냥 갈등의 시점만 미뤄질 뿐이고, 혁신으로 거둘 사회적 이익은 더 멀어질 뿐이다. 결국 빨리 풀어야 한다. 아니, 풀기 시작해야 한다. 팬데믹이 몰고 온 역대급 위기가 2021년의 우리에게 거대 담론을 요구하는 셈이다.

팬데믹 세대와
Youngest Power

15세 이상 인구 중 수입이 발생하는 일에 종사하거나 구직 활동을 하는 사람들을 경제 활동 인구라고 한다. 이때 15~25세는 경제 활동 인구 중에서도 막내에 해당된다. 사실 이 나이대에는 고등학생, 대학생, 군인이 가장 많을 것이고 경제 활동에 나선 이는 소수일 수밖에 없다. 그렇기 때문에 경제 활동 인구 중 20대 중후반을 실질적 막내로 볼 수도 있다. 단지 취업의 문제만 이야기하는 것이 아니라 사회적 영향력, 재산 보유액 등에서도 막내다. 그들은 상대적으로 약자였고, 자기 목소리를 내는 데에도 한계가 있었다. 정치는 더더욱 생각도 하지 못했다. 그랬던 우리 사회의 막내들에게 변화가 생겼다. 우리 사회는 그들을 Z세대라고 불렀고, 막내 중 일부는 밀레니얼 세대에 속했다. 나이를 중심으로 구분했던 세대 표기 대신, 이들을 팬데믹 세대(Pandemic Generation)라고 불러도 좋을 듯하다. 이들은 코로나19 팬데믹으로 인해 가장 많은 타격을 받았다. 고등학생과 대학생은 개학 연기와 갑작스런 온라인 수업 전환으로 학습권의 손해를 봤고, 대학 졸업 예정자들은 팬데믹이 초래한 채용 중단으로 인해 구직 기회의 손해를 봤다. 팬데믹으로 대학교도 심각한 위기를 맞으며 구조적 변화를 꾀하고, 기업도 역대급 위기 속에서 생존을 위한 변화를 모색하고 있다. 그래서 현재 고등학생, 대학생, 20대들을 배려하거나 고려할 여유가 별로 없다.

가뜩이나 양질의 일자리는 계속 줄어드는 추세인데, 팬데믹을 계기로 자동화가 더 가속화되어 일자리는 더 줄어들게 생겼다. 부동산은 폭등하고 미래에 대한 불투명성과 불안정성은 더 커지게 생겼다. 심화되는 양극화 속에서 상대적 박탈감은 커지고 사회에 대한 불만도 많아질 수밖에 없다. 반대로 자존감은 떨어질 수밖에 없다. 이 때문에 하고 싶거나 되고 싶은 꿈의 사이즈가 줄어들었다. 팬데믹은 그저 건강, 보건의 위기 정도가 아니라 그보다 훨씬 크고 심각한 위기를 안겨주었다. 지금 시대를 사는 모두가 힘들겠지만 그중에서도 직격탄을 맞은 세대는 15~25세, 바로 팬데믹 세대라 부를 수 있는 이들이다. 팬데믹 세대인 현재의 15~25세 인구는 공교롭게도 Z세대이기도 하다. Z세대가 기후 위기 문제에 가장 민감한 것도, 그것이 자신들의 문제라고 인식하기 때문이다. 미래를 살아갈 그들로서는 현재에도 심각한 기후 위기 상황을 개선하지 않으면 더 가혹한 미래를 만날 수밖에 없다. 《라이프 트렌드 2019: 젠더 뉴트럴 Gender Neutral》에서 'Z세대(Generation Z): 역사상 가장 강력한 10대를 만나다'라는 주제로 Z세대를 다룬 바 있는데, 이들은 코로나19 팬데믹을 겪으면서 기후 위기, 생태계 파괴, 환경 문제 전반에 더 큰 관심을 갖게 되었다. 아울러 양극화 심화와 경제 위기에 대한 인식도 더 분명해졌다. 그런 점에서 팬데믹 세대는 잃어버린 세대가 아니라, 새로운 질서를 만드는 세대다.

BTS는 지금 시대의 특별한 Youngest Leader

2020년 6월 1일, 'One in an ARMY'는 인종 차별을 반대하는 BLM(Black Lives Matter), 전미 유색인 지위향상협회(National Association for the Advancement of Colored People, NAACP), 미국 시민자유연합(American Civil Liberties Union, ACLU) 같은 단체에 소액 기부를 하는 캠페인을 벌였는데 며칠 사이에 5만 달러가 모였다. 그런데 BTS(방탄소년단)와 빅히트엔터테인먼트가 BLM에 100만 달러를 기부했다는 사실이 6일 언론을 통해 알려지자 팬들은 '우리도 100만 달러를 맞추자'라는 뜻으로 #MatchAMillion 해시태그를 퍼뜨리며 다른 팬들의 동참을 독려했다. 그리고 24시간 만에 81만 7000달러가 넘는 기부금이 모였고

©US BTS AMRY

그다음 날 결국 100만 달러를 넘겼다. 팬덤(Fandom)의 힘을 보여 준 셈인데 이는 전 세계 주요 외신들도 놀라운 일이라며 앞다퉈 다뤘다.

'One in an ARMY(www.oneinanarmy.org)'는 미국에 있는 BTS 팬인 에리카 오버턴(Erika Overton)이 ARMY의 팬들을 대표해 2018년 3월 비영리 단체와 공동으로 설립한 소액 기부 단체다. BTS가 메시지를 담은 음악으로 전 세계에 영향을 미치듯, BTS 팬들도 소액 기부를 통해 세상에 좋은 영향력을 끼치자는 의도로 만들어졌다. 시리아 난민을 위한 캠페인, 베네수엘라의 아기들을 위한 캠페인 등 전 세계적으로 소외된 약자들을 위한 수십 개의 캠페인을 벌였다. ARMY 팬들이 각자 자발적으로 기부하는 금액은 대개 1달러 정도의 소액이다. 조지 플로이드 사건 이후, BTS 팬들 중 일부가 인종 차별 반대 운동 단체에 소액 기부를 할 수 있는 페이지를 만들어 달라고 One in an ARMY에 요청했던 것이다.

참고로 2020년 5월 26일, 조지 플로이드가 경찰에게 체포되는 과정에서 목이 눌려 질식사한다. 사건 발생지인 미네소타주 미니애폴리스에서 조지 플로이드 사망에 대한 항의 시위가 일어나고, 사망 과정이 촬영된 영상이 소셜 미디어를 통해 확산되면서 미국 전역으로 BLM 운동이 벌어졌다. 사실 이런 일은 이번이 처음이 아니다. 2012년 플로리다에서는 자경단이 17세 흑인 소년 트레이본 마틴을 총으로 사살하는 사건이 있었다. 편의점에서 과자와 음료수를 사서 집으로 돌아가던 고등학생을 사살한 것이었지만 당시 경찰은 자경단이 정당 방위를 행사한 것으로 결론을 내리고 훈방했다. 이 사건에 대한 항의를 하기 위해 시위가 일어났고 'Black Lives Matter(흑인 생명도 소중

하다'라는 구호와 #BlackLivesMatter라는 해시태그가 확산되었다. 그 후 2013년에 'BLM'이라는 조직이 만들어졌고 지금까지 이어지고 있다. 흑인에 대한 미국 정부나 경찰의 공권력 남용에 대한 항의를 일컫는 흑인 민권 운동은 마틴 루서 킹이나 맬컴 엑스까지 거슬러 올라갈 정도로 아주 오래되었지만 여전히 인종 차별 사건은 현재에도 벌어진다. 이것은 미국에서 백인에 의한 흑인이 차별당하는 문제뿐 아니라, 한국인을 비롯한 유색 인종이 차별당하는 문제이기도 하다. 코로나19 팬데믹 이후 유럽과 미국에서 중국, 아시아인, 심지어 한국인까지 차별, 폭력, 혐오의 대상으로 삼은 사건은 꽤 많다. 이런 상황에서 발생한 조지 플로이드 사건을 계기로 비록 팬데믹 와중이지만 시위는 미국 전역과 전 세계로 퍼져 나갔다.

BTS의 팬클럽 이름은 'ARMY(아미)'다. 군대를 뜻하는 말로 보이지만 사실 'Adorable Representative M.C for Youth(젊은이들을 위한 사랑스러운 대변자)'의 이니셜 조합이다. ARMY는 2013년 팬들의 투표에 의해 정해진 이름으로, 팀 이름에 쓰인 '방탄'이란 의미와 연결하여 중의적 표현으로 쓰려 한 셈이다. 2014년 4월, 정식으로 창단한 ARMY의 숫자는 정확히 파악되지 않지만 BTS의 트위터 팔로워 2735만 명, 페이스북 공식 페이지 팔로워 1192만 명, 인스타그램 팔로워 2740만 명, 유튜브 채널 'BANGTANTV' 구독자 3310만 명, 네이버의 실시간 모바일 방송 플랫폼 'V라이브' 채널 구독자 2121만 명, 틱톡 팔로워 1520만 명임을 감안하면 중복되는 경우를 고려하더라도 최소 1000만 명 이상은 되는 것으로 추정할 수 있다. 이들은 단지 음악만 듣고 콘서트를 찾는 팬이 아니라, BTS의 메시지를 받아들이고 그들의 영향력을 퍼뜨리는 강력한 우군이다. 더 놀라운 것은 이들이 가진 정치적 영향력이다.

그동안 팬클럽을 스타의 음반 사재기와 음원 순위 올리기 등 직접적인 이해관계에 해당하는 활동에만 집중하는 열혈 집단으로 오해하는 사람들이 많았다. 물론 ARMY가 그런 활동을 안 하는 것은 아니지만 단지 그런 활동만 하는 것도 아니라는 점에 주목해야 한다. 팬클럽의 구성원 연령대는 18~30세가 가장 많다. 3040세대도 꽤 있지만 수적으로는 15~25세가 핵심이다. 팬데믹 세대이자 Z세대가 ARMY 중에서 가장 큰 비중을 차지하는 셈이다. 이들은 팬클럽에서의 활동을 통해 K팝 스타에 대한 애정만 높아지는 것이 아니라 사람들과의 관계를 배우고, 세상에 대한 관점도 쌓을 수 있다. 스타를 지지하고 애정하는 과정에서 스타의 메시지를 적극적으로 공유한다. 그렇기 때문에 K팝 스타는 Z세대에게 아주 특별한 리더가 된다.

K팝은 음악뿐 아니라 한국 팬클럽의 기부 문화도 퍼뜨렸다

K팝은 전 세계에 멋진 노래와 안무만 보여 준 것이 아니다. 한국의 팬덤 문화도 전 세계로 퍼뜨렸다. BTS가 존재하기 한참 전에도 한국에서는 강력한 아이돌 팬덤이 존재했다. 팬레터가 한 트럭 오던 시대도 있었고, 각종 선물이 산더미처럼 쌓이거나 명품, 수입차 같은 초고가 선물이 조공처럼 바쳐지던 시기도 있었다. 그런데 2000년 이후 달라지기 시작했다. 스타가 팬들에게 선물을 보내지 말고 그 대신 자선 단체에 기부를 하라는 메시지를 이야기했기 때문이다. 그때

부터 팬들은 자신이 사랑하는 아이돌 그룹의 이름을 걸고 자원봉사를 하거나 기부를 하게 되었다. K팝만 수출된 것이 아니라 한국의 팬클럽 문화도 수출된 셈이다. 우리의 1020세대 팬들은(그중 일부는 나이가 들어 현재 3040세대가 되어 버렸을 것이다) 선한 사회적 영향력을 발휘하는 방법을 이미 알고 있었고 실천하고 있었다. 우리나라 팬들이 가진 기부와 사회적 활동을 글로벌 팬들이 이어 받았고 여기에 더해 사회적 이슈에도 적극 대응하고 정치적 영향력도 발휘하는 모습을 보여 줬다. 이제는 한국의 팬들이 진화할 때가 되었다. 팬데믹 세대로 거듭나 스스로를 지키기 위해 적극적인 목소리를 낸다면 어떨까. K팝은 그냥 음악이 아니라 문화가 되었듯 팬덤 문화도 마찬가지다.

2020년 4월에 예정되어 있던 BTS의 국내 공연이 취소되었을 때 팬들은 공연 티켓 환불액을 그대로 코로나19 구호 성금으로 기부했다. 공연을 보기 위해 치른 돈이지만 공연 대신 스타의 이름으로 기부를

선택한 것이다. 이런 행동은 자신들이 지지하는 스타가 사회적으로 더 큰 영향력을 가질 수 있도록, 더 많은 사랑을 받도록 하는 자발적 팬심에서 비롯된다. 심지어 생일이나 특별한 기념일을 축하하는 의미에서 기부하는 것은 지금까지도 이어지는 전통이 되었다. 처음에는 국내의 소외 계층이나 자선 단체에 쌀과 돈을 기부하는 것으로 시작되었는데 점점 범위를 넓혀 이제는 해외에도 기부를 하거나 자원봉사를 떠난다. 가령 아이돌 그룹 블락비의 데뷔 4주년 때에는 팬클럽이 기금을 모아 캄보디아의 시엠레아프(Siem Reap) 반티스레이(Banteay Srei) 지역에 블락비 이름으로 우물을 만들어 줬다. 엑소, 갓세븐, 에이핑크 등의 팬클럽에서도 모금을 통해 제3세계 낙후 지역에 수많은 우물을 만들었다.

　이들은 특별한 경우가 아니다. 사실 인기 K팝 그룹 중에서 해외에 자기 이름을 붙인 우물이 없는 경우가 없을 정도다. 팬클럽은 제3세계에 우물, 학교 등 다양한 시설을 만들거나, 스타의 이름을 붙인 숲을 조성하는 것처럼 기후 변화에 대한 대응 활동을 하기도 한다. 스타가 군 복무를 하는 동안 팬들이 그를 대신해 꾸준히 자원봉사를 하거나 스타의 이름으로 주기적으로 기부하는 경우도 다반사다. 해외의 K팝 팬들은 이런 모습에 주목했고, K팝 열풍이 세계로 퍼지듯 이런 기부 문화도 자연스럽게 퍼져 나갔다. 최근에는 BTS의 멤버 뷔의 생일을 맞아 중국 팬들이 400만 위안(한화 약 6억 9000만 원)을 모금해 중국청소년발전기금(CYDF)에 기부했는데, 이는 뷔의 본명인 김태형을 딴 '태형희망초등학교'의 건립 비용으로 쓰인다. 어느 팬클럽이 더 많은 돈을 모으고 더 자주 기부하는지 서로 경쟁하거나 비교하기도 한다. 이는 기부 문화 확산에 크고 작은 영향을 미칠 수밖에 없고, 다른 팬들에게 자연스럽게 기부 문화를 인식시키는 계기가 된다.

K팝 팬클럽의 팬덤에 의한 기부와 자원봉사의 역사는 20년 가까이 된다. 국내 팬클럽에서 시작해 해외 팬클럽으로 이어지면서, 단순한 봉사와 기부를 넘어 점차 환경 문제, 차별, 사회적 이슈에도 목소리를 내게 되었다. 그렇다고 이런 활동이 정치 지향적인 것은 결코 아니다 (사실 정치는 정치인들만의 전유물이 아니다. 누구라도 세상이 더 나은 방향으로 나아가길 바라며 목소리를 낸다면 이것도 정치라고 할 수 있으니까). 국내 팬클럽의 경우 자선 기부와 자원봉사는 적극적이지만 상대적으로 사회적 이슈에는 소극적이다. 반면 ARMY에는 해외 팬들이 많기 때문에 그들의 활동에는 상대적으로 다양한 목소리가 담겨 있다. 각국의 문화적 차이도 있겠지만 무엇보다 소셜 미디어가 바꾼 문화이기도 하다.

왜 BTS 팬들은 정치적 영향력을 드러내는가?

BTS 팬 중에서 정치적 영향력을 드러내는 이들은 엄밀히 말하면 글로벌 팬, 그중에서도 유독 미국 팬들이다. 여전히 발생하고 있지만 어쨌든 인종 차별은 미국에서 심각한 금기다. 인종 차별에 저항하는 것, 차별을 묵인하거나 방관하는 대통령과 공권력에 맞서는 것은 지극히 당연하다. 사실 BTS도 인종 차별을 받은 적이 있다. 2019년 6월, 호주 공영 방송 'Channel9'의 〈20 to One〉이라는 프로그램의 진행자와 출연자들이 BTS의 인기에 대해 이야기하면서 인종 차별과 성희롱 발언을 했다. 이에 ARMY는 소셜 미디어를 통해 #channel9apologize 해시태그를 퍼뜨리며 방송사의 사과를 요구했고, 결국 해당 프로그램의 트위터 계정에서 영어와 한글로 된 사과문을 받아 냈다. 당시 BTS가 이미 세계적으로 유명해졌음에도 불구하고 공영 방송에서 조롱과 차별적 발언을 서슴지 않았으니 그들이 무명이었을 때에는 더욱 많은 차별을 받았을 것이다. BTS 정도의 인지도, 글로벌 팬들로 무장한 ARMY가 있었기에 공식적으로 사과했지, 다른 K팝 스타라면 이렇게 사과를 했을까? 사실 사과 내용도 진심이 담기지 않고 부실하기만 했다. 인종 차별 문제는 BTS나 ARMY에게 중요한 문제가 아닐 수 없다. BTS 소속사가 BLM에 100만 달러를 기부한 것, 이에 맞춰 ARMY도 100만 달러를 모금하고 기부한 것은 결코 우연한 행동도, 일시적 행동도 아니다. 일부 백인과 인종 차별주의자들이 #BlackLivesMatter를 폄하 혹은 조롱하려는 의도로 #WhiteLivesMatter 해시태그 게시물을 올리자, BTS 팬들은 이 해시태그를 무력화시키기 위해 BTS의 무대 영상이나 사진을 대거 올리기 시작했다. 결국 #WhiteLivesMatter를 처음 퍼뜨린 이들의 의도가 완전히 무력화되었다. BTS도 자신들의 공식 트위터 페이지에 "우리는 인종 차별에 반대합니다. 우리는 폭력에 반대합니다. 나, 당신, 우리 모두는 존중받을 권리가 있습니다. 함께하겠습니다"라는 글과 #BlackLivesMatter 해시태그를 올렸다.

2020년 6월 20일, 재선을 노리는 트럼프 대통령이 오클라호마 털사에서 유세를 했는데 1만 9000명이 들어갈 수 있는 유세장에 실제로 참석한 이는 6000명에 불과했다. 행사 전 트럼프 선거 운동 본부 측은 참가 신청자가 100만 명을 넘었다며 자랑했는데 막상 유세장은 1/3도 채워지지 않은 것이다. 여기에도 BTS 팬들의 역할이 컸다. BTS 팬들을 비롯한 미국에 있는 K팝 팬들이 유세장을 텅 비게 만들 목적으로 대규모 참가 신청을 했고 당일 노쇼(No Show)를 한 것이다. 이날

유세는 코로나19로 오프라인 유세가 중단된 지 3개월여 만에 이뤄지는 것이었다. 트럼프 입장에서는 중요할 수밖에 없는 유세를 K팝 팬들이 일종의 '저격'을 한 이유는 조지 플로이드 사건에 대한 안일한 대응과 무책임, 트럼프가 일삼는 인종 차별 때문인 것으로 분석된다. 인종 차별은 흑인이든 아시아인이든 상관없이 인류 보편적으로 저항해야 할 이슈다. 게다가 BTS 팬들을 비롯한 K팝 팬들로서는 자신들이 아끼고 사랑하는 스타가 차별을 받는 상황에 대해 적극적으로 대응하는 것이 팬으로서 당연하게 해야 할 일이라고 여기는 셈이다.

K팝 스타에게 특정 정치 세력을 지지하거나 반대하는 행동은 금기다. 이는 반대편 정치 세력의 반발을 불러일으키거나 이를 꼬투리 삼아 안티팬(Anti Fan)이 생길 수 있기 때문이다. 또한 자신들의 의도와는 다르게 왜곡되거나 확대 해석되는 것에 대한 우려 때문이다. 하지만 기후 위기, 환경 문제, 인종 차별, 성차별, 인권 문제 등 논쟁의 여지가 없는 문제에 대해서는 다르다. 그래서 K팝 스타들도 이런 문제에 좀 더 적극적으로 목소리를 내고 행동한다. 팬덤 또한 이런 목소리에 반응하고 행동한다. ARMY의 행보는 BTS가 지시를 내린 것도, 요구한 것도 아니다. 과거와 달리 지금의 팬들은 스타에게 종속되지 않는다. 오히려 스타와 상대적 수평 관계에 가깝다. 이러한 바탕에는 스타와 쌍방향 소통이 원활하게 이뤄지는 시대가 있고, 스타에 대한 맹목적 추종이 아니라 이해와 사랑이 있다. 팬들이 스타를 지지하는 방법 중 하나는 스타가 가진 메시지를 실천하며 사는 것이다. 미국의 BTS 팬들이 인종 차별 반대 운동에 목소리를 내고, 차별에 대한 반감 표시의 일환으로 트럼프 유세를 방해하는 것처럼 다소 정치적 행동을 하

는 것도 자신들이 사랑하는 스타를 보호하고 아끼는 방법이자 BTS의 메시지를 따르는 자발적 행동이다. 기부나 자원봉사보다 좀 더 진전된 사회적 책임을 다하는 활동인 것이다.

같은 듯 다른 그때와 지금의 15~25세

지금의 15~25세는 팬데믹 세대이고, 그때의 15~25세는 IMF 세대다. 둘은 23년의 시간차를 두고 등장했다. 1997년 3월 한국은행은 외환 위기 가능성을 경고했다. 결과적으로 1997년 12월에 긴급 자금 20억 달러를 비롯해 195억 달러의 구제 금융을 받아 국가 부도 위기를 막았다. 그리고 돈을 빌려준 IMF가 이때부터 한국 경제에 적극 개입하기 시작했다. 대기업을 비롯해 수많은 기업이 도산하거나 매각되었고 많은 은행이 통합되어 사라졌다. 국부 유출도 상당했다. 동남아시아 국가들의 연속적 외환 위기 속에서 외환 보유고 관리에 실패한 한국 정부의 무능(?)에 따른 대가는 가혹했다. IMF 세대는 바로 이 1997년 당시에 15~25세인 인구, 1970년대 초중반에서 1980년대 초반까지 출생자를 말한다. IMF 구제 금융 시대의 영향을 직격으로 맞은 것은 1970년대 초중반 출생자들이다. 이들이 대학을 졸업하고 사회에 나오는 시점에 국내 굴지의 대기업들은 줄줄이 쓰러졌고, 국가 도산이라는 초유의 위기감이 고조되었다. 당연히 채용은 중단될 수밖에 없었다.

이런 선배들을 목격한 것이 바로 당시 고등학생과 대학생이었다. 이는 대학생들로 하여금 안정적인 공무원과 고시에 매달리게 만들었고,

고등학생은 취업이 잘되는 전공이나 안정된 직장을 가질 수 있는 전공을 우선하게 만들었다. 1990년대에 우후죽순 대학교가 설립되었는데, 이때 만들어진 대학들은 사실 IMF 구제 금융 시대이자 미래에 대한 불안감이 커진 시대의 수혜를 봤다. 더 치열해진 경쟁에서 살아남으려면 대학 졸업장이 필수라는 인식이 커졌고, 모두가 대학을 가야 하는 시대가 되었기 때문이다. 교육부에 따르면, 1991년 대학 진학률은 33.2%였는데 이후 가파르게 상승해 2001년 70.5%로 역대 처음 70% 벽을 깬 후 2008년 80% 벽까지 깨며 역대 최고인 83.8%를 기록했다. 그 후 하락세로 돌아서 2013년 70.7%까지 떨어졌지만 수년간 70% 선에 머물다가 2016년 69.8%를 기록하며 70%의 벽이 무너졌다. 그리고 2017년에는 68.9%까지 떨어졌다(이후로도 계속 60% 후반을 유지하고 있지만 머지않아 60% 선이 깨질 날도 올 것이다).

중요한 것은 10대 후반과 20대 초중반에 IMF 구제 금융 시대를 경

험한 사람들의 직업관, 인생관, 돈에 대한 관점은 다른 세대와 다를 수밖에 없다는 점이다. 어린 나이에 국가가 부도날 수 있다는 심각한 이야기를 현실로 받아들인 이들로서는 영향이 있을 수밖에 없다. 그러므로 넓게 봐서 1970년대 초중반에서 1980년대 초반 출생자까지를 IMF 세대로 볼 수 있는 것이다. 2020년을 강타한 코로나19 팬데믹으로 인해 초래된 경제적 타격과 사회적 충격은 IMF 구제 금융 시대에 비해 적지 않다. 그러므로 현재 10대 중후반과 20대 초중반인 고등학생, 대학생, 취업 준비생들에게 팬데믹 세대라는 이름을 붙여도 결코 비약적이지 않다.

IMF 세대와 팬데믹 세대는 심각한 위기 상황을 겪은 15~25세라는 공통점이 있다. 하지만 사회적 약자이자 영향력이 없었던 IMF 세대와 달리 팬데믹 세대는 힘을 가졌다. 아이들에게 힘이 있어 봤자 얼마나 대단하겠냐고 생각하는 것은 기성세대뿐이다. 기성세대에게 있어 힘은 나이와 지위와 돈에서 비롯되는 것이다. 하지만 팬데믹 세대는 나이도 어리고 지위와 돈도 없지만 온라인에서의 영향력은 그 누구보다 강력하다. 지금은 방송과 신문의 위상이 예전 같지 않고, 유튜브와 소셜 네트워크의 영향력이 더 강력한 시대다. 사회는 이들의 목소리를 외면하기 어려워졌다. IMF 세대와 달리 팬데믹 세대는 정치 세력화가 될 수 있다는 의미다. 그렇다고 이들이 정당을 만들어야 한다거나 정치인이 되어야 한다는 것은 아니다. 팬데믹과 언컨택트 사회가 기존의 관성을 바꾸고 미뤄 왔던 혁신을 거침없이 이루게 만들다 보니, 새로운 주도권과 질서도 필요해졌다. 바로 이 부분에서 10~30대의 파워가 중요해진다. 그들의 세력화는 환경과 기후 위기에 대해 목소리를 내게 만들었고, 미닝 아웃(Meaning Out)을 통한 적극적인 소비 행동을 하게 만들었다. 아울러 자신들에게 직접적인 이슈인 공교육의 역할, 대학의 혁신, 청년 일자리 확대, 청년 주거 안정 보장 문제에 대해서도 목소리를 낸다. 아니, 내야 한다. 나서지 않으면 들러리만 될 뿐이다.

정치권에서 2030세대를 위한다면서 다양한 보여 주기식 이벤트를 하지만, 2030세대에게 직접적 이익이 되는 정책은 제한적이다. 그럴 수밖에 없는 것이, 정치가 모든 이를 다 만족시킬 수는 없기 때문이다. 복잡하게 연결된 사회에서는 이해관계가 상충되는 것이 많기 때문에 누구의 이익을 위해 주면 반대로 다른 누구는 손해를 보거나 상대적으로 소외되는 경우가 생긴다. 결국 각자의 입장에서 싸울 수밖에 없다. 나서지 않고 싸우지 않으면 들러리가 될 뿐이다. 정치권에서는 걸핏하면 청년과 젊은 피 타령을 하지만 그들에게 청년 세대는 그저 들러리이자 선거철에 잠시 이용할 이벤트용 카드일 뿐이다. 기존에 국회에서 영향력을 유지해 온 기성 정당, 여당, 야당은 결코 2030세대와 10대를 위해 나서서 싸우지 않을 것이다. 그들은 40~70대, 기득권을 가진 이들, 그들과 이해관계가 얽힌 이들을 위해 열심히 싸울 것이다. 그러려고 국회에 진출한 사람도 많을 테다. 정치권은 늘 그래 왔고 스스로 바꾸지 않는다. 결국 외부에서 바꿔야만 바뀔 수 있다. 15~25세의 문제를 다른 누군가가 알아서 해결해 주기를 바라는 것은 해결되지 않아도 괜찮다는 의미와 같다. 알아서 되는 것은 없기 때문이다.

팬데믹 세대가 받은 손해는 누가 해결해 주나?

　　같은 상황을 겪어도 이를 받아들이는 태도나 위기로 인한 타격의 정도는 나이에 따라 다르다. 15~25세는 대부분 학생이다. 2020년 4월 25일, 유네스코는 코로나19 때문에 전 세계의 학생 중 90.2%인 15억 7865만 명이 휴교 영향을 받고 있다고 발표했다. 이 발표가 나온 시점이 4월이었는데 팬데믹은 그 후로 이어져 휴교는 계속되었다. 그나마 우리나라는 온라인 수업으로 교과 과정을 소화했지만 이것이 가능한 나라는 그리 많지 않았다. 팬데믹이 길어질수록 학생들의 정상 수업은 차질을 빚을 수밖에 없고 이는 학업 능력 저하뿐 아니라 인간관계, 사회관계, 정신 건강 등에 부정적 영향을 미칠 것이다. 그리고 전 세계적으로 이에 대한 우려가 제기되었다. 현재 학습 환경은 오프라인 중심이고, 교사와 교육 콘텐츠도 모두 오프라인을 전제로 준비된 것이다. 그런데 이를 갑작스레 온라인으로 바꾸는 것은 결코 쉽지 않다. 오프라인 중심의 교사와 콘텐츠의 온라인 전환은 최적화된 방식으로 바꾸는 것이 아니라 기계적 디지털 전환과 전달에 불과하기 때문에 학습 능력 부분에서 상대적으로 오프라인보다 저하될 가능성이 크다. 공교육의 역할이 상대적으로 제한되는 시기다 보니 학생들 사이에서 사교육 여부에 따라 격차가 만들어질 수 있는 것이다.

　　실제로 2020년 7월, 《동아일보》가 한국교원단체총연합회와 함께 초중고 교사 1933명을 대상으로 실시한 설문 조사의 결과에 따르면, 코로나19로 인한 학력 격차 실태가 '심각한 편'이라는 응답은 60.4%,

'매우 심각' 20.0%, '심각하지 않다' 19.6%였다. 교사들은 온라인 수업으로 전환한 지 몇 달 만에 학력 격차가 꽤 심각하다고 인식한 것이다. 그 이유로는(복수 응답) '학생과 교사 간 피드백이 어렵다(70.5%), 사교육 격차가 더 벌어졌다(59.9%), 제때 적절한 평가를 하지 못한다(25.5%)'라고 답했고, 원격 수업이 등교 수업보다 미흡하기 때문(8.5%)이라는 응답도 꽤 있었다.

입시 전문 교육 기업 진학사에 따르면, 2020학년도 수능 때 영어 성적 분포는 1등급 7.4%, 2~4등급 56.6%, 5등급 이하가 36.0%였다. 그런데 2020년 6월 모의 평가 때에는 영어 1등급 8.7%, 2~4등급 44.8%, 5등급 이하 46.5%였다. 물론 이것만 보고 팬데믹 시기에 학력 격차가 커졌다고 단정하기는 어렵다. 하지만 1등급과 5등급 이하가 늘었다는 점은 흥미롭게 보인다. 원래 잘했던 학생들은 더 잘하게 되고 그렇지 않았던 학생들은 더 못하게 되었다는 해석에는 사교육이

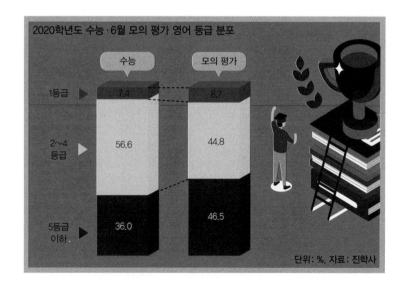

2020학년도 수능·6월 모의 평가 영어 등급 분포

수능 / 모의 평가

1등급 ▶ 7.4 / 8.7
2~4등급 ▶ 56.6 / 44.8
5등급 이하 ▶ 36.0 / 46.5

단위: %, 자료: 진학사

개입되어 있을 것이라는 추정이 가능하다. BBC도 팬데믹으로 인해 빈곤층 자녀들이 학력 저하를 더 심각하게 겪을 것이라는 보도를 한 바 있다. 기존에도 여름 방학이면 부유한 가정의 아이들의 학습 능력은 향상되는 반면, 빈곤한 가정의 아이들은 그렇지 못해 둘의 격차가 더 커졌다. 그러므로 장기간 휴교를 하는 팬데믹 상황에서도 격차가 크게 발생할 것이라고 주장한 것이다. 미국에서도 이와 비슷한 주장들이 계속 제기되고 있다. 학기 중 쌓은 학습 능력과 학업 성취 수준은 여름 방학을 거치면서 떨어지는데, 팬데믹이 길어질수록 더 떨어질 수밖에 없다는 것이다. 휴교로 인해 공교육이 멈춘 상황에서 경제적 여력이 있는 가정은 사교육을 통해 이 문제를 해결한다. 그러므로 가정의 경제력에 따른 학생의 수준 격차가 커지는 것은 충분히 타당하다. 팬데믹 세대는 양극화를 더 심하게 겪는 셈이다. 가뜩이나 심화된 양극화 문제는 팬데믹 시점에서 더욱 커지고 이는 팬데믹 이후에도 계속 영향을 미친다. 양극화에 따른 능력의 차이, 기회의 차이가 발생하는 것은 구조적으로 공정하지 않은 상황이기도 하다.

그뿐 아니라 학생과 교사, 학생과 학생의 커뮤니케이션 및 관계 형성을 위한 환경과 노하우도 오프라인을 중심으로 준비되어 있었다. 수업 자체는 온라인을 통해 어느 정도 해결할 수 있지만 소통과 관계는 쉽지 않다. 당연히 학교 안에서 배워야 하는 대인 관계, 사회적 관계, 소통 능력 등이 크게 부실해질 수 있다. 또한 이 때문에 학생들이 겪을 스트레스, 단절, 고립감, 우울감 등을 배제할 수 없다. 이런 문제도 경제력과 무관하지 않다. 공교육이 경험과 체험을 채워 주지 못해 별도의 수단을 활용하려면 그만큼의 돈이 들 수밖에 없다. 그 기간이

겨우 몇 달(훨씬 길어질 수도 있다)인데 이렇게 비약할 필요가 있겠느냐고 생각하는 사람도 있겠지만, 닳고 닳은 40대의 낯선 몇 달과 10대의 낯선 몇 달은 다를 수 있다. 그리고 10대 때의 경험과 감정은 평생에 걸쳐 영향을 미칠 수 있다. 누군가 10대 때 전쟁이나 대공황을 겪었다고 생각해 보자. 그 사건이 그 사람의 인생관, 가치관, 사람과 돈과 가족에 대한 태도 등 많은 부분에서 강력한 계기와 변화를 주지 않겠는가.

20대 대학생들도 심각한 변화를 겪기는 마찬가지다. 학생들이 전면적 온라인 수업으로 학습권을 침해받고 수업의 질도 떨어졌다면서 등록금을 돌려 달라고 요구하는 초유의 일이 벌어졌다. 더 심각한 것은 코로나19 팬데믹으로 인해 기업들의 공채가 대거 중단되거나 미뤄진 것이다. 대학생들에게 취업 이슈는 가장 중요하다. 그런데 심지어 아르바이트 자리도 대거 사라졌다. 팬데믹 때문에 손해와 타격을 입지 않은 사람이 없다. 기업, 자영업자, 대학교들 모두 정부에 해결책이나 지원책을 요구한다. 분야를 막론하고 각자의 입장을 대변하는 이익 단체들을 내세워 목소리를 내고 있다. 그래서 정부는 막대한 추경을 편성하여 다양한 지원을 한다. 정해진 우선순위는 있겠지만 영향력과 목소리가 큰 집단의 문제에 먼저 대응할 수밖에 없는 것이 현실이다. 15~25세가 우선순위가 될 가능성은 별로 없다. 그동안 입시교육을 지향하는 한국 교육의 방향성에 변화가 없었다. 그러나 공교육의 근본적 변화는 학생들을 위해 필요하다. 기존 교육 체제는 교육 시장을 둘러싼 이해관계에서 벗어나지 못한다. 이것은 대학 교육도 마찬가지다. 대학의 혁신은 학생들을 위해 요구한 것이다. 하지만 여기서도 대학 교육의 이해관계에서 벗어나지 못했다.

팬데믹 세대의 손해는 교육과 취업뿐이 아니다. 팬데믹의 실체, 즉 세계적 전염병이 발생한 것은 생태계 파괴와 기후 위기 문제와 연관된다. 즉 환경과 기후 위기 문제를 해결하기 전까지, 우리는 계속해서 다양한 전염병의 공격을 받으며 살아갈 수밖에 없다. 지난 20년간 그 이전의 어떤 시대보다 더 많은 전염병이 인류를 위협했고, 가축 전염병도 수시로 찾아와 살처분이 비일비재해졌다. 이것은 기성세대가 저지르고 망쳐 놓은 것들의 영향과 그로 인한 피해를 모든 세대가 고스란히 떠안는 것이다. 팬데믹 세대이자 Z세대는 자신들이 망친 것도 아니면서 그 피해를 보는 것이다. 그러므로 그들은 기성세대에게 확실하게 책임을 묻고 최대한 환경을 복구시킬 방법을 요구해야 한다.

15~25세는 결코 어린아이가 아니다

1919년 3·1 운동의 선봉에 선 이들은 1020세대 청년이었다. 당시 만세 운동에 참여했던 16세의 유관순 열사를 비롯해 독립운동가 중 많은 수가 1020세대였던 것이다. 1960년 4·19 혁명에서도 1020세대는 중요한 역할을 했다. 이들은 자유당 정권의 부정 선거에 저항하며 반독재 투쟁을 벌였고 결과적으로 이승만 정권을 몰락시켰는데, 학생 시위가 전국적인 대규모 시위로 이어지고 결국 혁명이 된 경우다. 대통령 직선제를 이끌어 내고 한국 사회의 민주화에 큰 기여를 한 1987년 6월 민주 항쟁에서는 2030세대가 중요한 역할을 했다. 전국적인 대학생들의 시위, 박종철 고문치사, 최루탄에 의한 이한열 사망

등 20대가 중요한 촉매제가 되었고, 대거 시위에 동참한 직장인들도 2030세대가 주축이었다. 한국 역사에서 큰 획을 그은 이 3가지 사건만 보더라도 10대와 20대의 역할이 중요했다. 그런데 현재 기성세대 눈에는 지금 시대의 1020세대가 철없는 아이들로만 보이는 걸까?

당선 시점인 2020년을 기준으로, 21대 국회 의원 300명 중 2030세대 의원은 총 13명이며 전체 중 4.3% 비율을 차지한다. 우리나라 유권자 중 2030세대가 약 27%임을 감안하면 크게 낮은 수치다(심지어 20대 국회 때 2030세대는 3명, 1%에 불과했다. 이러니 2030세대를 위한 정책에 한계가 있을 수밖에 없다). 그런데 2030세대에 포함시켰지만 20대 국회 의원 중 20대는 한 명도 없었고 3명 모두 30대였다. 그중 가장 어린 이는 31세였다. 21대 국회에서도 비슷해서 2030세대 의원은 13명이지만 그중 20대는 2명뿐이다. 전체 인구 중 13%가 20대인데 20대 정치인은 20대 국회 때 0%, 21때 국회 때는 0.7%뿐이었다. 10대는 전체 인

구 중 10%지만 그들을 대변할 또래 정치인은 없다. 10대가 뭘 알기에 정치를 하냐고 여길 수도 있겠지만 세계적인 환경 운동가이자《타임》이 선정하는 '2019 올해의 인물'에 뽑힐 정도로 영향력이 큰 그레타 툰베리(Greta Thunberg)는 2003년생으로 아직 10대다. 2014년 노벨평화상을 수상한 말랄라 유사프자이(Malala Yousafzai)는 1997년생으로 수상 당시 17세였다. 이스라엘에 투옥되었다가 8개월 만에 석방된 팔레스타인 저항 운동가 아헤드 타미미(Ahed Tamimi)는 2001년생으로 투옥되었을 당시 16세였다. 이들은 10대 초반부터 환경 운동, 인권 운동, 저항 운동을 시작하여 10대 중반에 이미 전 세계의 주목을 받았다. 이제 "애들이 뭘 알아"라는 말은 그만두어야 한다. 그들도 알만큼 다 안다. 결코 나이가 절대적인 것은 아니다.

21대 국회 의원 중 4050세대 의원은 215명(40대 38명, 50대 177명)으로 71.7%라는 압도적인 비율을 차지하고 있다. 특히 50대는 전체의 약 60%다. 즉 한국의 국회는 50대가 주도하고 있다. 여기에 6070세대도 72명으로 24%를 차지한다. 이를 보면 5060세대가 주도하는 것이 확실하다. 20대 국회 의원의 평균 연령(당선 시점의 나이)은 55.5세였는데 21대 의원은 54.9세다. 그래서 젊어졌다고 표현하는 이들도 있다. 하지만 2030세대의 수가 조금 늘어나서 평균이 낮아진 것뿐, 실질적으로 5060세대가 주도하고 있는 것은 별 차이가 없다. 매번 선거철이면 청년을 더 중요하게 내세우지만 정작 청년들이 직접 정치에 개입하는 것은 아주 제한적이다. 물론 2030세대 의원도 있지만 이는 온전히 자신들의 힘으로 당선되었다기보다 나이든 정치권력에 의해 간택되었다는 표현이 더 맞을 것이다. 젊은 피의 이미지와 청년들의 표가 필요하니 적선하듯 생색내기로 2030세대를 비례 대표로 올려 둔 경우가 대부분이다. 이것은 여당이나 야당, 보수나 진보 다르지 않다. 그들에게 2030세대는 소비되는 이미지였는지 모른다. 2030세대라지만 30대

18~21대 총선 국회 의원 연령 분포

■ 30대 이하 ■ 40대 □ 50대 ■ 60대 ■ 70대 이상

18대
7
88
142
62
0

19대
9
80
142
69
0

20대
3
50
161
81
5

21대
13
38
177
69
3

단위: 명, 자료: 중앙선거관리위원회

위주로 구성한 것만 봐도 20대를 바라보는 그들의 속마음이 어떤지 티가 난다.

정치권은 걸핏하면 40대를 젊고 참신한 이미지로 이야기한다. 40대를 젊은 피라고 하는 것은 이제 그만해야 한다. 40대는 이미 늙은 피다. '사십대 기수론(四十代旗手論)'은 1969년 11월 8일, 당시 신민당 원내 총무였던 김영삼이 1971년에 치를 신민당 대통령 후보 지명 대회에 출마를 선언하면서 쓴 말이다. 김영삼 전 대통령은 1927년 12월 20일생으로 1969년 11월 당시, 만 42세였다. 신민당 대통령 후보 지명 대회에는 1924년생 김대중, 1922년생 이철승 등 40대 후보 2명이 더 나오면서 사십대 기수론이라는 말이 더 힘을 얻었다. 당시 대통령은 1917년생, 50대의 박정희였는데 군사 독재 정권에 대적할 대통령 후보는 40대여야 한다는 것이 사십대 기수론이었다. 정치계에서는 여전히 젊은 피를 이야기하면서 40대를 찾는다. 40대는 되어야 뭘 알지 않겠느냐는 시각 자체가 구시대적 낡은 사고다(참고로 5·16 쿠데타 때 박정희의 나이는 44세였고, 당시 쿠데타에 가담한 군 장교와 지휘관들의 평균 나이는 약 35세였다. 나라를 바꾸는 데 주동한 세력의 나이가 생각보다 어리다고 여겨지지 않는가?). 2020년, 한국 정치는 여전히 6070세대가 힘을 쓰고 있고 간혹 80대도 영향력을 행사한다. 그러므로 이들 입장에서는 40대가 무척 젊은 피로 보이겠지만, 52년 전에 40대를 이야기했다면 2021년에는 적어도 20대가 아니라면 30대 정도는 젊은 피로 등용되어야 한다. 사십대 기수론이라는 말이 나온 1969년에 태어난 아이는 2021년에 만 52세가 된다. 사십대 기수론은 이 정도로 오래된 말이다.

2020년 7월, 하나은행은 만 15년 이상 근무하고 만 40세 이상인 직원을 대상으로 특별 퇴직 신청을 받았다. 금융 환경이 변화하면서 인력 구조도 바뀔 수밖에 없는 상황에서 조기에 전직 기회를 가지는 것이 당사자(개인)와 회사(은행) 모두에게 이득이라는 명분을 내세웠다. 하지만 속뜻은 이제 40세가 한창 일을 많이 할 나이, 혹은 조직에서 중간 허리에 해당하는 것이 아니라 퇴직을 거론해도 무방하지 않을 나이가 되었다는 의미다. 이것은 은행이 비대면 채널을 강화하고, 빅데이터와 인공 지능 기술을 적극적으로 활용하는 등 디지털 전환이 필수가 된 상황에서 IT 인력은 더 필요해진 반면 과거 은행 체제에서 대면 채널 중심으로 일하던 역할은 필요가 없어졌기 때문이다. 15년을 근무한 40대라면 연봉이 꽤 높을 것이다. 하지만 은행은 그들이 그만큼의 역할과 가치는 못한다고 여긴다. 이들이 자발적으로 회사를 나가면 그만큼의 연봉으로 새로운 인력을 뽑을 수 있고 이것이 조직에 더 이득이라고 생각하는 것이다. 참 가혹하고 슬픈 메시지다. 40세라는 나이는 더 이상 젊은 피 이미지가 아니다. 이제 기업에서는 퇴직 연령으로 보기도 한다. 그런데 정치권은 여전히 40대를 무척 젊은 이미지처럼 여긴다. 세상이 그렇게 바뀌었는데 정치권만은 1969년에 멈춰 있는 것인가? 아니면 여전히 정치권에 6070세대가 많아서 그린 것인가? 정치권에서 6070세대가 줄어들고 그 자리를 2030세대가 채우면 어떨까? 4050세대는 이미 충분하게 많으니 굳이 늘지 않아도 된다.

대기업에서도 경영진 임원급 나이가 50대에서 40대로 내려가는 중이다. 굴지의 대기업이라고 해도 경영진의 평균 연령은 50대 초반이고 IT 기업은 40대까지 내려왔다. 대기업 CEO들도 60대를 넘는 경우가 점점 드물어 간다. 어찌 보면 50대가 의사 결정의 최고 권한을 가지는 셈이다. 기업은 철저히 능력 위주다. 과거에는 기업에서도 연차와 나이를 중요하게 여겼지만 이제는 달라졌다. 외부에서 영입된 경우(2000년대 중반부터 해외 기업의 외국인이나 컨설팅 회사 출신의 30대가 임원으로 영입되는 경우가 생기기 시작했다)가 아닌, 내부 승진자의 경우 2010년대부터 30대가 본격적으로 발탁하기 시작했다. 삼성전자에서는 2010년에 3명의 30대 상무를 발탁한 것을 필두로, 매년 30대 임원들이 발탁된다. 이는 삼성뿐 아니라 LG, SK 등 대기업에서도 매년 30대 임원이 계속 등장했다. 외부 영입의 경우 30대 초중반도 있었지만 내부 승진은 38~39세가 많았다. 그런데 2019년 연말 LG그룹 임원 이사에 1985년생(당시 만 34세) 상무가 발탁되었다. 이는 내부 승진하는 대기업 상무의 연령대가 30대 중반 이하로 내려오는 기점이 된 것이다. 심지어 카카오는 2020년 3월, 정기 주주 총회에서 1990년생(만 30세) 박새롬 교수(성신여자대학교 융합보안공학과)를 사외 이사로 발탁했는데, 국내 대기업의 모든 사외 이사 중에서 유일한 1990년생이다.

대기업 부사장급에도 40대가 발탁되는 시대다. 사실 이들은 기업에서도 젊은 피가 아니다. 최소 10년 이상 일하며 자기 능력을 발휘해 온 사람은 이미 베테랑이자 전문가다. 그런 이들에게 능력이 아닌 나이만 보고 젊은 피라고 부르는 것은 실례다. 연령, 연차와 상관없이 역량만으로 승진할 수 있는 시대는 기존의 방식이나 시대보다 훨씬 공정하다. 팬데믹 세대가 가장 불만을 가지는 부분 중 하나가 바로 불공정 문제다. 어쩌면 기업은 꽤 공정하게 바뀌는 중이지만 정치권은 여전히 불공정 덩어리다. 정치권에서 능력(단순한 개인 스펙이 아닌 진정한 국정 능력) 위주로 인재를 발탁한다면 국회 의원 중 2030세대의 비중은 지금보다 더 높아질 것이다. 40대의 비중도 마찬가지일 것이다. 그렇다고 나이든 사람들이 모두 도태되고 사라져야 한다는 이야기가 아니다. 나이와 무관하게 능력 위주로 등용하고, 서로 나이를 잊은 채 함께 일하자는 것뿐이다. 이런 변화가 여전히 거북한 사람들도 없지는 않다. 하지만 자기보다 나이 어린 사람이 자기보다 더 중요하고 영향력 있는 지위를 갖더라도 우리에게는 상대를 존중하고 따르는 태도가 필요하다. 이것은 나이가 아닌 능력과 역할의 문제이기 때문이다. 나이를 기준으로 위아래를 정하는 것은 시대착오적이다. 서로 역할과 전문성이 다를 뿐인데 이를 가지고 위아래를 나누는 태도도 바뀌어야 한다. 아무리 능력이 뛰어난 상사라도 나이가 어리면 거부감을 가지는 한국인이 많았던 것은 우리가 오랫동안 나이 서열 문화를 유지했기 때문이다.

한 살 차이라도 깍듯하게 대접하며 선후배의 서열을 지켜 온 우리나라 사람들은 대학교에 진학하면 학번으로, 군에 입대하면 계급으로(같은 계급이라도 입대한 달을 기준으로), 취직하면 공채 기수와 직급(호봉)으로 서열을 매겼다. 이런 환경에서 평생을 살았으니 나이 서열이 깨지는 것을 받아들이기 쉽지 않다. 물론 이것은 나이 많은 기성세대의 이야기다. 상대적으로 젊을수록 나이 서열이 깨지는 것을 유연하게 받아들인다. 15~25세의 목소리가 더 커지더라도 이를 좀 더 관대하게 들어 준다면 다양성, 공정성, 수평적 태도, 상호 존중이 보편화되는 사회에 좀 더 가까워지지 않을까.

극단적 개인주의:
믿을 것은 나뿐이다

극단적 개인주의(Extreme Individualism)라는 말 자체가 다소 무시무시하거나 자극적으로 보일 수 있다. 가뜩이나 개인주의에 대한 반감 혹은 거리감을 가진 한국의 기성세대라면 더욱 그럴 것이다. 집단주의적 문화 속에서 살아온 이들에게 개인주의는 거부감을 불러일으키는데 여기에 '극단적'이라는 말까지 더해지니 더욱 싫을 수 있겠다. 사실 한국의 10~30대에서는 개인주의 문화가 훨씬 강하다. 40대는 개인주의와 집단주의 모두를 고루 받아들인 과도기 세대이자 완충 지대라고 할 수 있고, 50대 이상에게는 집단주의가 훨씬 강했다. 그런데 이들 중에서도 코로나19 팬데믹이라는 초유의 사태를 겪으면서 개인주의적 태도로의 급전환을 받아들이는 이들이 늘었다. 사실 개인주의에 반감을 가졌던 우리 사회의 기성세대들조차 '나만 잘살면 돼!'라는 태도를 받아들인 지 오래다. 이들은 집단적 행동에도 능했는데 이는 엄밀히 말하면 개인주의적 욕망을 발현하기 위해 집단주의 문화를 이용한 것이기도 하다.

극단적 개인주의는 철저하게 자신의 관점, 가치관, 이해관계에 집중하는 것이다. 단순히 '나만 잘살면 돼!' 정도가 아니라 '내가 잘살려면 사회가 투명하고 공정해야 돼!'로 진화하는 사람들이기도 하다. 부당한 짓을 해서라도 남을 짓누르고 나만 잘되면 그만이라는 것이 아니라, 내가 나에게만 집중할 수 있도록 사회가 투명하고 공정해야 한다는 것이다. 그리고 그런 사회에서라면 성공도 실패도 모두 각자의 노력과 능력에 따라 결정되는 것이기 때문에 그 결과를 받아들일 수 있다는 것이다. 하지만 '아빠 찬스'나 낙하산에는 강한 적대감과 거부감을 가진다. 기성세대는 그렇지 않다. 인맥과 '빽'도 실력이라고 암묵적으로 동의한 사람이 꽤 많았다. 우리는 지금의 10~30대가 부모의 능력으로 저지른 대학 입시 부정이나 기업의 취업 특혜 문제에 유독 민감하게 반응하고 강한 적대감을 보이는 이유를 이해할 필요가 있다. 다른 이슈에는 둔감하고 무심하지만 공정성과 투명성을 해치는 이슈에는 집단행동도 마다하지 않는다. 그것은 사회적 투명성과 공정성이 보장되는 사회가 개인주의자들이 가장 안심할 수 있는 사회이기 때문이다. 극단적 개인주의가 어떤 이슈를 만들어 낼지, 우리의 일상과 사회에 어떤 영향을 미칠지 계속 지켜봐야 한다. 이것은 옳고 그름을 가리는 것이 아니라 변화한 세상을 이해하는 것이기 때문이다.

《라이프 트렌드 2020: 느슨한 연대 Weak Ties》에서 가장 중요하게 다뤘던 2020년 트렌드는 바로 느슨한 연대다. 끈끈한 연대로 대표되는 집단주의적 문화가 아니라, 각자 잘 놀다가 필요할 때에만 가끔씩, 서로 끈끈하지 않아도 충분한 연결을 이루는 개인주의적 문화가 가족, 인맥, 직장에서 자리를 잡았음을 보여 줬다. 느슨한 연대가 우리의 라이프스타일을 바꾸고, 그 속에서 다양한 욕망과 새로운 비즈니스 기회가 만들어지는 것을 다루었다. 의도하지 않았지만 2020년에 우리는 팬데믹 시대를 살게 되었고, 느슨한 연대 트렌드는 더욱 확산되었다. 느슨한 연대와 연결되는 것이 극단적 개인주의이다. 물론 극단적 개인주의에도 그림자는 있고 때로는 위험한 부분도 있다. 하지만 지금은 '집단'이 아닌 '개인'이 훨씬 우선되는 시대다. 코로나19 팬데믹 시대를 살면서 더더욱 실감했다. 역시 믿을 것은 자기 자신밖에 없다는 사실, 이를 위해 자기 능력을 키우고, 부동산이든 주식이든 어떤 재테크를 하든 충분한 돈을 가져야 한다는 사실을 말이다.

주린이와 재테크 열풍: 믿을 것은 돈뿐이다

재테크는 사람들의 보편적인 욕망이자 중요 화두였다. IMF 외환 위기 이후 2000년대 초반까지 재테크 열풍이 크게 불었다. 닷컴 버블 시기였고 '묻지 마 투자'라는 말까지 나왔을 정도로 전 국민이 주식 투자에 관심을 가졌다. 2001년 말, BC카드가 만든 "여러분, 부자되세요"라는 카피와 광고가 초유의 히트를 하며 전 국민의 인사말이 되었다. 결과적으로 부자가 된 국민은 별로 없었지만 재테크 책이 가장 잘 팔린 시기였고, 재테크와 관련한 여러 비즈니스와 투자 사기가 많았다. 우리는 위기를 겪으면 돈에 대한 생각이 더 간절해진다. 역시 믿을 것은 돈뿐이라는 생각이 더 들기 때문인지도 모르겠다. 초유의 코로나19 팬데믹을 겪으면서 재테크와 주식 투자에 대한 사람들의 욕망이 다시 커졌다. 인터파크도서에 따르면, 2020년 2월 1일~7월

15일까지 재테크/투자 카테고리의 책 판매량은 전년 동기 대비 93%
증가했다. 이 기간 중 재테크/투자 카테고리의 신간 도서는 267종이
나왔는데 전년 동기 대비 11% 증가한 것이다. 이런 성과를 봤기 때
문에 2020년 하반기에는 재테크/투자 관련 출판 시장이 더욱 활발할
수밖에 없고, 2021년에도 그럴 것이다.

　2020년 상반기에 사상 최대 신규 주식 계좌가 개설되었다고 한다.
주식 초보를 일컫는 '주린이(주식+어린이)'라는 말이 보편적으로 쓰일
정도로 널리 퍼졌고, '동학 개미 운동'이라는 말은 2020년 올해의 신
조어로 꼽혀도 손색없을 정도로 유행했다. 2018년을 뜨겁게 달군 비
트코인 광풍의 중심에 2030세대가 있었는데, 2020년의 동학 개미 열
풍도 2030세대가 주도했다. 2030세대에게는 열심히 일하면 부자까
지는 아니어도 내 집 마련 정도는 하면서 안정된 노후를 보낼 수 있
을 것이라는 기성세대의 생각이 애초에 없다. 기성세대에게는 저축만

으로도 돈을 벌던 시대가 있었다. 한국은행에 따르면, 1981~1990년까지 은행 예금 이자율은 평균 10.22%였다. 1991~2000년까지는 9.58%였다. 은행에 그냥 넣어 두기만 해도 원금 보장에 약 10%의 수익률까지 보장되는 말도 안 되는 시대가 20년 전이었다. 심지어 1998년, IMF가 금융 기관에 높은 BIS 비율을 요구하자 예금 유치를 위해 1년 정기 예금 이자 20%, 3년 정기 65%를 준다고 광고한 은행도 있었다. 물론 이런 이자율은 특별한 경우였지만 10% 초중반대의 이자율을 적용한 금융 기관은 많았다. 은행에 예금만 해도 10% 넘는 수익률을 거두었던 기성세대와 0%대 정기 예금 이자가 당연해진 시대의 2030세대는 다를 수밖에 없다(참고로 2001~2010년 은행 예금 이자율 평균은 4.33%, 2011~2018년은 2.37%다).

열심히 일해도 부자는커녕 가난해지는 워킹 푸어를 면하기 어렵고, 평생 안 먹고 안 쓰고 모아도 집 한 채 가지는 것이 불가능한 현실이

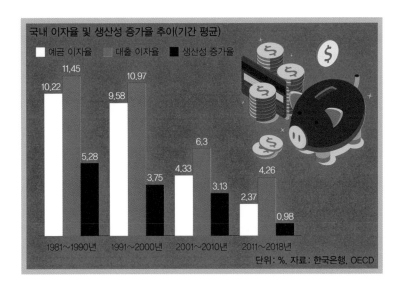

국내 이자율 및 생산성 증가율 추이(기간 평균)

■ 예금 이자율   ■ 대출 이자율   ■ 생산성 증가율

11.45
10.22
10.97
9.58
5.28
6.3
4.33
3.75
3.13
4.26
2.37
0.98

1981~1990년   1991~2000년   2001~2010년   2011~2018년

단위: %, 자료: 한국은행, OECD

다. 대기업과 공기업 정규직, 공무원 등 양질의 일자리는 계속 줄어드는 상황에서 이들에게 주어진 현실은 계약직과 아르바이트다. 금수저는 물려받을 재산이 있으니 걱정하지 않고 살 수 있겠지만 대부분의 일반인들은 해당되지 않는다. 결국 이들이 소박하게 자기 집 하나 가지려면 부동산, 주식 투자 등 큰돈을 벌 방법을 찾을 수밖에 없다. 그 꿈을 노동으로는 결코 이룰 수 없으니 투자로 이뤄야 한다. 애초에 투자 자금이 적기 때문에 안정적 투자로는 큰돈을 벌 수 없다. 그래서 '하이 리스크 하이 리턴(High Risk High Return)'을 노린다. 비트코인 광풍 때 등록금을 날리고 이를 만회하기 위해 빚을 냈다가 또 날린 20대들의 무모함을 비난하기에 앞서 '어떤 대학생이 수백만 원으로 100억을 벌었다'라는 허황된 투기적 메시지에라도 기대고 싶은 그들의 절박함을 들여다봐야 한다. 그들은 인생 역전의 기회라고 봤을 것이다. 단기간에 큰돈을 벌 수 있는 기회는 자주 오지 않는다. 그래서 더 이성을 잃고 집착했을 것이다.

이런 사람들에게 2020년 3월의 주식 시장은 꽤 매력적이었다. 2000선이었던 3월 초 코스피 지수는 3월 중순에 1400선까지 내려왔다가 3월 말에 1700선까지 올라갔다. 코로나19가 심해지면서 외국인 투자자들이 삼성전자를 비롯해 코스피 시장의 주식을 팔기 시작하자 소위 개미라고 불리는 개인 투자자들이 이를 매수했다. 이를 두고 사람들은 동학 개미 운동이라고 불렀다. 변동 폭이 말도 안 되게 컸던 3월의 코스피 시장에서 개인 투자자들의 순매수 규모는 11조 원을 넘었다. 개미와 기관이 외국인들이 매도한 물량을 매수하며 떠받친 덕에 4월에는 1800선을 넘고 1900선을 넘더니 5월에 2000선, 6월에 2100선, 7월에 2200선을 넘었다. 급락과 급등 속에서 돈을 벌 기회는 그만큼 많아지기 마련이다. 2020년 상반기에 주식 직접 투자에 뛰어든 2030세대도 많았다. 한국예탁결제원에 따르면, 2020년 상반기 증권 결제 대금은 일평균 27조 6000억 원으로 2019년 하반기 대비 15.1%, 2019년 상반기 대비 19.3% 늘었다. 주식 시장 결제는 2019년 하반기 대비 49.3%, 2019년 상반기 대비 46.8% 늘었다. 확실히 2020년 상반기에 주식 투자가 급증했다. 이는 곧 증권 회사의 실적으로 이어졌다. NH투자증권의 2020년 2분기 순이익이 2305억 원인데 이는 전년 동기 대비 114.3% 증가한 역대급 실적이다. KB증권도 2분기 순이익이 전년 동기 대비 70.7%였고, 교보증권 52.7%, 하나금융투자는 39%가 증가했다.

코로나19 팬데믹으로 인해 전 세계적으로 주식 시장 급락이 있었는데 이때 적극적으로 주식을 매수한 개인 투자자를 우리는 동학 개

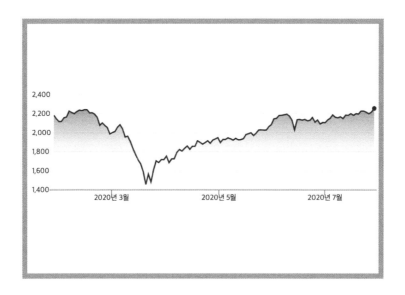

미, 미국에서는 로빈 후드, 일본에서는 닌자 개미, 중국에서는 인민 개미라고 불렀다. 막강한 자금력과 전문가들로 이뤄진 기관, 증권사, 투자 회사 등의 틈바구니에서 개인 투자자가 직접 투자해 성과를 내는 것은 쉽지 않다. 개미는 늘 기울어진 운동장에서 투자하고 상대적 손해를 봐야 했다. 그런데 2020년 상반기만큼은 성과를 낸 개미 투자자가 상대적으로 많았다. 그리고 이들 중에서도 2030세대가 특히 많았다. 이들은 소셜 네트워크를 통해 긴밀히 교류하고 인터넷 정보력도 높다. 기존의 어떤 개미들보다 더 공격적이고 적극적이다. 이들은 국내 시장뿐 아니라 해외 주식 시장에 대한 투자도 적극적이었다. 해외 주식 투자의 2/3도 2030세대의 몫이었다. 투자는 최종적인 수익률을 봐야 하지만 적어도 2020년 상반기까지만 보면 높은 수익률을 거둔 개미가 많다. 2021년에도 2030세대의 주식 투자는 적극적으로 이어질 수밖에 없다. 안타깝지만 그것 외에 큰돈을 벌 기회가 없는 것이 현실이니까.

극단적 개인주의와 욜리 & 피시

'욜로(You Only Live Once, YOLO)'가 부각되면서 '파이어(Financial Independence Retire Early, FIRE)'도 함께 부각되었다. 간혹 오해하는 이들이 있는데 욜로가 '미래 없이 오늘만 위하며 내 마음대로 막 살자'가 아니듯, 파이어도 '젊었을 때 악착같이 돈 많이 벌고 모은 뒤 빨리 은퇴해서 일하지 않고 살자'가 아니다. 오히려 욜로의 핵심은 '한번 사는 인생이니 내 방식대로 치열하게 살아 보자'에 가깝고, 파이어의 핵심은 '(돈 많이 벌고 불려서) 경제적 독립을 하고 돈 때문이 아닌 진짜 하고 싶은 일을 하면서 잘살자'다. 욜로와 파이어를 서로 반대 개념으로 생각하는 이유는, 한쪽은 미래 없이 펑펑 쓰면서 오늘만 즐겁게 사는 것처럼 보이고 다른 한쪽은 돈을 악착같이 모아서 미래만 대비하는 것으로 보이기 때문이다. 하지만 서로의 방식이 다를 뿐, 욜로와 파이어는 인생의 주도권을 가지고 주체적으로 살자는 공통된 의도를 가지고 있다.

시대와 세대를 막론하고 어떻게 살 것인가는 각자 알아서 하면 된다. 정답은 없다. 다만 하고 싶은 것을 하면서 경제적으로 윤택하게 살고 싶은 것이 모두의 보편적 바람이다. 이 바람이 좀 더 구체화되고 있다. 그래서 제기된 것이 욜로에서 진화한 욜리(You Only Live for Yourself, YOLY)다. 여기서 포인트는 한 번뿐인 인생이 아니라, 자신을 위한 인생은 자기 힘으로 살자는 것이다. 남의 눈치를 보며 살기보다 남에게 기대지 않고 자신의 힘으로 자기에게 이익이 되는 방향, 자신이 편한 관점에서 살자는 것이다. 착한 사람이 되기보다는 적극적으로 자신을 위하는 사람이 되는 것이다. 그렇다고 사악한 사람이 되자는 것도 아니다. 그동안 우리는 너무 '착하게' '훌륭하게'처럼 타인과 사회를 위하는 것에 관심을 두었다. 자기만 위하면서 살면 속물처럼 바라보기도 했다. 하지만 그런 시선이나 사회적 태도 자체가 위선이다. 그러지 않아도 얼마든지, 자기 스스로 만족하는 삶이라면 충분히 성공적인 인생일 수 있다. 이런 관점이 사회적으로 유효하려면 다양성과 개성은 당연히 존중되어야 한다.

파이어에서 진화한 '피시(Financial Independence Sustainable Hobby, FISH)'

가 대두되고 있다. 경제적 독립을 이루려면 돈도 잘 벌고, 투자도 잘 하면서 잘 관리하는 것이 필수다. 이렇게 확보한 경제적 기반으로 자기가 좋아하는 것들과 취미를 지속적으로 누리며 살자는 것이다. 우리에게 돈이 많아야 할 이유 중 이보다 더 매력적인 것이 또 있을까. 취향 열풍이 불고, 취향 맞는 사람끼리 교류하는 소셜 살롱 문화가 계속 확산되는 것도 이런 욕망과 무관하지 않다. 많은 돈이 필요한 이유는 돈 자체가 가진 재력이 아니라 돈을 쓸 때 얻을 수 있는 즐거움과 돈으로 인해 겪을 수도 있는 불편과 불안을 피하기 위해서다. 일찍 은퇴하든 지속적으로 일하든 상관없이 취미와 취향을 충분히 누리며 즐겁게 사는 것이 관건이다. 밥 잘 먹고 돈 걱정 없는 것이 전부가 아니다. 안정적이고 무료한 삶이 아니라, 즐거운 삶을 적극적으로 원하는 것이 바로 피시다. 사실 경제적 독립을 했다고 일찍 은퇴할 필요는 없다. 하고 싶었던 일이고 그 일 자체가 즐겁다면 아무리 돈이 많다고 해도 일을 안 할 이유가 없다. 돈을 벌기 위한 일만 한 사람은 이 말을 이해하지 못할 수도 있다. 은퇴 후 안정적이고 평온한 삶을 사는 것은 기성세대가 지향했던 행복이다. 이를 지금 시대의 2030세대가 물려받았고 그들 또한 조기 은퇴라는 욕망을 가졌다는 발상은, 일의 가치가 돈 버는 것에만 있다고 여기는 사람들의 생각일 뿐이다. 적성이나 관심사와 무관하게 돈만 벌면 그만이었던 이들은 기성세대다. 하고 싶은 일을 하면서 성취를 얻는 것은, 재미없고 하기 싫은 일을 돈 때문에 억지로 하는 것과는 비교할 수 없을 만큼 큰 가치다.

경제적 독립이 어려울 뿐 조기 은퇴는 무척 쉬워졌다. 하지만 자발적 조기 은퇴가 아니라 강제적 조기 은퇴라서 가혹하긴 하다. 코로나 19 팬데믹이 이런 상황에 기름을 부었다. 팬데믹으로 인해 기업에서 공장 자동화, 물류 자동화, 업무 자동화가 가속화되고, 원격/재택 근무도 확산되었다. 그리고 이런 흐름은 구조 조정에 영향을 미치게 된다. 과거 45세 정년이라는 의미의 '사오정'이라는 말이 돌았는데 이제 40세까지 낮아지는 분위기도 생기고 있다. 명예 퇴직 시점을 40세 이상으로 제시한 대기업도 한국 사회에 등장했다. 이러다가는 30대도 안심하지 못한다. 믿을 것은 자기뿐, 돈뿐이다. 재테크에 거의 올인하는 2030세대가 등장하는 것도 당연하다. 단시간 내에 큰돈을 빨리 벌어야 할 것 같은 강박이 생겼기 때문에, 비트코인 열풍에도 휩쓸리고 동학 개미라 불린 주식 투자 열풍에도 휩쓸렸다. 경제적 독립은 결코 선택이 아닌 필수이므로 우리는 어떤 방법이든 계속 찾을 수밖에 없다.

자기 계발 열풍에서 '자기만의 콘텐츠'가 중요해진 이유

글쓰기 열풍, 엄밀히 말하면 책 쓰기 열풍이 거세다. 자기 계발의 일환으로 책 쓰기가 도전 과제가 된 것이다. 이런 현상은 예전부터 있었지만 전문직 종사자나 업계 경력이 많은 이들, 지식 정보 관련 종사자 사이에서나 있었던 관심사였지, 보편적인 것은 아니었다. 소셜 미디어가 보편화되면서 누구나 글이든 영상이든 콘텐츠를 만들고 자신을 적극적으로 드러낼 수 있게 되었다. 그 일환으로 책 쓰기도 보편적 트렌드가 되어 버렸다. 책 쓰기의 목적은 하나다. 자신의 가치를 높이는 것이다. 실제로 전문가와 명사들 중에서 저서가 없는 이가 없으니, 분명히 책은 가치를 높이는 데 기여한다. 하지만 능력도, 인지도도, 아무것도 없는 무명의 사람이 책 한 권으로 갑자기 유명해지고 그의 가치가 커지는 것은 로또 같은 일이며 불가능에 가깝다는 이야기다. 유명 전문가와 명사들은 이미 오랫동안 쌓아 온 전문성과 인지도가 있기 때문에 책을 통해 그 가치를 높이는 것이 가능하다. 결국 책을 통해 몸값을 높이는 것은 결과론이지, 책 쓰기가 몸값 상승의 조건이 되는 것은 아니다. 하지만 이를 부추기는 책 쓰기 강사나 교육업계가 존재한다. 책 쓰기를 유도하는 책을 써서 돈을 버는 이들도 있다. 종이와 펜, 아니 컴퓨터만 있으면 누구나 쓸 수 있다. 즉 자본을 들이지 않고도 돈을 벌 수 있고 몸값을 높일 수 있을 것 같기 때문에 더 쉬이 목표로 삼는다. 책 한 권만 쓰면 인생이 바뀐다면서 수백만 원, 심지어 수천만 원에 이르는 강좌와 컨설팅이 개설된다. 그런데 이런 과정을 거쳐 책을 출판했다고 해도 그 책이 몸값을 올리는 데 기여할지는 미지수다. 분명 책 쓰기는 자기 계발이 될 수 있지만, 어느 책이나 가치 있는 책이 되는 것은 아니기 때문이다. 그럼에도 불구하고 책 쓰기 열풍으로 수혜자가 된 관련 교육업계와 컨설팅업계, 자비출판사들은 물 들어올 때 노를 젓듯, 2021년에도 책 쓰기 열풍을 더 부추길 것이다.

유튜버 열풍도 마찬가지다. 누구나 공짜로 유튜브 채널을 만들 수 있고, 누구나 스마트폰으로 동영상을 찍을 수 있기 때문에 진입 장벽이 없다. 게다가 팬데믹 때문에 강제로 온라인 수업, 재택근무를 하게 된 이후 웹캠을 구비한 집도 많아졌다. 미디어에서는 돈 많이 버는 유튜버의 이야기가 수년째 나오고, 관련 책도 쏟아져 나왔다. 유튜브로 돈 버는 방법을 가르치는 강좌와 컨설팅도 한동안 계속 유행할 수밖에 없다. 소셜 미디어에서 자기만의 콘텐츠로 주목을 받아 인플루언서가 되고 책도 쓰고 유명해지는 경우가 생기다 보니 이를 롤 모델

로 삼는 이도 급증했다. 하지만 여기서 핵심은 자기만의 콘텐츠가 있는가다. 진입 장벽이 없기 때문에 쉬워 보이는 것뿐 경쟁은 오히려 더 치열해져서 결코 쉽지 않다. 인지도와 콘텐츠 면에서 훨씬 유리한 연예인들 중에서도 유튜브 채널을 개설하고 고전하는 이가 많다. 유튜브는 매우 좁은 문이 되었지만 그럼에도 불구하고 매력적인 목표다. 다른 기회가 점점 더 사라지고 있으며, 콘텐츠의 가치가 점점 중요해지는 시대이기 때문이다.

중요한 것은 책 쓰기든 유튜버든 자기만의 콘텐츠로 자기 계발을 하겠다는 흐름이다. 과거의 자기 계발은 자격증, 대학원 학위, 외국어 공부였다. 사회가 정한 기준과 스펙에 집중한 것이다. 하지만 지금은 자기 자신이 기준이고 스스로를 콘텐츠로 보기 시작했다. 과거에는 자기만의 콘텐츠로 자기 계발을 하는 것이 소수만의 전유물이었고 전혀 보편적이지 않았다. 하지만 지금은 그것이 바뀌었다. 누구나 자신의 전문성, 취향, 행동이 담긴 콘텐츠로 가치를 만들어 내고자 한다. 자기 계발에서 자기 주도권이 더 커지는 셈이다. 자기중심적 태도가 커지고, 극단적 개인주의가 심화되는 상황이 끼친 영향이기도 하고, 더 치열해진 사회에서 생존을 위한 개인의 선택이기도 하다. 책 쓰기 열풍, 유튜버 되기 열풍뿐 아니라 중장년층의 자격증 따기 열풍도 지속될 것이다. 평생직장이 사라진 시대에 지금 다니는 직장을 믿을 수는 없다. 솔직히 연금, 정부, 사회적 복지 제도도 다 불안하다. 결국 믿을 것은 자기뿐이니 자기 계발을 통해서라도 각자도생할 수 있는 경쟁력을 만들어야 한다. 선택이 아닌 필수가 된 자기 계발, 우리는 더 개인주의적일 수밖에 없다.

양말이 넥타이를 이겼고, 레깅스가 청바지를 이겼다

'믿을 것은 나뿐이다'라는 극단적 개인주의자들에게는 건강 관리와 운동도 필수다. 자기 계발을 통해 능력만 쌓는 것이 아니라 외모, 건강, 스타일도 중요해졌기 때문이다. 남의 시선을 의식해서 다이어트를 하는 것이 아니다. 다이어트를 통해 건강한 몸매와 매력적인 스타일을 가지려는 것뿐이다. 자기만족은 극단적 개인주의자들의 핵심이다. 당연히 패션과 뷰티, 몸매 관리에도 적극적이다. 남의 시선을 의식하지 않기 때문에 레깅스가 더 확산된다. 패션은 남을 위해서가 아니라 자신이 편하고 멋져지려고 선택하는 것이다. 레깅스에 대해 갑론을박하는 경우가 있지만 이 또한 금방 지나갈 일이다. 낯선 것도 잠시, 이미 보편적 문화로 자리를 잡는 중이기 때문이다. 레깅스가 청바지를 이기는 구도는 2010년대 후반부터 만들어졌다. 청바지는 전 세계인이 100년이 넘는 세월 동안 가장 많이, 보편적으로 입은 옷이고 2000년대에 스키니진 열풍을 통해 패션 아이템으로서의 건재함을 과시하기도 했다. 하지만 2010년대 중반, 일상에서 입는 운동복인 애슬레저룩(Athleisure Look) 열풍으로 인해 청바지는 레깅스에게 추월을 당했다. 뜨는 레깅스, 지는 청바지 구도였던 셈이다. 2010년대 후반 베트멍, 캘빈클라인, 오프화이트 등의 브랜드가 스마트하고 멋진 데님을 선보이며 청바지는 다시 부활하는 듯했다. 그런데 레깅스도 가만있지 않았다. 요가와 피트니스 운동복을 시작으로 등산복과 일상복으로 확산되며 그 세력이 거침없이 커졌다. 코로나19 팬데믹도 레깅스 확산에 일조했다. 사람들이 거리 두기를 위해서 서로 멀리하는 대신 자연과 운동에 더 관심을 가졌기 때문이다. 2030세대 등산객이 급격하게 늘었는데 이들이 선택한 것은 레깅스였다. 운동하는 남녀 모두 레깅스를 선택했다. 21세기 레깅스는 20세기 청바지의 포지션이다. 남녀 모두 일상에서 가장 편하게 입을 수 있고, 실용성과 패션 모두 충족시키기 때문이다.

패션에서 일상복, 운동복, 출근복의 경계는 이미 사라졌다. 이너웨어인지 아우터인지 그 경계도 점점 사라진다. 가장 큰 변화는 '패션은 이래야 해'라는 관성이 지워진 것으로 이 자체가 개인주의적 산물이다. 패션의 한계가 사라진 시대다. 모든 분야에서 우리가 기존에 가졌던 사회적 관성, 장벽, 선입견 등이 무너지고 있는데 패션에도 적용된 것이다. 젠더 뉴트럴(Gender Neutral)이 패션의 기본이 되었고, 남자용 레깅스도 거침없이 성장 중이다. 남의 시선을 중요하게 여기는 이들과 그렇지 않은 이들 사이의 이견이 존재하기 때문에 레깅스 열풍

에 대한 논쟁은 계속될 것이다. 하지만 대세는 바뀌지 않는다.

 '함께 땀 흘려요(Sweat with us)'는 레깅스 열풍의 수혜자이자 주도 기업 중 하나인 룰루레몬(Lululemon)이 펼치는 캠페인이다. 요가와 레깅스의 대명사처럼 인식되는 룰루레몬은 스스로를 단순히 요가복 회사가 아닌, 땀 흘리는 사람들의 커뮤니티를 만드는 것이 중요하다는 메시지와 함께 건강한 라이프스타일을 전파하는 회사라고 강조한다. 물건이 아닌 문화와 라이프스타일을 파는 비즈니스라는 것은, 취향 심화 시대에 효과적인 마케팅 메시지이기는 하다. 땀 흘리는 라이프, 스웻 라이프(Sweat Life)가 레깅스 열풍의 핵심 배경일 텐데 이는 우리에게 건강과 몸매 관리가 중요한 욕망이자 취미, 사교의 방법이 되었기 때문이다. 갑갑함과 불안감을 떨치기 위해서 우리는 운동을 해야 하고 또 어울려야 한다. 운동이 사람들 사이를 연결시켜 주는 새로운 취향이 되었다. 함께 운동하는 사람끼리 어울리는, 말 그대로 함께 땀 흘리는 사이끼리 라이프스타일을 공유한다. 이것 또한 개인주의 트렌드와 연결된다. 역시 믿을 것은 나 자신뿐이고 내 건강과 몸을 가꾸는 것은 필수가 되었다. 고립되지 않고 즐겁게 연결되는 것은 팬데믹을 겪으면서 더 커진 욕망이다.

 우리는 2010년대 들어 양말이 넥타이를 이기는 것도 목격했다. 남자에게 넥타이는 패션 포인트로서 중요했지만 출근 복장이 자유로워지면서 수트를 입을 기회가 줄었고 여름에는 노(No) 타이가 보편적으로 자리를 잡았기 때문이다. 넥타이를 버린 남자들이 선택한 패션 포인트는 양말이다. 화려하고 멋진 양말에 주목하는 남자들이 급증한 것이다. 사실 양말에'만' 멋을 부리는 것이 아니라 양말에'도' 멋을 부린다는 것이 더 맞는 말이다. 양말에 신경을 쓰면 당연히 신발, 옷에도 신경을 쓰기 마련이다. 출근 복장이 자율로 바뀌면 패션 소비는 더 늘어난다. 4050세대마저 넥타이 대신 양말을 받아들였을 정도니 2030세대는 오죽할까. 그동안 패션 소비에 여성들이 상대적으로 더 많은 역할을 했다면 2010년대에 들어서 남성들의 역할도 커졌다. 명품 시장에서도 남성 소비자의 비중이 커졌고, 화장품과 피부 관리에서도 남성 소비자를 겨냥한 시장은 거침없이 성장 중이다. 2020년대에도 이런 흐름은 계속 이어질 수밖에 없다. 이 또한 개인주의 확산과 무관하지 않다. 우리가 가진 관계는 선택적 관계 지향, 즉 느슨한 연대이다. 우리가 선택한 이들에 대해서만 더 집중하는 문화와 연결되는 것이다. 뷰티, 패션, 건강, 몸매 관리 모두 '관계'를 위한 중요한 욕망이다. 관계에서 자신이 주도권을 가지며, 자신을 중심으로 하는 관계라는 점이 포인트다. 남의 시선이 아니라 자신의 시선으로 관계를 주도하고 그러기 위해서 자신을 가꾸고 꾸미는 것이 당연해진 것이다.

극단적 개인주의와 취향의 심화는 이미 예고된 일이었다

우리 사회는 2010년대 들어 취향의 중요성이 커지기 시작했고 2010년대 중후반부터는 본격적으로 취향 심화 사회가 되었다고 할 수 있다. 이때 일등 공신은 MZ세대라 할 수 있는 2030세대의 1인 가구와 강한 경제력을 바탕으로 영포티(Young Forty)라 불리는 X세대였다. 이들 모두 개인주의에 호의적이다. 1990년대 한국 사회에는 집단주의 문화에 익숙한 기성세대와 달리, 처음으로 개인주의 문화를 본격 지향하는 이들이 등장했는데 바로 X세대다. 그 후 개인주의는 MZ세대로 이어지며 한국 사회의 새로운 주류 문화가 되었다. 일상의 취향이 주는 즐거움에 돈을 쓰는 것으로 작은 사치를 부리고, 소유 대신 경험에 집중하는 사람들이 있는가 하면 남들은 따라 할 수 없는 취향으로 자신들만의 리그를 만드는 이들도 있다. 힙스터와 인플루언서의 전성시대가 열렸고, 취향이 맞는 사람끼리 어울리는 소셜 살롱과 취향 소비의 극대화로 인한 취향 인플레이션이 나타났다. 이렇게 우리는 수년간 취향 심화 사회가 진화되는 과정을 겪고 있었다.

〈라이프 트렌드〉 시리즈에서 지속적으로 주목한 것이 바로 '취향' 심화 트렌드였다. 시리즈의 시작인 《라이프 트렌드 2013: 좀 놀아 본 오빠들의 귀환》의 Culture Code 파트에서는 '오렌지족의 귀환, 제대로 노는 3040'을, Life Style 파트에서는 '화장하는 남자, 요리하는 남자'를, Business & Consumption 파트에서는 '히스토리와 오리지널: 개성을 소비하는 사람들'을 주제로 다뤘다. 《라이프 트렌드 2014: 그녀의 작은 사치》 중 Culture Code 파트에서 '불황을 달래는 작은 사치의 지혜' '남자, 스타일에 눈뜨다'를, Life Style 파트에서 '등산복과 레깅스가 일상복이 되다' '먹는 것이 당신을 말해 준다'를, Business & Consumption 파트에서 '스토리와 히스토리를 소비하다'라는 주제를 다뤘다. 《라이프 트렌드 2015: 가면을 쓴 사람들》에서는 Culture Code 파트에서 '킨포크 스타일과 잉여들의 전성시대'를, Life Style 파트에서 '빵로드와 커피홀릭' '당신은 어떤 취미를 갖고 있습니까'를 다뤘다.

《라이프 트렌드 2016: 그들의 은밀한 취향》에서는 Culture Code 파트에서 '취향을 숨기는 사람들, 취향을 따라 하는 사람들'을, Business & Consumption 파트에서 'Taste Consumption: 취향 소비자를 잡아라'를 다루었으며, 《라이프 트렌드 2017: 적당한 불편》의 Business & Consumption 파트에서는 '테이스트 업: 취향의 심화'를 다뤘다. 《라이프 트렌드 2018: 아주 멋진 가짜 Classy Fake》의 Culture Code 파트에서 '소유보다 경험을 중시하는 Y세대의 부상'을, Life Style 파트에서 '자기만의 공간을 중요시하는 사람들'이라는 주제를 다뤘고, 《라이프 트렌드 2019: 젠더 뉴트럴 Gender Neutral》의 Culture Code 파트에서 '살롱의 부활: 취향 맞는 사람들의 아지트'를 다뤘고, Life Style 파트에서 '싱글 오리진의 역습', Business & Consumption 파트에서 '라이프스타일 비즈니스 전성시대: 누가 라이프스타일 거점이 될 것인가?'를 다뤘다. 《라이프 트렌드 2020: 느슨한 연대 Weak Ties》의 Life Style 파트에서는 '취향 인플레이션: 취향 소비의 두 번째 단계'를 다뤘다. 이렇게 정리하고 보니 2010년대 한국인의 트렌드 부분에서 '취향'이 중요한 이슈였음이 확연하게 드러난다. 그리고 취향이 지속적으로 중요한 트렌드 이슈였다는 것은 한국 사회에서 개인주의 문화가 지속적으로 심화되고 있었다는 방증이기도 하다. 〈라이프 트렌드〉 시리즈를 계속 읽은 독자라면, 한 해의 트렌드 방향뿐 아니라, 수년에 걸쳐 이어지는 트렌드의 방향과 흐름을 눈치챘을 것이다.

2010년대의 개인주의 심화와 취향의 심화는 2020년대의 극단적 개인주의로 이어지는 배경이 된 셈이다. 그런데 코로나19 팬데믹을 계기로 그 흐름이 더 가속화되었다. 결국 극단적 개인주의는 더욱 강화된 취향 심화 사회를 만들어 낼 수밖에 없고, 소비와 삶의 방향, 태도에서 욜로와 피시가 더 확산될 것이다. 이는 확실히 마케팅과 비즈니스 기회다. 소비의 방향, 라이프스타일의 방향에서 욕망이 나오고, 그 욕망에서 비즈니스가 만들어지기 때문이다.

사회적 거리 두기가 우리를 더 개인주의적으로 만들까?

2020년 '올해의 단어'를 뽑으면 아마도 '사회적 거리 두기 (Social Distancing)'가 되지 않을까? 이 말은 한국뿐 아니라 전 세계의 '올해의 단어'감이다. 우리는 살면서 이 말을 이렇게 많이 써 본 적이 없고, 이 말을 지키며 살아 본 적도 없었을 것이다. 영국《파이낸셜타임스》의 2020년 4월 29일자 기사에 따르면, 미국과 영국에서 발행되는 주요 신문에서 1995~2019년 말까지 Social Distancing이라는 단어가 사용된 것은 163번이지만, 2020년 3월 11일 팬데믹 선언 이후 4월까지 무려 3만 1000번 이상 쓰였다고 한다.

구글 트렌드에서 Social Distancing이라는 단어의 관심도 변화 추이를 보면 더 잘 드러난다. 확실히 사회적 거리 두기는 코로나19 팬데믹 시대의 산물인 셈이다. 이전부터 존재하던 단어였지만 거의 쓰지 않았는데, 팬데믹으로 인해 누구나 사용하는 말이 되어 버린 것이다. 지금은 누구나 자연스럽게 사용하는 'Self Isolate(자가 격리)'라는 말도 실은 팬데믹으로 인해 처음 등장한 말이다. 미국의 대표적 영어 사전인 메리엄-웹스터(Merriam-Webster)는 2020년 4월에 'Self Isolate' 'Physical Distancing(물리적 거리 두기)'을 신조어로 등재했다. Physical

Distancing은 Social Distancing을 대신해서 사용하자면서 등장한 말이다. 미국 노스이스턴대학교 정치/공공정책학과 교수인 대니얼 올드리치(Daniel Aldrich)는 Social Distancing라는 단어가 오해의 소지가 있다며 이 말의 역효과에 대해 우려를 제기했다. 사회적 거리 두기가 사회적 단절을 심화시켜, 노인이나 장애인처럼 기존에도 고립되었던 소외 계층을 더욱 고립화시킬 수 있다는 것이다. 전염병에 대응하는 차원에서 거리 두기는 분명히 필요하지만, 사회적 단절과 고립은 또 다른 문제를 만들어 낸다. 여러 전문가들로부터 이런 문제가 제기되자 WHO도 코로나19 팬데믹 선언 후 열흘쯤 뒤인 2020년 3월 20일, 사회적 거리 두기 대신 물리적 거리 두기로 표현하자고 제안했다.

사회적 거리 두기라는 말이 자칫 단절과 고립의 의미처럼 부정적으로 쓰일 수 있으므로 물리적, 신체적으로만 거리를 두는 것임을 명확하게 하려는 의도다. 아울러 정신 건강은 신체 건강 못지않게 중요

하기 때문에, 우리에게는 단절과 고립이 아닌 교류와 연대가 필요하다는 것을 강조하려고 했다. 엄밀히 우리는 서로 접촉과 대면을 줄이고 물리적 거리를 둬야 하는 것이지, 사회적 관계나 연결 자체를 하지 말아야 하는 것은 아니다. 물리적 거리 두기라는 표현은 캐나다, 뉴질랜드 등 영미권 국가에서 적극적으로 사용하지만 여전히 세계적으로는 사회적 거리 두기가 더 보편적으로 쓰인다. 구글 트렌드에서 Social Distancing와 Physical Distancing를 비교해서 관심도 추이를 봤더니 Social Distancing이 압도적이다. 더 먼저 퍼지고 더 익숙한 말이 압도적으로 사용될 수밖에 없다. 그리고 일부 전문가들은 Social Distancing을 사용한다고 해서 사회적 관계가 더 단절되거나 고립되는 역효과가 커진다고 보기 어렵다고 한다. 거리 두기의 핵심은 사회적 단절과 고립이 아니라 감염 방지를 위한 물리적 거리 유지다. 오히려 사회적 연대는 더 필요하고, 느슨한 연대는 더 중요해졌다.

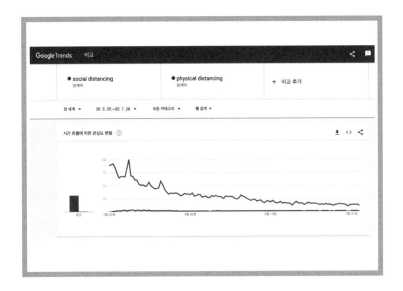

미국 뉴욕대학교 사회학과 교수인 에릭 클라이넨버그(Eric Klinenberg)는 팬데믹 이후《뉴욕타임스》에 '우리에게 사회적 거리 두기보다 사회적 연대가 필요하다(We Need Social Solidarity, Not Just Social Distancing)'는 제목의 글을 기고했다. 미국 사회의 바탕은 개인주의이지만 그렇다고 공공의 이익을 외면하고 사회적 유대감이 없는 사회가 된다면 팬데믹 시대에 더 어려워질 수밖에 없으니 이웃의 노인이나 장애인 등 소외 계층에게 관심을 가지고 이들을 도와야 한다는 내용이다. 또한 친구나 지인들과 자주 통화하고 연락하면서 사회적 연대를 강화하자는 메시지를 전했다. 팬데믹이 장기화되면 사회적 거리 두기로 인해 사회적 단절과 소외 계층의 고립이 심화될 수밖에 없으니 이를 사회적 연대 강화를 통해 극복하자는 것이다.

사회가 개인주의화된 것은 단지 사회 구성원들의 개인적 성향 때문이 아니다. 개인주의가 확산된 배경에는 여권 신장, 여성의 사회 활동 확대, 도시화, 개인 통신 수단의 발전, 기대 수명의 연장 등이 있다. 경제 활동을 통해 여성 혼자서도 얼마든지 충분히 잘살 수 있게 되자 독신주의가 확대되었고 이는 곧 여성과 남성 모두의 개인주의 확산으로 이어졌다. 전 세계에서 가장 개인주의가 강한 나라로 단연 미국을 꼽는 것도 이런 배경과 무관하지 않다. 미국뿐 아니라 서유럽 주요 국가들, 소위 선진국에서 개인주의가 먼저 확산된 것도 이런 이유다. 한국 사회에서 개인주의가 확산되고 있는 것 또한 우리가 경제적으로나 사회적으로나 꽤 풍요로워졌기 때문이다.

극단적 개인주의와 사회적 투명성, 의외의 연결 고리

개인주의의 심화는 이 사회를 자기밖에 모르는, 더 이기적인 사람들 천지로 만들게 될까? 전체주의와 민족주의는 집단주의의 폐해 중 하나다. 집단주의가 심화되면서 각종 폐해와 문제가 드러나게 되었는데 이에 대한 반발과 저항이, 개인주의가 본격적으로 등장하게 된 배경이다. 68 혁명, 혹은 68 운동으로 불리는 1968년 프랑스의 5월 혁명은 애국, 권위, 종교 같은 기존의 사회적 가치가 만들어 낸 사회 모순에 대한 저항 운동이었다. 이를 계기로 평등, 성 해방, 인권, 공동체주의, 생태주의 등이 대두되었고 유럽을 비롯해 미국과 전 세계로 퍼져 나갔다. 사회 구조, 정치, 민주주의 진화의 계기가 되었으며 동시에 개인주의 확산의 기점이기도 했다. 집단주의의 심화가 개인주의를 이끌어 냈고, 개인주의의 심화가 또 다른 진화를 이끌어 낸 것이다. 극단적 개인주의는 각자도생 만능주의가 아니다. 사회적 연대나 국가의 역할을 없애자는 것도 아니다. 오히려 각자도생하려면 기울어진 운동장이 없어야 하고, 투명성과 공정성이 확보된 사회 시스템이 작동해야 한다. 개인주의의 완성은 안정된 사회 구조 내에서 가능하다. 그러므로 공공의 이익, 약자 보호와 소외 계층에 대한 배려, 기본 소득에 대한 논의 모두 개인주의와 연결된다. 아이러니하지만 극단적인 개인주의가 사회적 연대를 요구하고, 이념이 아닌 실용적이고 합리적인 정치를 요구한다.

살기 좋은 나라의 대명사처럼 여겨지는 북유럽 국가들은 행복 지수, 삶의 질, 복지 등에서만 세계 최고가 아니다. 투명성에서도 단연 세계 최고다. 국제투명성기구(Transparency International)는 매년 부패 인식 지수(Corruption Perceptions Index, CPI)를 발표하는데, 180개국 대상으로 조사한 2019년 국가별 부패 인식 지수에서 덴마크가 1위를 차지했다(뉴질랜드와 공동 1위). 핀란드는 3위, 스웨덴 4위(스위스와 공동 4위), 노르웨이는 7위다. 북유럽 4개국이 나란히 최상위권에 있다. 덴마크는 2012~2019년까지 8년 중 7번 1위에 올랐고(공동 1위 4번 포함) 남은 한 번은 2위를 기록했다. 또한 덴마크, 핀란드, 스웨덴은 8년간 톱(Top) 4에 들었다. 뉴질랜드는 톱 4 중 유일한 북유럽 외 국가다. 뉴질랜드는 5번의 공동 1위, 한 번의 단독 1위, 두 번의 2위를 기록했다.

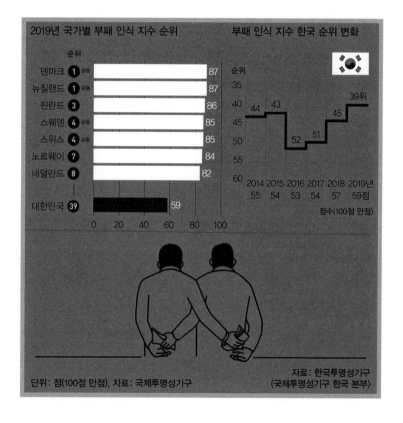

2019년 국가별 부패 인식 지수 순위

순위

	순위	점수
덴마크	❶ 공동	87
뉴질랜드	❶ 공동	87
핀란드	❸	86
스웨덴	❹ 공동	85
스위스	❹ 공동	85
노르웨이	❼	84
네덜란드	❽	82
대한민국	❸❾	59

0 20 40 60 80 100

부패 인식 지수 한국 순위 변화

순위
35
40 44 43   39위
45   45
50 52 51
55
60 2014 2015 2016 2017 2018 2019년
    55   54   53   54   57 59점

점수(100점 만점)

단위: 점(100점 만점), 자료: 국제투명성기구

자료: 한국투명성기구
(국제투명성기구 한국 본부)

덴마크와 뉴질랜드는 똑같이 투명하고 부패가 없지만 그 방식은 조금 다르다. 뉴질랜드는 1990년에 만들어진 중대비리조사청법(Serious Fraud Office Act)에 따라 반부패 특별 기구인 중대비리조사청을 운영 중이다. 공공과 민간, 범죄 경중과 지위 고하를 막론하고 뇌물 수수나 부패에 대해 법을 적용한다. 2004년 7월, 당시 총리가 탄 관용차가 지방 순시 중 과속하여 운전기사와 경호원들에게 벌금형이 내려졌고, 2009년 11월에는 당시 총리 직무 대행이 이발관에 들어간 사이 밖에서 대기하던 관용차에 주차 위반 벌금이 부과되었다. 보는 시각에 따라서는 사소해 보일 수도 있는 것에도 엄중하게 법을 적용하고 예외 또한 없다. 그런데 덴마크는 별도의 반부패 특별 기구가 없다. 그럼에도 불구하고 정치인의 뇌물 수수나 청탁 사건이 전혀 없을 정도로 투명할 수 있는 것은 의원에게 특권이 없고 이를 모두가 당연하게 여기기 때문이다. 덴마크 국회 의원에게는 의전 차량이 없다. 그러므로 당연히 국회 의사당에는 의원을 위한 주차장도 없다. 의원들은 주로 자전거를 이용해 출퇴근한다고 하니 부정 비리는 생각할 수도 없다.

국민들은 정치에 적극적으로 관심을 보이고 참여한다. 2000년 이후 현재까지 덴마크 총선 투표율 중 가장 낮았던 경우는 84.5%, 가장 높았을 때는 87.7%다. 1940년대 이후 현재까지 계속 80% 이상을 유지하고 있으며 대부분 84~89% 사이를 기록한다. 소위 선진국이라는 나라들의 투표율은 대부분 50~70% 사이다. 심지어 덴마크에서는 투표가 의무가 아니다. 호주를 비롯해 23개국이 투표를 의무로 정하고 있고 그중 10개국은 투표를 하지 않으면 처벌도 가한다. 벌금이 존재하는 호주의 투표율은 약 90% 정도다. 이를 감안하면 덴마크의 투표율 수치는 놀랍다. 참고로 2020년 우리나라의 21대 총선 투표율은 1992년 이후 28년 만에 가장 높았지만 그 수치는 덴마크와는 비교도 안 되는 66.2%였다. 20대 총선 때는 58.0%였고, 2008년 18대 총선에서는 46.1%, 역대 최저를 기록했다.

핀란드는 세금 기록을 투명하게 공개하여 누구나 원하면 다른 사람의 소득, 재단 납세 내역을 확인할 수 있다. 부정과 비리가 개입될 여지가 있는 가족 인허가, 거래 등에 대한 정보도 모두 공개된다. 그러므로 부정 비리를 저지를 틈이 없다. 부정 비리가 발생하는 이유 중 하나는 비리를 얼마든지 숨길 수 있다는 생각인데, 모든 것이 드러나고 누구나 그 정보에 접근할 수 있다 보니 투명할 수밖에 없다. 스웨덴은 1766년 정보 공개를 법으로 정했는데 이는 세계 최초다. 핀란드와 마찬가지로 모든 것이 공개되기 때문에 부정 비리가 불가능하

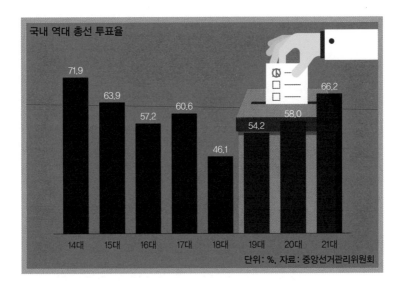

국내 역대 총선 투표율

71.9
63.9
57.2
60.6
46.1
54.2
58.0
66.2

14대 15대 16대 17대 18대 19대 20대 21대

단위: %, 자료: 중앙선거관리위원회

다. 1995년, 당시 스웨덴 부총리였던 모나 살린(Mona Sahlin)은 차기 총리 후보였다. 하지만 업무용 신용 카드로 4차례에 걸쳐 총 2000크로나(한화 약 34만 원)를 개인적 용도로 썼다는 사실이 드러났다. 사유는 조카에게 줄 초콜릿과 기저귀 등 생필품을 구입한 것인데, 나중에 자기 돈으로 카드 대금을 메웠지만 정보 공개를 통해 이런 사실이 드러나자 결국 부총리를 사임했다. 우리나라 같으면 상상도 못 할 일이다. 덴마크, 핀란드, 스웨덴에서 한결같이 주목할 수 있는 부분은 정보 공개가 투명하고 사소한 것에도 예외를 두지 않는다는 점이다. 그런데 이런 북유럽 국가들의 흥미로운 공통점이 하나 있다. 전 세계에서 1인 가구 비율이 가장 높다는 사실이다.

유럽연합통계청(Eurostat)에 따르면, 2017년 기준 스웨덴의 1인 가구 비율은 52%, 노르웨이는 47.5%, 덴마크 43.5%, 핀란드 41.7%다. 우리나라는 2017년 기준 1인 가구 비율이 28.5%였는데 2019년에는 29.8%가 되었으니, 북유럽 4개국도 상기 비율보다 더 높아졌을 것이다. 2021년을 내다볼 때 북유럽 4개국 중 50%에 이른 나라가 둘, 40% 중반에 이른 나라가 둘이라고 해도 과언이 아니다. 북유럽 국가들은 극단적인 개인주의 문화다. 그럼에도 불구하고 사회적 투명성, 복지도, 삶의 질이 높다. 연봉의 절반 정도를 세금으로 낼 수 있는 것도 결국 사회가 투명하기 때문이다. 사회 시스템을 믿기 때문에 세금도 많이 낼 수 있는 것이다. 결국 극단적 개인주의가 가능해지기 위해서는 투명한 사회가 필수다. 사회적 연대는 이타심으로 이루어지는 것이 아니라 투명성이 바탕이 되어야 한다. 남을 위해서가 아니라 나를 위해서, 이것이 좀 더 현실적이고 우리의 욕망과도 잘 부합한다.

물론 사회적 투명성이 구축되지 않는 사회에서 극단적 개인주의가 만연하면 사회적 연대가 취약해지는 단점이 있다. 특히 전염병이나 사회적 재난이 닥쳤을 때 사회 시스템을 못 믿으면 사재기가 기승을 부리기 십상이다. 빈부에 따라 한쪽에서는 과하게 사재기한 음식이 썩어 버리고, 한쪽에서는 먹을 것이 없어 굶는 일이 생긴다. 실제로 코로나19 팬데믹 때 미국에서 이와 같은 일이 벌어졌다. 허리케인처럼 큰 재난이 닥쳤을 때에도 미국에서는 종종 이런 일이 발생했다. 전 세계에서 개인주의, 자유주의, 자본주의가 가장 심화된 나라인 미국의 그늘이기도 하다. 사실 우리나라도 이 문제들에서 자유롭지 않다. 우리 사회에는 공동체와 집단주의 문화가 남아 있고, 한국인들은 이타심이 크기 때문에 위기와 재난 앞에서 똘똘 뭉치는 모습을 보여 줬지만 앞으로도 이럴 수 있다는 보장은 없기 때문이다. 우리나라의 1인 가구 비율은 계속 높아지고 있으며 노령화 속도도 무척 빠르다. 우리 사회에 개인주의 상황은 더 많이 발생할 것인데, 이는 누군가에게는 비즈니스 기회가 될 것이고 누군가에게는 정책의 과제가 될 것이다.

Part
2

Life Trend
2021

Life
Style

원격 근무 확산의
나비 효과

로컬 & 메타버스:
공간의 새로운 중심이 되는
두 가지 욕망

울트라 라이트웨이트:
트렌드 코드가 된
특별한 가벼움

다시, 계속
서스테이너블 라이프

원격 근무 확산의
나비 효과

6

팬데믹 효과가 가장 크게 미친 이슈는 일하는 방식, 즉 원격 근무(Remote Work)다. 회사 사무실이 아닌 원격으로 회사 바깥에서 일할 수 있고, 원격 근무의 장소 중 하나가 집이기 때문에 재택근무라고도 한다. 분명 우리 사회와 기업이 나아가야 할 방향이었음에도 불구하고 계속 미루기만 하다가 2020년 코로나19 팬데믹을 맞아 기업들은 강제적으로 원격/재택 근무를 시도했다. 결과적으로 '이렇게 해도 일이 잘되는구나'를 경험했다. 그러므로 임시방편이 아니라 근본적인 변화로서 원격/재택 근무를 받아들이려는 시도가 활발해질 수밖에 없다. 원격/재택 근무는 직장과 조직 문화만 바꾸는 것이 아니라, 집에 대한 우리의 태도를 바꾸고 인테리어와 가족 관계, 업무용과 주거용 부동산 시장에도 영향을 미친다. 출퇴근의 변화는 자동차 시장과 카 셰어링(Car Sharing), 여행, 취미, 여가 산업, 패션, 뷰티 산업 등에 영향을 준다. 또한 대기업 계열사가 많은 급식과 식자재 시장, 외식업, 회식 문화에 큰 변화가 생길 수밖에 없다. 원격/재택 근무는 업무 방식의

변화일 뿐 나와는 상관이 없을 것이라 여기다가는 큰코다치기 십상이다. 우리의 의식주, 경제와 사회, 소비 전반에 다양한 나비 효과가 생기고, 의외의 수혜자와 피해자가 나올 수 있기 때문이다.

그러므로 원격/재택 근무 확산에 대해 모두가 촉각을 곤두세워 주시해야 한다. 덩치 큰 IT 기업과 대기업이 먼저 바뀌고 있다. 그들은 전체 노동자 중 일부에 불과하지만 이들이 미치는 영향이 얼마나 큰지 실감하게 될 것이다. 수년에서 수십 년 동안(우리 사회 전체로 보면 그보다 훨씬 더 오랫동안) 우리의 직장 생활은 출퇴근과 함께했다. 이를 지극히 당연하게 여겼기 때문에 출퇴근 중심 직장 문화가 우리의 라이프스타일, 소비, 사회, 부동산 등에 얼마나 지대한 영향을 미쳐 왔는지 생각해 보지 않았다. 하지만 출퇴근 중심의 직장 문화가 원격/재택 중심으로 바뀌게 되면 수십 년간 당연했던 것이 더 이상 당연하지 않게 되므로 상상 이상의 변화는 물론이고 생각지도 못한 의외의 변화까지 나올 수 있다. 주 6일 근무가 당연했던 시대를 지나 2004년 7월, 주 5일 근무제를 시작할 때에도 각 분야에서 다양한 우려와 기대가 있었다. 2018년 7월, 주 52시간 근무제(법정 근로 40시간+연장 근로 12시간, 최대 주 52시간 이상 근무하지 못한다. 이전에는 주당 최대 68시간이었다)가 시작될 때에도 마찬가지였다. 사실 이런 변화가 생길 때마다 기회와 위기가 동시에 쏟아지며 희비가 엇갈리고는 했다. 그런데 주 6일에서 주 5일로, 다시 52시간으로 바뀌었다고 해도 출퇴근 근무제라는 틀에는 변함이 없었다. 하지만 원격/재택 근무의 본격 도입과 확산은 틀 자체가 바뀌는 것이다. 지금까지의 변화와는 근본적으로 다를 수밖에 없다. 원격/재택 근무 자체보다는 이것이 우리 사회와 일상에 일으킬 나비 효과가 2021년에 주목할 트렌드다. 여기서 비즈니스의 기회와 위기가 쏟아지고 라이프스타일의 변화가 나타날 수 있다.

원격/재택 근무는 정말 대세가 될까?

"집에서 일할 권리(Recht auf Home Office)의 법제화를 연구 중이며, 연말까지 추진하겠습니다." 이는 독일의 일간지 《빌트》의 2020년 4월 26일자 일요판에 실린 독일 노동부 장관 후베르투스 하일(Hubertus Heil)의 인터뷰 내용 중 일부다. 또한 그는 직장인들이 코로나19 팬데믹 이후에도 원하면 재택근무를 할 수 있어야 한다고 했다. 세계적인 미래학자 앨빈 토플러가 1990년에 출간한 《제3의 물결》에도 재택근무 얘기가 있다. 그는 '전자 오두막(Electronic Cottage)'이라고 표현했는데, 지식 근로자들이 자기 집에서 컴퓨터와 통신 장비를

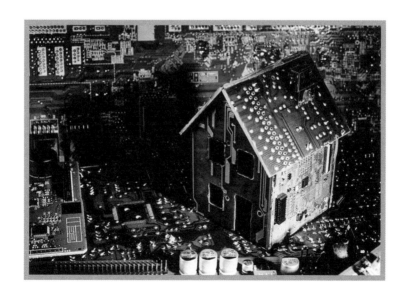

이용해 일하고 새로운 네트워크도 만들 수 있다고 썼다. 그의 예측대로 우리는 20세기 후반부터 컴퓨터와 인터넷 네트워크를 통해 일했고 디지털 노마드도 등장했다. 21세기가 되기도 전에 우리는 앨빈 토플러가 예측한 원격/재택 근무 방식을 구현하고 있었던 것이다. 미국과 유럽 등 소위 선진국 기업들에서는 다양한 형태의 원격/재택 근무가 시도되었고, 유연 근무(Flexible Working)는 대세처럼 받아들여졌다.

공유 오피스 기업 IWG(International Workplace Group)가 100여 개국, 1만 5000명 이상의 사업가를 대상으로 조사한 《THE ANNUAL IWG GLOBAL WORKSPACE SURVEY》(2019.3) 보고서에 따르면, 응답자의 85%가 재택근무 덕분에 비즈니스의 유연성과 생산성이 향상되었다고 답했다. 엄밀히 원격/재택 근무는 직원에게 좀 더 자율성과 권한을 주는 업무 방식이고, 이를 통해 기대하는 것은 효율성과 생산성 향상이다. 한 공간에 모여서 일하는 방식이 싫거나 전염병이 무서워서 원격/재택 근무를 하자는 것이 아니다. 사무실 유지 비용을 줄이고 출퇴근 시간을 아끼기 위한 것도 아니다. 일하는 공간과 방식을 변화해 더 나은 성과를 얻겠다는 것이 핵심이다. 기업 입장에서 생산성이 높아지는 것은 실질적 이득이기 때문이다. 사무실 고정 비용이 줄거나, 출퇴근에 따른 사회적 비용과 시간이 줄어드는 효과는 부수적인 것이지, 결코 목적은 아니다. 기업은 생산성과 효율성을 높이기 위한 조직 문화, 직원 교육, 일하는 방식을 계속 고민했다. 유연 근무제는 그런 일환으로 제기되었는데 원격/재택 근무는 그 내용 중에 포함되어 있는 것이다. 앞선 조사에서 대상자 중 65%는 전통적 사무 공간보다 유연 근무가 가능한 기능적 업무 환경이 더 생산적이라고 답했다. 유연 근무제가 기업의 설비 투자 비용(Capital Expenditures, CAPEX), 영업 비용 혹은 운영 비용(Operating Expense, OPEX)을 줄이고, 위험 관리와 포트폴리오 강화에 도움이 된다는 응답도 65%나 있었다. 이쯤 되면 비즈니스 관점에서 전통적인 출퇴근 방식과 다 같이 모여 집단으로 일하는 사무실 환경에서 졸업을 원한다고 볼 수 있다.

한국의 대기업들도 2000년대 들어서부터 수평화와 조직 문화 혁신 시도를 계속했고, 2010년대에 들어서는 유행처럼 유연 근무제가 번졌다. 그럼에도 불구하고 원격/재택 근무는 받아들여지지 않았다. 20년 넘도록 인프라가 좋은 IT 강국이라고 자랑하고 있는 한국 사회가 원격/재택 근무에 소극적이었던 것은 그렇게 할 수 없어서가 아니라 하기 싫었던 것이다. 우리 사회의 많은 이가 한 살만 차이가 나도 깍듯하게 대접하는 나이 서열화 사회와 환경에서 자라 왔다. 게다가 직장에서는 직급, 연차, 기수, 나이 등 다양한 서열이 적용되어 위계질서와 사내 정치를 견고하게 만들었다. 이런 상황에서는 권위를 유지하는 방식으로 위계 구조와 서열을 우선하기 쉽다. 호칭을 바꾸고 직급을 없애는 등의 수평 문화 정착 시도는 서열 중심의 권위 기반에서 일하는 것이 자신에게 유리하다고 생각하는 선배들에 의해 20년째 무력화되었다. 그런데 위계 구조 붕괴에 치명타가 될 수 있는 원격/재택 근무를 받아들인다는 것은 말도 안 되는 일이었다. 산업적 변화, 기술과 비즈니스 환경의 변화도 우리의 관성과 이해관계를 깨지는 못한 셈이다. 그런데 코로나19가 이를 깨게 만들었다. 한국의 대기업들은 2020년부터 본격적으로 원격/재택 근무를 시작했다. 자발적이라기보다 코로나19 팬데믹으로 인한 강제 실시였다. 비즈니스 관점에서 경영자들은 생산성과 효율성을 높이기 위해, 그리고 변화된 산업 환경에 맞게 일하는 방식을 바꿔야 함을 알았지만 조직 내 저항 세력들의 반대를 꺾기 어려웠다. 워낙 오랫동안 위계 구조와 사내 정치로 다져진 구조이기 때문에 경영자들이 바꾸고 싶어도 하지 못했던 셈이다. 욕먹는 것을 꺼리거나, 의도와 달리 성과가 떨어졌을 때 곤란해질 것을 우려해 새로운 변화보다 익숙한 관성에 손을 들어 준 리더도 많았다. 그런데 팬데믹으로 인해 변화를 받아들일 수밖에 없는 천금 같은 기회가 주어졌다. 막상 실시해 보니 효과적인 업무 수행이 가능하다는 결론도 얻었다. 그러자 기업들은 아예 전면적으로, 장기적으로 원격/재택 근무를 실시하자는 강력한 메시지를 쏟아내고 있다.

"근무 환경 변화에 따라 당연히 일하는 방식도 바뀌어야 한다. 업종별, 업무별 근무 환경에서 더 효율적으로 일하려면 어떻게 해야 할지에 대한 고민이 필요하다. 비대면 회의나 보고가 생각보다 편리하고 효율적이라는 인상을 받았다." 이는 2020년 5월 19일, 롯데지주 대표이사인 롯데그룹 신동빈 회장이 한 말이다. 롯데그룹이 사업 분야나 조직 문화 부분에서 아주 혁신적인 이미지를 가진 기업은 아니었다. 하지만 이제 달라졌다. 아니, 달라지는 것이 당연한 시대다. 롯데그룹 중 롯데지주, 롯데호텔은 주 1회 재택근무를 하고 있다. 엄밀하게 말하면 재택근무 방식에 대한 실험이기도 해서 일부 계열사에서의 테스트 결과가 좋으면 그룹 전반으로 확대될 것이다. SK그룹은 지주사인 SK(주)와 SK텔레콤을 비롯한 주요 계열사들이 2020년 4월부터 상시 유연 근무를 하고 있다. 아울러 SK이노베이션은 2020년 5월 중순부터 일부 부서를 대상으로 '1주 출근+3주 재택근무' 방식을 도입했다.

1주일 동안 사무실 근무를 하고, 3주간은 재택근무이자 오피스 프리 (Office Free) 방식으로 일하는 것이다. 온라인으로 업무를 진행할 수 있다면 근무 장소는 꼭 집이 아니어도 괜찮다. 카페, 공유 사무실 등 야외여도 상관없는 것이다. 이렇게 SK이노베이션은 4주간 근무 방식 변화를 실험했다. SK가스, SK케미칼도 4월 말부터 2주간 '자유 근무' 방식을 도입했다. 직원의 희망에 따라 사무실 출근을 해도 되고 집에서 일해도 된다. SK그룹도 일부 계열사에서의 테스트 결과가 좋으면 전 계열사로 확대 적용할 것이다. CJ그룹은 계열사별 특성에 맞게 다양한 방식을 적용했는데, 가령 CJ프레시웨이의 경우 사무직은 주 1일 재택근무, 영업직은 주 2일 출근하고 나머지는 재택근무를 실시했다. LG그룹의 LG유플러스는 연구 개발 파트 임직원을 대상으로 7~9월까지 주 3회(화, 수, 목요일) 재택근무를 시행했는데, 전사로 확대하기 전 시범 운영한 것이다.

출퇴근 방식으로 일하던 기업이 갑자기 원격/재택 근무 방식으로 전환되는 것은 불가능하다. 당연히 시뮬레이션도 필요하고, 다양한 테스트와 적응 기간을 거치며 자기 조직에 맞는 최적의 방법을 찾아갈 수밖에 없다. 삼성그룹, 현대자동차그룹도 예외가 아니다. 조직이 크고 상대적으로 근속 연수도 긴 전통적 대기업조차 원격/재택 근무 방식을 팬데믹으로 인한 임시방편이라고 여기지 않는다. 스타트업에서 출발한 IT 기업은 원격/재택 근무 도입에 좀 더 적극적이다. 카카오는 2월 말부터 전 직원이 재택근무를 실시하다가, 4월부터 주 4일 재택근무(주 1일 출근)를 시작했다. 원격/재택 근무 방식을 도입했던 2020년 1, 2분기 동안 카카오는 역대 최고의 실적을 만들어 냈다. 네이버도 2월 말부터 전 직원을 대상으로 재택근무를 실시했다가 4월 중순부터는 주 3일 재택(주 2일 출근) 근무를 실시했고, 8월 초에 출근 근무로 복귀했다(8월 중순 이후 다시 확산세가 커지자 카카오, 네이버는 전면 재택근무로 돌아갔다). 엔씨소프트와 넷마블은 4월부터 주 40시간 근무 시간만 채우면 되는 완전 자율 출퇴근제를 적용하고 있다.

국내 기업들도 이 정도인데 기존에 원격/재택 근무를 일부 적용하던 미국 기업은 오죽할까. 대표적 기업이 트위터다. 이곳은 이전부터 유연 근무에 적극적이었는데 코로나19가 확산되는 2월부터 전면 재택 근무를 시작했다. 다만 서버 유지 보수 등 업무 특성상 꼭 출근이 필요한 역할은 제외다. 심지어 5월에는 직원이 원하면 팬데믹이 끝나는 것과 무관하게 재택근무를 영구적으로 할 수 있도록 허용했다. 아마존, 구글, 애플, 페이스북 등 글로벌 산업을 주도하는 미국 IT 기업들도 팬데믹 기간 동안 재택근무 체제를 도입했다. 팬데믹 추이를 보며 재택근무 체제의 종료 시기를 결정하기로 했는데, 구글은 당초 2020년 3월부터 2021년 1월까지 계획했지만 2020년 7월에 이를 2021년 7월까지 연장하기로 결정했다. 본사뿐 아니라 전 세계에서 일하는 구글의 정규직과 계약직 20만 명 모두에게 적용한 것이다. 팬데믹이 지속되자 애플, 아마존도 2021년 초까지 연장시켰는데 추이에 따라 더 연장될 수도 있고, 아예 재택근무 체제를 영구히 도입하겠다는 선언으로 이어질 수도 있다.

"페이스북 직원의 50%가 향후 5~10년 안에 원격으로 일할 것이다. 페이스북은 원격 근무의 가장 선도적 기업이 될 것이다." 이는 페이스북의 CEO 마크 저커버그가 2020년 5월 21일에 한 말이다. 실리콘밸리의 IT 기업들은 장기적 관점에서 원격/재택 근무를 받아들이겠다는 사인을 앞다투어 보이고 있다. 한국의 대기업, 미국의 IT 기업, 글로벌 기업들이 모두 원격/재택 근무 방식에 대해 적극적 태도를 보

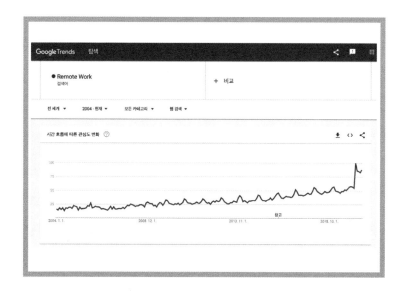

이는 것은 팬데믹 때문이 아니다. 팬데믹이 계기가 된 비즈니스 변화의 속도를 조직 문화에도 적극 반영하려 한다는 것이 더 옳을 것이다. 조직 문화의 새로운 대세가 되길 바랐지만 그동안은 환경과 조건이 맞지 않았는데 이번 코로나19 팬데믹이 변화의 촉매제가 되어 준 셈이다. 구글 트렌드에서 2004년부터 현재까지 'Remote Work'에 대한 관심도 추이를 살펴보면 지속적으로 증가하고 있었으나 코로나19 팬데믹 선언을 기점으로 급등했고 그 후로는 이전보다 훨씬 높은 관심도를 이어 가고 있는 중이다.

원격/재택 근무 확산이 직장인에게 어떤 영향을 줄까?

네트워크로 연결된 컴퓨터를 통해 집, 카페, 공유 오피스, 어디서든 일할 수 있다면 과연 이런 상황은 모든 직장인에게 유리할까? 분명 원격/재택 근무가 불가능한 역할과 직종도 있고, 원격/재택 근무 전환이 구조 조정으로 이어져 일자리를 잃을 위기에 놓일 직장인도 있을 것이다. 그러므로 원격/재택 근무를 너무 낭만적으로 바라보는 것은 곤란하다. 감염의 우려 때문에 출근하지 않고 각자 집에서 일하는 것이므로 마냥 안전하겠지 하는 발상만으로는 일이 되지 않는다. 취업 포털 사람인이 직장인 1392명을 대상으로 조사하여 2020년 3월에 발표한 결과에 따르면, 재택근무를 하고 싶다는 직장인은 67.7%였다. 이 조사의 시기가 팬데믹 초기였기 때문에 재택근무를 원하는 가장 큰 이유로 코로나19 감염 걱정을 덜기 위한 것이 가장 컸다. 그 외에 '출퇴근 시 대중교통을 이용하지 않아도 된다, 편안한 분위기와 복장으로 일하므로 효율성이 높아진다, 회사 일과 집안일을 동시에 처리할 수 있다, 대면하기 부담스러운 상사와 동료를 보지 않아도 된다, 사회적 관계 유지에 낭비되는 시간을 줄일 수 있다, 불필요한 회의와 접대가 없어진다' 등의 순이었다.

여기서 주목할 부분은 재택근무를 원하는 이유로 꼽은 것들 중 팬데믹과 무관한 이유가 많았으며 대부분 효율성과 관련된 문제에 해당된다는 사실이다. 즉 출퇴근과 위계 서열이 중심인 수직적 조직 문화에서 문제라고 지적되어 온 부분을 해결하려고 꾸준히 노력했으나 여전히 해결되지 않은 채 남아 있다는 것이다. 흥미롭게도 재택근무를 희망하지 않고 오히려 반대하는 직장인들은 그 이유로 '회사 일

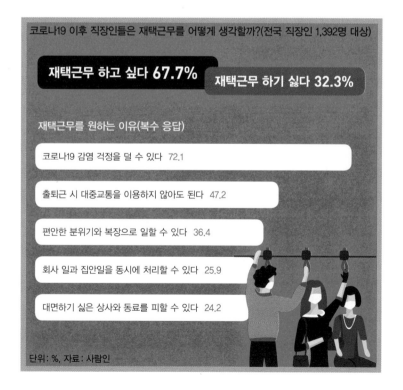

코로나19 이후 직장인들은 재택근무를 어떻게 생각할까?(전국 직장인 1,392명 대상)

재택근무 하고 싶다 67.7%   재택근무 하기 싫다 32.3%

재택근무를 원하는 이유(복수 응답)

코로나19 감염 걱정을 덜 수 있다 72.1

출퇴근 시 대중교통을 이용하지 않아도 된다 47.2

편안한 분위기와 복장으로 일할 수 있다 36.4

회사 일과 집안일을 동시에 처리할 수 있다 25.9

대면하기 싫은 상사와 동료를 피할 수 있다 24.2

단위: %, 자료: 사람인

과 집안일이 뒤섞여 이도 저도 아니게 된다, 긴장이 풀리고 나태해진다, 돌발 상황 대응력이 떨어진다, 비대면 소통이 대면 소통보다 효율이 떨어질까 우려된다, 소속감이 적어지고 조직 관리가 어려워진다' 등을 들었다. 이를 바꿔 말하면 온전히 회사 일에 집중하고 긴장하며 소속감과 위계 구조를 가지고 일하는 것이 좋다고 여긴다는 의미다.

사실 원격/재택 근무가 가진 단점도 분명하고, 오랫동안 출퇴근 문화에 익숙했던 이들에게 불편하거나 낯선 부분이 생기는 것도 당연하다. 원격/재택 근무 문제에서 팬데믹을 제외하고 이야기를 풀어 가는 것이 필요하다. 왜냐하면 노동 방식 변화의 중심에는 팬데믹이 아니라 산업 구조와 노동 시장의 변화가 있기 때문이다. 잡코리아와 알바몬이 직장인 885명을 대상으로 조사하여 2020년 5월에 발표한 결과에 따르면 재택근무를 경험한 직장인은 62.3%였다. 코로나19 팬데믹이 재택근무 경험을 급격하게 늘려 준 셈이다. 세부적으로는 대기업 직장인 중에서 73.2%, 중견 기업 중에서 68.6%, 중소기업 중에서 57.6%가 재택근무 경험자인 것으로 드러나 기업 규모에 따라 재택근무 경험 차이가 났다. 재택근무 경험자 중 71.3%가 팬데믹 이후에도 재택근무를 하고 싶다고 응답하여 높은 만족도를 나타냈는데 이는 재택근무 문제를 팬데믹과 떼어 놓고 풀어야 할 이유가 된다. 일하는 방식의 변화로 인한 효율성과 장점을 지지하는 직장인이 그만큼 많다는 의미이니까. 그런데 이것은 직장인뿐 아니라 기업의 입장에서도 두드러진 지지세를 보인다.

전국경제인연합회 산하 한국경제연구원은 매출 기준 국내 500대 기업을 대상으로 '코로나19 이후 근로 형태 및 노동 환경 전망'에 대해 2020년 6월 8일~7월 6일 동안 조사를 시행했고 이중 120개 사가 응답했다. 그 결과에 따르면 유연 근무제를 새롭게 도입한 기업은 29.2%, 기존에 실시하고 있었으나 팬데믹 이후 더 보완했다는 기업은 45.8%, 도입을 검토 중인 기업은 10.0%, 도입 계획이 없다는 기업은 15.0%였다. 매출 기준 500대 기업이면 대부분 대기업 계열사일 것이다. 그런데 이미 약 절반의 기업이 코로나19가 오기 전부터 유연 근무제를 다양한 형태로 시행하고 있었고, 팬데믹 이후에는 75%가 시행하고 있다는 이야기가 된다(흥미롭게도 이들 75%의 기업 중 유연 근무제가 생산성 향상에 긍정적이라고 답변한 비율은 56.7%였다. 앞서 제시한 IWG의《THE ANNUAL IWG GLOBAL WORKSPACE SURVEY》보고서에서 확인한 생산성 향상 수치보다는 낮지만, 상대적으로 최근에 유연 근무제를 시작했거나 팬데믹 때문에 시작한 국내 기업이 많은 것을 감안하면 향후 이 수치는 더 높아질 개연성이 있다). 도입 검토 중이라는 곳까지 감안하면 적어도 국내 대기업 5곳 중 4곳은 유연 근무제를 받아들이고 있다고 해도 과언이 아니다. 이들 기업이 시행하고 있는 유연 근무제 방식들은 원격/재택 근무제 26.7%, 시차 출퇴근제 19.0%, 탄력적 근로 시간제 18.3%, 선택적 근로 시간제 15.4% 순이다. 기업들이 유연 근무를 받아들이는 것은 직원을 위해서가 아니다. 산업 구조가 바뀌고 그에 따라 노동 시장도 바뀌다 보니 생산성과 효율성을 더 높이기 위해 일하는 방식을 바꾸는 것이다. 일하는 방식이 출퇴근 중심에서 원격/재택 근무를 비롯한 유연 근무로 바뀌면, 평가와 보상 체계도 바뀔 수밖에 없다. 직장인들 중에는 이런 변화를 유리하게 여기는 이와 불리하게 여기는 이들이 공존할 수밖에 없다.

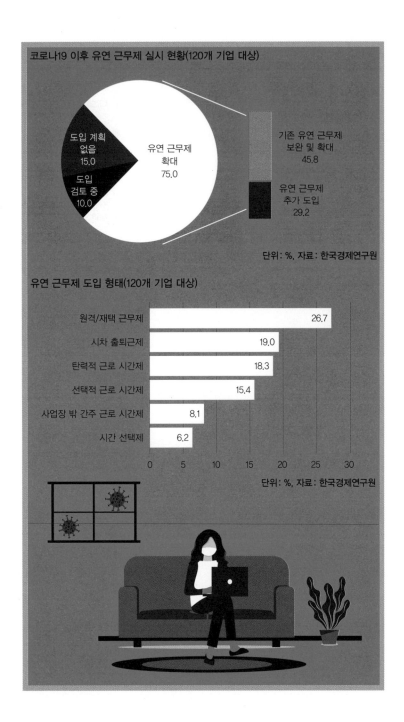

코로나19 이후 유연 근무제 실시 현황(120개 기업 대상)

도입 계획
없음
15.0

도입
검토 중
10.0

유연 근무제
확대
75.0

기존 유연 근무제
보완 및 확대
45.8

유연 근무제
추가 도입
29.2

단위: %, 자료: 한국경제연구원

유연 근무제 도입 형태(120개 기업 대상)

원격/재택 근무제	26.7
시차 출퇴근제	19.0
탄력적 근로 시간제	18.3
선택적 근로 시간제	15.4
사업장 밖 간주 근로 시간제	8.1
시간 선택제	6.2

단위: %, 자료: 한국경제연구원

재택근무는 냉정한 성과(능력)주의를 만들어 내는데 이때 절대(투명) 평가가 핵심이다. 그런데 한국식 조직 문화는 위계 구조만 강한 것이 아니라 임직원 각자가 가진 권한과 책임이 불분명하거나 겹치는 경우가 많다. 상사들이 직접 만나 끈끈한 관계를 맺는 것을 선호하기 때문에 모호한 지시를 하는 경우도 많고, 후배의 성과를 가로채거나 묻어가는 이도 존재한다. 후배들로서는 이런 상황에 불만을 가져도 위계 구조가 가진 힘과 사내 정치의 힘을 이길 수 없다. 상대 평가는 상사가 평가 주체이기 때문이다. 그러므로 팬데믹 때문에 어쩔 수 없이 원격/재택 근무를 하더라도 권한, 책임, 평가 문제가 해결되지 않으면 임시방편일 수밖에 없고 효율성과 생산성 향상을 기대하기도 어렵다. 권한과 책임 분산을 통해 빠른 의사 결정이 이루어지고 효율성 향상을 꾀하며 능력 있는 직원들에게 더 동기 부여를 하기 위해서는 상대 평가가 아닌 절대 평가가 대세여야 한다. 그중 OKR(Objective and Key Results)이 대두되고 있다. OKR은 인텔에서 시작되어 구글과 실리콘밸리 기업들로 번져 간 성과 관리 측정 기법으로, 회사가 큰 목표를 세우면 부서와 직원들이 자발적으로 작은 목표를 설정하는 것이다. 회사의 일방향성이 아닌 회사, 부서, 직원이 쌍방향성으로 목표를 만들어 이뤄 간다. 기존 기업들의 성과 관리 평가가 1년 단위인 것과 달리, 주와 분기 단위로 목표 관리를 함으로써 급변하는 상황에 발 빠르게 대응할 수 있다. 기존에는 하반기에 다음 연간 계획과 목표를 세우는 것이 보편적이었는데, 한두 달 앞도 명확하게 예측하기 어렵도록 급변하는 비즈니스 환경에서 연 단위로 예측하고 대응하는 방법에는 한계가 있기 마련이다.

결국 원격/재택 근무를 선택하는 이유가 더 나은 성과와 효율성을 위해서인 것처럼, 평가의 방식을 바꾸고 애자일 프로세스를 도입하는 이유도 마찬가지다. 더 좋은 성과를 내느냐 아니냐가 목적인 것이다. 1978년, 중국의 덩샤오핑이 중국의 개방을 선언하며 썼던 흑묘백묘론(검은 고양이든 흰 고양이든 쥐만 잘 잡으면 좋은 고양이라는 뜻)처럼, 기업에서도 더 좋은 성과를 낼 수 있다면 출퇴근 방식이든 원격/재택 근무 방식이든 상관없다. 다만 지금 시대의 산업 구조와 노동 환경이 바뀌었기 때문에 더 좋은 성과를 내기 위한 방안으로 원격/재택 근무, 애자일 프로세스, OKR 평가 관리를 고민하고 받아들이는 것이다. 결국 이런 변화를 낯설어하거나 자신에게 불리하다며 저항하는 직장인은 시대착오적이다. 변화 자체를 당연하게 받아들이고 그 속에서 경쟁력을 높일 수 있는 방법을 스스로 찾는 것이 현실적 과제가 될 것이다. 이런 변화 속에서 유능한 인재와 그렇지 못한 직원이 더 확연하게 구분될 것이고, 무임승차자는 도태될 수밖에 없으며, 이들이 살아남기 위해서는 교육을 통해 진화하는 수밖에 없다. 한국은 G20 국가 중 호봉제가 남아 있는 유일한 국가다. 전통적 제조업이자 공장 중심인 노동법과 IT 산업이 중심인 현재의 산업 구조에는 분명 괴리가 있다. 이런 상황에서 노동조합의 역할에도 변화가 필요하다. 노동조합 입장에서 성과주의, 능력주의, 유연 근무제를 반대할 수도 있다. 하지만 일하는 방식의 변화는 선택이 아닌 필수가 되고 있다. 대치가 아닌 협력하는 노사 관계가 더 필요해졌다.

원격/재택 근무 확산이 인재관과 채용 방식에 어떤 영향을 줄까?

원격/재택 근무가 확산된다고 해서, 화상 회의 솔루션이나 업무용 소프트웨어를 잘 다루고 웹캠 앞에서 말을 잘하는 것처럼 비대면 커뮤니케이션에 능숙한 직원이 살아남는 것은 아니다. 원격/재택 근무에 맞는 기술 환경은 이미 보편화되었다. 그러므로 살아남는 쪽은 업무 스킬이 아닌 업무 성과가 높은 사람일 뿐이다. 원격/재택 근무를 실시하면 조직이 알아챌 수 있는 부분들이 있다. 진짜 유능한 직원, 무임승차자, 유능한 줄 알았지만 실제로는 실력보다 사내 정치에 능했던 직원, 조용해서 존재감이 없었지만 막상 숨은 보석이었던 직원이 드러나는 것이다. 출퇴근 근무 방식에서나 통했던 요령, 편법, 능력에 대한 착시, 과대평가, 과소평가를 좀 더 객관적으로 볼 수 있도록 해 주고 이를 냉정하게 해소시켜 준다. 누가 이런 변화를 가장 반길까? 분명 유능한 사람이다. 그중에서도 사내 정치에서 유리한 고지를 점하지 못했지만 유능한 MZ세대 직원들일 가능성이 크다.

로봇과 자동화에 의해 일자리가 대체되는 시대에 유능한 직원은 더 중요해진다. 사람이 핵심 자본이 되기 때문에 외부 인재를 잘 영입하고, 내부 인재를 잘 키워 내며, 도태된 인력을 잘 내보내는 것이 중요할 수밖에 없다. 한라그룹의 경우 2020년부터 그룹 회장이 최고 인사 책임자(CHRO)와 인재 개발 원장을 겸하기 시작했다. 그룹의 교육과 인사의 가장 중요한 역할을 다른 사람이 아닌 회장이 맡은 것인데, 국내 그룹사 중 이런 경우는 처음이다. SK그룹은 2020년부터 사내 대학인 'SK University'를 통해 임직원들이 근로 시간의 10%에 해당하는 연간 200시간 정도를 교육하도록 하고 있다. 인공 지능, 디지털 트랜스포메이션, 반도체, 글로벌, 사회적 가치 등은 SK그룹의 비즈니스 내용이자 중요하게 여기는 경영 가치에 대한 것들이다. 꾸준히 새로운 것을 배우지 않으면 살아남을 수 없는 시대, 변화에 대한 대응력이 떨어지는 직원은 도태될 수밖에 없다. 기업의 인사, 교육 파트의 역할은 직원들이 자신의 경험, 능숙함, 익숙함만 믿고서 경험과 과거 속에 갇혀 버리거나 퇴보하지 않도록 관리하는 것이다. 조직이 큰 대기업은 유능한 직원이 자꾸 독립해서 스타트업을 시작하고, 무능한 직원은 절대로 안 나가고 끝까지 버티는 상황을 가장 우려한다. 대기업은 변화에 발 빠르게 대응하고 과감하게 도전하는 인재들이 자기 조직 안에서 계속 일하도록 만들어야 한다. 그러다 보니 사내 스타트업을 육성, 지원하거나 유능한 직원에 대한 파격적인 승진처럼 동기 부여 장치를 적극적으로 마련할 수밖에 없다. 특히 MZ세대 인재를 위해서는 이런 시도가 더더욱 필요하다.

공채 폐지는 기수 문화 폐지이기도 하다. 상시 채용에서는 실무 부서가 주도하는 능력 위주 평가가 중요할 수밖에 없다. 이 채용 방식은 원격/재택 근무 체제가 지향하는 조직의 수평화, 능력 위주 환경에 부합하는 셈이다. 2019년 2월, 현대기아자동차는 10대 그룹 중 처음으로 신입 공채를 폐지하고 상시 채용 체제로 전환한다고 발표했다. KT그룹은 2020년부터 공채를 폐지하고 인턴직을 거친 뒤 정직원으로 채용하는 수시·인턴 채용 제도를 도입했고, SK그룹은 2020년부터 향후 3년간 순차적으로 공채를 없애고 수시 채용을 확대할 계획이다. 한화그룹은 2020년 1월, LG그룹은 2020년 6월에 대졸 공채 폐지를 발표했다. 2019~2020년 상반기까지 10대 그룹 중 5개 그룹이 신입 공채 폐지(수시 채용 전환)를 선언했다. 그 시점까지 공채를 유지하던 5개 그룹(삼성, 포스코, 롯데, CJ, 신세계)도 시기의 문제일 뿐 변화는 예고되어 있다. 물론 공채를 산업적 흐름에 어긋나는 시대 역행적 요소로만 볼 수는 없다. 수십 개의 계열사를 가진 대기업 그룹사의 경우, 개별 계열사가 채용할 때보다 그룹 단위로 채용할 때 인원 규모가 더 크고, 좋은 인재도 선발할 수 있는 장점이 있다. 그래서 일부 그룹사는 공채 폐지를 고민하고 있다고 한다.

대표 계열사가 아닌 인지도가 높지 않은 계열사의 경우 상대적으로 선호도가 떨어지기 때문에 인재 선발에 있어 중견 기업 정도의 메리트에 그칠 수 있다. 반면 그룹 공채는 인재를 계열사 내에 고르게 등용하고 배치할 수 있다는 장점이 있다. 하지만 기업 입장에서는 그룹 공채의 장점보다 수시 채용 체제의 장점에 더 주목할 수밖에 없다. 스펙 좋고 시험 성적도 좋고 언변까지 뛰어난 사람이 아니라, 실무 경험이 있어서 당장 업무 현장에 투입할 수 있고 새로운 기술과 변화에 빠르게 대응하며 꾸준히 학습하는 사람이 필요하다. 평생직장은 사라졌고, 상시적 구조 조정과 유연한 고용 환경, 능력 우선주의가 당연해지는 시대의 인재상은 계속 공부하는 사람이다. '롱런(Long Run)' 하려면 '롱 런(Long Learn)' 해야 한다는 말이 실감 나는 시대다. 이미 기업에서도 교육에 적극 투자하고 있다. 직원들이 계속해서 새로운 비즈니스와 기술을 배워야 하기 때문에 교양이나 형식적인 교육이 아니라 심도 깊고 전문성 있는 비즈니스 이슈를 수시로 학습시키려 한다.

미국의 경제학자이자 미래학자 제러미 리프킨은 1995년에 출간한 자신의 저서 《노동의 종말》에서 세계는 자동화와 인공 지능 기술의 발전으로 노동자가 거의 없는 경제로 향하고 있다고 예측했다. 20여 년 전의 예측은 이미 현실이 되었다. 2000년대 초, 제러미 리프킨은 20~30년 후에는 주 3일 근무가 정착될 것으로 예측했는데 스웨덴, 노르웨이, 독일, 미국 등에서 이미 주 4일 근무제가 자리를 잡아 가고 있고, 심지어 국내 기업 중에서도 주 4일제를 실시하는 곳이 나오는 것을 보면 제러미 리프킨이 예측한 시점보다 더 빨리 주 3일제가 자리를 잡을 수도 있다. 로봇에 의한 일자리 대체는 엄밀하게 표현하면 자동화로 인해 생산성이 향상됨으로써 노동 환경이 재편된다는 것이 더 적확할 것이다. 2013년에 옥스퍼드 마틴 스쿨(Oxford Martin School)의 칼 베네딕트 프라이(Carl Benedikt Frey)와 마이클 오스본(Michael A. Osborne) 교수가 발표한 《고용의 미래(THE FUTURE OF EMPLOYMENT)》 보고서는, 자동화와 기술 발전으로 인해 2033년까지 현재 직업의 47%가 사라질 가능성이 크다고 예측했다. 이들 외에도 미래의 일자리 감소에 대한 연구는 무수히 많고 변호사, 회계사, 교수 같은 고소득 전문직은 자동화로 대체될 직업으로 꼽힌다. 원래도 그러한 방향으로 나아가고 있었지만 코로나19 팬데믹으로 인해 그 속도가 더 빨라지게 되었다. 기업은 자동화에 대한 투자를 더 늘리기 시작했고, 디지털 트랜스포메이션은 모든 산업과 기업의 과제가 되었다. 이런 상황에서 원격/재택 근무 확산은 당연한 수순이며 이로 인한 인재관과 채용 방식의 변화도 당연하다.

왜 원격/재택 근무 도입에 대해 세대 차이가 발생할까?

　　재택근무 만족도에서 세대별 차이가 있을까? 그 차이를 엿볼 수 있는 사례가 있다. SAP코리아는 코로나19가 확산되자 2020년 2월부터 전체 직원의 50%를 대상으로 재택근무를 실시했다. 이전까지는 재택근무를 하지 않았지만 팬데믹 때문에 막상 시작하자 직원들의 만족도가 높아 월 4회 재택근무를 허용했다. SAP코리아는 3월 말 2주에 걸쳐 임직원 371명을 대상으로 재택근무 만족도와 효율성에 대한 조사를 실시했다. 20대에서는 남녀를 막론하고 100% 모두 만족도와 효율성이 높다고 답했다. 30대 여직원은 만족도 89.3%, 효율성 96.4%, 30대 남직원은 만족도 87.5%, 효율성 87.5%였다. 즉 2030세대 직원들은 남녀 모두 재택근무에 대해 꽤 만족하고 효율성도 높다고 답했다. 심지어 40대 여직원은 만족도 88.7%, 효율성 100%, 남직원은 만족도 88.0%, 효율성 88.0%였다. 20~40대 직원들이 느낀 만족도와 효율성은 비슷한 셈이다. 그런데 50대 남직원의 경우 만족도는 54.5%, 효율성은 93.9%라고 답했다. 50대 남직원이라면 그 회사에서 직급이 높은 이들, 권위를 누리고 권한을 가장 많이 가진 사람들일 것이다. 전체 371명의 평균 만족도가 89.5%였음을 감안하면 이들만 유독 재택근무를 불편하게 여긴다고 해석할 수 있다. 외국계 회사이자 IT 기업으로서 국내 기업과 전통적 산업에 비해 상대적으로 수평적 관계에 익숙한 조직이지만 그럼에도 불구하고 한국식 나이 서열 문화의 영향이 존재한다. 물론 국내 대기업에 비하면 세대 차이가 최소화된 조직이라고 볼 수 있다. 하지만 50대는 충분히 효율성이 좋았다고 여기면서도 왜 다른 세대와 비교할 수 없을 정도로 만족도가 낮은 것일까? 이들이 그 이유로 많이 언급한 이슈는 팀워크와 조직 관리다. 그들은 서로 대면하고 다소 끈끈한 관계를 만들면서 일하는 기존의 조직 문화가 팀워크와 조직 관리에 더 좋은 방법이라고 생각한 것이다.

엄밀하게 말하면 세대 차이보다 직급 차이가 더 맞을 수도 있다. 상대적으로 오랫동안 직장 생활을 했고, 나이와 연차도 많은 상위 직급자들로서는 사무실에 모여 일하는 오프라인 직장 문화가 익숙하다. 자신의 입지와 권한 또한 위계 구조가 명확하고 오프라인에서 대면할 수 있는 사무실에서 더 유리하다. 반면 주로 사원과 대리급인

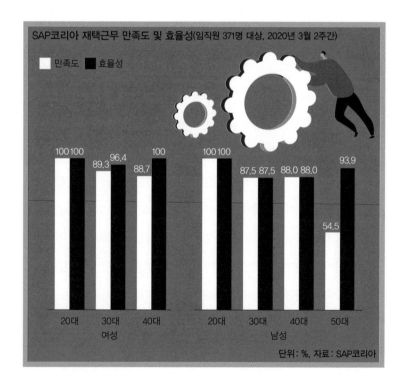

SAP코리아 재택근무 만족도 및 효율성(임직원 371명 대상, 2020년 3월 2주간)

■ 만족도 ■ 효율성

여성: 20대 100 100, 30대 89.3 96.4, 40대 88.7 100
남성: 20대 100 100, 30대 87.5 87.5, 40대 88.0 88.0, 50대 54.5 93.9

단위: %, 자료: SAP코리아

2030세대 직원들로서는 원격/재택 근무가 오프라인 중심 직장 문화에 비해 불리할 것이 없다. 오히려 원격/재택 근무로 인해 권한과 책임이 더 분산되고 각자의 성과와 능력이 상대적으로 잘 드러난다는 점에서 유리하다. 자신의 성과가 팀이나 상사의 성과가 되는 일이 크게 줄어들 수밖에 없고, 원치 않는 회식이나 사내 정치에 신경 쓰지 않아도 된다. 누구나 자신에게 유리한 방식을 선호하기 마련이다. 그렇기 때문에 직급과 세대에 따라 원격/재택 근무를 바라보는 시선 차이가 발생하는 것은 당연하다. 어느 방법이 더 좋고 나쁘냐의 문제가 아니라 어느 것이 지금 기업에게 좀 더 효율적이고 나은지 그 지점을 판단해야 한다. 기업이 일하는 방식을 바꾸는 목적은 결국 성과와 수익성 때문이다. 평생직장이 사라지고, 업무 성과를 더 냉정하게 평가하는 시대는 더 치열하게 일해야 하는 가혹한 환경이기도 하다. 하지만 산업과 비즈니스 자체가 급변하고 경쟁은 더 치열해지는 것이 현실이다. 기업들이 무한 경쟁을 해야 하는 시대에 일하는 사람에게도 바뀐 사회와 산업에 맞는 역량을 요구하는 것은 당연하다.

물론 원격/재택 근무를 한다고 프리랜서처럼 일하자는 것은 아니다. 공동의 목표, 지켜야 할 룰, 공유할 이슈가 있어야 한다. 결과만 만들어 낸다고 능사가 아니다. 원격/재택 근무 도입은 결코 복지 차원의 문제가 아니다. 출퇴근 시간을 줄여 주고 편한 차림으로 일하라고 배려하는 것이 아니다. 효율성을 최적화시키기 위해 근무 일수 중 일부(혹은 전부) 동안 원격/재택 근무하는 것이다. 효율성을 높이기 위해서는 커뮤니케이션 문화, 정보의 투명성, 업무 프로세스의 공유 등이 중요하다. 각자 물리적으로 몸은 떨어져 있지만 업무 환경인 컴퓨터와 네트워크, 클라우드 안에서는 아주 긴밀하게 연결되어 있기 때문이다.

재택근무를 하면 집 안 인테리어를 바꾸게 될까?

홈퍼니싱(Home Furnishing)은 2010년대 중반부터 중요한 라이프스타일 이슈이자 소비 트렌드였다. 셀프 인테리어 열풍이 불었고 랜선 집들이 유행으로 이어졌다. 2020년대에 들어서도 집 안 꾸미기는 더 거침없이 큰 흐름이 되었다. 누구나 더 멋지고 안락하며 자기 취향을 담은 공간을 탐내고 있다. 그런데 재택근무 확산이 이런 흐름의 새로운 이슈로 부각되고 있다. 그동안 집은 아주 개인적인 공간이자 휴식을 위한 공간이었다. 하지만 재택근무는 집의 용도 중에서 오피스로서의 역할을 요구한다. 공간적 여유와 경제적 여유가 있다면 별도의 공간을 멋진 홈오피스로 꾸미면 되겠지만 현실적으로는 가능하지 않은 이가 더 많다. 그래서 선택한 것 중 하나가 크로마키(Chroma Key) 천이다. 화상 회의를 하다 보면 종종 아이가 뒤로 지나가거나 청소가 안 되어 지저분한 집 안 모습이 노출되는 일이 생기곤 한다. 재택근무는 집과 회사의 경계가 옅어지는 것이지만 그렇다고 그 경계가 완전히 없어지면 곤란하다. 적당한 선이 필요한데 의자 뒤에 부착할 수 있는 크로마키 천은 이를 위한 가성비 높은 장치 중 하나다. 웹캠의 프레임이 크로마키 천 안에만 머물면 그 바깥의 집 안 모습이 노출되지 않고, 크로마키에 합성이 가능하므로 화상 회의 때 자신이 원하는 배경으로 바꿀 수도 있다. 적당히 사생활도 보호하고,

자기 스타일과 취향에 맞는 배경도 보여 줄 수 있는 것이다. 코로나19 팬데믹 이후 온라인 수업과 화상 회의가 급격하게 증가하자 덩달아 의자 뒤에 부착할 수 있는 크로마키 판 수요도 급증했다. 유튜버들이나 쓸 법한 상품이 이제는 보편적인 소비재가 된 것이다. 이런 도구가 있는 줄도 몰랐던 사람들마저 이제는 잘 알게 되었다.

TV와 소파가 중심이던 거실에 큰 책상과 책장을 들여 도서관이나 카페처럼 꾸민 이들도 꽤 있다. 아이가 있는 가정을 중심으로 거실에서 TV 없애기가 유행처럼 번지기도 했다. 이제 재택근무 확산으로 인해 어른을 위해서라도 거실에서 TV 없애기가 필요해졌다. 일하기 좋은 책상은 집에도 필요하다. 별도의 서재가 없더라도 책상 하나면 오피스가 되기도 한다. 코로나19 팬데믹으로 인해 거리 두기가 한창이던 시기이자 재택근무 도입이 활발했던 2020년 3~5월, 현대리바트는 책상, 의자 등 서재용 가구 매출이 전년 동기 대비 20% 증가했다. 까

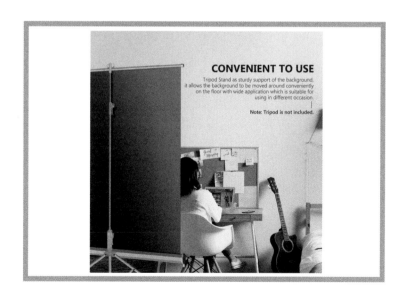

사미아의 2020년 1~5월 홈오피스 상품 매출은 2019년 8~12월 대비 22% 증가했는데, 그중에서도 프리미엄 라인의 홈오피스 가구 매출이 75%나 증가했다. 퍼시스그룹의 홈오피스 가구 브랜드 데스커는 2020년 2~4월, 책상과 책장 등의 홈오피스 제품 매출이 전년 동기 대비 40% 증가했다. 확실히 코로나19 팬데믹이 재택근무 확산에 영향을 줬고, 이는 홈오피스 가구 시장에도 영향을 미쳤다. 책상 꾸미기를 뜻하는 데스크테리어(Desk+Interior)는 몇 해 전부터 유행하기 시작했다. 자기 개성과 취향을 드러내기 위해 사무실의 자기 책상을 꾸미는 이가 늘어났기 때문이다. 아무리 회사 공간이지만 자기 책상이기 때문에 사비를 들여서라도 자신이 좋아하는 스타일로 꾸미고, 효율성과 집중력을 높일 사무용품도 산 것이다. 데스크테리어 트렌드는 재택근무에서도 그대로 이어진다. 가구와 문구업계로서는 새로운 기회로 여길 수밖에 없다.

아울러 식물과 화분으로 집 안을 꾸미는 플랜테리어(Plant+Interior)도 더 확산될 수밖에 없다. 홈퍼니싱 열풍 속에서 미세먼지와 공기 청정 이슈가 중요하게 부각되자 공기 청정기 시장이 급성장했다. 이와 함께 플랜테리어 시장도 성장했다. 데스크테리어와 플랜테리어는 코로나19 팬데믹이나 재택근무와는 무관하게 시작된 트렌드이자 라이프스타일이었다.《라이프 트렌드 2018: 아주 멋진 가짜 Classy Fake》에서 '플랜테리어, 집에서 만나는 가짜 숲'과 '당신도 데스크테리어족인가'라는 소제목으로 인테리어 관련 이슈를 다루었다. 각각 진짜 숲을 갖고 싶다는 욕망을 집 안의 가짜 숲을 통해 충족시키려는 대체재이자 대안의 욕망, 개성이 중요해지고 취향이 부각되면서 자기만의 공간에 대한 취향 구현의 욕망으로 소개했다. 그런데 코로나19 팬데믹과 재택근무 확산과 맞물리면서 데스크테리어와 플랜테리어에 대한 욕망과 소비가 더 커지고 있다. 기존의 욕망이 새로운 욕망으로 바뀐 것이 아니라 욕망이 더 추가되고 더 증폭된 것이다. 인테리어에서도 욕망의 변화가 발생하는데 집과 부동산에 영향이 없겠는가?

참고로, 한샘의 2020년 2분기 매출은 전년 동기 대비 25.9%, 영업이익은 173.5% 증가했다. 분기 매출이 전년 동기 대비 20% 이상 증가한 것은 2015년 4분기 이후 4년 6개월 만이다. 분명 코로나19 팬데믹이 가구 회사 실적에 호재가 되어 주었다. 재택근무는 홈오피스용 가구와 인테리어뿐 아니라, 홈퍼니싱과 리모델링 시장에도 영향을 주고 있다. 실제로 한샘의 리모델링 사업인 '리하우스'의 2분기 매출은 전년 동기 대비 201% 증가했다. 팬데믹과 재택근무는 사람들로 하여금 집에 머무는 시간을 늘어나게 만드는 요소다. 그러다 보니 집을 꾸밀 명분도, 욕망도 더 커질 수밖에 없다.

원격/재택 근무가 부동산 시장에 어떤 영향을 줄 것인가?

2020년 5월 22일, 캐나다의 글로벌 기업 쇼피파이(Shopify)의 CEO 토비아스 뤼트케(Tobias Lütke)는 미국 주간지《블룸버그》와의 인터뷰에서 일하는 방식으로 "Digital by Default"를 선언했다. 2021년부터 5000여 명의 직원 대부분은 원격으로 일하게 될 것이며, 사무실을 완전히 없애는 것은 아니지만 기존 사무실의 20~25% 정도의 공간만 운영하기로 한 것이다. 쇼피파이는 2019년 미국 온라인 쇼핑몰

점유율 부분에서 절대 강자 아마존에 이어 2위다. 2020년 8월 초 기준, 시가 총액은 1230억 달러(약 146조 원) 규모로 아마존과 비교하기는 어렵지만, 국내 기업 중에서는 삼성전자를 제외하고 쇼피파이보다 시가 총액이 높은 기업이 없다. 이처럼 영향력이 큰 글로벌 기업인 쇼피파이가 사무실을 폐쇄하고 전면 원격/재택 근무 계획을 선언한 것이다. 하지만 이런 선언은 이제 시작이다. 2021년 혹은 그 이후에는 더 많은 기업이 동참하게 될 것이다.

코로나19 팬데믹으로 애플, 마이크로소프트, 아마존, 구글(알파벳), 페이스북은 전면적으로 원격/재택 근무를 실시하고 있다. 이들은 전 세계에서 시가 총액이 가장 비싼 톱(Top) 5 기업인데 이중 4개가 실리콘밸리에서 탄생했다. 이들 외에도 실리콘밸리에는 테슬라, 넷플릭스, 우버, 트위터, 인텔, 엔비디아 등 글로벌 산업을 주도하는 IT 기업이 셀 수 없이 많다. 또한 이들은 그동안 실리콘밸리에 멋지고 큰 사옥을 가진 것으로 경쟁 아닌 경쟁을 해 왔다. 유능한 인재와 투자금이 실리콘밸리로 모이면서 평균 연봉이 가장 높은, 아주 풍족한 도시가 되었지만 그만큼 집값도 비싸기로 악명이 높다. 땅은 제한적인데, 이곳에서 시작한 스타트업들은 이미 세계적인 기업이 되었고 다른 글로벌 기업들과 스타트업들이 새로운 기회를 찾아 몰려들었기 때문이다. 덕분에 교통 체증과 주거 비용이 폭등할 수밖에 없다. 만약 실리콘밸리의 글로벌 기업들이 전면적으로 원격/재택 근무를 도입하기 시작하면 직원들도 상대적으로 덜 비싼 지역으로 이사를 가게 되고, 기업도 사무실 공간을 줄일 여력이 생기지 않을까? 재택/원격 근무가 확산되면 주거용, 업무용 부동산 시장에도 변화가 생기지 않을까?

실리콘밸리의 변화는 이미 시작되었다. 샌프란시스코와 오클랜드, 그 주변 위성 도시들이 포함된 광역 도시권을 샌프란시스코 베이 에어리어(San Francisco Bay Area)라고 하는데 실리콘밸리도 여기에 포함된다. 실리콘밸리는 샌타클래라(Santa Clara) 계곡이 위치한 팰로앨토(Palo Alto)에서 새너제이(San Jose)까지의 지역으로 이곳에만 크고 작은 4000여 개의 기업이 위치하고 있다. 이 때문에 샌프란시스코 베이 에어리어의 주거용 부동산 매매가와 임대료는 미국에서도 가장 높은 수준이다. 수요는 많은데 공급은 제한적이니 비쌀 수밖에 없다. 그런데 베이에어리어뉴스그룹의 《머큐리뉴스》가 부동산 정보 사이트인 줌퍼(Zumper)의 정보를 바탕으로 2020년 7월과 그 1년 전인 2019년 7월의 월세(렌트비) 추이를 분석했더니 방 1개짜리 아파트의 월세가 샌프란시스코에서는 -11.8%, 마운틴뷰 -15.1%, 멘로 파크 -13.5%, 쿠퍼티노 -15.7%, 새너제이 -8%, 서니베일 -5.2%였다. 방 2개짜리 아

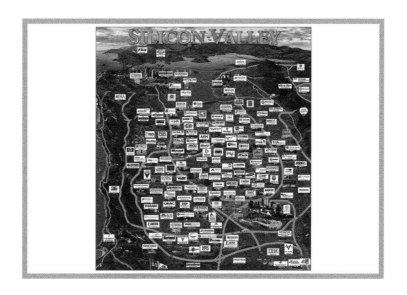

파트의 월세는 샌프란시스코에서는 -9.6%, 마운틴뷰 -5.8%, 멘로 파크 -12.9%, 쿠퍼티노 -14.6%, 새너제이 -4.7%, 서니베일 -3.1%였다.

샌프란시스코에는 세일즈포스, 우버, 트위터, 에어비앤비, 인스타그램의 본사가 있다. 마운틴뷰에는 구글(알파벳), 시만텍, 마이크로소프트의 일부 사무실, 링크드인이 위치하고 있고, 멘로 파크에는 페이스북이, 쿠퍼티노에는 애플의 본사가 있다. 테슬라와 HP는 팰로앨토에 있고, 넷플릭스는 쿠퍼티노와 가깝다. 새너제이에는 인텔, 시스코 시스템스, 이베이가, 서니베일에는 야후와 AMD 등이 있다. 그런데 글로벌 IT 대기업들이 몰려 있어서 매년 오르기만 하던 지역의 월세가 이례적으로 크게 내린 것이다. 반면 오클랜드에 있는 방 1개짜리 아파트의 월세는 4.5%, 방 2개 아파트는 4.8%가 올랐는데, 오른 지역 모두 실리콘밸리로부터 조금 떨어진 곳이다. 물론 오른 지역의 집값과 렌트비 수준은 하락한 지역들에 비해 여전히 꽤 낮다. 사람들이 비싼 지역을 벗어나 출퇴근 시간은 좀 더 걸리더라도 외곽의 싼 지역을 찾기 시작했고 이 수요가 가격에 영향을 준 것이다. 그리고 그 배경에는 전면적 혹은 부분적인 원격/재택 근무를 도입하는 기업이 늘어났기 때문이다. 물론 이런 흐름이 얼마나 지속될 것인지 두고 봐야 한다. 오랫동안 쌓아 온 관성은 하루아침에 바뀌지 않고, 게다가 이런 변화 속에서 이득과 손해가 엇갈림으로써 저항도 생기고 작전도 펼쳐질 것이기 때문이다.

월세가 보편적인 미국과 달리 우리나라에는 전세 제도가 존재하고 한국적 부동산 시장만의 특수성이 있어서 원격/재택 근무가 당장 집값에 영향을 주지는 않는다. 하지만 수년 후라면 어떨까. 대기업들이 원격/재택 근무를 더 확산시키고 0%대의 역대 최저 금리 시대가 도래했으며 부동산 투기에 대한 정부의 근절 대책이 계속 추가되는 상황에서, 전세라는 한국만의 특수 제도는 시장 논리만으로도 줄어들 수밖에 없다. 월세든 매매든 실수요 중심이 강화될수록 원격/재택 근무가 부동산 시장에 초래한 영향은 조금씩 드러나게 될 것이다. 주거용 부동산 시장뿐 아니라 업무용 부동산 시장에도 영향이 생길 수 있다. 대기업들이 수년 새 빌딩이나 부동산 자산을 매각하는 흐름이 만들어지기도 했는데 이는 팬데믹 효과와 원격/재택 근무 확산으로 인해 큰 사옥을 가질 필요성이 줄어들기 때문이다. 그러므로 오피스 임대 시장도 영향을 받을 수밖에 없다. 2020년에 촉발된 변화가 2021년에 어떻게 전개될지 지켜보는 것도 흥미로운 일이다.

우리가 더 비싼 주거 비용을 지불하더라도 대도시에 모여 사는 이유 중 가장 큰 요인은 출퇴근 거리에 양질의 일자리가 있기 때문이다. 고층 건물이 많은 빌딩 숲과 대도시를 좋아하는 욕망이 우리에게 원래부터 있었던 것이 아니라, 대도시에 살 수밖에 없다 보니 밀도 높은 지역의 삶을 받아들인 것이다. 공해, 교통 체증, 비싼 물가와 주거 비용을 감수하는 것도 도시에 살아야 일자리를 구할 수 있기 때문이다. 그런데 원격/재택 근무로 인해 양질의 일자리 창출이 가능해지면서 지역 균형 발전은 새로운 국면을 맞이할 수 있다. 팬데믹 이후에도 대학을 포함한 학교들은 온라인 수업을 병행하며 비중을 높여 갈 것이다. 대도시 한복판의 아파트 대신 외곽의 전원주택이나 단독 주택을 선택하는 일은 노후에만 있는 것이 아니다. 우리는 수십 년 동안 출퇴근하며 살았다. 과거에는 이것이 최선의 방법이고 늘 당연했기 때문에 익숙할 뿐이지, 앞으로도 이어져야 할 최선의 방법은 아니다.

원격/재택 근무가 확산되면 옷과 자동차가 덜 팔릴까?

기업들이 자율 복장을 선택한 것은 2000년대 들어서인데 이는 패션 시장에 긍정적인 영향을 미쳤다. 패션과 스타일은 남녀 모두에게 중요하다. 특히 밀레니얼 세대에게는 더욱 그렇고, 심지어 4050세대도 멋을 부리는 데 익숙해졌다. 그런데 출퇴근을 하지 않고 재택근무를 하게 되면 패션에 대한 투자도 줄어들지 않을까? 얼핏 생각하면 집에서 일하는데 굳이 멋진 옷을 입을 필요도 없고, 실내에 있으니 아우터(Outer)를 살 필요도 줄어들 것으로 보인다. 화상 회의를 할 때 웹캠을 통해 보이는 부분도 상체 위주이므로 양말과 신발 구매도 줄어들지 않을까 싶다. 하지만 실제로는 그렇지 않을 가능성이 크다. 남에게 보여 주기 위한 것보다 자기만족을 위해 패션에 신경 쓰는 사람이 많고, 또한 소셜 네트워크를 통해 자기 패션을 수시로 드러내기 때문이다. 원격/재택 근무를 한다고 하루 종일 집에 갇혀 있는 것이 아니라 카페에서 일하거나 공유 오피스를 이용하기도 한다. 줄어든 출퇴근 시간만큼 개인 시간이 늘어나 대외 활동이 많아지고, 출퇴근할 때에 비해 사람을 만날 기회도 줄지 않을 것이다. 물론 직장이 인생의 전부인 사람에게는 출퇴근하지 않는 것이 옷을 구입하지 않아도 될 이유가 되겠지만, 그런 사람은 원래부터 패션에 돈을 쓰지 않던 사람일 것이다. 그러므로 원격/재택 근무 확산은 애슬레저록 패션 시장이 더 성장할 계기로 보아야 할 것이다.

출퇴근하지 않고 집에서 일하게 되면 패션 소비가 줄어들지 않을까 생각하는 사람들은 같은 이유로 화장품 소비도 줄어들 것이라고 생각한다. 하지만 이것 또한 그렇지 않을 가능성이 크다. 패션과 뷰티 산업은 성장세를 계속 이어 왔는데 그 배경에는 우리가 스스로에 대한 투자를 늘려 가고 있기 때문이다. 그리고 소셜 네트워크를 통해 자신을 타인에게 더 자주 드러낼 수 있다는 점도 일조한다. 원격/재택 근무의 확산이 취미와 여가 시간을 더 늘려 주었기 때문에 기능성 화장품을 비롯한 뷰티 시장으로서는 기회가 되면 되었지, 결코 위기는 아닌 것이다.

출퇴근을 하지 않고 재택근무를 하게 되면 자동차는 덜 팔릴까? 이는 충분히 타당해 보인다. 가뜩이나 자동차 소유는 감소세였다. 미국과 한국에서 카 셰어링 문화가 보편적으로 자리를 잡아 가고, 운전면허를 취득하거나 자동차를 소유한 20대가 줄어들고 있다. 굳이 자동차를 소유하지 않아도 이동하는 데 큰 불편이 없을뿐더러, 차를 구입하는 데 쓰는 돈을 자신의 취미, 취향, 여행에 쓰는 게 기회비용 차원에서 더 합리적이라고 여기는 2030세대가 늘어나기도 했다. 이런 상황에서 원격/재택 근무까지 확산되면 차량 소유는 더더욱 줄어들 여지가 있다. 자동차는 출퇴근 용도로 사용하는 사람이 가장 많다. 그런데 전면적이든 일부든 원격 근무로 인해 매일 출퇴근해야 할 필요가 없어진다. 대기업들은 직원들이 사무실에서 일해야 할 경우에도 이동 시간을 최소화할 수 있도록 거점 오피스를 만드는 등의 투자를 한다. 대표적으로 종로, 마포, 분당, 판교에서 운영하던 거점 오피스를 강남, 송파, 일산, 강서 등으로 확대시킨 SK텔레콤이 있다. 재택근무를 하더라도 경우에 따라 사무실을 이용해야 할 일이 생기는데 이때 거점 오피스를 이용하라는 것이다.

수도권에 사는 직원들은 수도권에 위치한 거점 오피스로, 서울에 사는 직원들은 서울에 있는 거점 오피스를 이용하면 모든 직원의 출퇴근 시간이 줄어든다. 지금까지는 서울 본사 근무자라면 어디에 살던 먼 거리를 이동해야 했다. 하지만 재택근무와 거점 오피스가 결합되면 달라질 수 있다. 게다가 거점 오피스로 인력이 분산되면 본사에는 자연스럽게 공간의 여유가 생기므로 이 여유 공간은 공유 오피스로 활용할 수도 있다. 코로나19로 인해 밀도를 낮추고, 거리 두기를 하고, 비대면 원격 근무를 하는 등 사무 공간의 변화는 임시방편으로 그치지 않고 자리를 잡을수록 거점 오피스를 두는 시도도 늘어날 것이다. 재택근무를 하다가 집중력이 떨어지거나 방해 요인을 피해 자사의 거점 오피스나 공유 오피스를 이용하는 것은 현실적인 보완책이다. 즉 집과 가까운 거리에서 일할 기회가 더 많아지는 것이며, 출퇴근을 위한 자동차 소유의 필요성은 줄어드는 것이다. 코로나19 팬데믹 때문에 개인위생에 더 민감해지고 낯선 타인에 대한 경계심도 커진 상황에서 대중교통을 꺼리고 자가용 수요가 일시적으로 늘어났지만 이는 지속될 수 없고 원격/재택 근무가 확산되면 이런 수요마저 자연스럽게 감소할 수밖에 없다. 그동안 우리는 물리적으로 이동하면서 일하고 살아왔지만 기술적 진화와 사회적 변화가 물리적 이동을 최소화하면서 일하고 살아갈 방법을 찾아주었다. 장기적으로 자동차는 소유 대신 자율 주행 로봇 택시 이용 중심으로 갈 수밖에 없을 것이다. 물론 이렇게 되기까지는 꽤 시간이 걸리겠지만 가야 할 방향임에 틀림없다. 마찬가지로 원격/재택 근무 정착도 시간이 걸리겠지만 가야 할 방향이 분명하다.

원격/재택 근무로 인해 기회가 커질 마인드풀니스 & 보디풀니스

원격/재택 근무자는 소외감, 고립감, 우울감에 빠지지 않도록 관리할 필요가 있다. 원격/재택 근무를 하는 기업 중 스몰 토크(Small Talk), 즉 잡담을 권하는 기업이 많은 것도 이런 이유에서다. 물리적으로 함께 모여 일하지 않다 보니 서로 커뮤니케이션을 하면서 친밀도를 높이고 소외되지 않고 연결되어 있다는 것을 계속 확인시켜 줄 필요가 있기 때문이다. 직장에서도 함께 커피를 마신다거나 가끔 밥을 같이 먹으며 일했던 것도 서로의 관계를 다지기 위해서인데, 원격/재택 근무에서도 이런 장치는 필요하다. 물론 물리적으로 눈앞에서 직접 대면하는 것이 아니라 카메라나 네트워크를 통해서 대면하는 것이기 때문에 스몰 토크에도 한계가 있다. 아울러 모여서 일할 때보다 권한과 책임이 분산되면서 각자가 져야 할 책임도 커지고, 업무 내용은 고스란히 클라우드에 남고, 업무 성과도 서로 명확하게 비교가 되는데 이런 부분은 스트레스 요인이 되기도 한다. 오히려 원격/재택 근무의 노동 강도가 더 세고, 스트레스도 심해지는 환경일 수 있는 것이다. 물론 이는 적응의 문제고, 능력의 문제겠지만 원격/재택 근무 문화가 확산되고 자리를 잡기 전까지는 과도한 스트레스를 겪는 이가 많을 것이다. 가뜩이나 현대인들의 스트레스, 외로움, 소외감 같은 정신 건강 문제가 적지 않은데 원격 근무 확산은 자칫 사람들에게 부정적인 영향을 줄 수도 있다. 따라서 원격 근무로 인해 느낄 수 있는 소외감과 고립감을 해소할 방법을 찾는 것도 기업이 관심을 가져야 할 부분이다. 원격 근무를 위한 IT 솔루션만 지원하는 것으로 끝나지 않는다. 원격 근무는 일하는 방식뿐 아니라 삶의 방식 자체를 바꾸는 것이기 때문에 단순하게 생각해서는 안 되고, 장밋빛 환상을 가져서도 안 된다. 또한 문화를 바꾸는 것이기 때문에 당연히 적응과 문제 개선을 위한 시간과 투자가 필요하다.

'빌 & 멀린다 게이츠 재단'이 설립하고 세계 보건 통계와 영향 평가를 연구하는 IHME(Institute for Health Metrics and Evaluation)에 따르면, 2017년 기준 전 세계에서 정신 건강 장애를 겪은 사람은 7억 9900만 명으로 추정된다. 이는 전 세계 인구 중 10.7%, 즉 10명 중 한 명은 정신 건강 장애를 겪는다는 뜻이다. 취업 인구로 보면 약 15%가 정신 건강 장애를 겪는 것으로 추정한다. WHO의 국제 질병 분류(ICD-10)에 따라 광범위하게 정의하면 우울증, 불안, 양극성, 섭식 장애, 조현병 등이 포함된다. 소셜 미디어 매니지먼트 플랫폼 버퍼(Buffer)는 원격 근무 제도를 확산하는 데 앞장선 기업으로서 원격 근무에 대해 다양한 조사를 실시하기도 했다. 이 조사 결과에 따르면 응답자의 19%가 원격 근무로 인해 외로운 감정을 느끼고, 17%는 의사소통에 어려움을 겪었다. 2010년 창업한 버퍼는 15개국에 진출했는데, 2012년부터 모든 직원이 자기 지역에서 자유롭게 근무할 수 있도록 완전 원격 근무제를 시작했고 2015년에는 사무실도 없애는 오피스 프리를 이루었다. 소프트웨어 기업 오토매틱(Automattic)도 버퍼의 영향을 받았다. 오토매틱의 직원 1245명은 77개국에서 일하고 있는데 이들은 모두 원격 근무를 하고 있다. 오토매틱은 본사와 지사 모두 사무실을 없앤 오피스 프리 기업으로서 근무는 물론이고 채용 과정마저 원격으로 진행한다. 이런 오토매틱에서 밝힌 원격 근무의 장단점이 있다.

장점으로 우선 다양한 인재를 채용할 수 있다는 점을 꼽았다. 실제로 오토매틱 사내에서는 93개 언어가 사용되고 있을 정도로 다양한 국가와 언어권의 인재가 모여 있다. 지금 시대의 기업들에게 다양성은 중요한 덕목이다. 원격 근무는 지역과 국가의 제약 없이 다양한 인재를 일하게 만드는 데 유리하다. 사내 정치가 없다는 것도 이 회사가 꼽은 장점이다. 원격으로 일하다 보니 모든 것이 기록에 남고 모든 정보가 투명하기 때문에 사내 문제는 '정치적'으로 풀 수 없다는 것이다. 각자 맡은 일에만 더 집중하게 되는 것이 원격 근무의 특성이기도 하다. 대도시에서 대형 사무실을 가지려면 막대한 고정 비용이 지출되는데 원격으로 일하면 이런 지출을 하지 않아도 되고 심지어 이렇게 줄인 비용을 직원 복지에 쓸 수 있다는 것도 장점이다. 여기까지 보면 원격 근무는 완벽한 방식 같지만 단점이 없는 것도 아니다.

우선 신입의 성장이 어렵고 경력직 위주로 뽑을 수밖에 없다. 물론 신입을 위한 멘토 프로그램도 있지만 원격으로 각자의 역할에만 집중하다 보니, 같은 사무실에서 함께하면서 일을 배우고 성장하는 기회를 가질 수 없다. 그리고 소속감이 옅어지고 외로움, 단절감을 느끼기 쉬운 것도 단점이다. 이런 단점은 오토매틱뿐 아니라 모든 원격 근무 기업에서 드러나는데, 오토매틱은 이를 보완하기 위해 정기적으로 만남을 갖는 프로그램을 시행하고 있다. 전 세계에 있는 모든 직원이 모이는 자리를 비롯해 각 부서별, 팀별로 정기적 행사를 마련한다. 원격 근무를 하더라도 결국 사람들의 연결이 필요하다. 원격 근무 시대의 직원 복지는 고립감, 소외감, 불안감을 해소시키고 스트레스를 줄여 주는 것이다.

실리콘밸리 기업들이 2010년대 들어 마인드풀니스(Mindfulness)를 본격적으로 받아들이고 확산시킨 것도 치열한 경쟁 환경 속에서 성과 스트레스를 받는 임직원들을 위한 복지의 관점으로 봤기 때문이다. 마인드풀니스는 IT 경영자들 사이에서 유행처럼 번졌고 그다음에 실리콘밸리 기업들의 사내 프로그램으로 확산되었으며 전 세계 기업으로 퍼졌다. 2020년 코로나19 팬데믹으로 인해 불안해진 상황에서 원격/재택 근무까지 확산되어 마인드풀니스는 우리에게 더 중요해졌다. 그런데 마인드풀니스로 인해 '마음 챙김'의 의미로서 명상이 대두되었다면, 몸을 챙기는 보디풀니스(Bodyfulness)도 대두된다. 공부도 체력이 받쳐 줘야 하듯, 마인드풀니스도 보디풀니스가 결합되어야 더

효과적일 수 있다는 것이다. 몸과 마음을 동시에 챙기면 보스풀니스(Bothfulness)가 된다. 명상, 요가, 각종 운동과 수련을 통해 스트레스를 다스리는 일은 원격/재택 근무를 하는 사람들에게 필수다. 스트레스를 다스리는 또 다른 방법으로 자신이 즐거워할 취미와 취향이 있다. 결국 관련 콘텐츠와 소비 시장은 커질 수밖에 없다. 요가 시장과 레깅스 시장, 아웃도어 시장, 취미와 취향 소비 시장이 앞으로 더 커질 수 있다는 이야기다.

원격/재택 근무 확산으로 인한 의외의 피해자들

삼성그룹 계열 급식·식자재 회사 삼성웰스토리는 삼성물산의 100% 자회사로서 단체 급식 분야에서 업계 선두다. 그런데 이 회사가 2020년 7월 1일, 가정 간편식(Home Meal Replacement, HMR) 브랜드 '라라밀스(LaLameals)'를 런칭했다. 가정 간편식 사업의 성장세가 좋으므로 여기에 뛰어든 것이라고 생각하면 별일 아닌 것처럼 보이지만 사실 단체 급식 시장의 심각한 위기 때문에 새로운 시장을 선택한 것이다. 2020년은 우리나라에서 대학교 온라인 수업과 기업의 원격/재택 근무가 본격화된 원년이다. 갑자기 팬데믹 때문에 등교와 출근을 하지 않게 되자 구내식당의 급식 시장은 심각한 위기를 맞게 되었다. 잠시 이러다 만다면 모르겠지만 팬데믹 이후에도 온라인 수업을 계속 병행하겠다는 대학과 근무 방식을 근본적으로 바꾸겠다는 기업이 자꾸 나오다 보니 급식업체들로서는 악재를 만난 것이다. 2017년 기준, 단체 급식 시장은 5조 원, 가정 간편식 시장은 3조 원 규모로 추산되었다. 하지만 가정 간편식 시장은 2019년에 5조 원에 육박할 정도가 되었고, 조만간 5조 원을 넘어 수년 내 최대 10조 원 시장으로 커질 것으로 전망된다. 그 배경에는 1인 가구 증가와 고령화도 있고, 배송과 물류 혁신 덕분에 양질의 가정 간편식 소비가 더 원활해진 것도 있다. 게다가 코로나19 팬데믹으로 인해 대면 접촉 불안이 커졌고 거리 두기를 하기 위해 외식이 줄어든 것도 영향을 미쳤다. 원격/재택 근무가 확산되는 상황도 가정 간편식 시장에는 유리한 부분으로 작용한다. 이런 상황에서 단체 급식 시장은 계속 줄어들 수밖에 없고, 관련 기업으로서는 다른 사업으로 돌파구를 찾을 수밖에 없다.

국내 단체 급식 기업들을 점유율 순으로 나열하면 삼성웰스토리, 아워홈, 현대그린푸드, 한화호텔&리조트, CJ프레시웨이, 신세계푸드, 후니드, 동원홈푸드가 있다. 이들은 각각 삼성그룹, GS그룹, 현대백화점그룹, 한화그룹, CJ그룹, 신세계그룹, SK그룹, 동원그룹과 연

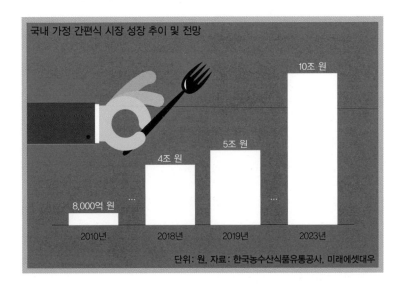

국내 가정 간편식 시장 성장 추이 및 전망

10조 원

5조 원

4조 원

8,000억 원

2010년　　　2018년　　　2019년　　　2023년

단위: 원, 자료: 한국농수산식품유통공사, 미래에셋대우

결되어 있다. 대기업 계열사가 전체 시장의 3/4 가까이 장악한 셈이다. 풀무원 계열의 이씨엠디, 미국의 글로벌 푸드 서비스 기업 아라마크(ARAMARK)의 한국 지사인 아라코 등이 점유율에서 그다음 순위가 된다. 이들까지 포함하면 상위 10개 사가 전체 시장의 80% 이상을 차지하고, 나머지 20%를 4500여 개의 중소업체가 차지하고 있다. 확실히 단체 급식 시장에서 대기업 계열사가 유리할 수밖에 없다. 이들은 자사와 연결된 그룹사와 계열사들의 위탁 급식을 확보하고 있어 유리하고, 공공 기관이나 대학의 단체 급식에서도 브랜드와 자본의 힘으로 유리한 고지를 점한다. 인천공항공사에 따르면, 2019년 기준 구내식당 19곳 모두 대기업 계열의 삼성웰스토리, 아워홈, 동원홈푸드, CJ프레시웨이가 위탁 운영했다. 주요 대학교에서도 대기업 계열사들이 압도적으로 위탁 운영 중이다. 사실상 규모가 있고 사업성이 큰 부분은 거의 대기업 계열사가 장악하고 있다고 해도 과언이 아니다.

그런데 단체 급식 시장의 주도권을 가진 상위 10개 기업들은 대기업이라는 배경과 함께 관계사 중 식품 회사가 있는 경우가 많다. 즉 이들의 가정 간편식 시장 진출에도 경쟁 관계가 만들어질 수밖에 없다. 급식업계 중 가정 간편식 시장에 가장 먼저 진출한 것은 현대그린푸드, 그다음은 삼성웰스토리인데 여기에도 이유가 있다. 이 두 회사가 그나마 계열사와 상충 관계가 적기 때문에 가능한 것이다. 가정 간편식 시장은 CJ제일제당, 오뚜기, 대상, 동원 등 기존 식품업계, 신세계 이마트와 롯데마트로 대표되는 대형 마트 업계, 수년 전에 뛰어든 매일유업, SPC, 샘표, 한국야쿠르트 등 식음료 기업, 워커힐, 신세계조선호텔 등 특급 호텔이 포진하고 있으며 여기에 급식과 식자재 관련 대기업까지 가세했다. 아무리 시장이 커지더라도 경쟁은 훨씬 치열해지고 있으며 그 불똥은 외식업계와 식당을 운영하는 자영업자에게 미칠 수 있다. 어차피 우리가 먹는 하루 세끼를 둘러싼 경쟁이다. 우리의 끼니 중 일부를 누가 더 장악할 것인가의 싸움인데 플레이어가 늘어난다고 해서 우리에게 네 끼를 먹일 수도 없다. 결국 브랜드와 자본의 힘이 좀 더 유리한 고지를 점하게 만든다.

원격/재택 근무 확산이 자신과는 상관없을 것이라고 여겼던 식당 주인들은 생각지 못한 나비 효과에 타격을 입을 수 있다. 가정 간편식 시장에 뛰어드는 대기업이 늘어날수록 결국 외식은 더 줄어든다. 외식 중에서 적당히 맛 좋고 저렴한 메뉴는 가정 간편식에 밀릴 가능성도 크다. 원격/재택 근무의 확산으로 회식도 더 줄어들 테니 단체 회식 수요로 돈을 벌었던 이들에게는 고민이 클 수밖에 없다. 대학교 온라인 수업이 늘어날수록 대학가의 식당, 술집, 카페도 타격을 받을 수밖에 없다. 그동안 이들 가게가 더 비싼 임대료를 냈던 이유는 목이 좋은 큰길에 있어 유동 인구가 많고 눈에 잘 보이며 찾아오기 쉬운 효과 때문이다. 그런데 이는 사람들의 출퇴근과 등하교를 전제로 한 것이다. 게다가 지금은 스마트폰으로 구석에 숨은 맛집도 쉽게 찾아갈 수 있다. 그러므로 목이 좋아서가 아니라 꼭 찾아가야 할 이유, 즉 확실하게 맛이 좋거나 콘텐츠가 차별화되어야만 한다.

원격/재택 근무 확산은 심지어 맥도날드에도 타격을 준다. 아침 식사 시장의 위축 때문이다. 분주한 아침에 느긋하게 식사하는 직장인은 드물 것이다. 아예 식사를 거르거나, 먹거리를 사서 출근 차량 안이나 회사에 도착하여 먹는 것이 주요 선택지이다. 회사에서 아침을 해결하는 직장인을 일컫는 '회침족'이라는 말이 있을 정도다. 특히 미국 직장인들은 맥도날드에서 아침을 먹거나 아침거리를 구입하는 이가 많은데, 맥도날드 전체 매출 중 약 25%를 아침 시간대가 차지한다. 아침의 길지 않은 시간 동안 상대적으로 매출 비중이 높다 보니 맥도날드 입장에서는 꽤 중요하게 여길 수밖에 없다. 그런데 원격/재택 근무 확산으로 맥도날드의 아침 식사 매출은 타격을 입었다. 2020년 2분기인 4~6월 기준, 맥도날드의 매출은 전년 동기 대비 −30%, 순이익은 −68%다. 팬데믹의 직격탄을 맞아 문을 닫은 매장도 있지만 출근하지 않는 사람들의 증가로 인한 타격도 무시하지 못한다. 아침 식사 시장은 맥도날드뿐 아니라 스타벅스 등 커피 전문점들도 공들이던 시장이었다. 국내에서도 커피 전문점에서 커피와 간단한 식사를 사거나 맥도날드 맥모닝을 즐기고 출근하는 이들의 모습을 흔하게 볼 수 있었다. 그런데 이보다 더 많은 것은 편의점에서 샌드위치, 샐러드, 각종 도시락을 구입하는 사람들이다. 예전이라면 식당에서 뜨끈한 국과 밥으로 아침식사를 했겠지만 요즘 직장인들은 편의점과 패스트푸드, 커피 전문점에서 아침 식사를 해결한다. 그런데 이 시장이 원격/재택 근무의 확산으로 타격을 입은 것이다. 꼬리에 꼬리를 물면서 서로가 서로에게 영향을 미치는 상황에서 어떤 강력한 변화가 등장하면 그것이 자신에게 어떤 영향을 줄지 면밀하게 따져보고 대응 전략을 찾아야 한다. 결국 변화에 신속하게 대응하고 적응하는 사람은 기회를 가져가고, 그렇지 못한 이는 피해를 보기 마련이다.

원격/재택 근무 확산이 출산율에 영향을 줄까?

재택근무로 인해 집에 머무는 시간이 길어지면 출산율에도 영향을 미칠 것이라고 어설프게 생각하면 오산이다. 그동안 출산율이 낮았던 이유는 사람들이 집에 머무는 시간이 짧아서가 아니기 때문이다. 그러므로 집에 머무는 시간은 출산율에 영향을 미치지 않는다. 오히려 영향을 미치는 요인은 집값이나 사교육 비용이며 결정적으로 육아에 대한 부담이 있다. 육아에는 물리적 시간과 비용이 발생한다. 맞벌이가 필수가 아니던 과거에는 엄마가 육아를 전담할 수 있었다. 하지만 지금은 다르다. 맞벌이는 필수가 되었다. 맞벌이를 하지 않으면 높아진 주거 비용과 노후 대비를 하기 버겁고, 아이가 있다면 육아와 사교육 비용을 감당하기 위해 더더욱 맞벌이를 해야 한다. 우리나라는 사회가 아닌 개인이 전적으로 육아를 책임져야 한다. '경력 단절, 황혼 육아, 독박 육아'라는 말이 괜히 나오는 것이 아니다. 부모의 맞벌이를 위해 조부모가 육아를 책임지는 방식은 한두 번이면 족한 임시방편이지, 근본적인 육아 대책일 수 없다. 황혼 육아가 되지 않으면 보모를 고용해야 하는데 이 비용 또한 만만하지 않고, 보모를 구하기도 힘들다. 법으로 보장된 육아 휴직은 일부 대기업 직장인, 교사, 공무원에게만 수월하고, 모두가 쉽게 쓸 수 없는 것이 현실이다.

설령 육아 휴직을 쓴다고 해도 소득 감소를 각오해야 한다. 육아 휴직 기간에는 소득이 통상적으로 70% 정도 감소한다. 이런 상황에서 많은 이가 선뜻 육아 휴직을 선택하기 어렵다. 육아 휴직으로 인한 경력 단절이나 직장에서의 차별도 육아 휴직에 소극적인 이유다. 한국여성정책연구원이 2019년 6~7월 동안 육아 휴직 경험을 가진 직장인 763명을 대상으로 '육아 휴직 사용 후 차별 경험'을 조사한 결과에 따르면, 여성 직장인이 육아 휴직으로 인해 받은 차별 중 39.3%가 승진 차별, 34.1%는 사내 평가 차별이었다. 남성 직장인의 경우 승진에서 차별받은 비율은 21.7%, 사내 평가에서 차별은 24.9%였다. 아이를 낳고 키우면 승진과 평가에서 차별을 받고 소득도 감소하는데 이를 감수해야 하는 상황에서 출산율을 높이자는 구호는 비현실적이다. 아이를 국공립 어린이집에 보내려면 치열한 경쟁률을 뚫어야 하고, 어린이집과 유치원 비리가 터질 때마다 마음도 졸여야 한다. 대기업과 중견 기업에서는 직장 내 어린이집이 의무화되었지만 전체 직장인 중 이런 기업에 다니는 이들은 소수에 불과하다. 출산율을 높이는 일이 국가를 위한 일인 것처럼 이야기하면서 육아는 개인의 몫으로 돌리는 것이 현실이다. 바로 이런 상황이 출산율 하락의 원인이다.

출퇴근 방식과 오프라인 근무 중심 체제에서는 한계가 있었다. 그런데 재택근무 체제로 바뀌면 어떻게 될까? 육아 휴직이냐 아이를 맡기고 계속 일할 것이냐의 양자택일이 아니라, 재택근무 중 육아를 하면 이 문제의 현실적 대안이 되지 않을까? 코로나19로 인해 한국의 기업들은 강제적으로 재택근무를 시행하게 되었고, 더 나아가 이 상황을 육아 휴직과 결합하는 시도가 등장했다. 포스코는 2020년 7월부터 '경력 단절 없는 육아기 재택근무제'를 시행하고 있다. 제도의 이름에서 알 수 있듯, 재택근무를 하면서 육아를 하라는 것이다. 물론 육아와 업무 병행은 쉽지 않다. 하지만 그동안 출퇴근하면서 육아와

업무를 병행했던 수많은 한국 여성 직장인의 상황과 비교하면 조금
은 현실성 있는 방법이다. 만 8세 혹은 초등학교 2학년 이하 자녀를
둔 직원이라면 남녀 누구나 신청이 가능하다. 전일 재택근무는 기존
직원들의 출퇴근 시간과 동일하게 8~17시까지 8시간 일하는 것으
로 급여도 동일하다. 하루 4시간만 일하는 반일 재택근무는 8~12시,
10~15시, 13~17시, 3가지 근무 시간대 중 육아 환경에 맞게 선택할
수 있다. 육아기 재택근무는 육아기 자녀가 1명일 경우 전일 2년과
반일 2년, 도합 최대 4년까지 가능하고, 자녀가 2명일 경우 최대 6년
까지 할 수 있다. 재택근무를 통해 경력 단절 없이 일하고, 소득 감소
없이 육아를 할 수 있는 상황을 만든 것이다. 물론 이런 제도가 포스
코를 필두로 대기업들에 적용되겠지만 모든 직장으로 확산되는 것은
시간이 걸릴 수도 있고, 불가능할 수도 있다. 하지만 재택근무와 육
아 휴직의 결합은 보편적으로 확대될 가능성이 크다. 육아 휴직은 독

자적으로 확대되기가 어렵지만 재택근무 확산이라는 변수가 결합되면 자연스럽게 육아 문제도 새로운 돌파구를 찾을 수 있다. 이는 기업뿐 아니라 정부의 정책 방향에서도 중요한 과제다.

원격/재택 근무 확산이 젠더 이슈와 차별 문제에 영향을 줄까?

앞서 이야기한 것처럼 전면적인 원격 근무를 시행하는 오토매틱은 채용 과정 또한 원격으로 이뤄진다. 채용은 총 5단계 과정으로 진행되는데 서류 제출, 1차 면접(텍스트 채팅), 코팅 테스트, 트라이얼 프로젝트(시급 제공), 최종 면접(CEO와 텍스트 채팅)이다. 5단계를 모두 거치고 최종 입사 확정되는 데 약 5개월이 소요된다. 오토매틱의 채용에는 2가지 흥미로운 부분이 있는데, 하나는 이 사람이 회사와 함께 일할 수 있는지 실제 업무를 하며 맞춰 보는 트라이얼 프로젝트 과정이다. 서류에 적힌 이력과 경력을 믿지만 그럼에도 직접 트라이얼 프로젝트를 거치면서 검증하는 것이다. 이러한 의도는 이해가 간다. 원격으로 일하는 회사이므로 능력 있는 사람을 잘 뽑아야 하니까. 그리고 흥미로운 두 번째는, 채용의 모든 과정에서 직접 만나는 일도, 웹캠으로 얼굴을 보는 일도, 심지어 전화로 목소리를 듣는 일도 없다는 것이다. 5단계 중 2번의 면접이 있는데 모두 텍스트 채팅으로 진행된다. 웹캠으로 얼굴을 보고 대화하면 더 쉽고 편할 것 같은데 왜 이렇게 하는 것일까? 면접관이 상대의 얼굴을 보게 되면 자신도 모르게 외모, 인종, 성별, 장애에 대한 편견을 가질 수 있기 때문이다. 즉 편견과 차별을 모두 배제하고 오로지 업무 능력만 집중 평가하여 최고의 인재를 뽑겠다는 의도다. 그래서 오토매틱은 다양한 국적, 인종, 언어권의 사람들이 모인, 다양성을 중요하게 여기는 회사다. 게다가 오토매틱의 매출과 기업 가치가 커지고 직원 수도 늘고 있는 것을 보면 이들의 채용 방식이 효과적이라고 해석할 수도 있겠다.

원격/재택 근무는 과정이 아닌 결과 중심의 평가가 될 수밖에 없다. 근태와 태도가 아니라 성과가 중요하다. 객관적인 성과를 바탕으로 투명하게 평가된다면 우리는 좀 더 공정하게 일할 수 있지 않을까. 끈끈한 관계가 '라인'을 만들고 거기서 사내 정치가 일어났던 것은 위계 구조와 직접 대면하고 일하는 오프라인 직장 문화의 산물이다. 이런 직장에서는 남자끼리, 혹은 학연이나 지연에 의한 선후배끼리 끈끈하게 뭉치는 경우가 많았다. 게다가 남성 중심적 사고가 성인지 감수성을 떨어뜨리기도 했다. 그런데 원격/재택 근무가 사내 정치를 무력화시킨다면 남성 중심적 사고와 차별이 만연한 한국적 조직 문화도 변화할 수 있다. 원격/재택 근무가 무엇이든 다 해결하는 만능 키는 아니지만 적어도 차별에 대한 태도 변화는 이뤄 낼 수 있을 것이다. 행동 변화에는 사회적 변화가 필요하고 시간도 더 걸리겠지만 말이다. 변화를 위해서는 시간과의 싸움뿐 아니라 이해관계, 관성, 익숙함과도 싸워야 한다. 직장의 차별 문제가 당장 사라질 수는 없겠지만, 앞으로 사라질 수 있도록 최선의 방법을 찾는 것이 지금 시대 기업들의 책무다.

구글(알파벳), 애플, 아마존, 페이스북, 마이크로소프트 등 미국의 대표 기업이자 글로벌 IT 기업들은 조직 내 인종, 성별, 국적 구성에서 다양성을 지향하기 위해 매년 다양성 보고서(Diversity Report)를 발표한다. 2010년대 이후 다양성 보고서를 만드는 기업이 늘어났고 이를 통해 뭔가 달라질 것 같았다. 하지만 여전히 조직 내 백인 비중이 절반 정도로 높다. 아시아의 유능한 인재들이 미국 유학을 갔다가 취업한 덕분에 아시아계 비중도 꽤 높다. 그러나 흑인과 히스패닉은 모두 합쳐도 한 자릿수에 불과한 기업이 많다. 그나마 열악한 일자리가 많아서 고위직, 기술직에서는 흑인과 히스패닉의 비중이 더욱 낮다. 성별에서도 남성이 여전히 70% 정도를 차지하며 고위직과 기술직에서의 비중도 마찬가지다. 분명 과거에 비해 성차별과 인종 차별이 줄어들고 다양성이 존중되고 있지만 2010년대 중반 이후 기업들이 대외적으로 벌이는 액션에 비하면 실질적으로 크게 나아지지는 않았다. 그럴 수밖에 없다. 우리는 여전히 출퇴근 중심의 오프라인 조직에서 일하기 때문이다. 또한 우리가 가진 편견과 선입견을 완전히 지우고 일하는 것이 아니기 때문이다. 원격/재택 근무의 확산 시대에 기업들은 오토매틱의 방식을 모두 따라 할 수는 없겠지만 성별, 인종, 외모, 장애 등 모든 차별적 요소를 배제하고 능력 위주로 인재를 뽑는 방법에 적극적일 필요가 있다. 이는 더 진화된 블라인드 테스트인 셈이다. 차별을 걷어 내고 실력자 중심으로 뽑는 것은 기업에게도 유리하다. 차별이 존재하는 기업은 뛰어난 여성과 MZ세대 인재를 데려오기 어려워질 것이다. 인재 확보가 기업의 가장 중요한 경쟁력이 되는 시대, 기업의 성장을 위해서도 차별을 없애고 다양성을 확보하는 것은 필수가 되었다.

로컬 & 메타버스: 공간의 새로운 중심이 되는 두 가지 욕망

로컬(Local)과 메타버스(Metaverse)는 코로나19 팬데믹으로 인해 더 커진 욕망의 공간으로서, 우리가 더 많이 찾게 되면서 더 중요해지고 있다. 지역(지방)과 현지인을 뜻하는 로컬과 가상 세계를 뜻하는 메타버스는 서로 참 먼 느낌이었다. 말 자체도 이질적이고, 의미하는 공간도 서로 멀었다. 하나는 시골 느낌이면서 인간적이고 아날로그이지만 다른 하나는 미래 느낌이면서 디지털이다. 사실 둘을 서로 이질적으로 보는 것은 지극히 구시대적 관점이기도 하다. 메타버스는 가상 세계 중에서도 우리의 실제 현실이 그대로 녹아 있는 공간이다. 이곳에서는 정치, 경제, 사회, 문화 등 우리가 살아가는 사회적 환경이 그대로 재현된다. 물리적 현실 공간이 아닌 가상의 공간이지만 그 속에서 우리는 현실과 다름없이 사회적 관계로 연결되어 있고 라이프스타일과 욕망을 드러낸다. 가상 세계 속 인물이라고 해서 완전한 가상의 인물이 아니라 현실에 존재하는, 살아 숨 쉬는 사람이 자신을 대신해 아바타를 내세울 뿐이다. 온라인과 오프라인의 구분도 무의미해졌다.

증강 현실(Augmented Reality, AR), 혼합 현실(Mixed Reality, MR)이 두 공간을 이미 연결시켰을 뿐 아니라 우리는 소셜 네트워크를 통해 일상적으로 사람들과 어울리기 때문이다. 늘 손에 꽉 쥐고 있는 스마트폰은 두 공간을 넘나드는 게이트이며, 디지털과 아날로그, 온라인과 오프라인은 서로 결합되어 존재하기 때문에 구분이 모호해졌다. 우리 사회는 대도시가 중심이자 주인공이고, 로컬과 메타버스는 둘 다 주류가 아니었다. 대도시에 사는 사람들에게 로컬은 새로운 도피처이자 평소 접하지 못했던 차별적 공간이고, 메타버스는 대도시에 사는 사람들이 현실에서 누리지 못하는 욕망을 해소할 대안 공간이다. 그러고 보니 이 둘의 연결 고리로 대도시가 있다.

로컬에 대한 환상이 무너져야 로컬이 진화한다

인구 밀도가 높은 대도시는 전염병에 취약한 도시 구조다. 로컬의 삶은 대도시의 삶에서 벗어나려는 선택인데 우리는 팬데믹을 거치며 대도시에서 벗어나야 할 이유를 하나 더 추가했다. 치열한 경쟁, 팍팍한 삶, 극심한 양극화가 싫어 대도시를 떠나고 싶었는데 이제는 여기에 더해 좀 더 안전하게 살기 위해 대도시를 떠나야겠다고 생각하는 것이다. 팬데믹이 초래한 원격/재택 근무의 확산 또한 대도시 대신 로컬을 주목하게 만드는 데 일조했다. 팬데믹이 로컬의 새로운 가능성을 촉진시킨 것이다.

로컬은 수년째 뜨거운 트렌드 화두였다. 그동안 '트렌드로서의 로컬'은 서울로 대표되는 인구 밀도가 높고 경제 기반이 튼튼하지만 양극화가 극심한 대도시에 대한 저항이자 반발 혹은 세계화에 대한 저항으로 여겨졌다. 세계와 연결된 메가 시티가 아닌 지방 소도시에서 조금 느리지만 좀 더 인간적이고 자기 주도권을 잃지 않는 삶의 방식을 얘기했다. 그 방식의 연장선상에서 다양한 로컬 비즈니스가 등장했고, 대도시가 그려 낸 자본주의적 성공 방식에서 벗어난 다양성이 대두되었다. 적게 벌고 적당히 즐겁게 사는 일상에 대한 욕망이 부각된 것이다. 이런 흐름에 3040세대가 반응했고 20대 중 일부가 동참했다. 5060세대가 귀촌과 귀농이라는 이름으로 로컬로의 이동을 주도했던 과거에 다른 흐름이 만들어진 것이다. 은퇴한 사람들이 찾던 로컬에서 한창 일할 젊은 세대가 찾는 로컬로 바뀐 것은 아주 큰 변화다.

'제주 살이'가 유행처럼 번진 것도 이런 흐름과 무관하지 않다. 이왕이면 제주에서 로컬의 삶을 시작해 보려는 사람이 많은 이유는 우리가 로컬에 대해 가진 판타지 때문이며, 그만큼 대도시에서의 삶이 우리를 힘들게 만들었던 셈이다. 하지만 판타지는 오래가지 못했는데 그럴 수밖에 없는 것이 우리의 일상은 지극히 현실적이기 때문이다. 제주 살이를 위해 떠난 이들 덕분에 제주는 꿈의 종착역인 양 뜨겁게 주목받았지만 이제는 몇 년 전에 비해 제주 유입 인구가 크게 줄었다. 호남지방통계청이 2020년 5월 26일에 발표한 '2000년 이후 20년간 (2000~2019년) 제주 인구 이동 추이' 보도자료에 따르면, 제주에서 유출되는 인구보다 유입되는 인구가 많아져 인구 순유입으로 전환된 것은 2010년이다. 당시 437명이 순유입된 이후 10년째 계속 순유입이 많은 상태다. 2000년에 −2358명, 2005년에 −805명이었던 것에서 알 수 있듯이 제주 인구는 순유출이 더 많았다. 그러다가 2010년대 들어서 제주로의 귀촌이나 한 달 살기가 주목받으면서 유행처럼 번졌고 순유입의 시대를 맞았다. 특히 2015년 1만 4257명, 2016년 1만 4632명, 2017년 1만 4005명으로 순유입의 절정기를 맞았고, 2018년 8853명으로 떨어지더니 2019년 2936명으로 급락했다. 순유입 정점이었던 2016년 대비 2019년의 순유입은 -80% 수준이다. 여전히 순유입이 더 많기는 하지만 추세로 보면 확실히 크게 꺾였다.

제주 전출입 인구 차이(2000~2019년)

단위: 명, 자료: 호남지방통계청

제주 살이를 꿈꾸며 만든 게스트하우스와 카페도 포화 상태고, 제주의 경제 기반으로는 유입된 인구에게 일자리를 충분히 제공할 수도 없다. 관광객에 의존하는 비즈니스만으로는 제주 살이를 꿈꾸며 제주로 온 사람들의 생계 기반을 안정시킬 수 없다. 제주로 유입되는 인구 중 서울, 경기, 부산에서 온 사람이 가장 많다. 아이러니한 것은 제주에서 유출되는 사람들이 가장 많이 선택하는 지역도 서울, 경기, 부산이라는 점이다. 꿈을 위해 제주를 떠나는 사람들이 꿈을 위해 제주를 찾는 사람들이 살던 곳을 선택하는 것이다. 로컬에 대한 환상으로 시작한 로컬의 삶은 오래갈 수 없다. 하지만 이 과정을 거쳐야 그 다음 단계로 진화가 가능하다. 수년 동안 로컬 트렌드로서 멋진 카페와 게스트하우스만 쏟아졌다는 것은 사실 진짜 로컬이 아니다. 로컬이 가진 콘텐츠를 이용한 것이 아니라 그저 로컬을 배경으로 도시에서의 삶을 연장시킨 것에 불과하기 때문이다. 삶의 공간으로서의 로컬, 생산할 상품이자 콘텐츠로서의 로컬, 대도시에서는 경험하지 못할 체험으로서의 로컬이 더 필요하다. 대도시의 삶에 반발해서 선택한 로컬이 아니라, 로컬 자체가 가진 매력에 빠져서 선택한 로컬이 필요해진 것이다.

동네의 재발견: 알고 보니 우리 동네도 좋았네

등잔 밑은 어둡다. 자기가 사는 동네는 익숙하기 때문에 잘 알 것 같지만 오히려 그냥 지나치다 보니 모를 때가 많다. 애써 알려고 들지도 않는다. 익숙해지면 그 소중함과 매력을 잊어버리기 때문이다. 그래서 자기가 사는 동네는 과소평가하기 마련이다. 이는 내 이야기이기도 하다. 남들은 일부러 놀러 오는 동네이건만 사실 나는 동네 산책도 몇 달에 한 번 할까 말까다. 오래된 노포와 유명 맛집도 많지만 줄을 서고 기다리면서까지 찾지 않는다. '내 동네인데 굳이 뭘……'이라고 생각하게 되는 것은 늘 지나치며 봐 왔던 익숙한 곳들이기 때문이다. 많은 사람이 자기 동네보다 남의 동네에 가서 논다. 남의 동네 정도가 아니라 남의 나라의 작은 로컬 동네에서도 놀았다. 그런데 코로나19 팬데믹은 우리가 사는 진짜 로컬을 주목하게 만들었다. 대봉쇄, 거리 두기, 사회적 격리를 거치면서 집 주변에 주로 머물게 되었고 동네를 좀 더 면밀하게 살펴보게 되었다. 당연히 더 멋지고 랜드마크가 있는 동네들과는 비교가 되지 않지만, 그래도 우리 동네만의 매력을 발견하게 된다. 뭐든 자세히 보아야 더 예쁜 법이다. 아울러 공간으로서의 로컬(지역)뿐 아니라 사람으로서의 로컬(현지인)도 주목하게 된다. 같은 동네 사람끼리의 연결이 로컬의 새로운 화두가 된 것이다. 이는 우리의 로컬에 대한 태도가 변하는 계기이기도 하다. 물론 이 계기가 어디로 어떻게 이어질지는 두고 볼 일이다.

그동안 우리는 로컬과 로컬의 이미지를 삶의 공간이 아닌 소비 이슈로만 주목했다. 현지인의 관점이 아니라 놀러 온 타지인의 관점으로 로컬을 바라보았다. 우리가 관심을 가졌던 로컬 트렌드는 있는 그대로의 로컬이 아니라 꾸며진 로컬, 즉 대도시의 핫플레이스를 로컬의 공간으로 옮겨 온 느낌이다. 가령 유명 골목이나 길마다 '가로수길'이나 '경리단길'에 빗대어 제2의 가로수길, 샤로수길, 부산 가로수길, 경주 황리단길, 전주 객리단길, 대구 봉리단길, 인천 평리단길, 망리단길, 송리단길 같은 식으로 불렀다. 이런 명명법 또한 로컬을 소비 이미지로만 부각시킨 것의 산물이다. 대도시와 아파트로 대표되는 우리의 주거 욕망이 로컬을 바라보는 태도를 지배했다. 모두가 살고 싶은 동네에 사는 것은 아니다. 주거 비용과 출퇴근 거리를 따져 봐야 했고, 누군가는 집값이 오를 지역인지를 더 먼저 따지기도 했다. 그러므로 자기 동네에 애착이 크지 않은 사람도 많다. 상황과 조건에 따라 언제든 떠나기도 한다. 이러니 우리에게 동네나 로컬 이미지는 그저 소비, 투자, 비즈니스 이슈가 될 수밖에 없었다. 수년째 로컬이 이슈였어도, 유명한 동네 골목길은 일부러 찾아가 걸어 보지만 정작 우리가 사는 동네의 골목길은 안중에도 없었다. 진짜 로컬은 자기가 사는 동네부터 시작되어야 하는데, 우리에게는 그저 소비되는 이미지였을 뿐이다. 가짜 로컬, 로컬인 척하는 핫플레이스의 재연이었다. 로컬의 진화는 동네 사람들과의 관계가 핵심이다. 물리적 공간만으로는

결코 진짜 로컬이 되지 못한다. 현지인이 빠진 로컬은 소비 이미지에 불과하다. 이웃사촌의 부활이 로컬의 핵심일 수 있는데, 이는 주거 문화와 집을 바라보는 우리의 관점 변화와 이어져야 가능하다.

당근마켓은 팬데믹의 수혜자 중 하나다. 2020년 2분기 국내에서 가장 많이 다운로드를 받은 앱으로서 무려 넷플릭스를 제치고 1위를 차지했다. 팬데믹으로 인해 집에 더 오래 머물러야 하는 시대에, 집에서 영화를 보려는 수요가 급증한 것처럼 집에 있는 물건을 되팔거나 되사고 싶은 수요도 급증한 셈이다. 동네 이웃끼리 중고 물품을 사고 팔도록 도와주는 당근마켓은 지역 기반 중고 거래 플랫폼으로서 선발 주자들을 모두 제치고 1위가 되었다. 2020년 1월, 월 사용자 수는 480만 명이었으나 6월에는 890만 명으로 늘었고, 누적 가입자 수는 1200만 명이 넘는다. 그동안 중고 거래는 모르는 사람, 다시는 안 볼 사람과의 거래였다. 그런데 당근마켓을 이용하는 것은 동네 이웃과의 거래다. 상대방을 동네에서 언제든 마주칠 수 있고, 한두 다리 건너 아는 사람일 수도 있다. 이런 사이에서의 거래이므로 더 믿을 수 있고, 서로에게 더 배려하며 좋은 매너를 보일 수밖에 없다. 당근마켓의 성공 비결은 결국 로컬의 힘이자 가치인 것이다.

로컬은 물리적 공간만의 의미가 아닌 태도이기도 하다

UN에 따르면 전 세계의 인구 1000만 명 이상 도시는 2014년 28개에서 2018년에 33개로 늘었고 2030년에는 43개로 늘 것이라고 한다. 그중 하나도 우리나라에 있다. 전 세계의 도시화율은 계속 높아지고 있는데 그중에서도 대도시는 더더욱 사람들이 모이고 규모가 커진다. 대도시는 주거 비용, 물가, 교통, 환경 오염, 양극화 등의 문제를 심화시킨다. WHO에 따르면, 세계 189개국의 주요 도시 1만 3000여 개 중 1%도 안 되는 상위 100개의 대도시가 세계 온실가스 배출량의 18% 정도를 차지한다. OECD 국가의 대도시 275개 중 91%가 미세먼지 위험 수준(WHO PM 2.5 허용치 연평균 10μg/m³ 초과)이다. 이런 것만 보면 대도시는 사람이 살 데가 못 된다 싶기도 하다. 물론 사람들이 대도시에 몰리는 데에는 이유가 있다. 더 많은 기회가 있고, 장점도 많기 때문이다. 하지만 대도시가 아닌, 로컬에서의 삶에도 기회와 장점이 많다. 이는 어느 쪽이 더 나은가, 그렇지 않은가의 문제가 아니라 선택의 문제일 뿐이다. 대도시에서 충분히 누리고 살았던 사람들이 로컬로 삶의 터전을 옮기는 것은 대도시의 경쟁에 지치거나 실패해서가 아니다. 그냥 새로운 환경에서 새로운 라이프스타일로 살고 싶어서다. 그러므로 대도시를 버리기 위해 남의 눈치를 보거나 주저할 필요가 없다.

급변하는 세상 속에서 자발적으로 변화를 거부하는 사람이 등장하는 것도 자연스럽다. 세상의 속도가 아닌 자기만의 속도를 따르겠다는 것인데 이 또한 선택의 문제다. 모두가 대도시에서 성공하고 부자가 되기 위해 살아야 하는 것은 아니다. 이런 태도의 변화 또한 로컬과 연결된다. 대도시에서는 물질 만능주의에 짓눌리지 않아도 되는 소박한 삶, 자기 개성과 취향을 추구하며 느리게 사는 삶이 힘들 수 있다. 변화 속도가 너무 빠르고 치열한 경쟁이 노골적인 대도시에서는 나도 모르게 조급해지고 강박을 가지기 쉽다. 그러나 우리에게는 로컬이 있다. 로컬은 항상 우리 가까이에 있었지만 그 가치를 몰랐었다. 그러나 팬데믹 시대를 맞으면서 로컬을 되찾고 있다. 아니, 몰랐던 가치를 재해석하고 가치의 방향을 재탐구하며 새로운 방향을 찾아내었다. 무엇이든 전 세계를 무대로 해외에서 주목받아야 성공한 것이라고 여겼던 사람들이 자기 자신에게 더 집중하기 시작했고 로컬을 새로운 무대로 여기게 되었다. 큰 것은 중요하고 작은 것은 그렇지 않다는 관점에서 벗어나, 작지만 일상에 가까운 것이 때로 더 위대하다는 의미를 알게 되었다.

농어촌에서는 가난한 서민들도 다 단독 주택에서 살고, 그 집에는 작지만 마당도 있다. 마당과 정원이 있고, 땅을 딛고 사는 집은 팬데믹 시대를 사는 우리들에게는 로망이다. 영국은 유독 정원을 좋아한다. BBC를 비롯한 여러 영국 언론은, 팬데믹 기간 중 정원이 있는 집에 사는 사람들이 정원에서 놀면서 바비큐도 먹고 운동도 하면서 팬데믹 우울증으로부터 피할 수 있었다고 다루었다. 실제로 영국 엑서터대학교의 연구에 따르면, 정원을 가진 사람과 못 가진 사람의 웰빙은, 부유한 지역 사람과 가난한 지역 사람의 웰빙만큼 뚜렷한 차이를 보인다고 한다. 팬데믹으로 인해 집 안에서 보내는 시간이 늘다 보니 집에 대한 우리의 태도도 바뀌었다. 아파트에 살면서 집 안에 식물을 두고 베란다를 정원처럼 꾸민다. 미세먼지 때문에 수년 전부터 숲이 가까운 숲세권, 공원이 가까운 공세권이 부동산의 프리미엄 포인트가 되었는데 팬데믹으로 인해 그 선호가 더 커지는 분위기다. 숲과 공원에 대한 욕망, 마당과 정원이 있는 단독 주택에 대한 욕망도 커지고 있다. 마음껏 뛰어놀고 싶은 아이나 반려 동물을 위해서라도 단독 주택의 로망을 가지는 사람이 늘면서 상대적으로 적은 비용으로 지은 단독 주택인 땅콩 주택이나 협소 주택이 등장했고, 도시 외곽에서 단독 주택에 대한 욕망을 채우려는 수요도 늘어났다. 대도시에서는 많은 비용이 들다 보니 도시 외곽으로 옮겨 가는 것이다. 원격/재택 근무를 하는 직장인이라면 이런 선택이 더 자연스럽다. 심지어 농가 주택에 대한 관심도 커졌다. 마당과 정원이 딸린 집을 누구나 가질 수 없는 것은 도시화 때문이다. 이를 대도시에서 구현하려면 너무 많은 비용이 든다. 하지만 농어촌에서는 상황이 다르다. 농어촌에는 빈집이나 상대적으로 저렴한 농가 주택이 많다. 이런 농가 주택을 구입해 리모델링하는 것은 정원 있는 단독 주택을 가질 수 있는 현실적 방법 중 하나다. 원격/재택 근무가 늘어날수록 이런 수요도 많아진다. 어떤 집에 사는가 하는 문제는 어떤 일상을 누릴 것인가 하는 문제에 영향을 준다.

여행의 위기 시대지만 누군가는 살아남는다

2020년 7월, 여행 플랫폼을 운영하는 마이리얼트립은 국내외 기관 투자자로부터 432억 원 투자를 유치했다. 여행이 멈춰 버린 듯한 팬데믹 와중에, 끝도 없이 무너지는 여행 산업의 위기 속에서 투자 유치를 받은 것인데, 평가받은 기업 가치는 2000억 원 중반으로 알려졌다. 2017년 투자 유치 때 기업 가치를 300억 원으로 평가받은 것과 비교하면 7~8배 높아진 것이다. 연매출은 2017년 470억 원, 2018년 1250억 원, 2019년 3600억 원을 기록하며 폭발적으로 증가했으나, 2020년은 전년과 비교할 수 없을 정도로 감소할 수밖에 없다. 마이리얼트립의 2019년 매출 중 해외여행의 비중은 무려 98%였다. 해외여행이 멈춘 시기에 해외여행으로만 돈을 벌던 회사에 꽤 후한 가치 평가가 내려지고 투자가 이루어진 셈이다. 어떤 이유였을까? 마이리얼트립은 해외여행이 멈추자 발 빠르게 국내 여행에 집중했다. 주요 사업 영역을 해외 대신 제주도로 바꾼 것인데 항공 여객 수요가 있는 유일한 국내 관광지였기 때문이다. 해외여행 매출이 사라진 자리를 메우기에는 턱없이 부족하지만 투자를 받기 전까지, 마이리얼트립의 국내 여행 매출은 코로나19 발생 이전보다 4배 이상 증가했다. 그리고 국내 여행 매출은 매달 급증했다. 그동안 국내 여행 시장을 감당하던 여행사가 없었던 것이 아니었음에도 불구하고 어떤 차별화가 있기에 단기간에 이런 성과를 보인 것일까?

해외여행 시장에서 마이리얼트립이 단기간에 성장한 배경에는 가이드와 여행자를 직접 연결하는 가이드 투어가 있었다. 해외에서 활동하는 가이드가 여행 코스를 제안하고 이를 고객이 직접 선택하는 구조다. 회사는 여기서 수수료를 받는다. 기존의 가이드는 여행사의 하청의 재하청을 받는 존재였다면 마이리얼트립의 방식에서는 가이드가 여행 상품의 주체가 된다. 마치 에어비앤비 같은 방식이다. 비싸고 멋진 집을 제공하면 더 비싼 요금을 받을 수 있으므로 에어비앤비를 통해 집을 빌려주는 사람들은 집에 투자하고 여행자에게 더 배려하게 된다. 덕분에 이용자들은 환상적인 고성, 고가 주택, 특이한 입지의 집에도 머물 수 있다. 여행 상품에서도 가이드가 충분한 보상을 받을 수 있기 때문에 더 양질의 상품과 차별화된 콘텐츠를 제공하려고 노력한다. 인디 밴드 멤버가 가이드가 되어 비틀스의 흔적을 찾아가는 영국 여행, 현지 박물관 큐레이터와의 미술관 투어, 뮤지컬 마니아들을 위한 뮤지컬 투어, 축구광들을 위한 프리미어리그 투어가 대표적인 예다. 가이드가 여행의 주체가 되어 자신의 전문성과 차별화된 취향을 발휘하므로 같은 도시를 가더라도 다른 경험을 누릴 수 있다.

해외여행이 보편화되면서 같은 나라, 같은 도시를 여러 번 찾는 사람들이 있는데 기존의 여행 상품 대부분은 여행지를 처음 찾는 여행 초보자들을 위한 것으로 관광지와 유적지 중심이다. 그러므로 이들이 이용할 여행 상품이 없었다. 전체 해외여행자 중 60% 이상이 자유 여행을 가고 이 비율은 계속 상승했다. 마이리얼트립은 이 부분에서 차별화와 비즈니스 포인트를 찾았다. 그리고 이를 해외여행이 멈춘 후에도 국내 여행에 그대로 적용하고 있다. 예를 들어 제주 여행 상품만 봐도 '해녀의 삶이 고스란히 담겨 있는 극장식 레스토랑, 해녀의 부엌'

'프라이빗 해변에서 서핑+풀 빌라 숙박' '단 하나뿐인 본태 미술관 도슨트 투어' '잠시 멈춤을 위한 제주 음악 여행' 등 관광이 아니라 경험, 체험, 취향을 강조하는 상품을 제시한 것이다. 플랫폼과 취향, 경험이 중요한 시대다. 이 2가지의 중요성을 여행 비즈니스에 잘 접목한 것이 마이리얼트립의 강점이다. 여행의 위기 시대지만 로컬 여행은 새로운 기회의 땅이다. 아울러 해외여행 시장이 다시 회복되었을 때 그 시장을 가져갈 이들은 그때까지 살아남은 이들이다. 단순히 버티는 것이 아니라 당장의 비즈니스 기반을 만들어 내면서 살아남을 회사라면 투자를 받을 이유로 충분하다.

한국관광통계에 따르면 2019년 출국자 수는 약 2871만 명이다. 우리나라 전체 국민 중 절반 이상이 해외로 나갔다는 이야기다. 명절이 되면 출국자 수가 역대 최고를 경신하고, 소셜 네트워크만 보면 다들 해외로 휴가를 떠나는 것 같다. 이렇게 마음껏 해외여행을 떠났던 사람들이 팬데믹으로 인해 가지 못하게 생겼다. 과연 이들의 여행 욕망은 그저 억누르고 참으면 해소될까? 당분간 해외여행은 떠나지 못한다. 2021년에도 쉽지 않다. 그동안 국내 여행은 크게 늘어날 것이다. 이 시장에서 누가 더 로컬의 특별한 매력을 잘 찾을 것인가가 중요해졌다. 더 이상 여행의 기능적 방법을 해결해 주는 것만으로는 한계가 있다. 스마트폰만 있으면 누구나 숙박, 교통, 검색, 예약을 쉽게 할 수 있다. 결국 여행도 취향 비즈니스, 경험 비즈니스로 갈 수밖에 없다. 해외여행 시대가 열리기 전까지 한국인들은 국내 여행만 즐겼다. 갈 만한 데는 이미 다 다녀왔다는 사람도 있을 것이다. 하지만 그들의 여행지도 유명 관광지 중심이었을 뿐, 국내에는 아직도 가 볼 만한 곳이 너무나 많다. 특별한 매력이 계속 만들어지기도 한다. 숨겨진 로컬의 보물찾기는 2021년에도 우리의 욕망을 자극할 것이다.

우리나라 사람들이 본격적으로 유럽 여행을 가기 시작한 것은 1990년대다. 처음에는 여행 코스가 서유럽의 대도시 중심이었다. 당연히 여행 상품도 그쪽으로 집중되었다. 그러다가 동유럽과 북유럽으로 확장되었고 이후에는 대도시에서 소도시로 다시 확장되었다. '얼마나 많은 나라를 가 봤는가'에서 '얼마나 숨겨진 도시까지 가 봤는가'로 바뀐 셈이다. 한국인의 유럽 여행에서도 로컬이 중요해진 것은 2010년대부터다. 유럽 소도시 여행 상품이 급증했고 관련 도서도 쏟아졌다. 우리는 '남과 다른' 차별화된 경험을 원한다. 이런 변화는 한국인의 여행 경험이 계속 쌓였기 때문에 발생했다. 아무리 좋은 것도 흔해지면 그 가치가 떨어진다. 여행 경험담을 이야기하더라도 누구나가 본 프랑스 파리에 대한 이야기보다, 남프랑스의 작은 마을인 고르드(Gorde)나 루르마랭(Lourmarin)에서 경험한 이야기가 훨씬 더 흥미롭고 솔깃하게 들린다. 해외여행이 다시 시작되면 해외 소도시로의 여행은 더 많아질 것이다. 그러면 해외여행이 열리기 전까지는 어떨까?

이탈리아 소도시를 여행하는 것처럼, 가령 전라도 소읍이나 경상도 소읍을 여행하는 것도 충분히 가능하다. 읍은 시보다 훨씬 작은 단위다. 국내 여행에서도 사람이 적어 한산하고 안전한 곳에 대한 관심이 커지게 된다. 남들 다 가 본 유명 관광지나 거점 도시가 아니라, 숨겨진 스토리가 있는 작은 소도시 여행이 더 매력적인 경험이 될 테니까. 지금은 자신이 다녀온 여행을 소셜 네트워크를 통해 남들과 실시간으로 공유하는 시대다. 흔하고 뻔한 것을 보여 주면 '좋아요'도 받지 못하고 취향도 없음이 드러난다. 결국 국내 여행도 콘텐츠 싸움이다. 그리고 그 싸움에서는 덩치 큰 회사가 유리하지 않다. 해당 소도시에 살면서 그곳에 대해 가장 잘 아는 이들이 그곳만의 매력을 어필할 때 유리해진다. 여행의 핵심은 경험과 체험이 되었고, 어디서나 누릴 수 있는 것보다 특정 소도시나 현지에서 누릴 수 있는 것이 더 강력한 경쟁력이 되었다. 로컬에 있는 사람들은 국내 여행 시장이 급성장하는 시대의 수혜자가 될 수 있는 것이다.

랜선 투어, 정말 여행을 떠나지 않고 가상 체험만으로 해소될까?

마이리얼트립은 2020년 6월부터 랜선 투어를 시작했다. 세계 각국의 베테랑 여행 가이드가 온라인을 통해 실시간으로 여행지를 소개하고 참여자와 채팅도 하면서 소통하는 콘텐츠다. 우리는 직접 해외여행을 떠나지 못하지만, 우리를 대신해 현지 가이드가 주요 여행지를 찾아다니면서 그 과정을 영상으로 보여 주는 것이다. 이들은 여행지에 대한 설명도 재미있게 전해 준다. 랜선 투어 콘텐츠로는 〈LIVE 미국 현지 가이드의 뉴욕 MOMA 미술관〉〈걸어서 상트페테르부르크 현장 LIVE〉〈이은경 가이드의 루브르박물관〉〈박재벌 가이드의 이탈리아 남부〉 등이 있다. 일부는 해외의 현지 가이드가, 일부는 국내에 돌아온 가이드가 현지 경험과 현지의 영상을 보여 주며 진행된다. 여행은 직접 체험하는 것이 중요하므로 이렇게 영상으로 보고 화상 채팅하는 것이 무슨 여행인가 싶은 사람도 있겠지만, 이것은 분명 여행 욕구를 달래는 방법이 된다. 아울러 여행사 입장에서는 해외여행 수요층들과 계속 연결되고 그들을 꾸준히 관리한다는 의미도 있다. 랜선 투어 자체는 큰돈이 되지 않지만 이를 통해 폐업 상태에 이른 가이드들의 생계를 돕는 기회가 된다. 가이드와 여행객의 플랫폼인 마이리얼트립으로서는 해 볼 만한 시도인 것이다. 그런데 이러한 시도가 필요한 것은 에어비앤비도 마찬가지다.

집을 빌려주는 호스트와 여행객의 플랫폼인 에어비앤비도 팬데믹으로 인해 여행이 멈추자 2020년 4월, 온라인 체험 서비스를 런칭했다. 에어비앤비는 전 세계 700만 개의 숙소를 제공하고, 2016년부터는 체험 프로그램을 시작해 4만여 개의 체험을 서비스하고 있었는데 이를 비대면, 온라인으로 전환한 것이다. 호스트들에게는 수익 창출의 기회를 주고, 게스트들에게는 일상에서 접하지 못하는 흥미로운 체험을 집에서 할 수 있도록 한다. 집에 머무는 시간이 길어진 팬데믹 시대에 온라인 체험을 통해 집이라는 공간을 확장시키는 시도다. 온라

인 체험은 줌을 통해 진행되는데 호스트에게 줌 무료 이용 권한과 온라인 콘텐츠 기획, 녹화, 공유를 도와주는 맞춤형 서비스를 제공한다. 이를 통해 오프라인 기반 플랫폼이 온라인에서도 플랫폼 역할을 하게 된 셈이다. 대표적인 체험으로는 〈트라이애슬론 금메달 2관왕 앨리스터 브라운리와 함께하는 가상 자전거 투어: 영국 요크셔〉〈TV 진행자에게서 배우는 K뷰티의 기초: 대한민국 서울〉〈전문 제빵사와 함께 스웨덴 페이스트리 만들기: 스웨덴 스톡홀름〉〈진을 마시며 즐기는 자가 격리: 영국 바스〉〈인테리어 디자인 워크숍: 미국 샌프란시스코〉〈할머니의 파스타 레시피: 이탈리아 로마〉 등이 있는데 음악, 마술, 요리, 명상, 운동, 공연 등 다양한 취미와 취향의 배울거리와 즐길거리를 주제로 한다. 체험 종류별로 조금씩 차이가 있지만 대부분 1만~3만 원의 비용으로 이용이 가능하고, 참가 인원도 체험당 4~5명 정도로 소수 정예다. 이를 통해 원활한 소통이 가능하면서 온라인 체험의 밀도도 높일 수 있다.

언어 문제만 없으면 전 세계 어디서든 온라인 체험을 통해 다양한 경험을 쌓고 친구도 만들 수 있다. 서로 멀리 떨어져 있지만 체험을 함께 공유하는 것이다. 가령 어느 가수가 호스트가 되어 소규모 콘서트를 온라인 체험으로 진행하면 서로 다른 나라의 게스트들이 그 가수의 콘서트를 보면서 함께 노래를 따라 부르기도 한다. 전 세계가 연결된 거실 콘서트가 되는 셈이다. 이 온라인 체험은 호스트의 콘텐츠를 일방적으로 중계하는 것이 아니라 마치 같은 공간에 있는 것처럼 서로 소통하고 어울린다는 것이 중요하다. 실제로 다양한 온라인 체험 프로그램을 통해 수많은 사람이 원활하게 어울렸으며 이를 통해 온라인 체험 서비스의 실효성이 확인되었다. 덕분에 온라인 체험은 팬데믹 때문에 임시방편으로 시행하는 대안이 아니라 향후에도 계속 유지할 만한 서비스가 될 수 있다. 해외여행이 자유로웠을 때 우리는 전 세계 어디든 갔다. 그런데 해외여행이 멈춰도, 우리는 온라인을 활용해 전 세계 누구와도 연결되고 어울려 놀 수 있다. 이런 시도는 전에도 가능했지만 그래도 오프라인의 실제 연결, 실제 경험이 더 우선했다. 하지만 팬데믹을 계기로 여행과 체험의 새로운 진화가 이루어지는 셈이다. 이는 기존의 여행이나 체험 방식을 대체하는 것이 아니라 병행되면서 공존할 것이다.

일본에서는 여행 가상 체험에서 한발 더 나아가 숙박 가상 체험도 주목받았다. 일본 후쿠이현의 숙박업소 '다마무라야'는 2020년 5월 15일부터 온라인 숙박을 서비스했는데 반응이 좋아서 연일 매진되었다. 숙박이란 직접 가서 자는 것이지, 온라인으로 무슨 숙박이 되겠나

싫겠지만 줌을 통해 이뤄지는 2시간짜리 맛보기 숙박이다. 한 회당 정원은 4명으로 이들끼리의 교류가 온라인 숙박의 핵심 콘텐츠다. 기차역에서부터 숙소까지 직원이 직접 이동하면서 마치 마중을 나오고 손님을 데리고 가는 듯한 상황을 경험할 수 있다. 또한 지역에 대한 정보와 숙소에 대한 소개를 듣고, 체크인도 하고 머물 방을 투어하기도 한다. 그러고 나서 온라인 숙박에 참여한 여행객들이 라운지에 모여 다양한 이야기를 나눈다. 마치 함께 여행을 온 사람들처럼 어울리게 되는데, 팬데믹이 끝난 후에 이들이 진짜로 모여 이곳으로 여행을 올 수도 있겠다 싶다. 온라인 숙박에는 2가지 코스가 있는데, 2000엔짜리 A코스(다무라야 조식 체험)는 조식으로 사용하는 '미나미에치젠쵸 코시히카리 쌀'과 100년 전통의 '우메보시'를 담은 세트를 배송해 준다. 숙박은 온라인이지만 조식은 배송받은 재료로 직접 만들어 먹을 수 있는 것이다. 3000엔짜리 B코스(다무라야 휴식 상품)는 신청자의 이야기를 1시간 들어 주는 서비스다. 이외에 6000엔짜리 맞춤 서비스도 있다. 온라인으로 여행과 숙박이 가능할까 싶었던 사람들은 코로나19 팬데믹을 계기로 충분히 가능하다는 경험을 하게 된다. 그동안 우리는 소셜 네트워크를 통해 얼마든지 사람들과 어울려 왔다. 지금은 게임마저 소셜 플랫폼이 되는 시대다. 그러므로 메타버스에 대한 욕망도 계속 커져 간다.

메타버스, 드디어 우리의 현실이 되는가?

2020년 4월 23일(미국 동부 시간 기준), 미국 유명 래퍼 트래비스 스콧이 싱글 '더 스코츠(THE SCOTTS)' 발매 기념으로 콘서트를 했는데 그 장소가 좀 특별했다. 포트나이트(Fortnite)라는 게임 속에서 자신의 아바타를 내세워 공연한 것이다. 놀라운 것은 이 첫 번째 콘서트를 직접 본 사람, 즉 동시 접속자 수가 무려 1230만 명이었다는 점이다. 유튜브나 동영상 서비스를 통해 공연을 시청한 모든 이의 수가 아니라 게임 속에서 직접 콘서트를 지켜본 아바타의 수였다. 2019년 2월에도 미국의 유명 DJ 마시멜로가 포트나이트 게임 속에서 콘서트를 열었는데 이때는 1100만 명이 시청했다. 이러한 시도는 팬데믹 때문이 아니라 포트나이트라는 게임이 이미 소셜 플랫폼으로서의 역할을 하고 있기 때문에 가능한 것이다. 포트나이트에는 '파티 로열(Party Royale)'이라는 가상 공간이 존재하는데 여기에 콘서트가 가능한 빅스크린 원형 극장, 메인 스테이지 등이 만들어졌다. 이곳에서 크리스토퍼 놀란 감독의 영화 〈테넷〉의 티저 예고편이 최초로 공개되었고,

©Fortnite

그의 영화 〈인셉션〉 〈배트맨 비긴즈〉 〈프레스티지〉의 상영회가 열리기도 했다. 게임 회사가 게임 속 공간에 게임을 하지 않는 공간을 마련한 후 공연, 영화 상영, 축제, 행사 등을 열어 사람들이 어울릴 수 있도록 만든 것이다. 포트나이트는 총 쏘는 서바이벌 슈팅 게임으로 100명이 동시에 실시간으로 즐길 수 있는 배틀 로열 장르다. 이 게임의 전 세계 이용자는 2020년 5월 기준, 3억 5000만 명으로 1년 전에 비해 1억 명의 이용자가 증가했다. 2019년 기준 단일 게임 매출은 18억 달러로 세계 1위를 차지했는데 2020년에는 전년 대비 매출(4월 기준 전년 대비 25% 증가)과 사용자가 늘었기 때문에 단일 게임 매출 세계 1위 자리를 굳건히 지킬 듯하다.

그런데 사람들은 이 게임 속에서 자기 아바타를 꾸미고 아바타끼리 어울리고 친구를 사귄다. 게임으로 시작했지만 소셜 플랫폼이자 메타버스의 공간이 된 것이다. 사람들이 여기서 많은 시간을 보내면서 놀기 때문에 기업들은 이 공간을 적극 공략하려고 든다. 나이키는 게임 속에서 에어조던 농구화를 팔고, 미국프로풋볼(NFL)도 이곳에서 유니폼을 판매한다. 게임은 가상 공간이지만 게임을 하는 사람은 다 현실에 존재한다. 즉 가상 공간과 현실 공간은 연결되어 있고 같은 사람이 두 공간에서 살아간다. 그러므로 기업은 이 공간으로 들어와 다양한 마케팅을 실시하고 물건도 판다. 게임 속에서 나이키 농구화를 신고 총을 쏘라는 것이 아니다. 게임을 하는 사람이 현실에서 나이키를 사서 신으라는 것이다. 이곳에 생명 보험사가 들어와서 보험을 판다고 해도 전혀 이상하지 않다. 평소의 우리는 생명에 대한 위기를 경험하지 못하기 때문에 생명 보험 상품에 대해서도 소극적으로 대한다.

하지만 실시간 전투가 벌어지는 게임 속에서는 상황이 다르다. 총알이 빗발치는 전투 현장에서 '생명 보험을 하나라도 들어 둘까'라는 생각은 더 설득력 있게 다가올 것이다. 함께 싸우는 전우가 생명 보험 상품을 소개해 준다면 더 믿음직스러울 것이다. 이러면 보험뿐 아니라 대출, 자동차, 치킨, 맥주 등도 팔 수 있을 것이다. 3억 5000만 명이 존재하는 메타버스 공간은 그 어떤 플랫폼보다 강력하다. 오죽하면 넷플릭스의 CEO가 넷플릭스의 라이벌은 디즈니가 아니라 포트나이트라고 했을까. 강력한 소셜 플랫폼은 좋은 콘텐츠만큼 중요한 무기다.

현장 체험이 중요한 공연 콘텐츠도 소셜 플랫폼에서 구현될 수 있다. 2020년 6월 14일, BTS의 'BANG BANG CON the LIVE' 유료 스트리밍 공연에 전 세계 75만 3000명이 접속했는데, 입장료(ARMY 멤버 2만 9000원, 일반인 3만 9000원) 수입만 250억 원으로 추정되었다. 한 번의 공연으로 250억 원의 매출이 만들어진 것으로 굿즈 판매와 VOD 서비스로 이어지면 매출은 더 늘어날 것이다. 전 세계 100여 개국 팬들이 공연을 시청했는데 모두가 같은 화면을 보는 것이 아니라 자신의 취향대로 카메라 시점을 선택할 수 있었다. 멤버 7명이 모두 나오는 화면을 보는 사람이 있는가 하면, 다른 멤버는 제외하고 리더인 'RM'만 보고 싶은 이들을 위한 화면도 있었다. 다양한 언어로 공연을 볼 수 있기도 했는데, 가수와 팬이 연결되는 것을 넘어 서로 다른 나라의 팬들이 실시간으로 연결된 셈이다. 지금까지는 가수가 전 세계를 돌아다니는 것이 월드 투어였다면, 이제는 가수의 공연을 전 세계에서 실시간으로 참여하는 것이 가능하다.

강력한 콘텐츠와 팬덤을 가지고 있으면 그 자체로 소셜 플랫폼을 만들 수 있다. 유료 스트리밍 공연은 K팝 스타들이 주도하는데, SM엔터테인먼트의 아이돌 그룹(SuperM, WayV, NCT DREAM, NCT127, SUPERJUNIOR 등)들이 네이버 V라이브를 통해서 진행한 것과 달리, BTS는 자체적인 글로벌 팬 커뮤니티 플랫폼 '위버스'를 통해 진행했다. 2019년 6월, BTS의 런던 웸블리 스타디움 공연은 네이버 V라이브를 통해 스트리밍되었는데 당시 14만 명이 유료(3만 3000원) 접속을 해서 46억 원 이상의 스트리밍 매출을 올렸다. 하지만 BTS 측은 공연 가상 체험을 팬데믹 때문에 오프라인 콘서트가 취소되는 상황에서 어쩔 수 없이 선택한 임시방편의 대안으로 여기지 않고 중요한 공연 비즈니스라고 판단했다. 그래서 2020년부터 독자적으로 진행하였고 4월 18~19일에 팬 서비스 차원에서 무료 'BANG BANG CON the LIVE(기존 콘서트와 팬 미팅 실황을 담은 온라인 스트리밍 서비스)'를 진행했다. 최대 동시 접속자 수는 224만 명이었고 실시간 모바일로 연결된 아미밤(일종의 응원봉)은 50만 개였다. 스트리밍 서비스 조회 수는 총 5059만 건, 실시간 공연 감상 해시태그는 646만 건이었다. 공연을 메타버스 속으로 더 끌어들이면 어떨까? 모니터를 통해서가 아니라 가상 현실 고글을 쓰고 공연을 본다면 어떨까? 단순한 시청에서 그치지 않고 가수와 더 긴밀하게 연결되고 소통한다면 어떨까? 팬들이 옆자리에서 함께 보듯 서로 연결되어 어울리고 '떼창'도 부르면 어떨까?

페이스북, 구글, 삼성전자 등 글로벌 IT 기업들이 가상 현실에 투자해 온 것도 궁극에는 메타버스를 통한 소셜 플랫폼 비즈니스 때문이다. 메타버스는 늘 미래 이슈였지만 팬데믹 효과로 인해 좀 더 빨리 현실에 다가왔다. 닌텐도의 〈모여 봐요, 동물의 숲〉은 팬데믹 선언 이후에 출시된 게임으로, 가상 공간을 꾸미고 그 안에서 하고 싶던 취미를 즐기고 친구들과 어울려 플레이할 수 있다. 가상 공간의 시간 흐름은 현실과 동일하다. 우리는 가상 공간을 현실과 동떨어진, 말 그대로 '가짜'로만 여겼다. 하지만 이제 여기서 진화하여 현실에서 하지 못했던 것을 '진짜' 경험하는 것으로 받아들이려 한다. 게임 속 아바타를 대하는 태도도 진짜 자신을 대하는 것과 점점 가까워진다. 이러니 기업들도 자꾸 게임 속으로 들어간다.

2020년 6월, 구찌는 모바일 게임 〈테니스 클래시〉의 게임 캐릭터를 위한 옷과 신발 등 4종류의 패션 아이템을 런칭했다. 테니스 게임 사용자는 게임 머니를 주고 구찌의 게임 캐릭터용 패션 아이템을 사서 자기 아바타에게 입히고 신길 수 있다. 만약 현실에서 구찌 옷을 입고 신발을 신으려면 돈이 많이 들겠지만, 게임 캐릭터용 패션 아이템은 그렇지 않다. 누구나 부담 없이 구찌를 소비할 수 있는 것이다. 애초에 구찌에 대한 관심과 욕망이 없는 사람은 나중에 돈을 많이 벌어도 구찌를 탐하지 않을 것이다. 그러므로 구찌는 게임 이용자에게 그런 욕망을 심어 주려고 게임 속으로 들어간 셈이다. 게임 속에서 구찌 온라인 사이트로 바로 갈 수 있는 링크를 달아 현실에서도 똑같은 디자인의 옷과 신발을 구입하도록 유도하고 있다. 명품 패션 브랜드는 수년 전부터 게임을 활용하는 여러 시도를 선보였는데, 게임이 메타버스에 가장 가까운 공간이고, Z세대와 알파 세대에게 게임이 가장 보편적인 주류 장르이자 플랫폼이기 때문이다. 밀레니얼 세대와

4050세대 중 일부도 게임에 열광하고 있으며, 메타버스에 빠져들 준비가 되었다.

2020년 3월 19일, 'V²EC(Vive Ecosystem Conference) 2020' 행사가 개최되었는데 흥미로운 점은 가상 공간에서 진행되었다는 사실이다. 55개국의 2000여 명이 VR 기기를 착용한 채 참석했고 이들에게는 영어와 중국어 동시 통번역이 제공되었다. 발표자와 참석자 모두 가상 현실 공간에서 아바타를 통해 만나고 어울린 것이다. 이 행사는 중국 선전(深圳)에서 매년 열리던 대형 오프라인 콘퍼런스였는데 코로나19 때문에 방식을 바꿔야 했다. 전 세계적으로 대형 콘퍼런스가 취소되거나 온라인으로 전환되는 경우가 많았는데 V²EC 2020은 온라인 콘퍼런스를 넘어 가상 현실에서 행사의 일부가 아닌 전체 행사를 치른 최초의 대형 콘퍼런스다.

사실 이 콘퍼런스는 대만의 스마트폰 제조사 HTC의 VR 기기 브

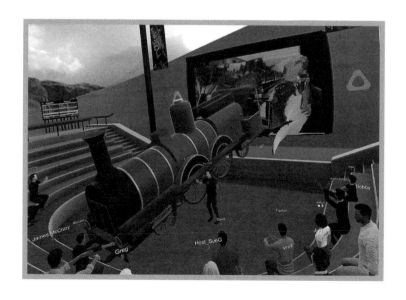

랜드 VIVE가 주최하는 행사다. 즉 이 콘퍼런스의 주제 자체가 VR인 것이다. VIVE 측으로서는 오프라인 행사 대신 가상 현실 공간에서 콘퍼런스를 열어야 할 상황이 오히려 좋았을 것이다. 게임이나 영상 분야에서 VR을 활용한 시도는 이미 많았고 어느 정도의 시장도 만들어졌다. 하지만 VR을 화상 회의나 가상 공간의 콘퍼런스에 활용하는 시도는 아주 제한적이었기 때문이다. 팬데믹을 계기로 화상 회의와 온라인 수업이 급증했지만 이는 대부분 웹캠을 통해 모니터 화면을 들여다보는 식으로 진행된다. 이것을 가상 현실로 바꾸면 화상 회의와 온라인 수업의 몰입도가 더 커지지 않을까? 물론 장비도 추가해야 하고, 비용도 더 든다. 하지만 화상 회의나 온라인 수업의 모습은 가상 현실을 넘어 증강 현실과 홀로그램을 활용하여 혼합 현실, 복합 현실로 진화할 수밖에 없다. 그런 변화의 흐름에는 다소 시간이 걸릴 수밖에 없는데 코로나19 팬데믹 때문에 VR을 회의나 콘퍼런스에 활용하려는 비즈니스 수요가 급증했다. 관련 기업으로서는 호재일 수밖에 없다. 2021년에 VR, AR, MR 시장이 얼마나 더 활짝 열릴 것인지는 흥미로운 관전 포인트다.

우리는 오래전부터 현실과 가상이 밀도 있게 결합된 메타버스 공간을 원했다. 그동안의 시도들은 기술적 한계 때문에 실패했지만 그렇다고 메타버스 비즈니스 모델이 무효인 것은 아니다. 2003년에 만들어진 '세컨드라이프'는 수백만 명이 모였던 메타버스였다. 당시 세컨드라이프에서 만난 아바타끼리 연애도 하고 결혼도 했다. 그곳에서 기업들은 사무실도 차리고 물건도 팔았는데 심지어 세컨드라이프 속 가상의 땅을 파는 부동산 비즈니스도 생겼다. 가상의 땅을 팔다니, 말도 안 되는 것처럼 보여도 우리는 가상의 비트코인을 사고팔지 않는가? 2003년이면 기술적 수준, 인프라, 사용자들의 디바이스 환경이 지금보다 훨씬 열악할 때다. 하지만 이 메타버스 공간은 수년간 운영되어 2010년까지 유지되었다. 결국 중단되긴 했지만 이는 메타버스가 필요하지 않아서가 아니라 페이스북이 현실적 대안으로 충분했기 때문이다. 페이스북도 자신들이 미래에 소셜 플랫폼을 넘어 메타버스가 되어야 살아남을 수 있다는 것을 안다. 더 이상 화면 속 사진, 영상, 텍스트로 주고받는 것은 한계가 있다. 우리는 이미 경험한 것들로는 만족하지 못한다. 더 나은, 더 새로운 것을 계속 원한다. 페이스북이 가상 현실 세계 '페이스북 호라이즌(Facebook Horizon)'을 런칭한 것도 이런 이유 때문이다. 가상 현실 세계는 소셜 네트워크의 진화 버전인 메타버스이다. SF 영화에 자주 등장하는 메타버스 상황이 이제 우리의 현실로 다가왔다. 《라이프 트렌드 2020: 느슨한 연대 Weak Ties》에서도 다뤘던 '백일몽과 공존 현실' 트렌드의 진화가 이뤄진 것이다. 코로나19 팬데믹은 이 진화의 트리거가 되었다. 우리가 현실에서 겪은 거리 두기, 봉쇄, 격리 등의 단절을 통해 가상 현실과 새로운 연결로의 전환이 가속화되는 것이다.

울트라 라이트웨이트: 트렌드 코드가 된 특별한 가벼움

가벼워진다는 것은 욕망의 변화와 관련된다. 위기 상황에서 잘 변신하려면, 잘 도망가려면 가벼운 것이 유리하다. '울트라 라이트웨이트(Ultra Lightweight)'는 우리의 몸무게뿐 아니라 소유에 대한 가벼움, 패션과 소비에서의 가벼움 등 경량화를 통해 환경적 개선을 도모하는 트렌드에서 드러나는 공통 코드다. 우리의 라이프스타일에서 중요한 욕망이자 트렌드가 되는 것이 바로 울트라 라이트웨이트다. 적당히 가벼운 것이 아니라 그 이상을 원하게 된 것도 팬데믹 효과와 무관하지 않다. 2020년을 지배한 팬데믹이 2021년의 일상에서 강력한 욕망으로 작용하고 이끄는 것은 지극히 당연한 일이다. 우리 의식주의 어느 부분에서 가벼움이 적용될 것인지, 기업의 마케팅에서 울트라 라이트웨이트가 어떻게 진화될 것인지 지켜보는 것도 흥미로운 관전 포인트다. 분명한 것은, 그동안 우리는 너무 무겁고 복잡하게 살아왔다는 점이다.

울트라 미니멀 라이프와 마인드풀니스: 일상도 생각도 가벼워지는

예술, 디자인, 건축에서 미니멀리즘(Minimalism)의 시작은 1960년대로 거슬러 올라가지만, 라이프스타일에서 미니멀리즘은 2010년대에 본격화되었다. 충분히 풍요로운 시대에 물질 만능주의와 과도한 소유욕에서 헤어 나오지 못하던 이들은 자신에게 더 집중하는 삶의 방식에 관심을 가지기 시작했다. 가까운 사람과 어울리며 일상의 소박한 즐거움을 누리고, 사회적 성공이나 부자 되기 강박에서 벗어나 오늘 하루 내가 좀 더 평안하고 행복할 수 있는 방법에 주목했다. 《킨포크(Kinfolk)》 잡지가 촉발시킨 킨포크 라이프에 열광한 것도 이런 배경과 무관하지 않다. 북유럽 사람들이 오랫동안 누려 오던 라이프스타일인 휘게(Hygge), 라곰(Lagom) 등이 유럽 전역으로 확산되고, 미국과 아시아로 퍼진 것도 같은 이유다. 우리는 너무 치열하게, 너무 복잡하게 살았다. 일상의 풍요는 물건이 아니라 사람이 만들어 준다는 것에 주목하였고, 가족이나 친구와 밥 먹고 수다를 떠는 일상의 가치를 다시 중요하게 여길 수 있었다. 일본에서 집 안의 물건을 줄이고 버리자는 단샤리(斷捨離) 열풍이 분 것도 동일본 대지진이라는 재난이 계기가 되었을 뿐, 그러한 욕망은 갑자기 등장한 것이 아니라 전부터 계속 키워져 오고 있었던 것이다.

전 세계가 미니멀 라이프를 받아들였지만 특히 한국인들이 앞다투어 받아들였다. 우리나라는 물질 만능주의가 가장 강력한 곳이라고 해도 과언이 아니다. 양극화가 심하고, 부자에 대한 동경과 시기도 크며, 남에게 어떻게 보일지를 중요하게 여기고, 체면도 신경 쓰기 때문에 보여 주기식 과소비도 주저하지 않았다. 상대적 비교를 중요하게 여길수록 개인은 불행해진다. 하지만 우리 사회는 이를 멈추지 못했고 결국 OECD 국가 중 자살률 최상위권이라는 불명예를 갖게 되었다. 세계에서 경제적으로 톱(Top) 10에 꼽히지만 행복 지수와 삶의 질 부분에서는 하위권이다. 그랬던 한국 사회에 미니멀 라이프는 진통제처럼 작용했다. 남과의 비교를 멈추고 자신에게 더 집중하는 삶을 사는 것, 소유를 줄이고 경험을 늘리면서 좀 단순하고 쉽게 살아가자는 메시지에 열광한 것이다. 여기에 2030세대가 먼저 반응했고, 4050세대가 뒤를 이었다. 집 안의 물건 버리기와 정리는 트렌드가 되었고, 수년 사이에 정리를 주제로 다루는 TV 프로그램이 확 늘었다. 일본의 정리 컨설턴트인 곤도 마리에는 이 분야의 세계적 스타다.《인생이 빛나는 정리의 마법》(2012)《설레지 않으면 버려라》(2016) 등은 베스트셀러가 되었고, 넷플릭스는 2019년에 〈곤도 마리에: 설레지 않으면

버려라〉라는 타이틀로 리얼리티 프로그램을 만들었는데, 이 프로그램은 2019년 에미상 최우수 리얼리티 프로그램 부문과 최우수 진행자 부문에 후보로 오르기도 했다.

팬데믹 중에 tvN에서 런칭한 예능 프로그램 〈신박한 정리〉는 집의 물건을 정리하며 집과 가족의 의미를 되새기는 전형적인 미니멀 라이프 콘텐츠다. 비슷한 시기에 런칭한 프로그램 〈바퀴 달린 집〉은 캠핑카를 집이라 부르면서 이를 타고 전국을 누빈다. 연예인을 초대해 먹고 수다를 떠는 게 전부지만 그것이 일상의 즐거움이라는 것을 보여주는 미니멀 라이프 콘텐츠다. 예능 프로그램에 트렌드를 가장 잘 반영하는 tvN이 팬데믹 중에 두 프로그램을 런칭했는데 모두 같은 트렌드를 다룬 것이다. 집을 투자의 관점으로만 보는 사람은 여전히 많지만, 집을 공간의 관점에서 바라보는 미니멀 라이프가 점점 커지고 있는 것도 사실이다. 《라이프 트렌드 2020: 느슨한 연대 Weak Ties》에서 '셀프 스토리지와 미니멀 라이프'를 다루었는데 실제로 2020년, 서울에서는 셀프 스토리지 서비스(개인 짐을 보관할 수 있는 물품 보관 시설 및 개인 창고 대여 서비스)가 확산 중이다. 집을 넓히는 현실적 방법 중 하나가 집 안의 물건을 줄이거나 버리는 것이고, 또는 셀프 스토리지에 짐을 보관하는 것이다. 취미와 취향의 중요성이 커지면서 계절에 따른 물건이 많아지기도 했는데 이런 것들은 셀프 스토리지에 보관하기 좋다. 가령 겨울에만 쓰는 스키 장비나 여름에만 쓰는 서핑 장비를 보관하면 좋다. 게다가 미니멀 라이프는 집뿐 아니라 의식주 전반에서 계속된다.

그동안의 미니멀 라이프는 우리가 가진 물건, 공간, 소유뿐 아니라 인간관계도 좀 단순하게 만들자는 것이었다. 인맥이 중요한 사회에서는 인맥을 쌓기 위해 시간, 노력, 돈을 계속 쏟아야 했다. 그러다 보니 자기 자신을 위해서는 시간, 노력, 돈을 쓰지 않고 남들과의 관계에만 집중했다. 하지만 결정적 상황이나 위기 앞에서는 남이 아닌 자기 자신이 최우선일 수밖에 없는데 참으로 이는 인맥의 허무함이다. 물건 정리만큼 인맥 정리도 필요하다. 한국의 많은 기성세대가 인맥을 쌓겠다며 정작 가장 가까이 있는 가족에게 소홀하기도 했다. 킨포크, 휘게, 와비사비, 단샤리 등 2010년대를 주도한 라이프스타일 트렌드 코드가 팬데믹을 거치며 울트라 미니멀 라이프라고 불러도 될 정도로 더 가볍고 단순해지려는 욕망으로 자랐다. 우리가 집에 머무는 시간이 크게 늘다 보니 미니멀 라이프의 필요를 더 각성하게 된 것이다. 우리는 팬데믹을 겪으며 건강과 생명에 대해 더 생각하게 되었고, 일상의 즐거움에도 주목하게 되었으며, 인간관계에서도 양보다 질, 선택과 집중을 추구하게 되었다. 한마디로 현재의 내 삶에서 자기 자신이 주인공인지 더 고민하게 된 것이다. 결국 미니멀 라이프가 심화될 수밖에 없다. 일상도, 생각도, 몸도 가벼워지려 한다. 마인드풀니스는 원격/재택 근무의 확산으로 기회를 맞았는데, 팬데믹이 초래한 울트라 미니멀 라이프는 마인드풀니스의 또 다른 기회가 되었다. 의도하지 않았겠지만 팬데믹 효과를 크게 누리게 될 분야가 마인드풀니스다. 그만큼 우리는 초유의 팬데믹 시대를 살며 정신적으로, 육체적으로 스트레스를 받았고 지치기도 했다. 명상뿐 아니라 운동을 통해 건강을 관리하고 우리 몸을 더 활력 있게 만드는 것도 울트라 미니멀 라이프다.

패션에서의 울트라 라이트웨이트: 패션이 가벼워진다는 것은

　　패션이 가벼워지는 데에는 2가지 이유가 있다. 하나는 애슬
레저룩 열풍 때문이다. 워라밸과 주 52시간 근무 등 일하는 환경의
변화가 레저와 여가에 대한 수요를 지속적으로 높여 주었다. 그리고
또 다른 배경으로 운동을 통해 건강을 관리하고 다이어트하는 밀레
니얼 세대의 보편적 문화가 있다. 그래서 애슬레저룩 시장은 계속 성
장했는데 코로나19 팬데믹으로 인해 더욱 커지고 있다. 운동과 다이
어트가 필수인 시대는 홈 트레이닝과 레깅스를 뜨거운 트렌드로 만
들었고, 패션에서 애슬레저룩의 비중을 점점 높여 갔다. 애슬레저룩이
일상복이 되면서 패션 아이템으로도 각광을 받게 되었다. 요가, 홈 트
레이닝, 스포츠 언더웨어, 다이어트 등의 이미지에서 이제는 일상복과
패션으로 자리를 잡았고 나아가 등산복으로도 각광을 받는다. 요가
복과 레깅스 전문 브랜드에서 시작된 애슬레저룩 시장에 스포츠 브
랜드, SPA 브랜드, 여성 패션 전문 브랜드, 아웃도어 브랜드, 속옷 브
랜드, 심지어 명품 패션 브랜드들까지 뛰어들었다. 패션업계 외에도
홈쇼핑, 백화점 등 유통업계는 편집숍이나 자체 브랜드를 만들어 시
장에 뛰어들고 있다.

　이제 레깅스는 여성뿐 아니라 남성 시장에서도 뜨겁다. MZ세대는
남녀 모두 레깅스를 소비하고 있고, 중장년들도 속속 소비에 동참하
고 있다. 덕분에 요가복 브랜드가 기업 공개(IPO)로 코스닥 시장에 진
입하기까지 했다. 2010년 2000억 원이었던 국내 애슬레저룩 시장 규
모는 2016년 1조 5000억 원, 2018년 2조 원을 넘었다. 한국패션산

업연구원이 2019년에 전망한 2020년 시장 규모는 3조 원이었다. 그런데 코로나19 팬데믹 효과를 톡톡히 보았기 때문에 아마 3조 원대는 훌쩍 넘어섰을 것으로 본다. 애슬레저룩 열풍은 패션 전반에도 영향을 미쳤다. 애슬레저룩을 통해 편하고 가볍고 활동적인 패션 스타일을 충분히 경험한 이들이 좀 더 편하고 가벼운 다른 패션 아이템을 원하는 것은 당연하다. 멋진 옷을 차려입고도 하이힐 대신 스니커즈를 선택하는 이가 늘어나다 보니, 지는 하이힐 뜨는 스니커즈 공식은 지속되는 중이다. 이는 여성뿐 아니라 남성에게도 마찬가지다. 지는 정장 구두 뜨는 스니커즈 공식이 유효하다. 수트가 남자의 절대적인 비즈니스 룩이었던 시대는 끝났다. 패션에 대한 과거의 관성이 계속해서 무너지는 것은 MZ세대 때문이다.

패션이 가벼워지는 다른 이유는 여름이 점점 길어지기 때문이다. 국립기상과학원에 따르면, 1981~2010년까지 서울의 30년 평균 여름

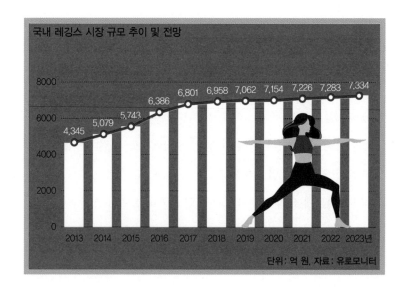

국내 레깅스 시장 규모 추이 및 전망

4,345 5,079 5,743 6,386 6,801 6,958 7,062 7,154 7,226 7,283 7,334

2013 2014 2015 2016 2017 2018 2019 2020 2021 2022 2023년

단위: 억 원, 자료: 유로모니터

에 비해, 2009~2018년까지의 10년 평균 여름 일수가 10일 늘었다고 한다. 대신 봄과 겨울이 그만큼 줄었다. 기상학에서 여름이란 일평균 기온이 20도, 일 최고 기온이 25도를 넘는 기간을 의미한다. 과거에는 5월까지 봄이었지만, 이제는 5월부터 최고 기온이 30도에 육박하기도 한다. 1910년대에는 6월 초중순에 여름이 시작되었지만 1970년대부터는 5월 말에 여름이 시작되었고, 이제는 5월 초부터 여름이다. 2020년 5월 초 서울의 기온은 26~27도 정도였고, 대구는 30도에 육박했다. 지역에 따라서는 4월부터 여름이라고 해도 될 정도다. 이는 전적으로 기후 변화 때문이다.

만약 인류가 온실 가스 저감 노력을 전혀 하지 않는다면 어떻게 될까? 국립기상과학원이 이런 가정을 해 봤더니, 50년 후인 2071년에 서울의 계절 일수는 봄 74일, 여름 168일, 가을 56일, 겨울 67일이 될 것이라고 한다. 한국의 여름이 1년 중 절반을 넘도록 방치하지 않아야 할 것이지만, 당장 그렇게 되는 것도 아니기 때문에 먼 이야기나 남의 나라 이야기 정도로 여기는 사람도 있을 수 있다. 하지만 온도 상승은 그저 덥고 말고의 문제가 아니라 생태계의 위기, 식량 위기, 해수면 상승에 따른 주거 지역 위기 등 많은 심각한 사태를 불러온다.

2020년 여름에 역대급으로 긴 장마가 찾아온 것도 기후 변화와 무관하지 않다. 사태의 심각성이 생각보다 크기 때문에 기후 변화가 아니라 기후 위기라는 말로 바꾸어서 사용하는 분위기다. 여하튼 여름이 점점 길어지면서 패션에서도 여름옷이 중심이 된다. 겨울이면 종종 찾아오는 강추위 때문에 겨울의 추위는 여전하다고 여기겠지만 평균 기온으로 따지면 겨울도 계속 따뜻해지는 중이다. 우리는 덜 추운 겨울, 너무 더운 여름, 여름 같은 봄, 여름의 끄트머리가 된 가을을 산다. 계절과 기후의 변화는 우리의 패션에 영향을 미칠 수밖에 없다.

동물성 소재를 대신하는 신소재가 계속 개발되는 것도 패션이 가벼워지는 데 일조한다. 덕분에 겨울 아우터는 계속 가벼워지고 있다. 모피는 지는 정도가 아니라 이미 졌다. 기존의 동물성 소재, 자연 소재보다 더 가벼우면서 기능적인 소재를 선택하는 것은 당연한 수순이다. 그리고 우리의 삶의 태도 변화도 패션과 스타일에 영향을 미친다. 남의 시선을 덜 신경 쓰고 자신의 개성과 취향을 적극적으로 드러내는 이가 늘면서 더 활동적이고 가벼운 패션을 받아들이게 되었다. 초기에는 콩나물처럼 생겼다고 놀림을 받았던 아이팟은 수년 사이에 주류가 되었고, 스마트폰 사용자들에게 무선 이어폰은 필수가 되었는데 이는 우리의 활동성과 연결된다. 평소 애슬레저룩을 입고 운동과 다양한 활동을 많이 하는 이들에게 유선 이어폰은 불편했다. 무선 이어폰은 디지털 기기보다는 패션 아이템, 활동성 넘치는 패션에 어울리는 액세서리로 자리를 잡았다고 해도 과언이 아니다. 아울러 탈코르셋 열풍에 이은 노브라 유행이나 노브라를 주저하는 이들이 대안으로 선택한 브라렛(Bralette)은 패션과 외모에 대한 우리의 관점 변화가 미친 영향이다. 젠더, 환경, 윤리, 취향이 패션에 반영될수록 패션은 점점 더 가벼워진다는 것을 우리는 수년간 목격했다. 그리고 앞으로는 이런 경향이 더할 것이다.

지속 가능성과 울트라 라이트웨이트: 왜 자동차는 점점 가벼워지는가?

자동차 중량을 5% 줄이면 연비는 1.5%, 동력 성능은 4.5% 향상되고, 배기가스 중 질소산화물은 4%, 탄화수소는 2% 정도 줄어든다. 중량이 가벼워지는 만큼 충돌 에너지는 4.5% 낮아져서 사고 시 피해도 감소된다고 한다. 이것은 얼핏 사람의 몸무게가 과체중에서 정상 체중으로 줄어들면 얻는 이득과 비슷하다. 현대기아자동차, 벤츠, BMW 등 자동차 제조사들은 신차를 내놓을 때 5% 감량을 기본 목표치로 삼는다. 과거에는 속도와 성능을 높이기 위해 경량화가 중요했다면 지금은 배출 가스 규제와 지속 가능성 때문이다. 처음에는 슈퍼 카에나 카본이나 알루미늄 같은 소재를 적극 사용했지만 이제 소재 개선을 통한 경량화는 모든 자동차의 필수가 되고 있다. 경량화는 자동차 산업에서 핵심 경쟁력으로 부상했다. 자동차 제조사, 부품사, 애프터 마켓 모두에게 경량화가 중요해졌다. 무게가 줄어들면 연비 개선으로 인해 내연 기관의 이산화탄소, 질소산화물 감소로 이어진다. 전기 자동차는 주행 거리가 증가한다. 내연 기관은 환경 문제에 취약하고 전기 자동차는 주행 거리가 약점이라는 것을 감안하면 경량화는 중요할 수밖에 없다.

이밖에 경량화는 브레이크와 타이어의 내구성, 주행 성능에 영향을 미친다. 전기 자동차와 수소 자동차는 물론이고 아직 유효한 내연 기관 자동차 부분에서 경량화는 타사와의 경쟁 우위를 위한 무기가 된다. 자동차 보디(Body)의 주류 소재였던 철이 초고장력강판으로 진화하고, 탄소섬유 강화 플라스틱이나 알루미늄 같은 비철 적용도 늘면서 무겁고 튼튼한 차 대신 이제는 가볍고 튼튼한 차가 계속 등장하고 있다. BMW의 6세대 7시리즈는 기존 모델보다 130킬로그램을 줄였고, 7세대 뉴 5시리즈는 115킬로그램을 줄였다. 기능과 안전 사양이 늘었지만 무게는 줄어들 수 있었던 것은 차체 골격을 탄소섬유 강화 플라스틱과 강철, 알루미늄을 혼합한 카본 코어로 만든 덕분이다. BMW 측은 경량화를 위한 디자인 콘셉트이자 기술을 BMW 이피션트라이트웨이트(BMW EfficientLightweight)라고 명명하기도 했다. 계속해서 기존 모델보다 5%씩 줄이기는 어려울 테니 감량에도 한계는 있을 것이다. 하지만 당분간 자동차 제조사들의 감량 경쟁은 이어질 테고, 감량을 강조한 마케팅도 계속될 것이다. 전기 자동차에게 주행 거리는 중요한 경쟁력이다. 그러므로 배터리의 무게 대비 에너지 효율을 높일수록 더 빠르게 내연 기관 시장을 잠식해 갈 것이다.

자동차업계에서는 중량의 가벼움뿐 아니라 태도의 가벼움도 문제다. 자동차를 소유하지 않고 운전도 하지 않겠다는 이가 늘어나는 현상은 자동차업계가 풀어야 할 숙제다. 경찰청에 따르면, 운전면허 신규 취득자는 2003년에 154만 6000명이었는데 2010년 72만 9000명, 2011년 92만 4000명, 2012년 106만 6000명, 2013년 66만 9000명, 2014년 77만 9000명, 2015년 80만 7000명, 2016년 101만 2000명, 2017년 60만 명, 2018년 60만 2000명, 2019년 66만 1000명이었다. 2020년에는 1~6월까지 37만 9000명으로 전년 동기 33만 3000명보다 늘었지만 이것은 코로나19 때문에 등교를 하지 않는 대학생이 늘면서 여름 방학을 이용해 면허를 따려던 수요가 일찍 나온 것으로 추정된다. 그러므로 연간 신규 취득자 수는 전년에 비해 결코 늘지 않고 비슷하거나 줄어들 것으로 보인다.

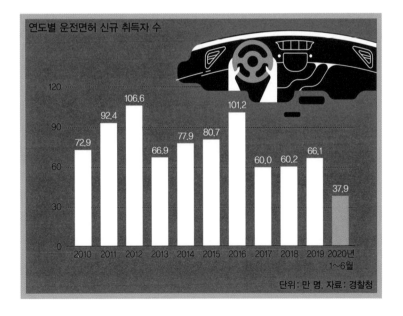

연도별 운전면허 신규 취득자 수

단위: 만 명, 자료: 경찰청

2003년 전국의 운전면허 전문 학원은 510개였는데 이때가 정점이었던 듯하다. 하지만 운전면허 취득자가 줄면서 운전면허 학원 수도 줄게 만들었다. 2019년에는 전국 최대 운전면허 학원이었던 성산운전학원(물론 노사 갈등도 주요 원인이었다)이 문을 닫았고, 노원운전학원은 철도 차량 기지가 들어서면서 문을 닫았지만 대체 부지를 찾지 않고 재개업하지 않았다. 그만큼 운전면허 학원의 사업성이 줄어든 것은 사실이다. 20대가 다수인 신규 면허 취득자가 감소한 데에는 출산율 감소의 영향도 있겠지만 자동차에 대한 태도 변화가 크게 작용했다. 자동차를 운전하거나 소유하는 것이 필수라고 여겼던 시대와 달리 지금은 굳이 자동차를 운전할 필요가 없고 소유할 필요도 없다고 생각하는 사람이 늘었다. 미국에서는 16세가 되면 운전면허 취득이 가능하다. 하지만 2010년대 미국의 16세 운전면허 취득률은 1980년대에 비해 거의 반토막이 났다. 미시간주에서 발급된 운전면허 통계를 분석한 결과에 따르면, 1983년 16세의 운전면허 취득률은 46%였으나 2014년에는 25%로 떨어졌고, 18세의 경우 80%에서 60%로 떨어졌다. 또한 20~24세는 92%에서 77%로 떨어졌다. 자동차의 나라, 마이카의 나라 미국에서도 이러니 한국은 오죽하겠나.

국내 자동차산업협회에 따르면, 20대의 신차 구입 대수는 2011년 14만 1000대에서 2019년 10만 6000대로 줄었고, 30대의 구입 대수는 2011년 30만 7000대에서 2019년 23만 8000대로 줄었다. 2030세대의 차량 구입이 줄어든 것은 취업이 어렵기 때문이기도 하고, 취업에 성공해도 경제적 상황이 어렵기 때문이기도 하다. 게다가 소유 대신 공유로도 충분히 차량 이용이 가능해진 것도 이유 중 하나다. 카 셰어링 업계 1위인 쏘카는 2014년 회원 수가 50만 명이었는데 2020년 7월 초에는 회원 수 600만 명을 돌파했다. 업계 2위 그린카의 회원 수는 2019년 12월 말 기준 350만 명이고, 2018년 12월에 시작한 딜카는 1년 만인 2019년 12월에 회원 수 100만 명을 넘었다. 중복 가입이 일부 있겠지만 이들 3곳의 회원 수만 1000만 명이 넘는다. 이들 중 2030세대가 2/3 이상으로 추정된다. 앱 분석 업체 와이즈앱에 따르면, 2018년 국내 신용·체크 카드 데이터를 표본 조사한 결과, 차량 공유 서비스 결제자의 87%가 2030세대였다. 개인뿐 아니라 법인의 이용이 늘면서 4050세대 이용자도 늘었겠지만, 여전히 2030세대가 주류임은 변함없다. 자동차를 대하는 2030세대의 태도가 바뀌면서 자동차는 더 이상 필수품이 아니게 되었다.

이런 상황에서 자동차 제조업계가 한결같이 모빌리티 서비스업으로 전환하는 것도 이해가 된다. 스마트폰을 비롯한 디지털 기기 사용에

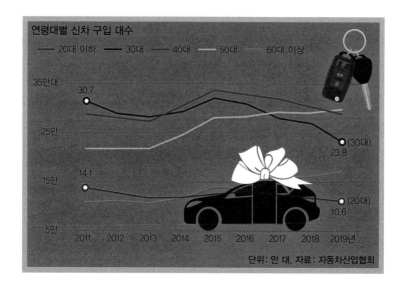

연령대별 신차 구입 대수

— 20대 이하 — 30대 — 40대 — 50대 — 60대 이상

35만대

30.7

25만

15만

14.1

23.8 (30대)

(20대)
10.6

5만

2011 2012 2013 2014 2015 2016 2017 2018 2019년

단위: 만 대, 자료: 자동차산업협회

능하고, 하이테크 디바이스에 관심이 많은 2030세대에게 테슬라의 위상은 기존 자동차 제조사들로서는 따라가지 못할 정도다. 전기 자동차뿐 아니라 자율 주행 자동차에서도 앞선 테슬라의 일론 머스크는 미래에는 자동차 운전이 불법이 될 것이라고 말했는데 이를 되새겨 볼 필요가 있다. 테슬라뿐 아니라 모든 자동차 제조사가 운전자 없는 자율 주행 로봇 택시를 미래의 보편적인 이동 수단으로 꿈꾸고 있다. 당장은 아니겠지만 결국 그 방향으로 나아갈 수밖에 없는 것도, 기술적 진화뿐 아니라 우리가 가진 욕망의 진화이자 소유에 대한 태도의 진화 때문이다.

소비의 가벼움: 소비자는 왜 B를 좋아하는가?

물론 여기서 B가 가수 비(정지훈)를 이야기하는 것은 아니다. 하지만 공교롭게도 B급 문화 소비 현상의 수혜자 중에는 비도 포함되어 있다. 대중의 조롱과 외면이 담긴 1일 1깡 놀이를 MBC의 예능 프로그램 〈놀면 뭐하니〉가 거들면서 새로운 방향의 신드롬으로 변한 것이다. 결과적으로 비는 대중의 주목을 받게 되었다. 비는 농심 새우깡의 광고 모델이 되었고, 비가 참여한 프로젝트 그룹 싹쓰리가 적당한 타이밍에 등장해 음원 사이트를 휩쓸었다. MZ세대에게 밈(MEME)은 하나의 놀이다. 모방과 복제를 넘어 재가공, 재해석하며 퍼져 나가는데 흥미롭게도 B급 콘텐츠는 밈의 재료가 되기 쉽다. 치킨 브랜드 처갓집 양념치킨이 2016년 '처돌이'라는 캐릭터를 만들었는데 크게 주목받지 못했다. 그런데 처돌이라는 이름이 비속어와 비슷해 '처갓집

치킨 맛은 처돌았지만 처돌이는 처돌지 않았다고 해요' 같은 메시지에 쓰이며 밈의 대상이 되었고 폭발적 인기를 누렸다. 2019년 5월, 처갓집 양념치킨은 처돌이 인형 증정 행사를 벌였는데 2만 개 모두 첫날에 품절되었고, 심지어 이 인형은 중고 사이트에서 비싸게 팔렸다. 이런 인기 덕에 처돌이는 넥슨의 온라인 게임인 서든어택과 컬래버레이션을 하여 게임 캐릭터로 등장하기까지 했다. 분명 처갓집 양념치킨이나 비는 자신의 콘텐츠가 밈이 되는 것을 결코 의도하지 않았을 것이다. 하지만 세련되지 않고 오히려 촌스러워서 밈의 대상이 된 셈이다.

사람들은 멋진 것만 따라 하는 것이 아니다. 과거 기성세대는 멋지고 좋은 것만 동경하고 따라 했지만, MZ세대가 따라 하고 욕망하는 이유는 재미다. 배우 김영철은 2002년에 방송된 드라마 〈야인시대〉에서 한 '사딸라'라는 대사 덕분에 2019년에 버거킹 모델이 되었고, 배

ⓒ 처갓집 양념치킨

우 김응수 또한 2006년에 개봉한 영화 〈타짜〉에서 한 '묻고 더블로 가'라는 대사 덕분에 버거킹 모델이 되었다. 사실 이 두 배우가 뭔가를 해서 주목을 받은 것은 아니다. 그저 10년도 넘은 콘텐츠에서 나온 대사에 꽂힌 사람들이 이를 밈으로 확대 재생산시킨 덕분이다. 실제로 이 두 배우가 모델이 되자 버거킹은 판매량에 긍정적 효과를 얻었다. 이 두 배우의 대사를 밈으로 가지고 놀며 재미를 추구한 MZ세대가 이들이 광고하는 제품을 사 먹었기 때문이다. 다른 기업이라고 이런 효과를 원하지 않겠는가? 시트콤 〈순풍 산부인과〉에 출연했던 개그우먼 박미선도 극 중 대사가 밈이 된 덕분에 광고를 찍었다. MZ세대의 밈 놀이가 아니었다면 이런 일이 생겼을까? 과거의 스타들이 MZ세대의 밈 덕분에 새로운 전성기를 맞게 되는 현상은 한동안 재연될 듯하다.

밈에서 그치지 않고 B급 콘텐츠를 적극적으로 만들어 내는 기업도 늘었다. '빙그레우스 더 마시스'는 빙그레가 공식 인스타그램을 통해 선보인 캐릭터로, 빙그레 왕국의 왕위 계승자라는 콘셉트를 지녔다. 순정 만화의 주인공 같은 캐릭터가 입은 의상에는 빙그레의 과자와 아이스크림 로고가 녹아들어 있고, 인스타그램을 통한 댓글 놀이로 소통한다. 심지어 '꽃게랑' 스낵을 가지고 'Cotes Guerang'이라는 한정판 패션 브랜드를 만들었다. 가수 지코를 내세워 티셔츠, 가방, 선글라스, 로브 등을 지마켓을 통해 독점 판매했다. 이것은 마치 곰표가 밀가루 포대 이미지로 가방과 패딩 점퍼를 만들고, 메로나 아이스크림이 다양한 기업과 컬래버레이션을 해서 수세미, 칫솔, 신발, 모자, 에코백, 티셔츠, 카디건, 음료수, 케이크 등을 만든 것과 같은 맥락이다. 오뚜기는 자사의 온라인 쇼핑몰인 오뚜기몰에서 말장난을 적극 구현했다. 가령 미역국 코너에는 '넌 나에게 미역 값을 줬어', 카레 코너에는 '강황 자가 살아남는다', 들기름 코너에는 '머리카락 많이 길었어? 아직 들기름' 같은 식이다. 말장난 같거나 맥락이 없는 이야기에 소비자들이 반응하는 것은, 남들은 이렇게 하지 않기 때문이다.

2020년 7월, 농심켈로그에서 파 맛 첵스를 출시했다. 왜 파 맛 시리얼을 만들었을까 싶겠지만 여기에는 좀 오래된 사연이 있다. 2004년 12월, 신제품 시리얼인 첵스 초코의 홍보를 위해 대통령 선거를 차용한 이벤트를 열었다. 무슨 맛을 신제품으로 삼을지 소비자로 하여금 선택하게 만드는 이벤트였는데, 신제품 출시가 이미 예정된 초코 맛 첵스와 함께 뜬금없이 파 맛 첵스를 내세운 것이다. 이러면 누구나 초코 맛을 지지할 테니 이 투표에서 자연스럽게 초코 맛이 이기는 타이밍에 신제품 홍보까지 이어 나간다는 계획이었다. 하지만 너무 뻔하고 안일한 이벤트 발상에 '웃긴대학' 커뮤니티 사용자들이 재미 삼아 파 맛 첵스에 표를 몰아주기 시작했고 이대로 가다가는 파 맛 첵스가 이길지도 모를 상황에 이르렀다. 물론 1020세대가 주류를 이루었던 이들이 정말 파 맛 첵스를 먹고 싶었던 것은 아니다. 단지 이들은 기업과 어른들을 곤란하게 만들고 싶었던 것뿐이다. 말 그대로 재미 삼아서였다. 그런데 농심켈로그 측에서 자신들의 의도와 다른 결과가 나올 위기에 처하자 정보 보안 업체를 동원해 보안상 허점을 파고들어 파 맛에게 간 4만 2000표 이상을 무효로 처리해 삭제시켰다. 그럼에도 불구하고 파 맛 첵스가 초코 맛에 비해 6000표 정도 앞서가자 당초 계획에 없었던 ARS 전화 투표와 롯데월드 현장 투표 결과를 추가하여 결과를 뒤집었고 급하게 이벤트를 끝냈다. 그런데 이 이벤트와 관련된 이야기는 이렇게 마무리될 줄 알았는데 매년 12월만 되면 '첵스 부정 선거 ○○주년'이라는 밈이 퍼져 나간 것이다. 결국 농심켈로그는 16년 만인 2020년에 첵스 파 맛 제품을 진짜 출시하기에 이르렀다. 젊은 소비자들은 이 제품을 두고 '민주주의의 맛은 쓰다'고 이야기했다. 맛있어서 사 먹는다기보다 재미있어서 사 먹는 것이다.

비빔면으로 유명한 팔도도 만우절에 비빔밥을 출시한다는 농담을 했다가 결국 진짜로 비빔밥을 출시하기도 했다. 만우절 농담에 MZ세대가 반응하자 기업이 여기에 대응한 것이다. 샘표식품은 만우절에 육포 팬티를 출시한다는 농담을 했다. 기업들이 만우절을 맞아 소셜미디어를 통해 재미있는 이슈를 만드는 일은 이미 보편적이다. 그런데 농담이 진담이 되는 일이 자꾸 생긴다. 결국 샘표식품은 육포 브랜드 '질러'를 통해 속옷 브랜드 BYC와 컬래버레이션을 하여 '소리 벗

ⒸΩ농심켈로그

고 팬티 질러' DIY 기획 팩을 마련했다. 이처럼 MZ세대를 공략하기 위해 기업들이 선택한 카드는 B급 감성이다. 더 정확히 말하면, 주로 식품 기업들이 이를 활용하고 있다. 누구나 쉽게, 싸게 소비할 수 있기 때문이다. 의미와 메시지가 필요 없어진 시대가 된 것이 아니라, 이미 검증되고 잘 아는 일상 소비재에서 군이 의미와 메시지를 찾지 않고 가볍게 즐기는 것만으로 충분하기 때문이다. 유튜브를 비롯한 온라인 콘텐츠에서 짧고 가벼운 스낵 컬처(Snack Culture)는 대세가 된 지 오래다. 지금은 진지하게 오래 들여다보고 즐길 여유가 없는 시대다. 앞뒤 맥락 다 필요 없이 그 메시지와 이미지 하나에 꽂혀 재미있게 웃으면 그만이다. 소비자의 태도가 이런데 기업의 마케팅도 가벼울 수밖에 없다. 제대로 가벼워지려면 MZ세대가 적극 개입하는 것이 필요하다. 기업에서 소셜 미디어 전담 팀이나 MZ세대 전담 팀을 만드는 것은 MZ세대의 역할을 중요하게 여기기 때문이다. 물론 B급이 뜨자 기업들도 다들 B급을 내세운 마케팅을 실시한다. 이렇게 B급 홍수가 되면 B급에 대해 피로감이 생긴다. 사실 성공하는 B급 만들기도 어렵거니와 B급이라고 다 밈이 되는 것도 아니다. 잘못하다가는 그냥 조롱만 당하고 만다. 흔해지면 가치도 떨어지고 재미도 없어지므로 B급도 진화가 필요하다. B급의 경쟁력은 참신하고 재미있어야 한다.

다시, 계속
서스테이너블 라이프

《라이프 트렌드 2020: 느슨한 연대 Weak Ties》에서 '서스테이너블 라이프(Sustainable Life)와 지속 가능한 비즈니스'를 중요 트렌드로 제시했었는데 이번 《라이프 트렌드 2021: Fight or Flight》에서 다시 다루고자 한다. 그만큼 중요한 주제이기 때문이다. 서스테이너블은 '환경 파괴 없이 지속 가능한' '오랫동안 지속 가능한'이라는 의미를 가진 말이다. 서스테이너블 라이프는 우리의 일상과 소비에서 중요한 요소로서 삶의 관점과 태도가 되었다. 그리고 비즈니스에서도 ESG(환경·사회·지배 구조)는 필수 경쟁력이 되었다. 이렇게 변화한 이유는 바로 공존 때문이다. 사람과 사람의 공존을 넘어 사람과 자연의 공존도 점점 중요해진다. 특히 코로나19 팬데믹을 겪으면서 서스테이너블 라이프는 우리에게 더더욱 중요해졌다. 많은 이가 전염병의 실체와 생태계 파괴, 기후 위기 문제가 무관하지 않다는 사실을 알게 되었기 때문이다. 과거에는 기후 변화(Climate Change)라고 표현했으나 심각성을 더 강조하기 위해 기후 위기(Climate Crisis)라고 바꾸었고, 최근에는 기후 비상사태(Climate Emergency)라는 표현까지 쓰이고 있다. 2019년 11월, 옥스퍼드 영어 사전은 'Climate Emergency'를 2019년 올해의 단어로 선정하기도 했다. 그만큼 환경 문제가 심각해졌기 때문이다. 2020년 여름, 한국은 역대 최장의 장마와 폭염을 겪었는데 이는 한국뿐 아니라 전 세계적 현상이었다. 기후에도 뉴 노멀이 왔다. 과거 기준으로는 비정상적인 기후가 지금 시대에는 새로운 정상이 된 것이다. 기후 위기가 더 심각해져도 놀랍지 않다. 다만 그로 인한 피해는 고스란히 우리가 본다. 우리가 당연하게 여겼던 소비 욕망과 라이프스타일이 결국 우리를 위험에 빠뜨리게 되었다. 그러므로 서스테이너블 라이프는 누구나 지켜야 할 필수이자 기본이 될 수밖에 없다.

제로 웨이스트는 이제 환경 운동이 아니라 라이프스타일이다

빙그레는 2020년 6월부터 '지구를 지켜 바나나' 캠페인을 벌이고 있다. 바나나 우유 용기를 씻어서 분리배출하자는 메시지를 알리기 위해 7월 24일부터 8월 7일까지 성수동에 '단지 세탁소'를 운영하기도 했다. 우리나라는 다른 나라에 비해 쓰레기 분리수거가 잘되지만 그럼에도 불구하고 수거된 재활용 쓰레기 중 실제 재활용되는 비율은 35% 정도다. 이처럼 재활용 쓰레기의 재활용 비율이 생각보다 적은 것은 쓰레기에 남은 잔재물이나 오염물 때문이다. 분리배출할 때 깨끗이 씻어서 내놔야 한다는 것은 누구나 아는 상식이지만 그 상식을 지키지 않는 이가 많다. 일회용 플라스틱 사용을 줄이는 것도 중요하지만, 플라스틱을 아예 안 쓰고 살 수는 없으니 결국 재활용 비율을 높이는 것이 중요하다. 이 쓰레기들은 우리가 만들고 버리는 것이므로 우리가 서스테이너블 라이프를 실천하면 해결될 수도 있는 문제다. 올가홀푸드는 2020년 5월에 녹색 특화 매장 1호점을 오픈했다. 이곳은 쓰레기 발생을 최소화하는 제로 웨이스트(Zero Waste) 매장으로서 일회용 플라스틱과 일회용 비닐 포장이 없다. 과일과 채소는 장바구니나 재사용이 가능한 상자에 담아 가져가야 하고, 세제와 섬유 유연제는 리필제품만 판매하는데 이마저도 사용하던 빈 통을 가져와 거기에 담아 가야 한다. 포장이 필요한 제품은 곡물 껍질을 원료로 만든 바이오매스(Biomass) 포장을 하는데 이 포장지는 기존의 합성수지 포장지보다 탄소 배출량이 70% 절감된다. 고기나 생선은 옥수수 전분으로 만든 생분해성 트레이에 담아 사탕수수에서 유래한 바이오 소재로 만든 랩으로 포장한다. 장바구니 사용은 기본이고, 포장재를 쓰지 않고 개인 용기에 상품을 담아 가면 할인해 주기도 한다.

독립적인 제로 웨이스트 숍의 시초는 2006년 영국에 만들어진 '언 패키지드(Unpackaged)'다. 하지만 전 세계적으로 제로 웨이스트 숍 열 풍에 불을 지핀 것은 2014년 베를린에 만들어진 오리기날 운페어팍 트(Original Unverpackt)다. 당시는 친환경에 대한 관심이 더 높아지고 밀 레니얼 세대가 영향력을 발휘하던 때다. 오리기날 운페어팍트 덕분인 지 독일에는 60여 개 이상의 제로 웨이스트 숍이 생겼다. 그리고 이 열풍은 미국의 '더 필러리(The Fillery)', 홍콩의 '리브 제로(Live Zero)', 한 국의 '더 피커(The Picker)'로 이어지며 전 세계로 퍼졌다. 2020년 상반 기 기준, 서울에는 더 피커, 지구, 알맹상점 등 6개의 제로 웨이스트 숍이 있고 전국에는 18개가 있다. 《라이프 트렌드 2017: 적당한 불 편》에서 '포장되지 않은 물건을 사는 사람들'이라는 챕터를 통해 제 로 웨이스트 숍을 다루었는데 이때부터 국내에 제로 웨이스트 숍이 등장하기 시작했다. 시작은 작은 가게가 주도했지만 점점 기존 유통 회사들이 이런 변화를 받아들이게 되었다. 앞서 언급한 올가홀푸드는 풀무원 계열사다. 이런 흐름에 대기업이 동참하는 것은 서스테이너블 라이프가 필수인 시대라서 그렇다. 소비자가 관심을 가지지 않는 변 화를 기업이 받아들일 이유는 전혀 없다. 다른 유통 대기업들도 부분 적으로 제로 웨이스트 코너를 운영할 수밖에 없는 시대가 되었고, 일 회용 플라스틱 포장재에 대한 변화도 필수가 되었다. 서스테이너블이 마케팅 코드가 된 것은 이런 변화를 소비자가 받아들였음을 기업이 눈치챘기 때문이다. 결국 기업이 서스테이너블에 관심을 가지게 된 것 은 소비자로서의 우리와 우리 사회가 변화했기 때문이다. 미닝 아웃 이라는 소비 트렌드가 괜히 등장한 것이 아니다.

2018년 영국에서 시작된 플라스틱 어택(Plastic Attack)은 유럽을 넘어 전 세계로 번졌다. 이 캠페인은 장을 보고 나서 과대 포장된 플라스틱 포장재를 매장에 버리고 오는 것인데, 유통업체에 플라스틱 과잉 사용에 대한 경각심을 주기 위한 행동이다. 영국에서는 일회용 플라스틱 포장재 사용을 줄이겠다는 대형 마트들의 선언이 이어졌다. 영국 점유율 1위인 테스코는 과대 묶음 포장 제품을 판매하지 않기로 했고 웨이트로즈, 세인즈버리 등은 고객이 다회용 용기를 가져와 물건을 담아 갈 수 있도록 했다. 영국 점유율 2위인 세인즈버리는 2025년까지 일회용 플라스틱 포장재 사용을 50% 줄이기로 했고, 아이슬란드는 2023년까지 완전히 없애기로 했다. 영국뿐 아니라 유럽, 미국에서도 일회용 플라스틱 포장재 사용을 줄이겠다고 선언하는 대형 마트와 슈퍼마켓이 늘고 있다. 한국에서는 2020년 4월, 롯데마트가 2025년까지 일회용 플라스틱 사용량을 50% 감축하겠다고 선언

©Original Unverpackt

했다. 이처럼 한국과 전 세계의 주요 대형 마트들이 모두 이런 선언을 할 수밖에 없다. 서스테이너블 라이프의 가장 기본이자 소비자가 가장 쉽게 받아들일 수 있는 실천이 일회용 플라스틱 쓰레기를 줄이는 것이기 때문이다.

《라이프 트렌드 2019: 젠더 뉴트럴 Gender Neutral》에서 '플라스틱 어택이 확산되면 웨이스트 어택으로 이어질까?'라는 챕터를 통해 플라스틱 어택과 제로 웨이스트를 다루었다. 실제로 국내 기업들이 일회용 플라스틱 문제에 본격적으로 대응한 것도 2019년 즈음이다. 이 문제를 진작부터 인식하고 있었으나 언제쯤 시작하면 좋을지 계산하던 기업도 많았다. 그러다가 더 이상 미룰 수 없게 된 것이 2019년인 것이다. 2020년 코로나19 팬데믹이 아니었다면 더 강경한 플라스틱 포장재 줄이기 액션이 이루어졌겠지만, 앞서 '세이프티 퍼스트: 불안이 만든 새로운 기회'에서 다뤘듯이 전염병으로 인해 개인위생과 안전 이슈가 부각되면서 우리 사회가 일회용품 사용에 관대(?)해졌다. 물론 이것은 일시적 현상이겠지만 적어도 2020년 이전까지 거셌던 서스테이너블 라이프에 대한 욕망과 트렌드가 잠시 주춤한 셈이다. 코로나19 팬데믹 때문에 불가피하게 일회용품을 사용하게 되었지만, 지구라는 유한한 자원을 인간이 함부로 낭비하고 소모했다는 것에 대한 각성도 더 생겼다. 생태계 파괴와 기후 위기에 대한 관심도 더 커지게 되었다. 결국 서스테이너블 라이프에 대한 우리의 실천 의지가 더 높아질 수 있는 것이다. 기업으로서는 이 계기를 잘 활용해야 한다.

왜 동물 복지 계란이 잘 팔리고 있을까?

동물 복지 계란은 까다로운 사육 방식 때문에 일반 계란보다 2~3배 정도 비싸다. 하지만 코로나19로 인해 더 잘 팔린다. 이마트의 2020년 1~5월간 동물 복지 계란 매출은 전년 동기 대비 28.9% 증가했다. 심지어 마켓컬리의 2020년 1~5월간 계란 판매를 보면 동물 복지 계란이 일반 계란보다 43% 더 팔렸다. 2019년 마켓컬리의 동물 복지 계란 매출은 2018년 대비 275% 증가했다. 동물 복지 계란 소비를 트렌드 단계로 구분지어 보자면 2018년에 얼리어답터(Early Adopter) 소비가 일어났고, 2019년에 얼리 메이저리티(Early Majority)에 이어 2020년에 본격적인 메이저리티(Majority) 단계가 되었다. 코로나19 팬데믹이 동물 복지 소비 확산 속도를 빠르게 만든 티핑 포인트가 된 것이다. 개인위생과 안전에 대해 민감해지고, 먹거리 소비에서도 안전과 환경을 더 따지게 만들었다. 풀무원이 판매하는 계란 중 동물 복지 계란의 비중은 2018년 10%였는데, 2019년에는 23%로 커졌다. 2020년의 목표인 30%도 충분히 달성할 것으로 보인다. 2028년까지 100% 동물 복지 계란만 팔겠다는 계획이다. 풀무원은 국내 브랜드 계란 시장에서 압도적 점유율을 가진 기업이다. 1등 기업이 변화를 주도하기 때문에 머지않아 모든 계란이 동물 복지 제품이 될 것이다. 한국 맥도날드는 사용하는 계란을 2025년까지 100% 동물 복지 계란으로 바꿀 계획이다. 이처럼 계란 유통 회사, 계란을 대량으로 소비하는 외식업체가 변화하는 것은 기업으로서도 동물 복지가 선택이 아닌 필수라고 여기기 때문이다. 더 비싼 돈을 지불하더라도 동물 복지를 선택하겠다는 소비자가 늘었고, 서스테이너블 라이프를 지향하는 사람들도 늘고 있다.

우리는 동물 복지 계란만 먹는 것이 아니다. 롯데마트의 2020년 2~3월간 닭고기 매출은 전년 동기 대비 -4.2%였다. 그런데 동물 복지 인증 닭고기 매출은 30% 늘었다. 마켓컬리의 2020년 1~5월간 동물 복지 닭고기 매출은 월평균 24% 성장률을 보였다. 같은 기간 동물 복지 돼지고기 매출도 월평균 13% 성장률을 기록했다. 마켓컬리에서 가장 많이 팔리는 우유는 자체 브랜드에서 내놓은 동물 복지 우유다. 이마트를 통해 주로 판매되는 돼지고기 유통업체 선진의 동물 복지 돼지고기 브랜드 '선진 포크 한돈 바른농장'의 삼겹살 판매량은 2020년 상반기 이마트에서 전년 동기 대비 248% 증가했고, 목살은 225% 증가했다. 확실히 동물 복지 육류 소비가 늘었다는 것을 알 수 있다.

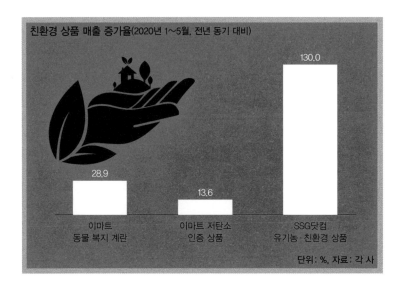

친환경 상품 매출 증가율(2020년 1~5월, 전년 동기 대비)

130.0

28.9

13.6

이마트
동물 복지 계란

이마트 저탄소
인증 상품

SSG닷컴
유기농·친환경 상품

단위: %, 자료: 각 사

《라이프 트렌드 2017: 적당한 불편》에서 '당신도 세미 베지테리언인가'라는 주제로 채식주의자 증가와 육류 소비에 대한 불편한 진실에 주목하는 사람이 늘어간다는 내용을 다루었고, 《라이프 트렌드 2018: 아주 멋진 가짜 Classy Fake》에서는 동물 복지 차원에서 식물성 고기 시장의 성장을 다루었다. 지금은 육식 소비가 계속 증가하는 시대다. 우리는 육식 소비를 하더라도 동물 복지 인증을 받은 고기를 먹겠다는 선택과 식물성 고기로 육식의 욕망을 대체하겠다는 선택을 동시에 한다. 두 선택 모두 기존의 육식 소비보다 더 많은 돈을 내야 한다. 하지만 돈을 더 쓰더라도 우리에게 더 안전하고, 동물에게는 덜 미안한 선택을 하는 것이 지금 시대의 소비 태도다. 치킨을 먹더라도 동물 복지 치킨 브랜드를 선택하는 것이다. 결국 모든 치킨 브랜드에서 동물 복지 인증 닭을 사용하는 것은 선택이 아닌 필수가 될 수밖에 없다. 동물 복지 계란 소비가 늘어나는 현상은, 계란조차 동물 복

지 제품인지 따져서 먹겠다는 사람이 많아졌다는 의미다. 이는 닭고기와 돼지고기 등 육식은 물론이고 채소를 먹더라도 로컬 푸드인지 따지는 것처럼 서스테이너블 라이프가 바탕인 식문화를 당연하게 여기겠다는 메시지가 담겼다.

팬데믹은 우리에게 슬로 라이프를 경험시켰다

　　콩나물국을 먹기 위해 콩나물시루에 직접 콩을 심고 키워서 콩나물이 다 자랄 때까지 기다리는 사람이 얼마나 될까? 당장 마트에 가서 콩나물 한 봉지를 사 와서 끓여 먹거나 콩나물국을 파는 식당을 찾거나 배달을 시켜도 된다. 바쁜 현대인에게는 이것이 더 합리적인 방법이다. 그런데 콩나물시루 매출이 갑자기 늘었다. 위메프에 따르면, 2020년 3~4월에 콩나물시루 매출이 전년 동기 대비 1284%나 늘었다. 심지어 상추 모종은 3398% 늘었다. 마트에 가면 당장 사 먹을 수 있는 것들을 직접 키워서 먹겠다는 것은 자급자족 트렌드면서 동시에 슬로 라이프(Slow Life)이기도 하다. 같은 기간 위메프에서 사골 뼈 매출은 전년 동기 대비 2074% 증가했고, 곰솥 판매량도 92% 증가했다. 조리하는 데 오래 걸리는 곰탕을 집에서 끓이려는 사람이 왜 갑자기 늘어났을까? 심지어 떡을 만드는 재료인 멥쌀가루 매출도 1387% 늘었고, 떡을 찌는 떡시루 매출은 181% 늘었다. 그냥 사 먹으면 편할 텐데 왜 번거롭고 힘들게 떡을 만들어 먹으려는 걸까? 갑자기 곰탕을 끓이거나 떡을 만들려는 사람이 늘어난 것은 팬데믹으로 인해 집에 있는 시간이 늘어난 것과 무관하지 않을 듯하다.

우리는 갑자기 여유로운 시간을 맞았다. 재택근무와 온라인 수업이 늘고 사회적 거리 두기를 하면서 외부 모임도 크게 줄었다. 집에서 보낼 시간이 늘면서 그동안 바쁘다는 이유로 하지 않았던 것들에게 관심을 두게 되었다. 같은 이유로 청국장 만드는 재료와 제조기, 재봉틀과 뜨개질실의 수요도 늘었다. 우리에게 긴 시간이 주어졌기 때문에 우리는 느림을 소비하는 선택을 한 것이다. 밖에서는 바쁘게, 빠르게 살아도 집에서는 그 속도로 살 필요가 없다. 집에서는 여유를 부리거나 게으름을 피워도 된다. 팬데믹 이전에는 주말이나 휴일에 아주 가끔 그럴 수 있었지만 팬데믹 이후에는 주중에도 더 오래 그럴 수 있

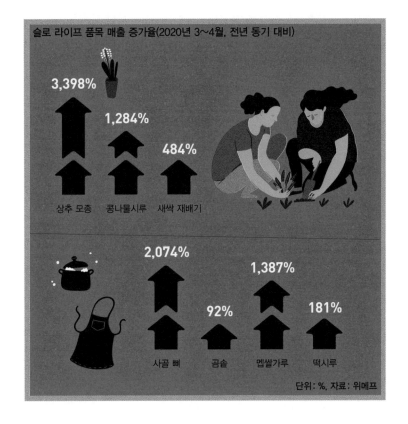

슬로 라이프 품목 매출 증가율(2020년 3∼4월, 전년 동기 대비)

3,398% 상추 모종

1,284% 콩나물시루

484% 새싹 재배기

2,074% 사골 뼈

92% 곰솥

1,387% 멥쌀가루

181% 떡시루

단위: %, 자료: 위메프

게 되었다.

이케아가 세계 각국의 가정을 정기 방문해서 리서치해 만드는《라이프 앳 홈 리포트 2020(Life at Home Report 2020)》보고서에도, 코로나19 장기화로 인해 사람들이 슬로 라이프의 소중함을 인식하고 취미와 자기 관리에 대한 관심이 증가한다는 내용이 담겼다. 아울러 집에서 자연을 즐길 수 있는 자연 친화적 공간에 대한 수요가 늘어나고, 집에서 정서적 유대감과 안정감이 더 중요해진다고 했다. 이러한 우리의 변화된 태도는 집에서의 생활에 그치지 않고 우리의 의식주와 소비 전반에 영향을 줄 수밖에 없다. 가령 옷을 살 때에도 어떤 소재인지 더 신경 써서 고를 것이다. 예전에는 디자인을 중시하는 태도 때문에 SPA가 패션의 중심이 되었다. 세련되고 멋진 디자인을 저렴하게 소비하는 방법이 SPA 브랜드였기 때문에 값싼 소재나 열악한 노동 환경 문제는 눈감아 줬다. 유행을 빨리 소비하게 되면 옷도 금방 금방 버리게 되기 때문에 환경에는 부정적이다. 하지만 그 정도는 모른 체했다. 빠르고 가성비가 높은 것을 좋아했기 때문이다. 그런데 이제 좋은 소재로 오래 입을 수 있는 패션에 대한 관심이 커지고 있다. SPA 브랜드마저 소재를 개선시키고 친환경에 투자한다. 우리가 슬로 라이프이자 서스테이너블 라이프에 눈을 떴기 때문이다. 이런 변화는 이미 수년 전부터 진행되고 있었지만 코로나19 팬데믹이 확산의 결정적인 계기가 되었다. 팬데믹이 아니었다면 우리는 여전히 '빨리빨리'를 외치면서 바쁘게 달려가기만 했을 것이다. 팬데믹이 전 국민의 시간을 잠시 멈추게 만들었고, 그 시간의 경험은 우리 삶의 변화로 이어졌다.

슬로푸드 운동은 패스트푸드에 반대되는 개념으로서 1986년에 시작되었다. 여기서 이어진 것이 1999년 이탈리아에서 시작된 치타슬로(CittaSlow) 운동이다. 느리게 살자는 뜻을 가진 이 운동은 영어로 바꾸면 슬로 시티(Slow City) 운동이 된다. 먹는 것의 변화에서 시작되었지만 결국 의식주를 둘러싼 우리의 생활을 바꾸고 이는 곧 우리가 사는 도시를 바꾸는 일이 된다. 이런 흐름에 부합하는 트렌드 중 하나가 슬로 라이프이다. 단순히 느리게 살자는 것이 아니라, 지금껏 우리는 현대 문명과 현대 사회의 빠른 속도에 맞춰 빠르고 바쁘게만 살았으니 속도를 좀 늦춰서 자기에게 맞는 속도를 찾자는 것이 핵심이다. 슬로 라이프라는 개념은 1997년 일본에서 만들어졌다. 우리나라는 빨리빨리의 대표 주자이지만 일본도 바쁘게 사는 워커홀릭이 많은 나라로 빠지지 않는다. 어쩌면 일에 파묻혀 앞만 보고 바삐 사는 사회에서 느리게 살아야 할 필요성을 가장 크게 느낀 셈이다.

슬로 라이프가 처음부터 세계적으로 퍼진 것은 아니다. 아시아에서 시작된 화두를 유럽은 쉽게 받아 주지 않는다. 그런데 2000년대 들어 환경에 대한 인식이 바뀌고 세계적 경제 침체와 금융 위기를 겪으면서 삶의 속도를 조절하는 데 관심을 기울이기 시작했고 그렇게 전 세계가 슬로 라이프에 주목했다. 킨포크, 휘게, 단샤리, 미니멀 라이프, 와비사비 등이 슬로 라이프와 연결되고, 1인 가구 증가와 개인주의 확산도 연결된다. 우리는 점점 더 우리 삶의 주도권과 결정권을 가지기를 원한다. 미닝 아웃도 이런 흐름에서 나온 것이다. 욜로와 슬로 라이프의 다른 점은, 욜로는 자기 자신을 위한 삶에 포커스가 맞춰져 있는 반면 슬로 라이프는 자기 자신과 함께 공동체가 포함되어 있다는 것이다. 슬로 라이프는 환경 운동의 일환으로 시작된 것이기도 하다. 슬로 시티도 결국 환경, 지구, 사람의 공동체를 이야기한다. 결국 서스테이너블 라이프가 되는 셈이다.

Life Trend

2021

Business & Consumption

트렌드 코드로서의 'RE':
왜 위기의 시대에
'RE'가 뜰까?

언컨택트 이코노미:
날개를 단 비대면 경제

트렌드 코드로서의 'RE': 왜 위기의 시대에 'RE'가 뜰까?

우리는 위기를 겪을 때마다 'RE'를 더 찾는다. 비즈니스에서는 위기에 대응하기 위해 'RE' 전략을 활용하고, 개인은 'RE'에서 동기 부여와 자기 계발의 방향을 찾아 위기를 극복할 수 있는 에너지를 얻기 때문이다. 위기 상황에서 'RE'가 트렌드가 된 것은 이번이 처음도 아니다. 코로나19 팬데믹이 초래한 역대급 위기를 겪은 개인과 기업은 모두 2021년에 더더욱 'RE'를 갈망할 수밖에 없다. 이번 장에서는 콘텐츠와 마케팅에서의 리메이크(REmake)와 리부트(REboot), 마케팅 코드로서의 리사이클(REcycle), 비즈니스 코드로서의 리셀(REsell), 경영 전략으로서의 재생 에너지(REnewable Energy), 기업의 생존 전략으로서의 구조 조정(REstructuring)과 대체(REplacement) 등 5가지 'RE' 트렌드 코드를 이야기한다.

자본의 논리가 주도하는 콘텐츠에서의 리메이크와 리부트 열풍

사업에서 안전 지향성이 드러나는 시점은 위기와 불황을 맞았을 때다. 투자에서도 신중할 수밖에 없어서 리스크를 줄이는 선택을 최선으로 한다. 완전 새로운 것보다 기존의 검증된 것에 관심을 가지는 것은 안전 지향성의 일환이다. 그래서 새로운 창작보다는 성공했던 과거의 것을 복제하거나 재현하는 선택에 대해 관심이 커진다. 2020년 가요계의 가장 큰 이슈는 아마 '싹쓰리'와 트로트 열풍일 것이다. 유재석, 이효리, 비(정지훈)로 이뤄진 혼성 그룹 싹쓰리가 내놓은 음원 중 3곡, 듀스의 1994년 곡 〈여름 안에서〉 리메이크와 〈다시 여기 바닷가〉, 〈그 여름을 틀어 줘〉는 모두 음원 차트 최상위권을 차지했다. 사실 이 3명이 뭉친 것도 1990년대에 대한 추억이자 향수에서 비롯됐다. 댄스와 발라드가 중심이었던 대중가요 전성기의 정서를 재현한 것, 즉 이 자체가 1990년대 음악 스타일에 대한 리메이크다. 리메이크곡인 〈여름 안에서〉는 물론이고 나머지 2곡도 노래를 만들 때부터 1990년대의 댄스 음악 분위기를 기본으로 삼았다. 비와 이효리는 1990년대 후반에 데뷔해 2000년대에 최전성기를 맞았다. 이 둘은 대체 불가능한 스타였지만 지금은 가수로서 정점에서 내려온 상태다. 하지만 검증된 스타, 검증된 음악 스타일, 검증된 영향력을 지닌 김태호 PD, 유재석, MBC가 결합하면서 특별한 이슈가 완성되었다.

싹쓰리의 대성공으로 인해 대중가요의 리메이크는 더 활발해졌다. 하지만 관련 업계가 싹쓰리를 따라 할 수 있는 부분은 초호화 멤버 구성이 아니다. 그런 조합을 다시 만드는 것은 불가능하니까. 하지만 1990년대에 히트했던 음악 스타일을 재현하고 당시 히트곡을 리메이크하는 것은 가능하다. 확실히 지금의 3040세대를 공략하는 데 1990년대 음악이 효과적이고 심지어 1020세대도 충분히 반응한다. 이것이 대중가요의 리메이크가 더 많아질 결정적 이유다. 여전히 진행 중인 뉴트로 트렌드의 핵심은 사실 오래됨이 아니라 새로움이다. 트로트가 5060세대에게는 오래됨이지만 10~30대에게는 새로움이다. 트로트를 소비하지 않았던 세대가 트로트에 반응하는 것은 과거의 트로트 가수들 때문이 아니라 2030세대 트로트 가수들 때문이다. 이들의 노래는 직설적 가사와 흥겹고 쉬운 멜로디에 현란한 퍼포먼스까지 갖췄다. 트로트 열풍은 2019년 촉발되어 2020년까지 이어졌는데 2021년에도 계속될 듯하다. 트로트는 리바이벌과 리메이크가 활발한 장르이고, 레트로이기도 하다. 그런데 2020년의 트로트 열풍은 트로트 피로감까지 가져오고 있다. 트로트가 뜨니 모든 채널이 트로트 콘텐츠를 쏟아 냈기 때문이다. 결국 2021년에는 새로운 장르에 대한 소비자의 욕망이 커질 수밖에 없고, 새로운 기회가 여기서 출발한다.

리메이크는 영화, 애니메이션, 음악 등 이미 발표된 작품을 다시 만드는 것이다. 변형과 수정이 조금 될 수는 있지만 대부분 원작에서 크게 벗어나지 않는다. 원작의 정체성을 유지한 채 새롭게 만드는 것이다. 가령 봉준호 감독의 영화 〈설국열차〉는 미국에서 1시간짜리 에피소드 10개로 구성된 드라마로 리메이크되었는데, 〈설국열차〉의 영어 제목과 같은 〈Snowpiercer〉라는 제복으로 넷플릭스에서 공개되었다. 2016년에 개봉한 이탈리아 영화 〈퍼펙트 스트레인저〉는 2019년까지 18개국에서 리메이크되어 세계에서 가장 많이 리메이크된 영화로 기네스북에 올랐는데, 한국에서도 영화 〈완벽한 타인〉으로 리메이크되었다. 또한 기네스북에 따르면 세계에서 가장 많이 리메이크된 음악은 비틀스의 〈예스터데이(Yesterday)〉다. 리메이크되는 작품은 대부분 흥행 성공한 것으로 그 성공을 재현하려는 의도가 포함된다.

사전적으로 부활, 재생, 부흥이라는 의미의 리바이벌은 오래된 영화를 재상영하거나 오래된 음악을 재연주, 과거의 히트곡을 해당 가수가 다시 부르는 것을 말한다. 그런데 코로나19 팬데믹으로 인해 재개봉하는 영화가 늘었다. 극장을 찾는 관객 수가 줄어들어 흥행이 어렵다 보니 블록버스터들을 필두로 많은 영화가 개봉을 연기했고 이 때문에 영화관에 새로운 영화가 부족한 것이다. 이때 과거 명작들의 재

2020년 상반기 재개봉 영화 관객 수 TOP 10

순위	영화 제목	최초 개봉일	재개봉일	관객 수(명)
1	위대한 쇼맨	2017년 12월 20일	2020년 5월 21일	28만 3,000
2	라라랜드	2016년 12월 7일	2020년 3월 25일	13만 6,000
3	인셉션	2010년 7월 21일	2020년 1월 29일	11만
4	패왕별희 디 오리지널	2017년 3월 30일	2020년 5월 1일	10만
5	해리포터와 아즈카반의 죄수	2004년 7월 16일	2020년 2월 26일	5만 8,000
6	어벤져스: 엔드게임	2019년 4월 24일	2020년 4월 29일	4만 3,000
7	스타 이즈 본	2018년 10월 9일	2020년 3월 9일	3만 6,000
8	어바웃 타임	2013년 12월 5일	2020년 3월 5일	3만 4,000
9	배트맨 비긴즈	2005년 6월 24일	2020년 6월 24일	3만 3,000
10	매드 맥스: 분노의 도로	2015년 5월 14일	2020년 6월 4일	3만

자료: 영화진흥위원회

개봉이 빈자리를 메웠다. 영화진흥위원회 영화관 입장권 통합 전산 망에 따르면, 2020년 1분기에 재개봉 영화는 130편(40회 이상 상영 기준)이었는데, 2019년 1분기 때는 67편에 불과했다. 특히 1분기 중 3월에 재개봉한 영화가 62편으로 전체의 절반을 차지했다. 엄밀히 리메이크 와 리바이벌은 다르지만 둘 다 히트한 과거 작품을 재유행시키려는 전형적인 복고의 방법이라는 점이 같고 이는 수년째 이어지는 레트로 유행, 그리고 불황과 무관하지 않다. 리메이크는 전 세계가 점점 더 관심을 갖는 키워드다. 구글 트렌드에서 2008년부터 2020년 8월까지 'Remake' 키워드에 대한 뉴스 검색 관심도 추이를 살펴보니 최근 몇 년간의 관심도가 월등히 높다. 뉴스에 Remake 키워드가 많이 등장한 다는 것은 그만큼 영화, 음악, 애니메이션 등 콘텐츠의 리메이크가 많 아졌다고 해석할 수 있다.

리부트는 영화, 애니메이션, 드라마, 게임 등의 콘텐츠에서 시리즈

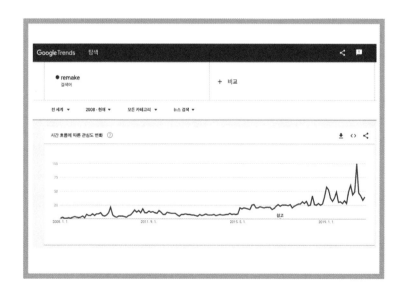

가 이어질 때 등장인물은 유지한 채 설정과 스토리를 새롭게 바꿔 기존 팬덤의 충성도를 가져가면서 새로운 성공을 이끌어 내는 방식이다. 〈007〉 시리즈나 마블의 〈어벤져스〉 시리즈가 대표적이다. 이들은 리메이크는 아니지만 순수 창작도 아닌, 리메이크와 순수 창작의 결합 형태에 가깝다. 리마스터(REmaster)는 주로 영화와 음악에서 아날로그를 디지털로 바꿔 음질과 화질을 개선시키는 작업을 말한다. 진화된 기술을 활용해 과거의 것을 더 낫게 만들고 이를 리바이벌로 사용하는 것이다. 콘텐츠에서의 'RE'에 해당되는 리메이크, 리바이벌, 리부트, 리마스터 모두 이미 성공했고 검증된 과거의 콘텐츠를 통해 새로운 비즈니스 기회를 모색하는 접근이다. 복고를 의미하는 레트로(REtro)도 여기에 부합된다. 위기와 불황이 계속될수록 콘텐츠 업계의 'RE' 열풍은 더 거셀 수밖에 없다. 사실 도전하는 크리에이터에게는 이런 때가 역대 최고의 기회. 대자본은 새로운 창작에 소극적이기 때문에 오히려 새롭고 차별화된 자기만의 승부수를 가진 이들이 더 주목받기 쉽다.

박스 오피스 모조(Box Office Mojo by IMDb)의 2020 월드와이드 박스 오피스(2020.1.1.~8.13.)에서 전 세계 가장 흥행한 영화 톱(Top) 5를 살폈더니 모두 리메이크나 리부트에 해당되는 영화였고, 톱 10에서도 6편을 차지했다. 엄밀히 따지면 리메이크나 리부트는 아니지만 베스트셀러 소설을 원작으로 한 영화, 이미 히트한 유사 콘텐츠에서 따오거나 섞은 듯한 영화는 3편이었다. 온전히 새로운 이야기, 순수 창작으로 보이는 것은 1편뿐이었다. 2020년 4월에 개봉 예정이었으나 11월로 미룬 〈007〉 시리즈의 25번째 작품 〈007 노 타임 투 다이〉, 2월 개봉이

9월로 미뤄진 〈킹스맨〉의 3번째 속편 〈킹스맨: 퍼스트 에이전트〉, 5월에 개봉 예정이었으나 아예 2021년으로 미뤄진 〈분노의 질주〉 시리즈의 9번째 영화 〈분노의 질주: 더 얼티메이트〉가 미루지 않고 예정대로 개봉했다면 톱 10에 모두 들어갔을 것이다. 이들 3편은 모두 블록버스터이자 전형적인 속편 시리즈다. 아울러 1998년에 개봉해 전 세계 박스 오피스 수입 3억 달러를 올렸던 디즈니 애니메이션 〈뮬란〉의 리메이크판 실사 영화도 3월에 개봉하려고 했으나 계속 미뤄지다가 결국 극장 개봉 자체를 포기하고 9월에 디즈니플러스를 통해 개봉했다. 이들 4편이 제때 개봉했다면 톱 10 중 리메이크나 리부트에 해당하는 영화는 9편이 되었을 것이다.

참고로 2020 월드와이드 박스 오피스 1위를 차지한 영화 〈나쁜 녀석들: 포에버〉는 1995년에 개봉했던 〈나쁜 녀석들〉 시리즈의 3편이다. 2위인 〈수퍼 소닉〉은 1990년에 처음 등장한 세가(Sega)의 게임 캐릭터 소닉의 이야기로, 30년간 사랑받았던 게임과 캐릭터가 결국 실사와 결합한 애니메이션 영화로 만들어진 것이다. 3위 〈닥터 두리틀〉은 동명의 인기 소설이 원작이고, 1967년 작 영화를 리메이크한 것이다. 4위 〈버즈 오브 프레이: 할리 퀸의 황홀한 해방〉은 2016년에 개봉한 영화 〈수어사이드 스쿼드〉의 등장인물 할리 퀸과 DC 코믹스의 여성 히어로와 빌런 캐릭터를 모아 만든 영화로 이것 또한 리부트에 해당한다. 5위 〈인비저블맨〉은 같은 제목의 인기 소설이 원작으로 1933년 작 영화를 리메이크했다. 6위는 픽사의 애니메이션 〈온워드: 단 하루의 기적〉이다.

7위 〈콜 오브 와일드〉는 실화를 바탕으로 쓰여 1903년에 출간된 소설이 원작인 영화다. 2019년에도 이 영화처럼 썰매 개의 이야기를 다룬 영화 〈토고〉가 개봉했었는데, 토고는 1925년에 있었던 실화의 주인공이자 2011년에 《타임》이 역사상 가장 영웅적인 동물로 선정하기도 했다. 또한 넷플릭스는 우리나라에도 잘 알려진 1974년 작 영화 〈벤지〉를 2018년에 〈돌아온 벤지〉라는 제목으로 리부트했다. 이 〈토고〉와 〈벤지〉의 원조 격이 바로 〈콜 오브 와일드〉인 것이다. 8위 〈판타지 아일랜드〉는 1977년 ABC의 텔레비전 시리즈와 같은 제목으로 프리퀄에 해당된다. 9위 〈언더워터〉는 리메이크나 속편은 아니지만 심해 공포물과 〈에일리언〉 콘셉트를 합해 익숙하다. 10위는 한국 영화 〈남산의 부장들〉인데 국내에서 52만 부 이상 팔린 베스트셀러가 원작이며, 전 국민이 다 아는 실화가 바탕이다. 100만 부 이상 팔린 김진명의 소설 《1026》, 2005년에 개봉한 영화 〈그때 그 사람들〉도 모두 같은 사건을 배경으로 한다. 많은 할리우드 영화가 개봉을 연기하

2020 Worldwide Box Office

2020 ∨

Rank ^	Release Group	Worldwide ⌄
1	Bad Boys for Life	$419,074,646
2	Sonic the Hedgehog	$306,766,470
3	Dolittle	$243,321,264
4	Harley Quinn: Birds of Prey	$201,858,461
5	The Invisible Man	$130,068,629
6	Onward	$111,196,856
7	The Call of the Wild	$107,604,626
8	Fantasy Island	$47,315,959
9	Underwater	$40,882,928
10	The Man Standing Next	$34,664,900

면서 상대적으로 한국 영화가 월드와이드 순위표에 올라간 것이지만,
2020년 연간 전체 순위가 매겨지게 되면 순위는 뒤로 밀릴 것이다.

2020년에 개봉한 영화는 이미 이전에 제작된 것들이다. 사실 글로
벌 금융 위기 때부터 리메이크와 리부트 영화가 많이 늘었다. 2010년
대는 히어로 영화의 전성시대라고 할 수 있다. 마블과 DC 코믹스가
주도하는 히어로 영화는 만화를 원작으로 하고 있으며 전형적인 상
업 속편 시리즈고 리메이크와 리부트한 작품도 많다. 2019 월드와이
드 박스 오피스 순위에서 톱 10을 살펴보면 1위는 〈어벤져스〉 시리
즈의 〈어벤져스: 엔드게임〉, 2위는 애니메이션 리메이크의 대명사인
디즈니의 〈라이온 킹〉, 3위 〈겨울왕국 2〉, 4위 〈스파이더맨〉 시리즈의
〈스파이더맨: 파 프롬 홈〉, 5위는 마블의 히어로이자 〈어벤져스〉 시리
즈에도 출연하는 〈캡틴 마블〉, 6위는 〈배트맨〉 시리즈의 빌런인 조커
의 프리퀄 〈조커〉, 7위는 〈스타워즈〉 시리즈의 최신작 〈스타워즈: 라

2019 Worldwide Box Office

2019 ∨

Rank ^	Release Group	Worldwide ◇
1	Avengers: Endgame	$2,797,800,564
2	The Lion King	$1,656,943,394
3	Frozen II	$1,450,026,933
4	Spider-Man: Far from Home	$1,131,927,996
5	Captain Marvel	$1,128,274,794
6	Joker	$1,074,251,311
7	Star Wars: The Rise of Skywalker	$1,074,144,248
8	Toy Story 4	$1,073,394,593
9	Aladdin	$1,050,693,953
10	Jumanji: The Next Level	$796,575,993

이즈 오브 스카이워커〉, 8위는 〈토이 스토리 4〉, 9위는 애니메이션을 실사로 리메이크한 〈알라딘〉, 10위는 〈쥬만지〉의 속편인 〈쥬만지: 넥스트 레벨〉이다. 이중 속편, 프리퀄, 리메이크가 아닌 작품은 없다. 흥행 톱 10의 양상만 보아도 영화 산업과 자본이 리메이크와 리부트를 선호한다고 볼 수밖에 없다. 인기와 흥행이 검증된 콘텐츠에 대한 투자가 완전히 새로운 창작 콘텐츠에 대한 투자보다 선호되는 것은 당연하다. 가뜩이나 이런 경향이 컸는데 코로나19 팬데믹을 겪으면서 영화 제작 중단이나 극장 폐쇄 같은 초유의 위기를 만나게 된 것이다. 그러므로 할리우드를 필두로 한 세계 영화 산업은 리스크를 줄이고 비용 대비 효과를 높일 리메이크와 리부트에 치중할 가능성이 더 높아졌다.

한국의 영화 산업도 마찬가지다. 2020년 5월에 발표한 영화진흥위원회의 《코로나19 충격: 한국 영화 산업 현황과 전망》 보고서에 따르면, 팬데믹 때문에 2020년 극장 매출은 전년 대비 62~73% 정도 줄어들 것으로 예측했다. 이 정도면 반토막이 아닌 반의반 토막 수준이다. 2019년 국내 개봉 영화 중 흥행 1위를 차지한 〈극한직업〉의 관객 수는 무려 1626만 명이며, 관객 수 1000만 영화는 무려 5편이다. 영화진흥위원회 영화관 입장권 통합 전산망에 따르면, 2020년 국내 개봉 영화 중 흥행 1위(2020년 8월 13일 기준)는 〈남산의 부장들〉로 관객 수는 475만 명이다. 사회적 거리 두기를 시행하기 전인 1월 22일에 개봉한 덕분에 관객 수 1위가 되었다. 2019년 국내 개봉 영화 중 흥행 10위를 차지한 〈봉오동 전투〉의 관객 수가 478만 명이었다. 이처럼 한국 영화 산업은 2020년에 역대급 타격을 입었기 때문에 2021년에는 리스크를 줄이는 전략이 필요할 수밖에 없다.

리빌드(REbuild)는 건물을 다시 세우는 재건축의 의미이지만 사람의 삶이나 기업의 경영에서 '다시 세우다'라는 의미로도 쓰인다. 위기를 딛고 다시 일어선다는 뉘앙스의 키워드라서 경영 메시지나 자기 계발의 화두로도 많이 쓰이는 것이다. 리셋(REset)은 컴퓨터의 시스템을 초기 상태로 돌리는 것을 의미하지만 자기 계발에서 '처음부터 다시 시작한다'는 의미로도 쓰이는데 위기와 불황일 때 특히 선호된다. 2019년 12월, 하나금융그룹은 그룹 출범 14주년을 맞아 '넥스트(NEXT) 2030 경영 원칙'을 선포했는데 이때 제시한 3대 원칙 중 2가지가 리셋과 리빌드다. 금융의 위기 시대, 업종 간 경계가 사라진 시대에 모든 관행을 버리고 새롭게 탈바꿈하자는 메시지를 경영 원칙에 담은 것이다. 이는 특정 기업뿐 아니라 모든 기업과 개인들에게도 필요한 화두다. 특히 팬데믹을 겪으면서 위기가 더욱 심화되었기 때문에 리셋과 리빌드 키워드는 2021년에 더 자주 활용될 것이다. 변화에 맞춰 새롭게 재구성하고 개선시키는 것을 일컫는 리뉴얼(REnewal)이나, 작은 변화로 개선을 이끌어 내고 더 세련되게 만든다는 의미의 리파인(REfine)도 있다. 2021년에는 콘텐츠 산업뿐 아니라 사회 전반에서 'RE' 키워드를 적극적으로 되새길 것이다.

리사이클: 왜 나이키는 쓰레기 신발을 팔았을까?

'이것은 쓰레기다(This is Trash)'는 나이키가 '스페이스 히피(Space Hippie)'라는 한정판 신제품을 출시하며 사용한 홍보 문구다. 어떤 물건 앞에 '쓰레기'라는 말이 붙으면 매우 부정적인 느낌이 든다. 그런데도 나이키가 '쓰레기'를 강조해 홍보한 이유는 이 신발을 만든 원료가 진짜 쓰레기였기 때문이다. 이 신발은 나이키 생산 공장이 제품을 제조할 때 발생하는 폐자재로 만든 재생 폴리에스터를 재료로 삼았다. 소재와 제조의 자원 순환, 즉 리사이클 제품인 것이다. 심지어 신발을 담은 패키지 박스도 재활용 소재로 만들었다. 플라스틱에 대한 리사이클은 이미 보편적인 트렌드가 되었고 패션과 소비재 분야에서도 리사이클은 필수다. 하지만 나이키의 리사이클 신제품은 단순히 소비자가 사용하고 버린 것을 재활용하는 차원에서 진화해, 제조 과정에서 발생한 폐자재를 순환시킴으로써 적극적이고 혁신적인 리사이클을 실행했다. 도쿄 올림픽이 정상적으로 개최됐으면 많은 사람이 시상대에 오른 미국 대표 팀 선수들의 신발과 옷을 주목했을 것이다. 미국 대표 팀 선수들은 나이키의 '베이퍼맥스 2020' 제품

©NIKE

을 신을 예정이었는데 이 신발의 75%는 제조 과정에서 나온 폐자재로 만든다. 그리고 이들이 입을 윈드러너 재킷은 100% 재생 폴리에스터로, 팬츠는 100% 재생 나일론으로 만들었다. 나이키가 미국 대표 팀의 유니폼을 통해 자원 순환을 내세우는 것은 이것이 나이키의 가치이자 미국이 드러낼 이미지라고 생각했기 때문이다. 친환경은 지금 시대에 가장 중요한 메시지이자 가장 멋진 이미지다. 코로나19 팬데믹을 겪으면서 친환경이라는 이슈는 더 중요해졌다. 당연히 2021년에 치러질 국제 경기에서 나이키가 미국 대표 팀 선수들에게 입히고 신길 제품은 달라지지 않을 것이고, 앞으로 나이키가 만들 신발과 옷에서 리사이클은 더 확대될 것이다. 나이키는 리사이클 제조뿐 아니라 포장과 운송 부분에서도 탄소 절감을 위해 노력하고 있으며, 2025년까지 모든 제조 공장의 재생 에너지 비율을 100%로 끌어올릴 계획이다.

유엔유럽경제위원회(UNECE)에 따르면, 전 세계 폐수의 20%, 탄소의 10%가 패션 산업에서 배출된다고 한다. 탄소 배출량만 보면 전 세계의 모든 항공기와 해운 선박에서 배출되는 것보다 많고, 전 세계 자동차 산업보다 더 많은 양을 배출하는 것이다. 단일 산업 중 패션 산업은 탄소 배출량과 폐수량에서 단연 선두권이다. 유엔환경계획(UNEP)은 의류 폐기물의 재활용률이 1%가 채 안 되는데 이런 경향이 계속된다면 2050년에는 전 세계 탄소 배출량의 25%를 패션 산업이 차지할 것이라고 경고하기도 했다. 패션업계가 자원 순환과 서스테이너블 이슈에 적극적으로 대응하는 것도 이런 배경 때문이다.

리사이클에는 블록체인과 빅데이터 기술이 활용된다. 옷에 블록체

인 기술을 내장해 옷의 생산과 판매 과정의 투명성을 확보하는 것이
다. 이를 통해 소비자는 자신이 산 옷의 원재료가 어디서 어떻게 생산
되었고, 어떤 경로를 거쳐 이동했는지, 그 과정에서 어떤 환경적 영향
을 미쳤는지 알 수 있다. 이러면 기업이 자원 순환과 탄소 배출 절감
에 정말 노력했는지, 아니면 생색만 내고 마케팅 효과만 거두려고 쇼
를 한 것인지 확연히 드러난다. 기후 위기 대응을 필수라고 여기는 소
비자가 늘고 있기 때문에 패션 산업 내에서 블록체인 기술을 활용해
투명성을 확보하는 것은 경쟁력과 차별화 포인트가 될 수 있다. 또
한 패션업계는 이를 통해 보다 근본적인 리사이클 환경을 마련할 수
도 있다. 데이터 분석과 머신 러닝(Machine Learning) 기술을 사용해 생
산 과정에서의 환경적 영향을 분석하기도 하는데, 대표적인 예가 구

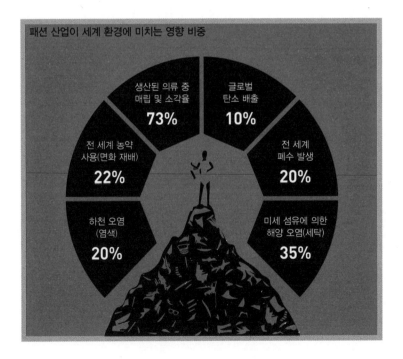

패션 산업이 세계 환경에 미치는 영향 비중

생산된 의류 중
매립 및 소각율
73%

글로벌
탄소 배출
10%

전 세계 농약
사용(면화 재배)
22%

전 세계
폐수 발생
20%

하천 오염
(염색)
20%

미세 섬유에 의한
해양 오염(세탁)
35%

글 클라우드와 스텔라 매카트니가 제휴해 진행하는 분석이다. 이들은 면이나 인조 견사 등 원자재 생산 과정의 데이터를 분석하고, 토양 오염이나 물 고갈, 폐수와 탄소 배출 등을 측정한다. 이제 패션 기업들은 멋진 옷을 잘 디자인하고 만드는 데서 그치는 것이 아니라 자신들이 사용할 원단이 어떤 과정을 통해 재배되고 만들어지는지, 제조와 유통 과정에서 발생하는 모든 상황을 파악해야 한다. 그런데 이런 파악을 위해서는 각 과정에서 실시간으로 발생하는 다양한 데이터를 분석해야 한다. 모든 산업에서 중요하게 활용되는 빅데이터 기술이 이제는 친환경과 기후 위기 대응에도 활용되는 것이다. 패션 기업 입장에서 이를 위해 돈을 쓰는 것은 비용이 아닌 투자다.

나이키는 재활용 소재로 만든 스페이스 히피를 전 세계에 8000켤레, 국내에는 100켤레만 판매했다. 한정판이다 보니 구매를 원하는 사람들 중 당첨자에게만 구매 기회를 주는 응모 이벤트를 열었는데, 6월 11일 오전 10시에 시작해 1시간 만에 다 팔렸다. 《에스콰이어 코리아》는 2020년 6월 호에 〈사고 싶어 안달 나게 하는 한정판 스니커즈 4〉라는 제목의 기사를 실었는데 이중 첫 번째로 소개된 제품이 나이키의 스페이스 히피다. 기사에서는 스페이스 히피의 리셀가가 판매 종료 일주일 만에 4배 이상 올랐다고 했다. 나이키는 쓰레기 신발이라고 광고했지만 소비자에게는 황금이었던 것이다. 이제 리사이클은 선택이 아닌 필수가 되었고, 강력한 소비의 욕망이 되었으며 팔리는 물건이 되었다.

리셀: 뜨거운 리셀 시장이 더 뜨거워질 이유

되판다는 의미의 '리셀' 제품은 중고지만 엄밀하게 말하면 한정품의 의미에 더 가깝다. 쓰던 것을 파는 것이 아니라 새것을 사서 되파는 것이기 때문이다. 한정판이므로 희소하고, 희소하므로 더 갖고 싶고, 갖고 싶은 사람이 많으므로 중고 거래가가 새 제품 판매가보다 더 비싸다. 한정품을 산 사람은 마진을 붙여서 되팔기 때문에 리셀러(REseller)는 어엿한 직업이 되기도 한다. 사실 리셀 시장은 생각보다 크다. 리셀 중에서도 특히 주목받고 있는 분야는 스니커즈 리셀이다. 미국 투자 은행 코웬앤컴퍼니(Cowen and Company)는 2019년 스니커즈 리셀 시장 규모를 20억 달러로 추정했는데 2025년에는 60억 달러로 성장할 것이라고 봤다. 이 전망은 코로나19 팬데믹 이전에 나온 것인데, 팬데믹 효과로 인해 리셀 시장은 더 커지고 있으니 2021년의 스니커즈 리셀 시장 규모는 30억~40억 달러가 된다고 해도 놀랄 일이 아니다. 운동화를 되파는 시장의 규모가 몇 조 원이라는 것이 이해가 안 되는 사람도 있겠지만, 대표적인 스니커즈 리셀 사이트인 미국의 스탁엑스(stockX)에서 거래되는 스니커즈는 연간 10억 달러 규모다. 스탁엑스는 9~14%의 거래 수수료를 받으므로 이 회사의 연간 매출은 최소 1억 달러를 넘는다. 2019년에 1억 달러 규모의 투자를 받으면서 평가받은 기업 가치는 10억 달러였다. 운동화를 되파는 회사의 기업 가치가 1조 원을 넘는다는 이야기다. 스탁엑스를 뒤쫓는 스니커즈 리셀 사이트 고트(GOAT)의 기업 가치는 2019년 초에 5억 5000만 달러였으니 이들은 머지않아 유니콘 기업이 될 듯하다.

중국에도 두(毒, Poison), 나이스(Nice), 더우뉴(斗牛, Donew) 등 대규모 스니커즈 리셀 사이트가 있는데 이중 '두'는 2019년에 1억 달러 투자 유치를 할 때 10억 달러의 기업 가치로 평가받았다. 국내에도 스니커즈 리셀 플랫폼이 있는데 2018년에 만들어진 아웃오브스탁(Out of Stock)이 대표적이다. 2020년 7월, 롯데백화점은 아웃오브스탁과 업무 제휴 협약을 맺었다. 사내에 스니커즈 전담 팀을 만들고 본점에 국내 최대 나이키 매장을 두는 등 한정판 스니커즈 시장을 공략한다. 백화점이자 대기업이 스니커즈 리셀 시장을 염두에 두는 셈이다. 국내 1위 온라인 패션 플랫폼이라고 할 수 있는 무신사도 7월에 스니커즈 거래 플랫폼 솔드아웃(Sold Out)을 런칭했다. 무신사는 대기업은 아니지만 온라인에서는 공룡급이다. 2019년 11월 투자 유치를 받으면서 기업 가치 20억 달러로 평가받았기 때문이다. 여기에 네이버 자회사인 스노우도 스니커즈 거래 플랫폼 크림(KREAM)을 런칭했다. 스타트업들

이 주도하던 스니커즈 리셀 시장에 2020년 들어 규모가 큰 기업들이 속속 들어온 것이다.

매장에서 21만 9000원에 판매되는 스니커즈가 중고로 1000만 원에 거래된다면 어떤 생각이 드는가? 나이키는 지드래곤과 컬래버레이션 하여 '나이키 에어포스1 파라노이즈' 제품을 만들었는데 지드래곤의 생일인 8월 18일에 맞춰 818켤레 한정 판매했다. 이때 선착순 8888명에게 응모권을 주고는 추첨을 통해 최종 구매가 가능한 사람을 뽑았다. 이 신발은 당일 완판되었는데 다음 날부터 스니커즈 리셀 사이트에 등장해 300만~500만 원의 리셀가를 형성했다. 그런데 이것은 일시적 해프닝으로 그치지 않고 6개월 후에도 200만~300만 원대로 거래가 이루어지면서 상시적 시장으로 자리를 잡았다. 이는 마치 주식 시장 같기도 하다. 심지어 친필 사인이 있는 일부 제품은 한정품 중에서도 한정품으로 취급되어 1300만 원에 거래되기도 했다. 나이키가 디올과 컬래버레이션한 '에어조던1 OG' 제품은 1만 3000켤레를 생산했는데 그중 5000켤레는 디올이 셀러브리티나 VIP 고객을 위해 자체적으로 소화하고, 나머지 8000켤레만 일반 소비자에게 팔았다. 전 세계에서 이 신발을 구매하기 위해 추첨에 응모한 사람은 500만 명이었으니 확률은 0.16%였다. 갖고 싶지만 당첨되지 못한 사람들에게 방법은 리셀밖에 없다. 이 신발이 품절되자마자 스니커즈 리셀 플랫폼에 팔려는 사람과 사려는 사람들이 모여들었다. 이 제품은 명품 브랜드에서 만들었기 때문에 애초에 판매가가 270만~300만 원대로 높았지만, 리셀가는 4~5배 이상 비싼 1500만~2000만 원대에 거래가 이뤄졌다고 한다.

하지만 이 정도로 놀라면 안 된다. 나이키는 1989년에 개봉한 SF 영화 〈백 투 더 퓨처 2〉에 등장했던 스니커즈(신으면 자동으로 끈이 조여지는 신발)를 2016년에 비슷하게 재현하여 89켤레 한정판으로 만들었다. 당시 신발 가격은 50달러에 불과했지만 스니커즈 리셀 사이트에서는 5만 달러에 거래되고 있다. 그동안 경매에 나온 희귀 나이키 스니커즈 중에서는 10만~20만 달러에 낙찰된 제품도 있다. 중고 신발 한 켤레가 수억 원이 될 수 있는 것은 지금 시대 사람들의 욕망 때문이다. 그리고 이를 가장 잘 이용하고 있는 기업이 바로 나이키다. 나이키는 스니커즈 리셀 시장을 주도하고 있는데 여기서 가장 많이 거래되는 브랜드이고, 비싸게 팔리는 제품의 대부분이 나이키가 컬래버레이션해서 내놓은 한정품이다. 나이키는 아예 스니커즈(SNKRS)라는 사이트를

세계에서 가장 비싼 리셀 스니커즈 TOP 10(2020년 1월 기준)

순위	브랜드	모델명	거래 가격
1	나이키	에어 맥 백 투 더 퓨처 BTTF	3,723
2	아디다스	휴먼 레이스 NMD 퍼렐×샤넬	2,884
3	나이키	덩크 로우 SB 파리	2,883
4	나이키	에어조던 4 레트로 에미넴 엔코어	2,422
5	나이키	에어 백 투 더 퓨처 BTTF	1,960
6	나이키	에어조던 4 레트로 에미넴 칼하트	1,903
7	나이키	에어조던 4 레트로 언디피티드	1,846
8	나이키	덩크 로우 스테이플 NYC 피존	1,767
9	나이키	에어조던 DJ 칼리드 파더 오브 아사드	1,729
10	나이키	에어조던 코비 PE 팩 3&8	1,729

단위: 만 원, 자료: 스탁엑스

만들어서 출시 예정인 스니커즈를 미리 공개하고 있다. 이를 통해 한정판 스니커즈에 대한 관심을 지속적으로 유도해 리셀 수요를 만들어 내는 것이다.

요즘 한정품을 판매할 때 래플(Raffle, 추첨) 방식이 자주 활용되기 때문에 무조건 돈이 있다고 해서, 혹은 매장을 빨리 찾는다고 해서 살 수 있는 것은 아니다. 심지어 오프라인 매장에서 신상품을 구입하거나 래플 응모권을 원하는 소비자에게 드레스 코드를 요구하기도 한다. 이것은 제품을 되파는 것이 목적인 사람들을 가려내려는 장치인데, 가령 나이키는 특정 모델의 스니커즈를 신고 나이키 상의를 입은 사람에게만 래플 응모권을 주겠다고 공지한 경우가 있었다. 또는 응모권이 유료인 경우도 있다. 그런데 이런 허들을 두는 것은 오히려 마니아들을 더 열광하게 만들기도 한다. 간절히 원해서 한정품을 구입하는 사람과 그냥 지나가는 길에 들렀거나 혹은 되팔아서 돈을 벌 목적으로 한정품을 구입하는 사람은 다르기 때문이다. 어쩌면 나이키는 자신들의 스니커즈 리셀로 누군가가 돈을 벌다면 그들이 기왕이면 나이키 마니아이기를 바라는지도 모른다.

예전에는 한정판 판매가 선착순으로 이루어지는 경우가 많았기 때문에 사람들이 밤새 줄을 서느라 고생스러웠고, 줄을 선 사람들끼리 갈등이 생기기도 했다. 판매지는 대부분 대도시에 위치했는데 도시 가까이에 살지 않은 사람들에게는 상대적으로 차별이 되기도 했다. 그래서 좀 더 공정한 방식으로서 온라인 래플이 많이 활용되고 있다. 회원 아이디 1개당 1회 응모할 수 있으니 가장 공평한 방식으로 보인다. 중복 응모나 한 명이 여러 켤레 구입하는 일을 방지하기 위해 신분 확인도 철저하게 한다. 공정성은 MZ세대가 좋아하는 코드다. 금수저든 흙수저든 한정품 앞에 나란히 줄 서고, 래플을 통해 동등한 추첨 기회를 가지는 것은 지금의 시대정신에 부합하는 마케팅 코드다. 사실 래플은 마케팅 측면에서 아주 효과적이다. 한정품을 사려는 소비자의 수가 기하급수적으로 늘었는데, 래플을 통해 누구나 한정품에 대한 관심을 욕망으로 이어 갈 수 있기 때문이다. 특정 기간, 특정 시간에 신제품을 공개하는 드롭(Drop) 방식도 한정품을 판매하는 한 방법인데 슈프림이 실시하면서 널리 퍼졌다. 이처럼 래플이나 드롭은 한정품에 대한 욕망을 크게 만들면서 리셀 시장을 키웠다.

 팬데믹 효과로 인해 리셀 시장은 더 커질 듯하다. 미국 최대 패션 의류 리세일(Resale) 플랫폼인 스레드업(ThredUP)의 연차 보고서 《2020 Resale Report》에 따르면, 코로나19 팬데믹 영향으로 미국의 리테일 시장은 23% 감소하지만 패션 의류 리세일은 27% 성장할 것으로 예측했다. 팬데믹 때문에 사람들이 집에 머무는 시간이 늘었을 뿐 아니라 기후 위기와 지속 가능성에 대한 관심도 높아졌기 때문이다. 미국의 중고 의류(Secondhand) 판매 시장은 2019년 280억 달러에서 2024년 640억 달러로 커지는데, 이중 온라인 리세일 부문은 2019년 70억 달러에서 2024년 360억 달러(약 42조 7000억 원)로 커진다. 이러니 패션 브랜드들도 속속 리세일 시장에 진출한다. 흥미로운 것은 리세일 시장을 가장 주도하는 소비자는 Z세대이고 그다음은 밀레니얼 세대라는 점이다. 이는 서스테이너블 패션이 부각된 이유와도 같다. 새것을 만들기보다 있던 것을 소비하는 쪽이 더 친환경적이므로 패션 의류에서 중고에 대한 인식이 달라진 것이다.

같은 이유로 패스트 패션 소비도 점점 줄어 간다. 새 패스트 패션 제품을 사느니 명품이나 친환경 브랜드의 중고 제품을 사서 입겠다는 태도가 늘어나는 것이다. 미국의 중고 명품 패션 거래 온라인/모바일 플랫폼인 리얼리얼(The RealReal)은 2016년 6월, 나스닥에 상장하기까지 했다. 소비자의 욕망이 바뀌면 패션 산업과 유통 산업 모두 변화할 수밖에 없다. 리셀은 소비자도 판매자가 될 수 있도록 한다. 전업적 판매자가 되지 않더라도 자신이 산 제품을 되파는 일을 재테크 방법이나 일상의 즐거움으로 여길 수 있다. 리셀 플랫폼에 수수료를 내고 거래할 수도 있고, 자신의 소셜 네트워크 댓글이나 DM을 통해 거래할 수도 있다. 리셀로 큰돈을 벌었다는 성공담이 계속 쏟아진다. 리셀이 직업인 양 대놓고 판매하는 이도 많아서 이들에 대한 세금 문제도 이슈가 된다. 스니커즈 리셀은 패션 의류 전체의 리세일로 점점 확장된다. 패션 브랜드, 명품 브랜드들도 속속 리셀과 리세일에서 기회를 찾는다. 지금도 뜨겁지만 2021년, 그리고 향후에 더 뜨거워질 시장이다. 기업들은 우리의 욕망과 그 방향에서 '희소성' '개성'이 중요해지고 있음을 잘 알기 때문에 한정품을 만들고 리셀 시장의 성장을 부추긴다.

재생 에너지: 왜 선택이 아닌 필수가 되는가

RE100(Renewable Energy 100%) 캠페인은 환경 관련 비영리 기구인 TCG(The Climate Group)가 주관한 것으로, 2014년 뉴욕에서 열린 기후 주간(Climate Week NYC) 행사에서 처음 소개되었다. 기업에서 사용하는 전력을 100% 재생 에너지(청정에너지)로 바꾸자는 제안이었는데 여기에 글로벌 기업들이 동참하기 시작했다. 그중 하나가 애플이다. 애플은 오바마 정부(2009~2013년)에서 환경보호국(EPA) 최고 관리자로 있으면서 미국의 온실가스 감축과 청정에너지 정책을 이끌었던 리사 잭슨을 2013년 6월에 부사장으로 영입했다. 이후 그녀는 지금까지 애플의 환경 정책을 주도하고 있다. 애플은 RE100을 위해 데이터 센터의 전력을 태양광과 풍력 에너지로 바꾸기 시작했고, 사옥을 지을 때에도 재생 에너지 사용을 고려했다. 이런 노력 덕분에 2018년 4월, 애플은 전 세계에 있는 애플의 시설(사무실, 리테일 매장, 데이터 센터 등)이 100% 청정에너지로 가동된다고 발표하기에 이르렀다. 그리고 애플의 협력사(부품 공급업체 및 판매업체)들에게 '협력 업체 청정에너지 프로그램(Supplier Clean Energy Program)'에 동참해 주길 요구하여, 2018년까지 23개 사가 애플과 청정에너지 협약을 맺었다.

애플은 당장 바꾸기는 힘들겠지만 2030년까지 제조 공급망 전체를 청정에너지 100%로 만들고자 한다. 부품을 발주하고 납품을 받는 애플이 공급망 부분에서 갑의 입장이기 때문에 협력사들로서는 애플의 요구를 외면하기 쉽지 않다. 2019년까지 협력 업체 청정에너지 프로그램을 받아들인 협력 업체는 44개이고, 2020년 상반기에는 71개가 되었다. 이중에는 SK하이닉스도 포함되어 있는데 국내 기업 중에서 처음으로 협력 업체 청정에너지 프로그램 협약을 맺었다. 애플의 협력사 중 대표적인 국내 기업으로는 삼성전자(D램), 삼성디스플레이(OLED), LG이노텍(카메라 모듈), SK하이닉스(D램), LG화학(배터리)이 있다. 애플은 협력 업체 청정에너지 프로그램을 강제하지 않는다고 밝히고 있으나, 결국 협약을 맺어야 할 것이다. 이 한국의 대기업이 바뀌면 이들과 일하는 협력사도 바뀌어야 한다. 결국 애플에 의한 도미노가 이뤄지는 것이다.

2020년 7월, LG화학은 탄소 중립 성장 전략을 발표하며 RE100 참여 의사를 공식적으로 밝혔다. 폴란드에 위치한 배터리 제조 공장에서는 이미 재생 에너지를 100% 사용 중이지만 LG화학은 이를 전 세계 사업장으로 확대하려는 의지를 보였다. 공교롭게도 LG화학도 애플의 협력사다. 물론 애플과 무관한 자동차 회사들 때문에라도 RE100 참여는 필요하다. 시장 조사 업체 SNE리서치에 따르면, 2020년 상반기(1~6월)에 판매된 전기 자동차의 배터리 총량 순위에서 글로벌 점유율 1위는 바로 LG화학이다. 또한 삼성SDI는 4위, SK이노베이션는 6위다. 국내 전기 자동차 배터리 3사가 모두 톱(Top) 6에 포함되어 있다. 특히 배터리 사용량은 전년 동기 대비 LG화학은 82.8%, 삼성SDI는 34.9%, SK이노베이션은 66.0% 증가했다. 국내 3사가 선전하는 효과도 있지만 전기 자동차 시장 자체가 커진 효과도 있다.

팬데믹을 겪으면서 전기 자동차와 재생 에너지에 대한 관심과 수요는 더 늘고 있다. BMW는 RE100을 선언한 대표적인 자동차 기업으로, 애플처럼 부품업체에게 재생 에너지 사용을 요구했다. 어쩌면 이는 당연한 요구다. 지금 시대에 RE100은 비즈니스의 기본이 되었고, 제조사가 RE100을 이루려면 부품업체의 변화가 반드시 필요하기 때문이다. BMW는 삼성SDI와 전기 자동차 배터리 셀 공급 계약을 체

2020년 상반기 글로벌 전기 자동차 배터리 사용량(누적)

순위	제조사명	2019. 1~6	2020. 1~6	성장률(%)	2019 점유율(%)	2020 점유율(%)
1	LG화학	5.7	10.5	82.8	10.4	24.6
2	CATL	13.9	10.0	−28.1	25.1	23.5
3	파나소닉	12.7	8.7	−31.5	23.0	20.4
4	삼성SDI	1.9	2.6	34.9	3.4	6.0
5	BYD	7.5	2.6	−65.7	13.5	6.0
6	SK이노베이션	1.0	1.7	66.0	1.8	3.9
7	AESC	1.8	1.7	−10.5	3.3	3.9
8	PEVE	1.1	0.9	−19.1	2.0	2.1
9	CALB	0.5	0.8	53.7	0.9	1.8
10	Guoxian	1.8	0.7	−62.3	3.2	1.6
	기타	7.4	2.6	−64.5	13.4	6.2
	합계	55.3	42.6	−23.0	100.0	100.0

단위: GWh, 자료 : Global EVs and Battery Shipment Tracker, SNE리서치

결할 때에도 재생 에너지 사용을 요구했다. 폭스바겐도 LG화학과 배터리 셀 공급 계약을 할 때 재생 에너지 사용을 요구했다. LG화학은 볼보와 배터리 계약을 맺을 때 재생 에너지로 생산한 제품만 납품하기로 했다. 테슬라도 배터리 납품 시 재생 에너지 사용을 요구한다. 그런데 국내에서 재생 에너지 사용이 쉽지 않다 보니 해외 공장에서 이를 해결하고 있다. 헝가리에 있는 SK이노베이션의 배터리 제조 공장에서는 재생 에너지를 100% 사용 중이다.

앞으로 RE100은 모든 기업의 기본이 될 수밖에 없고, 공식적으로 RE100 이니셔티브에 합류하지 않더라도 재생 에너지 사용과 탄소 배출 절감은 당연한 일이 될 것이다. 최근까지 RE100을 선언한 기업들이 주로 미국과 유럽 등 소위 선진국에 있는 기업인 이유는 그곳의 재생 에너지 시장이 이미 발전해 있기 때문이다. 반면 그렇지 않은 한국에서는 재생 에너지 발전 비중이 너무 적어 이용에 한계가 있다. 한국전력은 재생 에너지로 발전한 전기와 그렇지 않은 전기를 구분해서 공급하지 않는다. 기업이 대량의 재생 에너지를 확보하려면 발전 설비를 갖추어 직접 생산하는 수밖에 없는 것이 현실이다. 결국 재생 에너지를 쓰려면 너무 많은 비용이 들기 때문에 기업들은 적극적으로 RE100에 참여하기 어렵다. 한국 기업이면서 해외 공장에서 재생 에너지 사용을 실천하는 데에는 이런 배경이 있다. 삼성전자도 국내에서는 엄두를 내지 못하지만 미국, 유럽, 중국에 있는 공장에서는 100% 재생 에너지 사용을 추진하고 있다.

덴마크의 최대 전력 회사 외르스테드(Ørsted)는 해상 풍력 발전에 주력하는 회사다. 2020년 7월, 외르스테드는 시스템 반도체 시장 세계

1위인 대만의 TSMC와 전기 공급 계약을 맺었다. 외르스테드는 대만에서 50킬로미터 떨어진 바다에 2025년까지 풍력 발전 설비를 건설하고, 여기서 생산된 전기를 TSMC에 공급하는 것이다. TSMC에게는 대량의 안정적인 전력과 재생 에너지, 모두 중요하다. 반도체 장비 업계에서 세계 1위 기업인 미국의 어플라이드 머티리얼스(Applied Materials)는 2020년 7월, 텍사스에 건설 중인 500메가와트급 풍력 발전소를 인수했다. 이를 통해 회사가 사용하는 전력량의 10%를 해결할 수 있다. 어플라이드 머티리얼스는 2030년까지 100% 재생 에너지를 사용하는 것이 목표였고 그 일환으로 이 발전소를 인수한 것이다. 그리고 향후 풍력, 태양광 발전소를 추가로 인수할 수 있을 것이다. 반도체 기업은 많은 전력을 사용하기 때문이다.

국내에서도 삼성전자와 SK하이닉스의 반도체 공장에서 사용하는 전력이 국내 전체 산업용 전기 사용량의 약 15%를 차지한다. 메모리 반도체 분야는 전체 반도체 산업 중 30% 정도에 불과하다. 메모리 분야 세계 1위인 삼성전자가 시스템 반도체 분야에서도 세계 1위(지금은 한참 뒤진 2위다)를 목표로 하는 것은 이런 이유 때문이다. 국내 반도체 기업들이 비메모리 분야에도 적극 투자하고 점점 시장을 확보해 간다는 것은 그만큼 전력 사용량이 늘어날 수 있다는 의미다. 반도체 수요는 앞으로도 커질 것이다. 그런데 반도체를 공급받는 기업들이 RE100을 선언할수록 전력 사용량이 많은 반도체 기업들도 재생 에너지를 필수로 여길 수밖에 없다. 그리고 반도체 산업에서 중요한 화두 중 하나가 초절전 반도체다. 기업들은 반도체를 만들 때 재생 에너지를 사용해 탄소 배출을 절감한다. 소비자들은 초절전 반도체가 탑재된 기기를 사용함으로써 전기 사용량이 줄어든다. 에너지 사용량이 줄면 그만큼 탄소 배출도 감소한다. '기승전 재생 에너지', 무엇이든 끝은 재생 에너지와 탄소 배출 감축으로 이어지는 것이다.

2020년 9월 초 기준, RE100 이니셔티브에는 공식적으로 250개 기업이 합류했다. 하지만 팬데믹을 계기로 2021년에는 그 수가 크게 증가할 것이다. 초기에 RE100에 합류했던 구글은 탄소 절감을 넘어 탄소 배출이 없는 에너지를 사용한다는 CF100(Carbon Free) 계획을 발표했다. 구글은 데이터 센터 때문에 아주 많은 양의 전기가 필요한데 태양광, 풍력, 수력을 에너지원으로 쓰는 것이다. 구글은 이미 자체적으로 태양광, 풍력, 수력 발전소를 많이 만들었고 거기서 생산한 전기를 사용하고 있다. 향후에는 이 발전소에서 생산한 전기로 비즈니스를 할 것이다. 마치 아마존과 구글의 클라우드 서비스처럼 말이다. 이 서비스는 여분의 데이터 센터로 시작했지만 지금은 엄청난 비즈니스가 되었다. 탄소 배출 감축이 의무가 된 시대에 지속 가능성이 필수가 된 기업과 글로벌 공급망에는 재생 에너지가 중요한 화두일 수밖에 없다. 한국 정부가 내세운 그린 뉴딜이 환경 정책이 아닌 경제 정책인 이유도 여기에 있다. 경영이든 경제든 친환경과 지속 가능성 기반 없이는 결코 성장을 이룰 수 없기 때문이다.

'구조 조정'과 '대체': 바꿔야 살아남는다

사람들에게 가장 큰 타격을 주는 'RE'는 아마도 구조 조정(REstructuring)이 아닐까? 이 말은 듣는 사람에게 일자리를 잃은 듯한 느낌을 주기 때문에 심리적, 물리적 스트레스를 유발하기도 한다. 구조 조정은 기업의 효율을 위해 내부 구조를 변화시키는 것이지만 우리는 이 말을 들으면 정리 해고부터 떠올린다. 그리고 감원은 인건비와 비용을 줄이려는 의도로 생각하게 되는데 이런 발상에서 벗어나야 한다. 지금은 산업 구조가 변화하고 있으며 그 대응 차원으로서의 구조 조정이 절실하기 때문이다. 그럼에도 불구하고 우리에게는 '감원'만 더 부각되어 느껴진다. 구조 조정 과정에서 불가피하게 정리 해고와 인력 재편이 이루어지고 그 타격은 고스란히 개인의 몫이 되기 때문이다. 그래서 인력 구조 조정에도 품격이 필요하다.

2020년 5월 에어비앤비는 전체 직원의 1/4을 감원했다. 이때 에어비앤비는 회사가 처한 상황, 이 위기에 앞으로 어떻게 대응할 것인지, 감원의 기준은 무엇이고 어떤 절차를 거치며 나가는 사람의 퇴직금과 주식과 의료 보험은 어떻게 되는지, 나가는 사람을 위한 취업 지원은 어떻게 이루어질 것인지 등에 대한 모든 정보를 직원과 공유했다. 아울러 나가는 사람들에게 CEO 메시지를 통해 "여러분의 퇴사 결정은 결코 여러분이 잘못해서 내려진 것이 아닙니다. 에어비앤비의 현재를 만든 뛰어난 역량과 재능은 전 세계 어디에서도 환영받을 것입니다. 그동안 회사를 위해 귀중한 역량과 재능을 아낌없이 보여 준 것에 대해 진심으로 감사합니다"라는 내용을 전했다. 그리고 남아 있는 사람들에게는 "떠나는 동료를 기리는 가장 좋은 방법은 지금까지의 기여가 헛되지 않았음을 보여 주는 것이므로 퇴사자들이 지금까지 달성한 성과를 계속 이어 가 주기 바랍니다"라는 뜻을 전했다.

즉 나가는 사람들에게는 감사의 마음을 전해 그들이 기분 좋게 퇴사할 수 있도록 했고, 이를 통해 남은 사람들이 더 열심히 일할 수 있도록 했다. 이런 과정도 없이 폐쇄적이고 일방적으로 감원이 이뤄진다면 남은 사람들은 불안함에 사로잡혀 구직에 신경 쓰느라 일도 제대로 못할 것이다. 채용 과정만큼 퇴사 과정도 중요한데 이 모든 것을 투명하게 공개하고 적극적으로 감사와 배려를 표시하는 것이 중요하다. 구조 조정은 효율성을 높이고 위기를 극복해 더 나은 성과를 이루기 위한 것이지, 감원 자체가 목적이 아니다. 에어비앤비는 팬데믹으로 인해 가장 큰 타격을 받은 대표적인 회사다. 전 세계의 이동과 여행이 멈춤으로써 그들의 비즈니스도 멈췄기 때문이다. 팬데믹이 길어질수록 추가적 감원이 필요할 수도 있는 등 위기 극복이 쉽지 않을 것이다. 하지만 구조 조정 과정에서 에어비앤비가 보여 준 태도는 그들의 위기 극복을 기대하게 만든다. 팬데믹 와중에도 새롭고 다양한 비즈니스 모델을 시도하면서 위기에 맞서고 기업 공개를 계획대로 추진하는 것도 결국 구조 조정에서 보여 준 태도가 원동력이었다. 에어비앤비의 경우 팬데믹으로 인한 위기는 일시적이며 그들의 비즈니스 모델은 계속 성장세다. 결국 팬데믹 상황에 잘 대응하면 이후 더 크게 성장할 가능성이 높다.

사실 더 위험한 기업은 팬데믹 이전부터 문제가 많았던 기업들이다. 코로나19 이전부터 글로벌 저성장, 비즈니스 경쟁 심화, 불확실성 확대로 구조 조정이 늘고 있었다. 여기에 팬데믹이 초래한 소비 침체, 경기 불황, 불확실성 심화가 겹치면서 구조 조정은 더 늘어날 수밖에 없게 되었다. 한국은행이 2020년 6월 발표한 《2020년 금융 안정 보고서》에 따르면, 코로나19 팬데믹으로 인해 2020년에 이자 보상 배율이 100% 미만이 될 기업은 외부 감사에 대한 법률을 적용받는 2만 693개 기업 중 47.7~50.5%가 될 것이라고 분석했다. 이자 보상 배율은 영업 이익을 채무의 이자 비용으로 나눈 값으로, 기업의 채무 상환 능력을 보여 주는 지표다. 이자 배상 비율이 100%라는 것은 영업 이익이 이자 비용과 같다는 의미이며, 100% 미만이라는 것은 영업 이익으로 원금 상황은커녕 이자를 낼 돈도 모자라다는 뜻이다. 이자 보상 배율 100% 미만 기업 비중은 2017년 29.7%, 2018년 32.1% 2019년 32.9%였다.

그동안 전체 기업의 1/3 정도였으나 갑자기 1/2 수준으로 늘어난 것은 기업들이 코로나19 팬데믹이 초래한 소비 침체, 매출 급감, 경기 불황의 타격을 받았기 때문이다. 팬데믹이 언제까지 지속될 것인지에 따라 기업이 받는 타격은 더 커질 수 있다. 대기업의 경우 팬데믹 이후 인력 감축 없이 최대한 버틸 수 있는 기간은 6개월이지만, 팬데믹

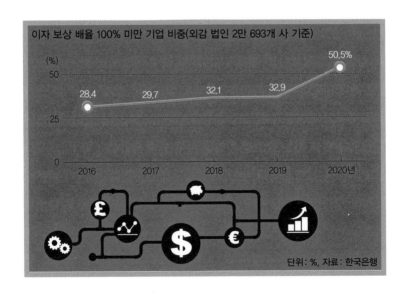

이자 보상 배율 100% 미만 기업 비중(외감 법인 2만 693개 사 기준)

(%)

50.5

28.4   29.7   32.1   32.9

50

25

0

2016   2017   2018   2019   2020년

단위: %, 자료: 한국은행

이 그 이상 지속된다면 인력 감축이 불가피하다는 입장도 많다. 처음에는 직원들에게 유급 휴가를 쓰게 하면서 최대한 시간을 벌겠지만 그 뒤에는 무급 휴직과 순환 휴직이 이어질 것이다. 결국 임금 삭감과 감원으로 이어지고 마지막에는 대대적인 구조 조정에 이를 것이다. 코로나19 이전에도 구조 조정이 필요했으나 미뤄 왔던 기업들은 이번 팬데믹을 계기로 대대적 구조 조정을 하는 경우도 있다. 여러모로 코로나19는 구조 조정을 부르는 트리거다.

3년 연속 이자 보상 배율 100% 미만인 기업을 한계 기업이라고 하는데 이들은 재무 구조가 심각한 상황이고 공적 자금의 지원으로 연명하는 곳도 많다. 한국경제연구원이 2020년 7월에 발표한 《한계 기업 동향과 기업 구조 조정 제도에 대한 시사점》 보고서에 따르면, 한계 기업 중 대기업(계열사)인 경우는 2018년에 341개였는데, 2019년에는 413개로 1년간 21.1%, 72개 사가 증가했다. 심지어 이중 상장사는 2018년 74개에서 2019년 90개로 1년간 21.6% 증가했다. 대기업이자 주식 시장에 상장된 회사 중 한계 기업 증가세가 2019년에도 높았는데 코로나19 팬데믹의 직격탄을 맞은 2020년에는 오죽할까? 팬데믹의 타격은 2020년에 국한된 일시적인 것이 아니기 때문에 2021년에도 이어지고 지속될 수밖에 없다. 2020년 들어 파산하거나 대규모 감원을 하는 글로벌 기업을 자주 보게 되었다.

그런데 이를 코로나19 탓으로만 돌리기는 어렵다. 팬데믹 때문에 오히려 승승장구하는 기업도 많기 때문이다. 다음에 이어질 11번째 이슈인 언컨택트 이코노미(Uncontact Economy)에서 좀 더 자세히 다루겠지만, 팬데믹 와중에 역대 최고 주가, 역대 최고 매출과 실적을 만들어 낸 기업도 꽤 있다. 이들의 공통점은 팬데믹 이전에도 잘나갔던 글로벌 IT 기업, 혹은 IT 기업은 아니어도 디지털 트랜스포메이션으로 내부 구조와 비즈니스 모델을 디지털 기반으로 혁신시킨 기업들이다. 즉 '구조 조정'과 '대체(REplacement)'를 잘해 놓은 기업들이다. 산업의 방향은 갑자기 정해지는 것이 아니다. 이미 오래전부터 IT 산업이 모든 산업을 주도하고 있었고, 다른 산업들도 IT화 되어 갔다. 그이유는 하나, 비즈니스 기회가 모두 그쪽에서부터 나오고, 기술적 진화가 주도하는 산업적 진화는 거스를 수 없는 흐름이기 때문이다. 그럼에도 불구하고 이 변화에 소극적으로 대응했던 기업들은 팬데믹을 맞아 심각한 타격을 받았다. 아무리 위기 상황을 맞아도 미리 대비되어 있었다면 오히려 기회가 된다. 하지만 우리는 위기에 직면하기 전까지는 익숙했던 과거의 관성에 기대고는 한다. 이자 낼 돈을 벌지 못하는 기업이 늘어나는 것은 코로나19 같은 외부 위기 때문이 아니라 산업이 바뀌고 비즈니스 대체가 이뤄지는 상황에 대응하지 못했기 때문이다. 호황기에는 못하는 기업도 돈을 번다. 하지만 불황기에는 잘하는 기업이 더 부각된다. 결국 팬데믹이 초래한 불황과 위기는 잘하는 기업, 잘하는 개인에게는 기회인 것이다.

경제와 산업 분야에서의 뉴 노멀은 저성장과 저고용만을 이야기하는 것이 아니다. 기술적, 산업적, 사회적 진화에 따라 비즈니스에서의 '대체'도 급속도로 이뤄지고 있다. 팬데믹으로 인해 영화관 관객은 크게 줄었고, 대신 넷플릭스나 디즈니플러스를 비롯한 OTT 사용자가 급증했다. 하지만 이것은 팬데믹 때문만이 아니다. 팬데믹이 끝나도 2019년 수준의 관객 수가 보장되지 않을 것이고, 넷플릭스 사용자가 줄어들지도 않을 것이다. 영화관은 100년이 훨씬 넘는 비즈니스 모델이다. 다 같이 모여서 영화를 즐기는 문화는 여전히 즐거운 일이지만, 전염병이 아니었더라도 장기적으로 관객 수는 줄었을 것이다. 오프라인 공간은 더 안전하고 몰입감도 더 높은 대신 더 비싸져야 한다. 사실 영화관과 넷플릭스는 서로 경쟁하고 싸울 대상이 아닌, 서로 협업할 대상이다. 넷플릭스 같은 OTT 서비스는 콘텐츠 소비 측면에서 더 효율적이고 합리적이다. 하지만 더 좋은 음질과 더 큰 스크린, 4D 기술 등을 이용해 압도적인 몰입감을 즐기는 데에는 영화관이 더 유리하다. 단순히 콘텐츠를 소비하는 것이 아니라 데이트처럼 관계를 맺는 데에도 영화관이 유리하다. 즉 영화관의 무기는 100년 넘게 지속된 문화적 익숙함과 오감 만족이다. 그저 콘텐츠만 잘 즐기고 싶은 것이라면 집에 초고화질 대형 TV를 갖추고 넷플릭스나 케이블 TV의 VOD 서비스를 이용하면 된다.

팬데믹 이전에는 넷플릭스 개봉이 영화관 개봉의 대척점이었다. 영화관 업계와 오랜 관계를 맺어 온 영화 제작업체로서는 넷플릭스보다 영화관 개봉을 우선했다. 넷플릭스는 직접 투자한 자체 콘텐츠로 영화관과 경쟁했다. 하지만 팬데믹으로 인해 영화 제작 산업은 넷플릭스 개봉을 적극적으로 받아들이기 시작했다. 팬데믹 때문에 문을 닫는 극장이 나오기 시작했고, 영업을 하더라도 사람들이 집합 공간에 대한 불안 때문에 극장을 찾지 않게 되었다. 그러자 할리우드 영화 산업으로서는 극장 개봉을 대신해 넷플릭스 개봉을 실험할 절호의 찬스를 맞았다. 팬데믹이 아니었다면 할리우드 영화계는 영화관 업계와의 관계 때문에 이런 시도를 하길 주저했을 것이다. 하지만 위기에서 새로운 도전이 시작된다. 코로나19 팬데믹이 비즈니스에서 대체의 계기가 된 셈이다. 영화관이 사라지는 시대가 올까? 이 비즈니스 모델은 100년 넘은 것이기 때문에 언젠가 그런 날이 올 것이다. 기술적 진화가 그런 시대를 만드는 데 일조할 것이고, Z세대나 알파 세대 같은 디지털 네이티브(Digital Native)들은 영화관에서 낭만과 감성을 쌓지 않았기 때문에 영화관 문화를 고집하지 않을 것이다. 팬데믹으로 인해 주요 멀티플렉스 기업이 구조 조정을 했지만 사실 감원뿐 아니라 근본적으로 영화관이라는 공간과 비즈니스 모델의 변화가 필요한 시점이다.

인위적으로 강력한 브레이크를 잡지 않으면 관성의 힘 때문에 쉽게 바꾸지 못하고 혁신에 소극적이기 쉽다. 비단 영화관뿐 아니라 비즈니스 대체가 이뤄지는 분야는 얼마든지 있다. 가정 간편식은 집에서 먹는 음식을 '대체'하는 것이 핵심이다. 집 밥이 추구할 방향을 바

꾸는 것만이 아니라 외식업계에도 영향을 줄 수밖에 없다. 집에서 많이 먹을수록 결국 밖에서 덜 먹는다. 가정 간편식 시장에 특급 호텔, 대형 식당, 구내식당 위탁업체가 뛰어든 것도 자신들이 주도하는 시장이 줄었기 때문에 이에 대응하고자 하는 것이다. 육류를 대신하는 식물성 대체육도 마찬가지다. 비건(Vegan)이 늘어나는 배경에는 기존의 육류 생산 방식이 가진 환경적, 윤리적 문제가 자리하고 있다. 이를 해결하기 위한 대안 중 하나가 식물성 재료로 고기의 질감, 영양, 맛을 내는 식물성 대체육인 것이다. 여기서 더 진화한 것이, 동물을 죽여서 고기를 생산하는 것이 아니라 고기의 세포를 배양해 고깃덩어리로 만드는 배양육(Cultured Meat)이다. 인류는 육식을 위해 오랜 세월 동안 가축을 길렀다. 하지만 시대와 환경에 대한 관점이 바뀌면서 육식 소비에 대한 새로운 대체 방안이 대두되었는데 이도 비즈니스와 무관하지 않다. 전기 자동차는 내연 기관 자동차를 대체하고, 서스테이너블 패션은 패스트 패션을 대체하며, 서브스크립션(Subscription, 정기구독)은 쇼핑의 일부를 대체한다. 결국 이런 대체를 통해 새로운 비즈니스 기회가 만들어진다. 살아남기 위해서 바꾸는 것이다. 만약 당신이 경영자 혹은 사업가라면 지금 당신이 하고 있는 비즈니스 모델에 대한 '대체'를 해야 한다. 2021년, '구조 조정'과 '대체'는 모든 기업의 필수가 된다.

11

언컨택트 이코노미: 날개를 단 비대면 경제

글로벌 IT 산업을 주도하는 기업들의 주력 사업은 엄밀히 '언컨택트 이코노미(Uncontact Economy)', 즉 비대면 경제에 해당하는 사업들이다. 눈앞에 사람이 없어도, 사람과 직접적 접촉이 없어도 문제없이 잘 굴러가는 것, 그리고 과거 오프라인에서 구현되던 것들을 온라인이나 디지털로 전환시키는 것이 이들의 사업이다. 대다수의 기업들이 원래 그 방향으로 나아가고 있었는데, 팬데믹으로 인해 비대면 비즈니스가 더 확산되는 상황은 이들에게 호재이자 기회일 수밖에 없다. 가령 온라인 쇼핑 수요가 커지면 아마존, 알리바바, 페이팔 등이 수혜를 본다. 마찬가지로 온라인에서 소셜 네트워크, 게임, 음악, 콘텐츠에 대한 수요가 커지면 페이스북, 유튜브, 넷플릭스, 애플, 텐센트가, 원격/재택 근무가 늘면 마이크로소프트, 애플, 구글 등이, 기업의 디지털 트랜스포메이션 수요가 늘면 마이크로소프트, 세일즈포스, SAP, 시스코, 어도비 등이, 온라인 수업과 에듀 테크 수요가 커지면 마이크로소프트와 구글 등이 수혜를 입는다. 이들 수요의 증가는 모두 클라우드 컴퓨팅 서비스와 연결되어 있으므로 아마존, 마이크로소프트, 구글, 알리바바 등이 수혜를 본다.

클라우드 컴퓨팅 서비스는 데이터 센터와 연결되는데 이는 반도체 시장의 삼성전자, TSMC, SK하이닉스, 인텔과 연결되고 GPU의 엔비디아, AMD와도 연결된다. 또한 앞에서 언급된 기업들의 사업은 인공 지능, 로봇, 자율 주행 자동차, 스마트 시티와 연결된다. 이 기업들은 전 세계 IT 기업 중 시가 총액이나 매출에서 최상위권에 위치할 뿐 아니라 전 세계 모든 산업 중에서도 최상위권이다. 즉 산업의 주도권을 글로벌 IT 기업들이 쥐고 있고, 우리는 모든 산업이 IT화가 된 시대를 살고 있다. 이런 시대가 현재 구현하고 있는 것, 미래에 지향하는 것이 바로 언컨택트 이코노미라 할 수 있다. 이는 팬데믹으로 인해 등장한 것이 아니라 원래부터 IT 산업이 나아갈 방향이자 미래였다. 팬데믹은 그들이 날개를 다는 계기가 되었을 뿐이다.

왜 글로벌 IT 기업들은 팬데믹 효과로 더 잘나갈까?

2020년 2분기(애플 회계 연도 기준으로 3분기) 애플의 매출은 597억 달러로 전년 동기 대비 10.9% 증가했다. 애플의 분기 매출 증가율이 10%대였던 것은 2018년 3분기가 마지막이었다. 이후로는 스마트폰 수요 감소로 인해 성장이 정체되었고, 심지어 2018년 4분기에는 -4.5%, 2019년 1분기에는 -6.2%까지 매출이 떨어졌다. 또한 2019년 2, 3분기는 1% 정도의 성장에 머물렀다. 그런데 2020년 2분기, 즉 팬데믹을 맞아 전 세계 애플 매장이 문을 닫은 상태에도 실적이 급상승한 것이다. 그 이유는 아이폰 때문이 아니다. 아이폰 중 상대적으로 저가인 아이폰 SE의 판매가 늘어난 것은 맞지만 아이폰 전체 매출은 전년 동기 대비 1.7% 성장에 그쳤다. 반면 원격 근무와 온라인 수업이 확산되자 PC(매킨토시) 매출은 전년 대비 21.6%, 아이패드는 31% 성장했다. 접촉을 꺼리는 팬데믹 시대에 공교롭게도 에어팟을 비롯한 웨어러블 제품 매출도 17% 성장하며 전체 매출 상승에 일조했다. 애플의 매출이 오랜만에 두 자릿수 성장을 기록한 배경에 팬데믹 효과가 있는 것이다.

마이크로소프트의 2020년 2분기 매출은 380억 달러로 전년 동기보다 13% 증가했다. 마이크로소프트는 크게 3가지 사업 부문이 있는데 클라우드 서비스 부문, 업무용과 사무용 소프트웨어 부문, 그리고 개인용 컴퓨터 부문이다. 세 부문의 매출 모두 전년 동기 대비 각각 17%, 6%, 14% 늘었다. 클라우드 서비스 부문의 매출액은 133억

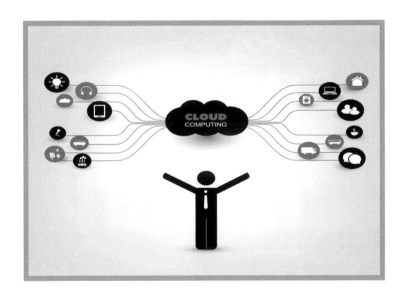

7000만 달러인데 클라우드 서비스 중에서도 특히 마이크로소프트의 플랫폼인 애저(Azure)는 전년 동기 대비 47%나 성장했고, 1분기 때도 전년 동기 대비 59% 성장했다. 원격 근무를 시행하는 기업이 늘고, 디지털 트랜스포메이션 수요도 늘면서 관련 솔루션과 클라우드 서비스를 가진 기업이 수혜를 보고 있다. 또한 원격 근무와 온라인 수업의 증가로 개인용 컴퓨터 분야의 수혜도 생기고 있는데, 마이크로소프트의 3가지 주요 사업이 모두 팬데믹 효과에 따른 수혜 사업이다. 마이크로소프트는 2020년 1분기에도 350억 달러의 매출을 올려 전년 동기 대비 15% 증가했다.

 1994년에 창업한 아마존은 2020년 2분기에 순이익 52억 달러를 기록하며 역대 최대 이익을 거두었다. 분기 매출은 899억 달러인데 이는 전년 동기 대비 40% 증가한 수치다. 아마존 매출에서 온라인 쇼핑몰 매출은 459억 달러로 가장 큰 비중을 차지하는데, 코로나19 팬데믹

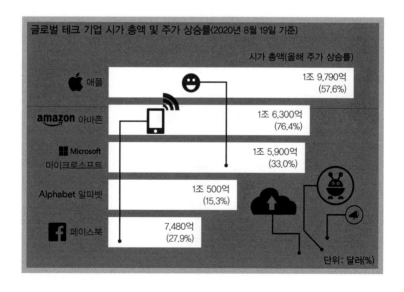

글로벌 테크 기업 시가 총액 및 주가 상승률(2020년 8월 19일 기준)

시가 총액(올해 주가 상승률)

애플 — 1조 9,790억 (57.6%)

amazon 아마존 — 1조 6,300억 (76.4%)

Microsoft 마이크로소프트 — 1조 5,900억 (33.0%)

Alphabet 알파벳 — 1조 500억 (15.3%)

페이스북 — 7,480억 (27.9%)

단위: 달러(%)

으로 인해 온라인 쇼핑 수요가 급증한 효과로 전년 동기 대비 48% 증가했다. 특히 식료품의 온라인 판매 매출은 전년 동기 대비 3배 정도 늘었다. 아마존의 클라우드 서비스인 AWS의 매출은 108억 달러로 이는 전년 동기 대비 29% 증가한 수치다. 개인의 온라인 쇼핑과 기업의 클라우드 컴퓨팅 사용이 동시에 급격히 늘어난 배경에도 팬데믹 효과가 있다. 아마존의 2020년 1분기 매출은 755억 달러였고 이는 전년 동기 대비 26.4% 증가한 수치다. 팬데믹의 선언이 3월이었으니 1분기보다 2분기에 팬데믹 효과를 온전히 본 셈이다.

구글의 모기업 알파벳의 2020년 2분기 매출은 383억 달러고 순이익은 약 64억 달러로 순이익률은 17%다. 하지만 이 매출은 전년 동기 대비 -2% 수치다. 1분기에는 412억 달러를 기록하며 전년 동기 대비 13% 증가했던 알파벳의 매출이 2분기에는 왜 감소했을까? 바로 광고 때문이다. 팬데믹으로 인한 소비 침체와 경기 불황으로 기업들이 광고 비용을 줄인 것이 구글의 매출 감소에 영향을 준 것이다. 분기 매출이 마이너스를 기록한 것은 구글이 1998년 창업한 이래 처음이라고 한다. 광고 매출 전체로 따지면 전년 동기 대비 -8.1%다. 이중 검색 광고는 무려 98%나 줄었고 유튜브 광고는 그나마 5.8% 증가로 선방했다. 구글 매출에서 광고 비즈니스가 차지하는 비중은 한때 90%를 넘었지만 2분기에는 78%까지 떨어졌다. 물론 광고 비중이 줄어드는 것은 문제가 되지 않는다. 그만큼 다른 사업의 비중이 높아지는 것이니까. 광고가 크게 줄었음에도 전체 매출 감소가 상대적으로 적었던 것은 클라우드 비즈니스 때문이다. 구글 클라우드의 분기 매출은 처음으로 30억 달러를 넘었고, 이는 전년 동기 대비 43.2% 증가한 것이다.

앞서 언급한 애플, 마이크로소프트, 아마존, 구글은 모두 시가 총액 1조 달러가 넘는 기업들로서 전 세계에서 시가 총액이 가장 비싼 기업 순위를 다투고 있다. 2020년 8월 19일 기준, 애플 1.98조 달러, 마이크로소프트 1.59조 달러, 아마존 1.63조 달러, 알파벳 1.05조 달러다. 이들 다음으로 페이스북, 텐센트 등이 있는데 모두 팬데믹 와중에 주가, 시가 총액, 실적이 크게 올랐다. 페이스북의 2020년 2분기 매출은 187억 달러 정도로 전년 동기 대비 11% 증가했다. 2020년 6월 30일 기준, 월 활동 이용자(MAU)는 27억 명으로 전년 대비 12%가 늘었고, 일 활동 이용자(DAU)는 17억 9000만 명으로 전년 대비 12% 늘었다. 거리 두기를 실천하면서 대면 접촉이 줄어든 팬데믹 시대에 더 많은 사람이 소셜 네트워크에 몰려들었다. 텐센트의 2020년 2분기 매출은 약 1149억 위안으로 전년 동기 대비 29% 늘었고 심지어 순이익은 37%나 늘었다. 온라인 게임은 텐센트의 주력 사업인데 게임 매출은 전년 동기 대비 40% 늘었고, 그중에서 모바일 게임 매출이 62% 늘었다. 오프라인 활동이 제약을 받는 팬데믹 시대에 더 많은 사람이 게임으로 시간을 보내는 것이다.

한국에서도 마찬가지다. 앞서 언급한 기업들의 사업과 가장 유사한 한국의 대표 기업은 카카오와 네이버다. 카카오는 2020년 2분기에 역대 최고 매출을 기록했는데 전년 동기 대비 30%가 늘었고, 영업이익은 전년 동기 대비 142%나 늘었다. 1분기 매출도 전년 동기 대비 23%가 늘었는데 2분기에는 1분기보다 10% 더 늘었다. 팬데믹 와중인 2020년 1, 2분기 연속 역대 최고 매출을 경신했고 이는 이후에도 이어질 가능성이 크다. 네이버의 2020년 2분기 매출도 전년 동기 대비 16.7% 늘었다. 1분기에도 매출 성장률은 전년 동기 대비 14.6% 증가했다. 확실히 IT 서비스 기업들이 팬데믹 효과를 본 것이다.

이는 반도체 기업의 팬데믹 효과로 이어진다. TSMC의 2020년 상반기(1~6월) 매출은 전년 동기 대비 35.2% 증가했다. 코로나19 팬데믹 효과로 디지털 트랜스포메이션에 투자하는 기업과 클라우드 컴퓨팅 수요가 늘었기 때문이다. 이는 반도체 수요와 데이터 센터 수요 증가로 이어지고 곧 파운드리(Foundry)를 비롯한 시스템 반도체 분야 1위 기업 TSMC에 긍정적이다. 반도체 시장이 팬데믹 효과를 본 덕분에 삼성전자도 반도체 부문에서 선방했다. 그래서 스마트폰을 비롯한 모바일(IM) 분야와 가전(CE) 분야의 매출이 소비 침체 영향으로 줄었지만 전체 매출의 감소 폭은 줄일 수 있었다. SK하이닉스의 2분기 매출 또한 전년 동기 대비 33.0%, 영업 이익은 205%, 순이익은 135%

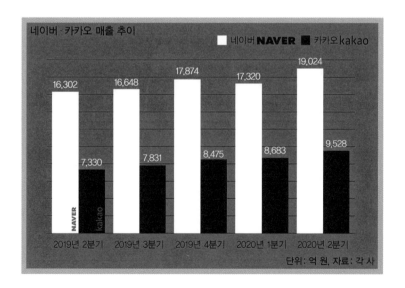

네이버·카카오 매출 추이

□ 네이버 **NAVER** ■ 카카오 kakao

	2019년 2분기	2019년 3분기	2019년 4분기	2020년 1분기	2020년 2분기
NAVER	16,302	16,648	17,874	17,320	19,024
kakao	7,330	7,831	8,475	8,683	9,528

단위: 억 원, 자료: 각 사

증가하며 팬데믹 효과를 톡톡히 봤다. 여기서 언급한 기업들은 기존에도 잘나갔지만 이번에 더 잘나가게 되었다. 그들이 향하던 비즈니스 방향이 달라진 것이 아니라 그 방향으로 나아가는 속도가 더 빨라졌기 때문이다.

언컨택트 이코노미와 우리의 '편리, 안전'에 대한 욕망

우리가 일상에서 비대면을 받아들인 것은 편리 때문이다. 사람이 무섭고 싫어서 온라인 쇼핑을 하고 새벽 배송을 주문하는 것이 아니다. 타이어를 교체할 때도 직접 차를 몰고 갈 필요가 없다. 내가 일하는 동안 주차장에 있는 내 차의 타이어를 교체해 주는 서비스가 이미 생겼기 때문이다. 이런 서비스 또한 사람이 무서워서가 아니라 내가 더 편리해지고 시간을 아끼기 위해 선택하는 것이다. 쇼핑, 금융, 교육, 콘텐츠 등 여러 분야의 비대면 서비스는 더 편리해지기 위해 만들어진 것이고, 편리함에 대한 우리의 욕망은 이 시장을 계속 성장시키는 원동력이다. 그런데 팬데믹을 통해 편리에 안전이라는 욕망이 결합되었고 이를 가장 잘 충족해 주는 것이 바로 비대면 서비스다.

코로나19 팬데믹은 식음료 매장에 타격을 줬다. 확진자의 동선에 포함된 매장은 일시적으로 폐쇄되는가 하면, 거리 두기를 위해 사람이 많이 모이는 카페나 레스토랑을 기피하는 사람도 늘었기 때문이다. 스타벅스와 맥도날드의 경우 2020년 1분기 때는 중국에서 매장 폐쇄가 많았고, 2분기 때는 유럽과 미국에서 폐쇄되는 매장이 많았다. 2020년 1분기의 매출을 살펴보면 전년 동기 대비 스타벅스는 -4.9%,

맥도날드는 –6%를 기록했지만 던킨은 1.3% 늘면서 선방했다. 팬데믹 선언은 3월이었기 때문에 1분기 중 일부 영향을 받았고, 2분기는 온전하게 모든 영향을 받았다. 그래서 전년 대비 매출 감소 폭이 클 수밖에 없었다. 2020년 2분기에 스타벅스의 매출은 전년 동기 대비 –38%로 큰 폭으로 감소했다. 같은 기간 맥도날드도 전년 동기 대비 매출이 –30%를 기록했고, 던킨도 전년 동기 대비 매출이 –20%였다.

이 세 브랜드만 놓고 보면 던킨이 상대적으로 선방하고 있다는 느낌이다. 던킨은 2분기 실적 발표 때 2020년 안에 미국 내 매장 800곳을 없애겠다고 했다. 던킨의 전 세계 매장은 1만 2000개고 이중 약 9000개가 미국에 있는데, 미국 내 매장 중 8%가 넘는 매장을 없애겠다는 것이다. 전 세계에 3만 7000개, 미국에만 1만 4000개의 매장을 둔 맥도날드도 미국에서 200여 개를 없애겠다고 했다. 전 세계 3만 개, 미국에만 1만 5000개 매장을 둔 스타벅스 또한 2021년까지 미국

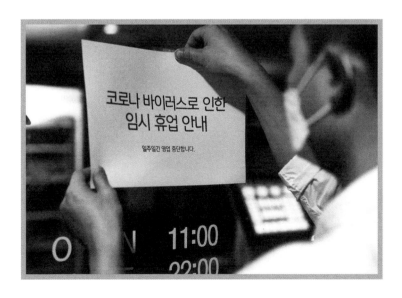

에서 400여 곳을 없애겠다고 했다. 이 3사 중 던킨의 매장 축소 비율이 압도적으로 높다.

스타벅스는 일반 매장을 없애는 대신 픽업 전용 매장을 늘릴 계획인데, 여기서는 스마트폰 모바일 앱을 통해서만 주문과 결제가 가능하다. 사람에게 직접 주문하는 방식이 아닌 것이다. 이 매장들은 드라이브스루(Drive Thru), 워크 업(Walk Up), 커브사이드 픽업(Curbside Pickup) 등 다양한 픽업 방식을 지원한다. 그러나 픽업만 가능하기 때문에 여유롭게 커피를 즐길 공간이 아니며 이는 스타벅스가 초창기부터 강조했던 '커피와 공간을 팝니다'라는 메시지를 무색하게 만든다. 스타벅스는 2019년 11월 뉴욕 맨해튼에 처음으로 픽업 전용 매장을 만들었다. 당시에는 이를 수년에 걸쳐 조금씩 늘려 갈 계획이었는데, 코로나19 팬데믹으로 인해 수많은 매장이 폐쇄되는 상황을 겪으면서 픽업 매장 확산에 속도를 낸 것이다. 분명 스타벅스도 미래에 카페가 무인 매장, 혹은 비대면이 강화되는 매장으로 바뀌는 방향을 고려하고 있었다. 로봇 바리스타에 대한 플랜도 제시한 적이 있기도 했다. 하지만 당장 급히 전환할 수는 없다. 스타벅스가 공간과 경험을 강조하는 브랜딩을 했기 때문에 더더욱 그럴 것이다. 바쁜 현대인들에게 모든 카페가 여유롭게 커피를 마시며 수다를 떨거나 책을 읽는 공간이 될 수는 없다. 그것이 가능한 매장이나 경험과 공간을 소비하려는 고객이라면 좀 더 비싼 비용을 기꺼이 지불할 것이다. 하지만 커피 그 자체만 소비하려는 고객이라면 좀 더 빠르고 편리하고 저렴한 픽업 전용 매장 이용을 선호할 것이다. 그러므로 카페와 패스트푸드 매장의 비대면 강화는 예고된 미래지만 코로나19 팬데믹으로 인해 변화 속도가 확실히 빨라졌다.

던킨은 1950년부터 '던킨 도너츠(Dunkin' Donuts)'라는 브랜드를 사용하다가 2019년에 브랜드에서 '도넛'을 떼 버렸다. 그 이유는 도넛이 잘 팔리지 않기 때문이다. 결국 던킨은 커피, 음료 브랜드가 되었지만 스타벅스처럼 군다고 소비자가 이를 받아 줄 리 없다. 그래서 던킨은 더 빠르고, 더 편하고, 더 싼 제품과 서비스를 통해 자기 포지션을 만들어야 했고 2017년부터 디지털 트랜스포메이션을 본격적으로 추진했다. 팬데믹 와중에도 던킨은 정상 영업하는 매장이 많았는데 드라이브스루, 커브사이드 픽업, 배달 서비스 등이 잘 갖춰져 있기 때문이다. 던킨의 드라이브스루에는 2가지 방식이 있는데, 일반 주문 고객과 모바일 앱으로 주문하고 픽업만 하는 고객으로 분리한다. 드라이브스루가 불가능한 매장에서도 차에서 내리지 않고 픽업할 수 있는데, 앱으로 주문하고 커브사이드 픽업 방식을 선택하면 픽업 시간

에 맞춰 직원이 주차장으로 음식을 갖다주기 때문이다. 던킨은 드라이브스루 속도를 비롯해 운영 방식의 개선을 위해 디지털 트랜스포메이션에 이미 1억 달러 이상 투자했다.

이를 주도한 '던킨 이노베이션 랩(Dunkin's Innovation Lab)'의 슬로건은 스티브 잡스가 한 말에서 따온 "Start Small, Think Big, Move Fast"다. 던킨 이노베이션 랩은 여러 IT 기술을 활용해 다양한 실험을 실시했고, 50개 매장을 미래형 매장으로 운영하기도 한다. 모바일 앱으로 주문하는 스마트 오더를 통해 고객 분석은 물론 고객별 맞춤 서비스를 제공하는데, 스마트 오더를 확대하려고 앱으로 주문 시 리워드도 제공했다. 쿠폰과 할인권 등 고객의 구매 유발과 충성도 강화를 위한 혜택을 제공할 때에도 모든 고객에게 일괄적으로 다 주는 것이 아니라 각 고객별 구매 내역을 분석해 각기 구매 유도 가능성이 가장 높은 방식으로 제공한다. 이외에 매장에 설치한 카메라를 통해 고객의 얼굴을 살펴 어떤 기분이고 어떤 메뉴를 추천해야 효과적일지 분석하는 안면 인식 기술을 테스트하는 등 다양한 방법을 모색하고 있다. 이는 사람(직원)이 개입하지 않고서도 고객의 요구를 파악하고 추가 메뉴를 주문하게 만드는 등 비대면 환경에 대한 준비인 셈이다. 물론 던킨이 2020년 초에 코로나19 팬데믹이 닥칠 줄 알고서 투자한 것은 아니다. 지금은 팬데믹과 무관하게 기업의 디지털 트랜스포메이션이 필수인 시대다. 식음료 매장에서 IT 기술을 이용해 효율성을 높이는 것은 모든 기업의 숙제가 되었다.

QSR(Quick Service Restaurant)의 드라이브스루 속도 조사 결과(《2019 QSR Drive Thru Performance Study》)에 따르면, 미국의 주요 패스트푸드

브랜드 10개 사 중 던킨의 드라이브스루 속도가 가장 빨랐다. 주문을 하기 위해 입을 뗀 순간부터 주문한 음식을 받기까지 걸리는 시간은 던킨은 216.75초, 맥도날드는 284.05초였다. 67.30초, 즉 1분 이상 차이가 났다. 10개 패스트푸드 브랜드의 평균이 255.34초였으니 던킨은 평균보다 무려 40초 가까이 빨랐다. 이런 결과도 던킨의 디지털 트랜스포메이션에 따른 것이다. 맥도날드는 2018년 조사 때보다도 11초 더 느려졌다. 맥도날드뿐 아니라 전체 패스트푸드 브랜드가 수년 동안 조금씩 느려진 것은 메뉴가 복잡해지고 모바일 주문이 늘어났기 때문이다. 이런 상황에서 패스트푸드업계는 주문 속도를 빠르게 만들기 위해 지속적으로 투자했다. 속도는 곧 만족도와 매출로 연결되기 때문이다.

맥도날드는 드라이브스루 대기 시간을 줄이기 위해 2019년 3월에 인공 지능(머신 러닝) 기업인 다이나믹일드(Dynamic Yield)를 인수했다. 고객이 주문할 때 인공 지능이 고객의 성향과 주문 이력을 분석해 빠른 주문과 추가 메뉴 선택을 도와주는 것이다. 2019년 9월에는 음성 기술 기업 어프렌트(Apprente)를 인수했다. 이 기업은 소음이 큰 환경에서의 주문이나 사투리, 목소리 톤, 악센트 등 정확하지 않은 발음의 주문을 분석하는 인공 지능 기술을 개발하고 있다. 맥도날드가 인수한 두 기업의 공통점은 드라이브스루를 더 빨리, 더 쉽게, 더 정확하게 할 수 있도록 돕는다는 것이다. 그동안 '서비스업'은 사람이 직접 응대하는 것을 당연하게 여겼지만 이제 우리는 팬데믹을 겪으면서 사람에 대한 불안감이 생겼다. 앞서 2021년 트렌드 이슈 중 처음으로 제시한 '세이프티 퍼스트: 불안이 만든 새로운 기회'에서도 서비스 로봇에 대한 태도 변화가 '신기'에서 '안전'으로 바뀌었다고 했는데 이와 연결되는 이야기다. '편리'에서 시작된 비대면의 욕망이 '안전'과 결합하면서 언컨택트 이코노미는 전방위적으로 더욱 강력해질 수밖에 없다.

2020년 7월 10일, 서울대학교병원에서 'POST COVID-19, 의료 환경은 어떻게 변화할 것인가?'라는 주제로 심포지엄이 열렸다. 서울대병원 공공진료센터 조비룡 교수가 발표한 비대면 의료에 대한 환자 만족도 조사(서울대병원은 대구 경북 지역 코로나19 경증 환자 관리를 위해 3월 5일~4월 9일까지 문경 생활치료센터를 운영하며 118명의 환자를 비대면 진료 시스템으로 진료했다) 결과 5점 척도에서 주로 4.5~4.7이 나왔다. 비대면 진료에는 웨어러블 장비를 이용해 환자의 심전도, 혈압, 산소 포화도, 심박수, 호흡수 등을 측정했고, 직접 모니터링과 환자와의 커뮤니케이션을 통해 격리 관리와 치료를 수행했다. 이 비대면 진료는 코로나19

팬데믹이라는 비상 상황에서 예외적으로 실시한 것이지만, 팬데믹이 아닌 상황에서도 접촉 감염 기회가 줄어드니 의료진의 보호에도 유리하고 고위험군 만성 질환 관리에도 효율적이다. 팬데믹 이후에도 시행되려면 넘어야 할 산이 많겠지만 비대면 진료의 장점으로 꼽히는 것이 바로 '편리'와 '안전'이다.

결국 우리는 대면과 비대면의 대립이 아니라 병행되는 방향으로 가게 될 것이다. 우리에게 비대면은 대면을 몰아내기 위한 선택이 아니라 우리를 더 편리하고 더 안전하게 만들기 위한 대면의 보완 장치다. 모든 분야에서 비대면이 적용되는 것도 결국 '편리'와 '안전' 때문이다. 전 세계적으로 꽤 많은 나라에서 비대면 진료가 허용되는 것도 이 때문이다.

카페와 병원은 분명 다르다. 하지만 카페를 찾는 이와 병원을 찾는 이는 모두 같은 사람이다. 사람은 누구나 등교하고 출근하며 여행도 가고 쇼핑도 하고 자동차 운전도 한다. IT는 공급자 중심에서 소비자 중심으로 바꾸었다. 기존의 익숙한 관성보다 좀 더 효율적이고 편리한 대안을 찾도록 만든 것은 산업과 기술의 진화이자 개개인의 욕망의 진화이다.

결국 어느 분야든 우리의 보편적 욕망에서 '편리'와 '안전'이 우선적으로 다뤄질 수밖에 없는 것은, 우리를 둘러싼 비즈니스가 모두 언컨택트 이코노미로 대표되는 비대면의 장점을 주목하고 있기 때문이다. 결국 그 속에서 기회와 위기가 나올 수밖에 없다.

언컨택트 이코노미에서 더 중요해진 빅데이터, 데이터 거래, 데이터 노동

　　대면 기반의 서비스를 온라인으로 바꾸는 것, 혹은 오프라인에서 무인화하는 것 모두 비대면이다. 그동안 사람이 해 오던 역할과 기능을 인공 지능, 빅데이터, 로봇 등을 이용해 대신하려는 것은 관련 비즈니스의 방향이기도 하다. 가령, 아마존의 무인 매장 '아마존 고(Amazon Go)'에서 사용하는 저스트 워크 아웃(Just Walk Out) 기술에는 컴퓨터 비전(Computer Vision), 인공 지능, 머신 러닝, 딥러닝(Deep Learning), 센서 융합(Sensor Fusion) 등 자율 주행 자동차의 기술이 적용된다. 아마존도 자율 주행 자동차를 연구하고 여기에 투자해 온 기업이다. 아마존은 2020년 6월, 자율 주행 스타트업 중에서 손꼽히는 회사인 죽스(Zoox)를 12억 달러(인수 금액과 별도로 인재 유출을 막기 위해 1억

달러 상당의 주식을 제공)에 인수했다. 또 다른 자율 주행 스타트업 오로라(Aurora Innovation), 전기 자동차 기술 업체 리비안(Rivian) 등에도 투자했다. 또한 2017년 자율 주행 배송 로봇 스타트업 디스패치(Dispatch)를 인수해 스카우트(Scout)라는 배송 로봇을 만들었고, 2019년부터 일부 지역에서 실제 배송에 투입하기도 했다. 그리고 중국의 자율 주행 스타트업 위라이드와 협력해 로봇 택시를 시범 운영하였고, 토요타자동차의 자율 주행 전기 자동차 콘셉트인 'e-팔레트(e-Palette)'에 우버, 디디추싱 등과 함께 파트너십을 체결한 바 있다.

2020년 8월에는 토요타자동차와 AWS가 자율 주행 자동차, 커넥티드 카(Connected Car) 개발에 활용할 주행 정보 플랫폼을 구축하는 업무 협력을 발표했다. 아마존은 폭스바겐, 우버, 엔비디아와도 협력 관계다. 세계적 자동차 부품사인 델파이로부터 분사한 자율 주행 전문 기업 앱티브(APTIV)와도 협력 관계를 맺고 있다. 앱티브는 현대자동차와 자율 주행 합작 법인 모셔널(Motional)을 만든 기업이기도 하다. 꼬리에 꼬리를 물다 보면 아마존이 별의별 사업을 다 하고 여기저기 투자한 것처럼 보이지만 사실 자율 주행은 배송을 위한 필수다. 매장을 무인화하거나 자율 주행 자동차로 자동차와 도로를 무인화하는 것은 모두 엄밀하게 말하면 비대면이고, 여기서 필수적인 요소가 바로 데이터다. 데이터를 충분히 확보하고 분석하지 못하면 인공 지능은 한계가 있을 수밖에 없다. 데이터 거래와 데이터 노동을 원활하게 만들면 결국 인공 지능을 기반으로 하는 비대면 환경의 성과를 높이게 된다.

IT 서비스 기업들은 인공 지능과 빅데이터 기술을 우선적으로 연구한 덕분에 전통적인 산업의 기업들보다 유리한 고지를 점했다. 금융의 미래라고 하는 핀테크(Fintech) 시장에서 훨씬 큰 자본과 오랜 경험을 가진 전통적 금융 회사들이 IT 서비스 기업들에게 뒤진다. 테크 기업들이 가진 무기는 인공 지능과 빅데이터 기술과 소비자 관점에서 문제를 풀어 가는 능력이다. 그래서 카카오뱅크는 은행업계의 판도를 흔들고 카카오페이, 카카오페이 증권, 카카오페이 자산 관리 서비스를 통해 단기간에 많은 고객을 확보할 수 있었다. 네이버파이낸셜은 네이버페이를 필두로 신용 카드, 보험, 대출, 증권 등 금융 플랫폼을 지향하며 전통적 금융사들의 공공의 적이 되었다. 네이버와 카카오는 국내 톱(Top) 2의 빅테크다. 그런데 IT를 넘어 금융, 유통 등 다양한 분야로 확장한 것이다. 그동안 대기업과 재벌 그룹에 꼬리표처럼 붙었던 '문어발' 확장이라는 말이 이제는 이 두 회사에게도 붙는다. 2020년 1분기 기준 카카오의 계열사는 97개고, 2019년 3분기 기준 네이버의 계열사는 192개나 된다.

참고로 우리나라의 자산 기준 5대 그룹사인 삼성그룹의 계열사는 59개, 현대자동차그룹 54개, SK그룹 125개, LG그룹 70개, 롯데그룹 86개다. 우리나라 기업 중 시가 총액 부동의 1위는 삼성전자고, 네이버가 2위, SK하이닉스와 LG화학이 크게 차이 나지 않는 3~4위를 겨주고 있고, 카카오는 8~9위권으로 현대자동차그룹과 견줄 정도다. 심지어 게임 회사인 엔씨소프트는 SK텔레콤, 포스코, 기아자동차와 견줄 정도고, 넷마블은 삼성SDS, 삼성생명과 견줄 정도다. 2020년 시가 총액 톱 10 안에 네이버와 카카오가 들었고, 톱 30 안에 엔씨소프트와 넷마블이 포진하고 있다. 수년 후 한국의 대기업 순위에서 이들이 전통적 재벌 그룹을 제친다고 해도 놀랍지 않을 것이다. 흥미로운 사실은 엔씨소프트와 넷마블도 인공 지능과 빅데이터 기술을 연구해 왔고 이를 게임 외 분야에 적용하기 시작했다는 점이다. 엔씨소프트는 인공 지능 자산 관리 서비스를 비롯해 핀테크 분야에 진출하고, 넷마블은 2014년에 설립한 인공 지능 센터에서 축적한 기술을 계열사인 코웨이에 적용해 스마트홈 시장을 공략한다. 다른 게임 회사인 스마일게이트도 엔터테인먼트에 특화된 인공 지능 센터를 구축해 관련 비즈니스를 도모하고, 넥슨도 데이터 관리 기술을 활용해 MZ세대에 특화된 핀테크 비즈니스를 도모한다. 지금은 게임 회사들마저 금융 시장뿐 아니라 다양한 산업에 진출하는, 더 이상 산업의 경계가 없는 시대다.

일본 속옷 브랜드 와코루(Wacoal)는 도쿄 하라주쿠에 '3D 보디 스

게임사들의 분야 진출 상황

회사명	내용
넥슨	– 핀테크 업체 아퀴스 설립 – e커머스 업체 위메프의 모회사 원더홀딩스 투자 – 가상 화폐 거래소 코빗, 비트스탬프 투자
엔씨소프트	– KB증권과 합작 법인 설립 추진 – 전자 결제 업체 KG이니시스 전환 사채 인수 – 웹툰, 웹소설, 콘텐츠 업체 투자 – 드론 업체 바이로봇, 유비파이 투자
넷마블	– 렌털 업체 코웨이 인수 – 빅히트엔터테인먼트 지분 투자 – 인터넷 전문 은행 카카오뱅크 투자
NHN	– 전자 결제 업체 한국사이버결제 인수 – 음악 서비스, 소셜커머스, 연예 기획사, 여행사 등 투자
스마일게이트	– 엔터테인먼트 특화 인공 지능 센터 '스마일게이트 AI' 설립

캐너(3D Body Scanner)'를 갖춘 3D Smart & Try 매장을 만들었다. 일반 의류 매장을 찾은 소비자들 중에는 점원이 말을 거는 것을 불편해하는 이들도 있는데, 속옷 매장에서는 더욱 그럴 것이다. 와코루의 3D 보디 스캐너는 피팅 서비스를 원하지 않거나 점원이 말을 거는 것을 불편해하는 소비자를 위한 비대면 서비스의 일환이다. 신체 사이즈는 언제든 바뀔 수 있는데도 늘 같은 사이즈의 속옷을 입는 사람들이 있다. 사이즈를 직접 재는 것도 불편하고 속옷 매장 점원에게 재 달라고 부탁하는 것도 불편하기 때문이다. 그런데 3D 보디 스캐너는 소비자가 스캐너를 직접 조작해 자신의 신체 사이즈를 5초 만에 측정할 수 있도록 도와준다. 와코루는 그동안 확보한 4만 5000명의 고객 신체 데이터를 기반으로 속옷을 추천하기도 한다. 이 과정에서 점원이 개입하지 않고, 손님은 매장에 비치된 태블릿을 통해 정보를 전달받거나 맞춤 주문을 한다. 이 서비스는 소비자 입장에서 아주 유용

하지만 그렇다고 소비자의 편의만을 위한 것도 아니다. 3D 보디 스캐너로 확보한 데이터를 향후 신상품 개발에 활용할 수도 있고, 이를 바탕으로 헬스케어 비즈니스에 직접 나서거나 관련 기업과 협업하는 방안도 가능하기 때문이다. 속옷 회사가 다른 분야로 확장할 때 데이터는 중요한 무기가 되는 것이다.

　모든 소비재와 서비스 시장에서 데이터는 기본이 된다. 빅데이터와 인공 지능이 산업화되려면 데이터 거래는 필수다. 2020년 8월 5일부터 개정된 데이터 3법이 시행되고, 금융업계에서는 마이데이터(MyData) 사업이 본격화된다. 더 정교한 맞춤형 금융 서비스가 가능해지므로 기존의 금융 서비스 시장의 판도는 변화할 것이고, 데이터 처리에 대한 방침도 선진국이 주도하는 글로벌 스탠더드에 가까워지면서 국내 기업의 해외 비즈니스에도 영향을 줄 것이다. 이것은 금융 산업만의 일이 아니다. 단순히 금융과 유통이 결합하는 것을 넘어, 우리가 자동차를 이용하는지, 어디에 살고 어디에서 놀며 어떤 일을 하는지와도 연결될 수 있다. 우리의 일상은 온통 데이터를 만들어 내는 활동이기 때문이다. 여기서 등장하는 개념이 데이터 노동과 데이터 거래다. 데이터 노동은 데이터를 노동으로 간주하고 그에 따른 대가를 보장하는 것을 말한다. 기업이 데이터 수집과 활용을 통해 적극적이고 안정적으로 데이터 거래를 해서 빅데이터와 인공 지능이 거둘 기회를 확대시키는 것이다. 자신의 경험과 행동 데이터를 아무 이득도 없이 제공하기는 어렵다. 전 세계적으로 데이터 거래를 하는 민간 기업이 속속 등장하고 데이터 거래에 대한 법적, 제도적 장치도 만들어지고 있다. 우리나라에서도 2019년 12월, 첫 민간 빅데이터 거래소인 KDX

가 출범했다. 과학기술정보통신부가 2019~2021년까지 빅데이터 플랫폼(거래소) 10개와 센터 100개를 만들기로 하고 1516억 원을 지원하는 프로젝트의 일환이다. 데이터가 안정적으로 거래되고 빅데이터를 통해 비즈니스 기회를 계속 만들어 낸다면 궁극에는 데이터 노동에 대한 가치 평가도 원활해질 것이다.

경험과 행동 데이터를 만들기 위한 오프라인 매장의 시도가 계속되는 것은, 온라인에서는 구매에 대한 데이터가 확보되지만 그 물건에 대한 경험치나 평가 데이터는 오프라인에서 확보하는 것이 유리하기 때문이다. 베타(B8TA)는 경험과 행동 데이터를 수집해서 파는 스타트업인데, 2015년 실리콘밸리가 있는 팰로앨토에 최신 테크 제품을 체험하는 매장을 오픈하며 시작했다. 그리고 2020년 2분기 기준, 베타는 미국을 중심으로 25개 매장을 운영하고 있다. 이곳에서는 물건을 팔지 않는다. 다만 신제품을 가지고 놀고 경험할 수 있다. 베타 매장

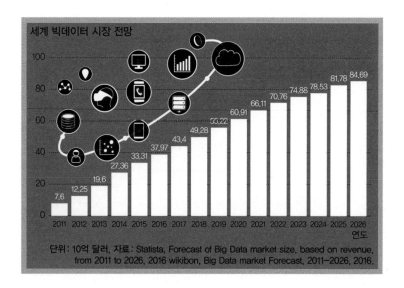

세계 빅데이터 시장 전망

단위: 10억 달러, 자료: Statista, Forecast of Big Data market size, based on revenue, from 2011 to 2026, 2016 wikibon, Big Data market Forecast, 2011-2026, 2016.

의 천장에는 수십 대의 특수 카메라가 설치된 컴퓨터 비전 기술이 적용되어 있는데, 고객의 성별과 연령 정보를 비롯해서 소비자가 제품체험에 얼마의 시간을 투자하는지, 어떻게 경험하고 행동하는지 등의 정보를 파악한다. 매장 내 점원들의 역할은 판매 유도가 아니라 제품의 체험을 도와주고 경험 과정에서 나오는 고객의 피드백을 수집하는 것이다. 이렇게 확보된 경험과 행동 데이터는 이 매장에 신제품을 입점한 회사에 제공되고, 회사는 그 대가로 제품당 입점 비용을 지불한다. 고객이 구매를 원하면 제품의 온라인 사이트와 연결해 주는데 판매가 많이 이뤄진다고 해도 그에 따른 수수료는 없다. 오프라인 매장이 물건을 팔아서 돈을 버는 것이 아니라 그 물건에 대한 소비자의 데이터를 기업에 팔아 돈을 버는 것이다. 그리고 소비자의 경험과 행동 데이터를 분석하는 기술(소프트웨어)을 백화점이나 소비재 브랜드에 팔기도 한다.

2017년에 파산했던 장난감 유통업체 토이저러스(Toys"R"us)가 2019년 11월에 미국 뉴저지에서 새로운 매장을 오픈한 것도 베타와 함께한 일이다. 장난감을 파는 매장에서 장난감을 체험하는 매장으로 바꾼 것이다. 매장에는 1500개 상품만 배치했고, 판매는 1만 5000개 이상의 상품이 등록된 온라인 쇼핑몰을 중심으로 한다. 매장 곳곳에는 수많은 카메라와 센서가 있어서 고객의 움직임을 감지하고 고객이 어떤 상품을 좋아하는지, 매장에서 어떤 방식으로 움직이는지 등의 정보를 수집한다. 장난감 매장이 판매 중심 공간에서 아이들의 체험을 위한 문화 공간이자 놀이터가 된 것은, 물건보다 경험과 행동 데이터를 판매하는 것이 더 비즈니스가 되기 때문이다. 토이저러스는 1948년부터 장난감 매장을 시작했기 때문에 오랜 노하우와 브랜드를 가졌다. 그러므로 데이터 거래 비즈니스는 토이저러스의 노하우와 브랜드를 살린, 충분히 시도해 볼 만한 선택이다.

츠타야 서점이 운영하는 '컬처 컨비니언스 클럽(Culture Convenience Club, CCC)'은 2015년에 가전 매장인 츠타야 일렉트릭스(TSUTAYA ELECTRICS)를 만들었다. 또한 2019년에는 츠타야 일렉트릭스 플러스라는 경험과 행동 데이터를 수집할 수 있는 공간을 만들었다. 매장 곳곳에 'OPTiM'이 개발한 인공 지능 카메라를 설치해 소비자를 촬영하고 실시간 분석한다. 여기서도 베타와 마찬가지로 성별, 연령별 분류를 통해 고객이 상품별로 얼마나 시간을 쓰는지, 어떻게 경험하는지 등 행동 데이터를 수집하고 고객의 피드백을 정리한다. 소비자에게는 미리 데이터를 수집한다는 사실을 공지하고, 분석한 데이터에는 개인 정보가 포함되지 않도록 처리해서 고객사에 전달한다. 입점

©Tsutaya Electrics

비용은 상품 1개당 월 30만 엔이며, 츠타야 일렉트릭스 플러스는 매달 상품당 7000여 개의 행동 데이터와 50여 건의 고객 의견을 수집해 입점 기업에게 제공한다. 물건을 팔아 돈을 버는 것이 아니라 데이터를 팔아 돈을 버는 공간은 비대면 상황이 확산될수록 더 많아질 수밖에 없다.

나이키가 최근 몇 년간 인수한 기업들을 살펴보면 흥미로운 포인트가 보인다. 2016년 8월, 나이키 전자 상거래 플랫폼인 스니커즈 앱을 관장하는 디지털 디자인 스튜디오인 버진메가(Virgin MEGA)를 인수했다. 2018년 3월에는 고객 취향 및 행동을 분석하는 데이터 분석 기업인 조디악(Zodiac)을, 2019년 4월에는 나이키 모바일 앱의 3D 스캐닝 기능을 개발한 컴퓨터 비전 기업인 인버텍스(Invertex)를, 2019년 10월에는 스포츠에 특화된 디지털 미디어 플랫폼 '톨리(Tally)' 앱을 서비스하는 기업인 트레이스미(TraceMe)를 인수했다. 이 기업들 모두 나이키가 온라인에서 제품을 더 원활히, 더 잘 판매하기 위해 필요한 기업들이며 디지털과 데이터 기반 회사라는 공통점이 있다. 나이키는 2020년 이후에도 디지털 트랜스포메이션을 위해 10억 달러를 더 투자한다고 밝혔다.

2020년 2월, 나이키의 새 CEO가 된 존 도나호는 나이키 이사회의 멤버이자 서비스나우(ServiceNow)의 CEO, 페이팔 이사회의 회장, 이베이의 전 CEO다. 나이키는 IT 분야에서 전문성을 쌓은 CEO를 내세워 디지털과 온라인 판매 강화를 통한 DTC(Direct to Consumer, 직접 판매) 확대를 도모한 것이다. 2013년, 나이키의 DTC 비중은 전체 매출의 17.3%였고 매출액은 44억 달러였다. 2018년에 그 비중은 28.7%,

매출액은 104억 달러, 2019년에는 31.6%, 118억 달러로 늘었다. 2022년까지 DTC 비중을 40% 이상 높이는 것이 나이키의 목표인데 코로나19 팬데믹 효과 때문에 더 빨리 달성될 듯하다. 나이키뿐 아니라 브랜드 가치가 높은 소비재 기업들은 온라인을 통한 직접 판매 비중을 높이려고 한다. 그리고 이를 위해 고객 분석, 빅데이터 분석을 비롯한 디지털 트랜스포메이션에 적극 투자한다. 이는 곧 비대면의 비중이 높아지는 것을 의미한다. 언컨택트 이코노미와 데이터 분석, 빅데이터의 역할이 중요하다. 데이터를 21세기 산업의 원유라고 부르는데 점점 더 그 말의 의미를 실감하게 될 것이다.

과감히 오프라인을 정리하는 기업들: 익숙한 것과의 작별

미국 최대 가구 브랜드인 피어1임포트(Pier1 Imports)는 2020년 2월에 파산해 미국 내 936개 오프라인 매장을 모두 폐점했다. 미국의 백화점 J.C.페니는 2020년 5월에 파산해 169개 백화점 매장을 폐점했고, 다른 백화점 메이시스(Macy's)는 2020~2022년까지 125개의 백화점 매장을 폐점할 예정인데 이미 2015~2019년까지 100여 개를 폐점시켰다. 이는 가구업계의 불황도, 쇼핑의 정체도, 팬데믹에 따른 소비 침체도 아니다. 그저 오프라인 가구 매장과 백화점의 위기일 뿐이다. 미국의 온라인 가구 쇼핑몰인 웨이페어(Wayfair)의 2020년 1분기 매출은 전년 동기 대비 20% 증가했고, 심지어 2분기에는 83.7%나 증가했다. 아마존의 전년 대비 매출 성장세는 2016년 27.1%, 2017년 30.8%, 2018년 30.9%, 2019년 20.5% 등으로 가파르게 상승 중이었는데 팬데믹 효과로 그 상승세가 더 커졌다. 2020년 2분기 아마존의 매출은 전년 동기 대비 40% 증가했다. 오프라인 매장이 줄어드는 추세는 팬데믹으로 인해 더 가속화된다. 반대로 온라인 쇼핑 시장은 더 커진다.

코로나19 팬데믹으로 인해 많은 패션 소매 매장도 문을 닫았다. 문을 닫는 동안 장사를 할 수 없으니 매출이 떨어지는 것은 당연하다. 자라, 버쉬카(Bershka), 마시모두띠(Massimo Dutti) 외 다수의 패션 브랜드를 소유한 스페인의 인디텍스(INDITEX)는 전 세계에 7412개의 오프라인 매장을 가지고 있으며, 2020년 1분기 매출은 33억 유로로 전년 동기 대비 -44%를 기록했다. 그런데 1분기 온라인 매출은 전년 동기 대비 50% 증가했다. 즉 온라인이 엄청 성장한 덕분에 오프라인의 폭락에도 전체 매출 감소 폭을 줄일 수 있었던 것이다. 심지어 4월의 온라인 매출은 전년 동기 대비 95% 증가했다. 이런 상황을 겪은 회사라면 어떤 선택을 할까? 오프라인 매장을 줄이고 온라인에 더 투자하려 하지 않겠는가? 2020년 1분기, 인디텍스는 상장된 지 20년 만에 처음으로 4억 900만 유로라는 분기 순손실을 봤다. 그리고 1분기 실적 발표 때 오프라인 매장 폐점 계획을 발표했다. 인디텍스는 2022년까지 전 세계 1200개 매장을 폐점하기로 했는데 이는 전체 오프라인 매장 중 16%에 해당되는 수다. 인디텍스의 목표는 2019년 전체 매출의 14%였던 온라인의 비중을 2022년에 25% 이상으로 높이는 것이다. 그리고 온라인 판매 확대를 위해 10억 유로를 투자하기로 했다. 흥미로운 사실은 온라인 판매 확대를 도모하는 인디텍스가 전 세계에 450개의 프리미엄 매장을 여는 데에도 17억 유로를 투입하기로 했다는 점이다. 이를 통해 온라인과 오프라인 전략을 확실히 가 늘해 볼 수 있다. 보편적이고 대중적인 소비, 즉 가성비를 따지는 소비는 온라인에 집중하고, 프리미엄 소비는 오프라인에 집중하는 것이다. 온라인과 오프라인은 서로 상반되는 경쟁자가 아니라 병행하며 상호 보완해야 할 대상이다.

이런 상황은 한국이라고 크게 다르지 않다. 2020년 1분기, LF의 영업 이익은 전년 동기 대비 -50.2%고, 신세계인터내셔날은 -59%, 한섬 -11.5%다. 2020년 2분기, LF의 매출은 전년 동기 대비 -12.4%, 영업 이익은 -27.4%다. 삼성물산 패션 부문의 매출은 전년 동기 대비 -9.4%, 영업 이익은 심지어 -90%다. 신세계인터내셔날의 2분기 영업 이익은 -46%다. 여기까지 살펴보면 팬데믹이 초래한 소비 침체 이야기를 예상할 수도 있다. 하지만 LF가 운영하는 LF몰의 2020년 1분기 매출은 전년 동기 대비 40% 증가, 삼성물산 패션 부문의 SSF숍은 10% 증가, 한섬의 더한섬닷컴은 50% 증가, 신세계인터내셔날의 SI빌리지는 63% 증가, 코오롱FnC의 코오롱몰은 150% 증가했다. 이들 모두 대기업의 패션 계열사들이다. 이들이 오프라인 매장 중 비효율 매장을 대거 정리에 나선 것과 온라인에 대한 투자를 강화한 것은 별개가 아니다. 통계청에 따르면, 2020년 6월 온라인 쇼핑 거래액은 전년 6월보다 19.5% 증가한 12조 6711억 원이다. 이중 패션 상품군의 온라인 쇼핑 거래액은 3조 8494억 원으로 전년 대비 16.4% 증가했다. 소비 침체와 코로나 탓을 하기보다는 온라인 쇼핑으로의 전환이 가속화된 탓을 하는 게 맞다. 참고로, 무신사의 2019년 매출은 9000억 원으로 전년 대비 105%, 영업 이익은 92% 증가했다. 한 해만 그런 것이 아니다. 2017년 3000억 원, 2018년 4500억 원, 2019년

9000억 원의 매출을 기록했고, 2020년에는 1조 5000억 원의 매출을 예상한다. 지그재그(zigzag)의 매출은 2017년 5500억 원, 2018년 1조 원, 2019년 1조 6000억 원이었는데 2020년에는 2조 원을 바라본다.

　오프라인 소매점이 스스로 원해서 오프라인을 정리하는 것이 아니다. 더 이상 미룰 수 없고, 그렇게 하지 않으면 더 심각해질 수 있다는 위기감 때문이다. 물론 오프라인 채널이 모두 사라져야 하는 것은 아니다. 아무리 온라인 쇼핑이 커져도 오프라인은 필요하다. 다만 더 고급스럽고, 더 특별한 경험으로 존재해야 한다. 이런 변화는 오프라인 소매뿐 아니라 대면 영업에서도 그렇다. 비대면의 시대에 대면 영업 채널은 정말 모두 사라져야만 할까? 아니다. 언컨택트 이코노미가 대세가 되어도 대면의 역할이 사라지는 것은 아니다. 결국 보편적인 서비스는 비대면으로, 특화되고 비싼 서비스는 대면으로 특화될 것이다. 즉 대면과 오프라인에서는 프리미엄, VIP 서비스가 장점이 된

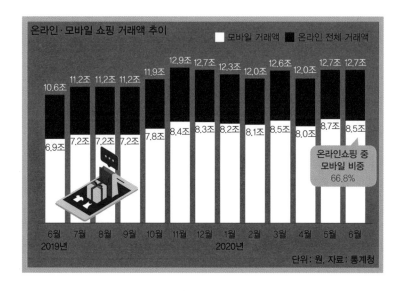

다. 영업이든 판매든 마찬가지다. 오히려 사람 관계의 중요성이 더 커지는 것이다. 비대면 시대와 언컨택트 이코노미는 효율성과 생산성을 높이는 차원에서 비대면과 온라인이 주류가 되는 것이다. 그만큼 고급화된 대면과 오프라인도 입지가 강화된다. 친절과 미소는 더 이상 대면과 오프라인의 경쟁력이 아니다. 더 확실한 경험, 더 좋은 서비스, 태도가 아닌 내용 자체의 질적 개선이 필요하다. 비대면은 사람을 싫어하는 것도, 사람과의 접촉을 꺼리는 것도 아니다. 비대면의 목적은 사람과 더 안전하고 편리하게 연결되어 더 풍부한 커뮤니케이션을 하는 것, 맞춤 대응과 데이터 분석을 통해 우리의 욕망을 긴밀하게 채워 주는 것이다. 그리고 대면 채널도 이런 비대면의 장점을 흡수해야 한다. 대면의 문화와 정서를 비대면에 녹여 내는 것, 비대면의 분석적 장점을 대면에 녹여 내는 것이 중요해질 수밖에 없다.

마이크로소프트는 전 세계에 83개의 직영 오프라인 매장을 가지고 있었다. 그런데 팬데믹이 선언되자 이를 임시 폐쇄했다가 3개월 후 아예 영구히 폐점하겠다고 선언했다. 애플이 애플스토어를 만든 이래, 오프라인 플래그십 스토어(Flagship Store)는 IT 기업의 기술과 브랜드를 드러낼 수 있는 중요한 공간이었다. 하지만 코로나19 팬데믹으로 인해 애플은 전 세계의 애플스토어 460곳을 모두 폐쇄(영업 중단)시켰고, 이후 상황에 따라 영업 재개와 일부 매장의 폐점이 이어졌다. 오프라인 플래그십 스토어는 판매 외에도 체험이나 브랜드 효과 강화를 위해 필요하지만 팬데믹으로 인해 몇 개월씩 임시 폐쇄를 겪었다. 또한 사람들은 낯선 타인과 같은 공간에 머무는 것이나 타인이 만진 물건에 손대는 것을 불편해하기 시작했다. 이는 오프라인의 장점이었던, 서로 어울리고 오감을 이용해 체험하는 문화에 영향을 줄 수 있다. 오프라인 매장의 리스크를 감수하느니 아예 없애 버리자는 태도도 이해가 된다. 우리의 문화와 태도는 경험을 통해 바뀐다. 코로나19 팬데믹이라는 초유의 경험은 계속되고 있다. 2021년까지도 이어질 수 있는 이런 경험 속에서 우리에게 오프라인, 대면, 사람과의 관계의 의미는 이전과 달라질 수밖에 없다.

비즈니스 어댑테이션과 적자생존

적응(適應, Adaptation)은 생물학과 진화론의 기본 개념으로, 생물은 서식 환경에 보다 유리하도록 변화하는 것을 말한다. 진화론에서 말하는 적자생존(適者生存, Survival of the fittest)은 바로 '적응'하는 자가 살아남는다는 의미인데 이는 생물뿐 아니라 기업도 마찬가지다. 기업은 산업적, 기술적, 사회적 환경 변화에 적응하며 살아남아야 한다. 적응은 생물학과 비즈니스뿐 아니라 기후 위기에서도 쓰이는 말이다. 지구 온난화 대책의 일환도 적응이다. 우리는 결국 코로나19 팬데믹도 극복해 낼 것이다. 한국은 3월 대유행 때 대외 업무, 강연, 행사 등 모든 것이 멈췄다. 4~5월까지 팬데믹 시대에 적응하지 못해 힘들어했다. 그러면서 온라인 스트리밍을 적극 활용하며 방법을 찾았다. 8월에 다시 대유행의 조짐이 보이자 3~4월과 달리 우리는 적응한 모습을 보였고 사회는 상대적으로 덜 멈추고 더 돌아갔다. 단기간이지만 놀라운 적응력과 회복력을 보인 것이다.

산업이 IT 중심으로 전환되고 수많은 기업이 변화한 환경에서 무너져 갔다. 수십, 수백 년 전통을 자랑하는 글로벌 기업이 무너지기도 했고, 갓 만들어진 스타트업이 몇 년 만에 100년간 업계를 호령하던 기업에게 위협을 가하기도 했다. 이런 상황이 심화된 것을 우리는 10년 이상 지켜봐 왔다. 비즈니스 어댑테이션(Business Adaptation)을 하면서 위기를 극복하고 되살아난 기업도 계속 등장하고 있다. 코로나 19 팬데믹으로 인해 위기는 더욱 심화되었다. 눈을 감는다고 세상이 멈추지는 않는다. 여전히 '갑자기 바뀌었지만 결국 예전으로 다시 돌아가지 않을까?'라는 생각을 가진 이들이 있다. 몇 개월이라는 단기간의 팬데믹으로 인한 불가피한 변화라고 여기는 것, 다시 사람들과 끈끈히 대면하고 살아갈 것이라고 생각하는 것은 사실 변화가 주는 두려움 때문일지 모른다. 변화에는 늘 저항 세력이 있다. 변화로 인해 손해를 보는 이들은 저항을 선택하기 쉽다. 하지만 저항에는 한계가 있다. 특히 이번 팬데믹과 같은 강력한 계기를 만나면 저항은 무력화된다. 갑작스러운 변화처럼 보이겠지만 사실 우리 사회는 계속 변화해 왔고 적자생존이 이어져 왔다.

효성중공업의 자회사인 에브리쇼는 2020년 8월 초, 3180억 원 규모의 주주 배정 증자를 추진하는 공시를 냈다. 효성중공업이 1272억 원을, 해외 합작사가 1908억 원을 투자하는데 그 용도는 데이터 센터 사업이다. 전력 설비, 발전기, 건설 등을 해 온 회사가 그동안 해본 적 없는 데이터 센터 사업을 왜 하려는 것일까? 이것이 바로 비즈니스 적응이다. 데이터 센터는 뜨는 산업이다. 지금까지 수십 년 동안 무슨 사업을 했는가는 중요하지 않다. 그보다 더 중요한 것은 앞으로 어떤 사업에서 기회를 만들 것인가이다. 오래된 전통 산업에 해당되는 기업들은 늘 변신에 더디다. 효성중공업은 전형적인 굴뚝 산업 회사지만 바뀐 산업 환경에 적응하려는 시도로 데이터 센터 사업을 벌이는 것이다. 사실 건설 회사나 중공업 분야 기업들 중에서 효성중공업이 처음으로 이런 시도를 한 것은 아니다. 이미 꽤 많은 시도가 있었고, 앞으로 더 많아질 수밖에 없다.

자동차를 출시한 지 10여 년밖에 안 된 테슬라가 100년간 자동차 산업을 군림하던 글로벌 자동차 기업들을 모두 제치고 자동차 기업 중 시가 총액 전 세계 1위에 오른 것은 우연이 아니다. 포스트 코로나 시대의 소비자는 기후 변화와 환경 문제에 더 관심을 가질 텐데 결국 내연 기관을 대신해 전기 자동차로 많이 넘어갈 것이다. 테슬라는 전기 자동차와 자율 주행 자동차에서 경쟁력을 가졌다. 그런데 결국 이 2가지가 자동차 산업의 중심이 된다. 그리고 테슬라는 기존의 자동차 기업들과는 다른 결정적인 차이가 있다. 바로 모든 차를 온라인으로 판매한다는 것이다. 자동차뿐 아니다. 미국의 전기 비행기 업체 매그니엑스(MagniX)의 6인승 전기 비행기 이플레인(e-Plane)은 2019년 12월, 시험 비행에 성공했다. 이들의 계획은 2021년 말까지 전기 비행기 상용화 시스템을 구축하고 2022년부터 승객을 태우는 상용화를 시작하는 것이다. 전기 비행기는 기존 연료를 사용하지 않으므로 탄소를 배출하지 않는다는 환경적 장점이 있다. 또 연료비를 비롯한 운영 유지비도 절반 정도 소요되며 소음 발생도 기존의 절반에 그친다. 현재는 전기 자동차가 대중화되었지만 그렇다고 전기 비행기도 곧바로 상용화되는 것은 아니다. 하지만 점점 상용화에 가까워지고 있다. 전기 비행기는 항공 산업의 미래로 평가받고 있으며 대표적인 항공기 제조사인 보잉과 에어버스도 전기 비행기를 개발하고 있다. 배터리 충전의 한계 때문에 장거리 전기 비행기 개발은 아직 불가능하므로 단거리와 중거리 위주로 개발 중이다. 물론 배터리 기술의 발전 속도가 변수일 것이다.

현대자동차를 비롯한 자동차 회사들도 관심을 가지는 도심 항공 교통(Urban Air Mobility, UAM) 부분에서 전기 비행기는 효과적인 선택지다. 전기 자동차가 내연 기관 자동차를 대체하려 하고, 자율 주행 자동차와 로봇 택시가 우리의 이동 환경의 미래를 바꿀 것이다. 도심 항공 교통은 우리의 지상 교통 환경을 바꾸는 데 일조할 것이다. 몇 년 전부터 도심 내 빌딩 옥상의 헬기 착륙장을 장기 임대하여 미래의 도심 항공 교통 시장에 대비하려는 시도가 계속되고 있다. 비즈니스 환경은 관성을 고수하고, 변화에 둔감한 기업과 개인에게는 결코 기회를 주지 않는다.

혁신은 판을 바꾸는 것이다. 판이 바뀌면 주체가 바뀐다. 즉 기존 기업과 기존 산업에서 수정 보완하는 것이 혁신이 아니라, 새로운 주자가 기존의 주자를 대체하는 것이 혁신이다. 안타깝지만 기존의 주자들에게 혁신은 더 가혹할 수밖에 없고, 더 가혹해야만 살아남을 수 있다. 알면서도 잘 안 되는 것이 적응이다. 쉽지 않지만 그래도 살아남으려면 해야 한다. 기업에게도, 개인에게도 적응이 점점 중요해진 시대다. 우리에게는 상시적으로 플랜 B, 플랜 C가 필요하다. 2021년, 'Fight or Flight'는 트렌드 코드를 넘어 생존 전략으로 적극 모색할 수밖에 없다. 결국 그 선택과 결정 모두 당신의 몫이다.

Part 1 Culture Code

1 세이프티 퍼스트: 불안이 만든 새로운 기회

이경탁, 〈'우한 코로나'에 스마트폰 살균기 판매만 50여 배 폭증〉, 《조선비즈》, 2019년 3월 18일.

이영완, 〈화장실 변기보다 7배 더러운 스마트폰〉, 《조선비즈》, 2018년 12월 3일.

배성수, 〈'세균 범벅' 스마트폰… 삼성, '코로나 방지' 케이스 선보인다〉, 《한국경제》, 2020년 7월 6일.

〈'10분' 만에 세균 99% 박멸하는 UV 살균기〉, 《삼성 뉴스룸》, 2020년 7월 8일.

김성민, 〈스마트폰 묻은 코로나 잡아라… 삼성 살균 액세서리 출시〉, 《조선일보》, 2020년 7월 8일.

윤희훈, 〈쿠팡, 코로나 예방에 2400명 규모 안전감시단 운영〉, 《조선비즈》, 2020년 7월 9일.

〈수족구병·눈병 급감… 코로나19로 밀집 생활 준 덕〉, 《KBS WORLD Radio》, 2020년 7월 3일.

윤광원, 〈"코로나 방역 수칙 위반 '안전신문고'로 신고하세요"〉, 《미디어펜》, 2020년 7월 12일.

장민선, 〈KPMG "코로나19로 안전 확보 위해 차량 소유 의사 증가"〉, 《팍스경제TV》, 2020년 6월 16일.

박채영, 〈워터 파크 '고위험', 미술관·박물관 '비교적 안전'〉, 《경향신문》, 2020년 7월 8일.

나현준, 〈불나면 건물 정보가 바로 소방서로… 서울시, 도시 빅데이터 활용 속도 낸다〉, 《경향신문》, 2020년 7월 7일.

염현주, 〈올해 여름휴가 트렌드 '안전·힐링'… '인원 제한' 가장 큰 변화〉, 《도시경제신문》, 2020년 6월 29일.

신익수, 〈韓·대만 '면역 여권' 발급 추진… 격리 없는 해외여행 재개되나〉, 《매일경제》, 2020년 7월 16일.

안정락, 〈유럽 갈 때 '코로나 면역 여권' 챙기는 시대 오나〉, 《한국경제》, 2020년 5월 26일.

맷 사이렛, 〈코로나19: 백신이 나오기 전까지 해외여행은 이렇게 변한다〉, 《BBC News 코리아》, 2020년 5월 4일.

이상학, 〈성수기 맞은 강원지역 워터 파크… 고강도 방역 대책은?〉, 《연합뉴스》, 2020년 6월 27일.

배윤경, 〈코로나19가 바꾼 여행 트렌드, 해외 여행 75%↓… 국내 '안전·힐링' 강조〉, 《매일경제》, 2020년 6월 29일.

정연비, 〈포스트 코로나 여행 회복 키포인트는 '유연성'과 '안전'〉, 《티티엘뉴스》, 2020년 6월 22일.

노승욱, 〈[新트렌드.6] 비대면 맞춰 공간 리디자인│사라지던 파티션 부활… '소통'보다 '안전' 책상 간격 2m… 네이버는 언택트 사옥〉, 《매일경제》, 2020년 6월 22일.

조성훈, 〈네이버 제2사옥, 언택트 빌딩 만든다〉, 《머니투데이》, 2020년 6월 2일.

강민호, 〈[트렌드] CJ "한 단계 높아진 단체 급식 기대하세요"〉, 《매일경제》, 2020년 6월 18일.

이한, 〈[트렌드 키워드 속 환경 ⑫] 감염 방지와 환경오염의 묘한 아이러니… '개인위생' 이면 환경〉, 《그린포스트코리아》, 2020년 7월 7일.

곽노필, 〈'플라스틱 안전 지대' 과일·채소서도 미세 플라스틱 나왔다〉, 《한겨레신문》, 2020년 7월 9일.

박진숙, 〈"제주서 로봇이 내리는 커피 맛봐요"… 로봇 카페 라운지X, 제주에 3호점〉, 《뉴스핌》, 2020년 6월 2일.

김보라, 〈로봇이 치킨 튀기고 커피 내리고… '요리봇' 도입 확산〉, 《한국경제》, 2020년 5월 10일.

서민지, 〈배달의민족 '딜리 타워', 업계 최초 아파트서 로봇 배달 개시〉, 《아주경제》, 2020년 7월 3일.

노정명, 〈[언택트 시대 ④코로나가 다시 깨운 '로봇'] 인간과 로봇의 동행… 뉴 노멀 '코봇 시대'가 온다〉, 《소비자경제》, 2020년 7월 13일.

〈자율주행 'LG 클로이 서브봇' 본격 출시〉, LG전자 공식 블로그 《Social LG전자》, 2020년 7월 8일.

정성호, 〈코로나19에 공유 경제 시련의 계절… 우버·에어비엔비 감원 폭풍〉, 《연합뉴스》, 2020년 5월 7일.

유진우, 〈[줌인] '날개 잃은' 우버, 1분기 3조 원대 순손실에도… 주가는 되려 껑충?〉, 《조선비즈》, 2020년 5월 8일.

김민수, 〈일론 머스크 "올 연말까지 완전 자율 주행 차 나올 것"〉, 《동아사이언스》, 2020년 7월 10일.

김기혁, 〈"테슬라 따라잡는다"… 구글도 벤츠도 '자율 주행 연합' 손잡았다〉, 《서울경제》, 2020년 6월 27일.

설성인, 〈코로나 수혜 '줌' 올해 매출 2조 도전… 세일즈포스 출신 보안 책임자로 영입〉, 《조선비즈》, 2020년 6월 25일.

변희진, 〈줌, 제이슨 리 CISO 임명〉, 《테크데일리》, 2020년 6월 25일.

박종원, 〈세계 패션업계, 코로나 시대 맞아 '항바이러스' 옷감 도입〉, 《파이낸셜뉴스》, 2020년 7월 17일.

김태윤, 〈'셀프 메디케이션' 확산에 제약·바이오업계 2분기 실적 '맑음'〉, 《중앙일보》, 2020년 7월 16일.

김은령, 오정은, 이영민, 〈"내 몸, 내 가족 건강은 내가 지킨다"… 셀프 메디 시대〉, 《머니투데이》, 2020년 5월 23일.

하주원, 〈"내 건강은 내가" 셀프 메디케이션 트렌드 열풍〉, 《컨슈머타임스》, 2020년 5월 31일.

정석준, 〈코로나19 영향… 유통업계 '셀프 메디케이션(Self-Medication)' 열풍〉, 《아주경제》, 2020년 5월 8일.

이준, 〈[코로나19] 식품유통업계는 지금 '셀프 메디케이션(Self-Medication)' 열풍〉, 《식품외식경영》, 2020년 5월 13일.

강승지, 〈"파마에서 컨슈머헬스로" 글로벌사들은 왜 사명을 바꿀까〉, 《히트뉴스》, 2019년 9월 19일.

권수현, 〈65세 이상 인구 800만 명 돌파… 평균 연령 42.6세 '고령화 가속'〉, 《연합뉴스》, 2020년 1월 12일.

《장래인구특별추계: 2017~2067년》, 통계청, 2019. 3.

《주민등록 인구통계》, 행정안전부.

Anne Ju, 〈Student designer and fiber scientists create a dress that prevents colds and a jacket that destroys noxious gases〉, 《Cornell Chronicle》, 2007. 5. 1.

Martino Carrera, 〈European Textile Makers Give Antiviral Fabrics a Try-Will They Work?〉, 《WWD》, 2020. 7. 16.

〈Promethean Particles Puts Its Nano-Copper To The Test In The Fight Against Viruses〉, 《textileworld》, 2020. 4. 14.

Jonathan Tilley, 〈Automation, robotics, and the factory of the future〉, 《mckinsey & company》, 2017. 9. 7.

Zoe Thomas, 〈Coronavirus: Will Covid-19 speed up the use of robots to replace human workers?〉, 《BBC》, 2020. 4. 19.

Chiranti Sengupta, 〈Safety first approach for business resumption in UAE〉, 《gulfnews. com》, 2020. 7. 9.

Michael Winnick, 〈Putting a Finger on Our Phone Obsession〉, 《dscout.com》, 2016. 6. 16.

〈Sam Fender kicks off Gosforth Park socially-distanced gigs〉, 《BBC News》, 2020. 8. 12.

2 뉴 프레퍼: 진화하는 프레퍼와 위험 사회

김정은, 〈"마스크 걱정 안하는 핀란드… 냉전 이래 의료 장비 등 비축"〉, 《연합뉴스》, 2020년 4월 6일.

최지선, 〈전 세계 의료 물자 부족에도… '마스크 대란' 없는 핀란드, 왜?〉, 《동아일보》, 2020년 4월 7일.

임주리, 〈종말 준비 프레퍼族의 아이러니 "생존 가방 매출 20배 뛰었다"〉, 《중앙일보》, 2020년 3월 11일.

박의명, 〈혹시 모를 지구 종말 대비, 상위 1%가 챙겨 놓은 것〉, 《매일경제》, 2017년 7월 20일.

조안나, 〈미래엔 아이세움 '살아남기 시리즈', 日서 누적 인쇄 400만 부〉, 《뉴데일리경제》, 2015년 6월 17일.

김헌식, 〈세월호에 에볼라에 방사능에… 당신은 프레퍼족입니까?〉, 《데일리안》, 2014년 8월 24일.

최태원, 〈지진에 취약한 지역은 수도권… 서울 강남이 가장 '취약'〉, 《청년일보》, 2020년 6월 12일.

송경은, 〈2018년 역대 세 번째 많은 지진 발생〉, 《동아사이언스》, 2019년 1월 13일.

이태동, 〈정체불명 악취까지… 일본 대지진 전조에 떤다〉, 《조선일보》, 2020년 7월 2일.

허상천, 〈[지역 이슈] 우리나라 지진 안전지대 아니다… 광역재난방재 대책 등 시급〉, 《뉴시스》, 2018년 4월 20일.

김현숙, 〈[구석구석 미국 이야기] 코로나로 주목받는 지하 벙커⋯ 인력거 연주회〉, 《VOA korea》, 2020년 6월 2일.

박민희, 〈[유레카] 코로나 시대, '부자들의 지하 세계'〉, 《한겨레신문》, 2020년 5월 18일.

남영준, 〈[남영준 연재] 코로나발 식량 위기는 어떤 영향을 줄까?〉, 《한국농기계신문》, 2020년 6월 2일.

〈러시아, 국제기구 경고에도 "7월 1일까지 곡물 수출 금지"〉, 《한국무역신문》, 2020년 4월 27일.

신재우, 〈미국 남부 폭풍 상륙해 비상사태 선포⋯ 네팔·인도도 폭우 홍수로 몸살〉, 《MBN》, 2019년 7월 15일.

전세이라, 〈[활동] '19년도 전례 없는 이상기후 속출! 2020년은?〉, 《환경정의》, 2020년 3월 4일.

김형우, 〈옛 소련권 경제 연합체, 코로나19 여파에 곡물 등 수출 금지〉, 《연합뉴스》, 2020년 4월 13일.

권다희, 〈'코로나發 식량 위기' 경고음⋯ 국경 막은 북한, 여파는〉, 《the300》, 2020년 5월 20일.

최현준, 〈"작년 갑절 2억 6500만 명 굶주림 내몰려"⋯ 코로나발 식량 위기 비상〉, 《한겨레신문》, 2020년 4월 22일.

오은정, 〈동아프리카 덮친 사막 메뚜기 떼, 규모 더 커지나〉, 《농민신문》, 2020년 4월 22일.

한우준, 〈식량자급률? 곡물자급률?〉, 《한국농정신문》, 2020년 4월 19일.

최신혜, 〈집 안에서 직접 심고 기르고 먹고⋯ '코로나 블루'에 '베란다 텃밭' 인기〉, 《아시아경제》, 2020년 7월 2일.

김종호, 〈[CES 2020] LG 이어 삼성도 '식물 재배기' 공개⋯ "누가 상추 잘 키울까"〉, 《이데일리》, 2020년 1월 8일.

이재준, 〈[올댓차이나] 1~3월 중국 돼지고기 생산량, ASF 확산에 29% 격감〉, 《MSN》, 2020년 4월 17일.

이장훈, 〈중국發 글로벌 육류大亂, 쇠고기-닭고기도 비상〉, 《동아일보》, 2019년 10월 19일.

경수현, 〈중국 4월 돼지고기 수입량 40만t⋯ '사상 최대'〉, 《연합뉴스》, 2020년 5월 25일.

권한일, 〈대공황보다 대봉쇄가 심각⋯ 최악의 식량 위기설 대두〉, 《식품음료신문》, 2020년 6월 29일.

Christina Anderson, Henrik Pryser Libell, 〈Finland, 'Prepper Nation of the Nordics,' Isn't Worried About Masks〉, 《The New York Times》, 2020. 4. 5.

〈Global food markets still brace for uncertainty in 2020/21 because of COVID-19 says FAO〉, 《FAO》, 2020. 6. 11.

《2020 농업 전망》, 한국농촌경제연구원, 2020. 2.

《내진 설계 기준 개요》, 한국시설안전공단.

https://www.kistec.or.kr/kistec/earth/earth0601.asp

https://www.youtube.com/c/JungleSurvival

3 다시 부활한 거대 담론의 시대

김용래, 〈[68 혁명 50주년] ① "금지하는 것을 금지하라" 68의 발단〉, 《연합뉴스》, 2020년 4월 22일.

송호근, 〈[송호근 칼럼] 거대 담론의 추억〉, 《중앙일보》, 2007년 6월 18일.

강동균, 이명호, 〈[여시재 대화/염재호 전 고려대학교 총장] "SKY 졸업장 10년 내 의미 없어질 것"〉, 《여시재》, 2020년 5월 26일.

차창희, 〈연세대 강의, 온라인으로 일반인도 본다〉, 《매일경제》, 2020년 7월 7일.

곽수근, 〈"원격강의 제한 풀어야… 중세 대학처럼 몰락하지 않으려면"〉, 《조선일보》, 2020년 5월 12일.

손현덕, 이진우, 〈"20년 배운 지식 500원짜리밖에 안 돼"〉, 《매일경제》, 2004년 4월 3일.

류영상, 김진솔, 〈[세지포] 해리 덴트 "한국, 3년 뒤 인구 절벽… 경제 불황 가능성↑"〉, 《매일경제》, 2015년 10월 21일.

강성민, 〈다시 '깃발' 든 진보비평지〉, 《한겨레신문》, 2007년 5월 25일.

허상우, 〈OECD 평균의 절반인 한국 복지비, 20년 후엔 평균 넘는다〉, 《조선일보》, 2020년 6월 24일.

김미나, 〈"최선 없으면 차선"이라는 김종인, 킹메이커 넘어 '킹' 꿈꾸나〉, 《한겨레신문》, 2020년 6월 30일.

전준범, 이소연, 〈"복지 공짜 아냐, 재원 마련은?" vs "일자리 사라지는 미래 대안"〉, 《조선비즈》, 2020년 6월 23일.

김민우, 〈김종인 "통합당 엄청난 패배, 진단 거의 완료했다"〉, 《조선비즈》, 2020년 6월 30일.

홍대선, 〈한국 사회, 왜 기본 소득인가?… "분배 체계 큰 틀 전환 필요"〉, 《한겨레신문》, 2020년 6월 22일.

지홍구, 〈"통합당 어젠다로 뺏길라"… 이재명, "내년 기본 소득 실증 실험하겠다"〉, 《매일경제》, 2020년 6월 18일.

정인환, 〈[출판] 2007, 거대담론의 시대를 향해〉, 《한겨레21》, 2006년 제640호.

김용섭, 《언컨택트 Uncontact》, 퍼블리온, 2020.

Gita Gopinath, 〈The Great Lockdown: Worst Economic Downturn Since the Great Depression〉, 《IMF blog》, 2020. 4. 1.

Martin Wolf, 〈The world economy is now collapsing〉, 《Financial Times》, Martin Wolf, 2020. 4. 15.

4 팬데믹 세대와 Youngest Power

김효정, 〈"방탄이 하면 우리도"… 팬들도 흑인 인권에 100만 달러 기부〉, 《연합뉴스》, 2020년 6월 8일.

임우선, 최예나, 〈중위권 학생 확 줄고 하위권 급증… "교사 생활 15년 만에 처음"〉, 《동아일보》, 2020년 7월 21일.

이영섭, 〈"BTS 아미, 단순 팬덤 넘어 사회·경제 세력"… 외신 집중 조명〉, 《연합뉴스》, 2020년 7월 16일.

문완식, 〈방탄소년단 뷔 中 팬들 32일만 생일 모금 6억 9천만 원 '압도적 인기'〉, 《스타뉴스》, 2020년 7월 20일.

이재우, 〈BTS 팬덤이 트럼프 노린 이유는?… "차별에 대한 반감"〉, 《뉴시스》, 2020년 6월 23일.

어환희, 〈호주 방송, BTS 향해 '조롱·비하'… 항의 이어지자 사과〉, 《JTBC 뉴스》, 2019년 6월 20일.

〈'#백인생명은소중하다'를 검색하면 왜 케이팝 가수 사진이 나오는 걸까?〉, 《BBC News 코리아》, 2020년 6월 5일.

〈트럼프 유세장 텅 비게 한 케이팝 팬들… 한국에서는 왜 볼 수 없을까?〉, 《BBC News 코리아》, 2020년 6월 22일.

조성민, 〈우리 아이들 '잃어버린 세대' 될까… "코로나 팬데믹 평생 영향 미칠지도"〉, 《세계일보》, 2020년 6월 7일.

김연숙, 〈하나은행, 만 40세 이상 '준정년 특별 퇴직' 시행〉, 《연합뉴스》, 2020년 7월 20일.

〈제21대 국회의원선거 결과〉, 《더리더》, 2020년 5월 4일.

조귀동, 이재은, 안소영, 최지희, 〈30대 대기업 임원, 고속 승진 방법이 바뀐다〉, 《조선비즈》, 2019년 12월 1일.

한지혜, 〈대기업 카카오 역대 최연소 이사 자리 오른 90년생 성신여대 조교수〉, 《비즈니스 인사이트》, 2020년 3월 26일.

정인설, 〈대기업 ★들이 변했다… '오·공·남'에서 '용·여·사'로 권력 이동〉, 《한국경제》, 2019년 12월 30일.

《2019 한국의 사회 지표》, 통계청, 2020. 6.

《OECD 보건 통계 2019》, 보건복지부.

김용섭, 《언컨택트 Uncontact》, 퍼블리온, 2020.

김용섭, 《라이프 트렌드 2020: 느슨한 연대 Weak Ties》 부키, 2019.

https://ko.wikipedia.org/wiki/대한민국의_IMF_구제금융_요청

5 극단적 개인주의: 믿을 것은 나뿐이다

장대익, 조광수, 〈경쟁은 자기 자신과 하는 것〉, 《중앙선데이》, 2017년 10월 8일.

권준수, 김성일, 〈자신처럼 타인도 중요하다는 '극단적 개인주의'가 신뢰 바탕〉, 《중앙선데이》, 2017년 10월 8일.

안준철, 〈'땀나는 일상'에 주목해야 한다〉, 《어패럴뉴스》, 2019년 8월 19일.

강인귀, 〈"위기는 기회다"… 코로나19 팬데믹에 재테크/투자 도서 판매량 급증〉, 《MoneyS》, 2020년 7월 24일.

조선비, 〈"동학 개미, 닌자 개미, 로빈 후드 개미… 파티는 끝났다?"〉, 《노컷뉴스》, 2020년 7월 28일.

이현창, 〈은행 이자율은 왜 갈수록 낮아지나요〉, 《동아일보》, 2019년 12월 10일.

강상규, 〈IMF 때를 아십니까?… 1년 확정 금리 '20%'〉, 《머니투데이》, 2015년 12월 17일.

허인회, 〈뉴질랜드와 덴마크는 어떻게 부패 청정국 지위를 얻었나〉, 《국민권익위원회 소식지》, 2018년 여름호.

허인회, 〈해외 '공수처' 사례 ① 덴마크는 어떻게 '일등 청렴국' 됐나〉, 《월요신문》, 2016년 7월 29일.

안수찬, 〈"허리케인이 까발린 건 미국의 극단적 개인주의"〉, 《한겨레신문》, 2005년 9월

5일.

《통계로 보는 사회 보장 2019》, 보건복지부.

Rebecca Gale, 〈Is 'social distancing' the wrong term? Expert prefers 'physical distancing,' and the WHO agrees〉, 《The Washington Post》, 2020. 3. 26.

Michael Skapinker, 〈Coronavirus crisis creates new words that enter everyday language〉, 《Financial Times》, 2020. 4. 29.

Eric Klinenberg, 〈We Need Social Solidarity, Not Just Social Distancing〉, 《The New York Times》 2020. 3. 14.

Part 2 Lifestyle

6 원격 근무 확산의 나비 효과

김종민, 〈직장인 10명 중 7명 "재택근무 하고 싶다"〉, 《뉴시스》, 2020년 3월 19일.

최윤정, 〈코로나가 앞당긴 근무 환경 변화… 대기업 75% 유연 근무제〉, 《연합뉴스》, 2020년 7월 20일.

오로라, 〈하현회의 재택근무 실험… LGU+ "화수목, 회사 나오지 마"〉, 《조선일보》, 2020년 7월 23일.

김종윤, 〈"부서장이 재택근무 결정해라"… CJ '유연 근무' 재조명 "부럽네"〉, 《뉴스1》, 2020년 7월 12일.

박형수, 〈'해 보니 좋구먼'… 국내 기업들도 코로나發 재택근무 제도화〉, 《중앙일보》, 2020년 7월 24일.

한영준, 〈직장인 67%의 꿈이 현실로… 대기업도 '재택근무' 확산〉, 《파이낸셜뉴스》, 2020년 7월 16일.

차민영, 〈롯데지주, 주 1일 재택근무 도입… 신동빈 회장 솔선수범〉, 《아시아경제》, 2020년 5월 22일.

유진우, 〈트위터 "원한다면 영원히 재택근무 하세요"… '무용지물'된 실리콘밸리 호화 사옥 경쟁〉, 《조선비즈》, 2020년 5월 13일.

전성철, 〈코로나19에 내년까지 재택근무 연장 잇따라… 애플·RBC도〉, 《파이낸스투데이》, 2020년 7월 31일.

이현승, 〈구글, 내년 7월까지 재택근무 연장 결정〉, 《조선비즈》, 2020년 7월 28일.

임보미, 〈"재택근무 해 보니 좋네"… 맨해튼 출근 인원 8%뿐〉, 《동아일보》, 2020년 7월 29일.

차유정, 〈아이 둘 있으면 6년간 재택근무… 비대면 근무 확산 주목〉, 《YTN》, 2020년 7월 4일.

박재명, 송혜미, 〈직원은 만족, 간부는 글쎄… 효율성엔 모두 엄지 척〉, 《동아일보》, 2020년 7월 11일.

송보희, 〈"저무는 노동조합의 시대… 노동법 모두 바꿔야"〉, 《여시재》, 2020년 7월 7일.

서기열, 〈한샘, 2분기 깜짝 실적… 영업이익 230억, 작년 동기 2.7배 달성〉, 《한국경제》, 2020년 7월 8일.

손요한, 〈카카오, 2020년 1분기 매출 8,684억 원, 영업이익률 10.2%로 두 자릿수〉, 《플래텀》, 2020년 5월 7일.

김성민, 〈실리콘밸리는 코로나 끝나도 재택근무, 미친 집값 누르다〉, 《조선일보》, 2020년 7월 10일.

김경민, 〈[新트렌드.1] 근태 관리보다 성과 | OKR(목표·핵심결과지표)로 평가 '직원 참여 높인다'〉, 《매일경제》, 2020년 6월 22일.

김경민, 〈[新트렌드.2] 비대면 리더십 강화 | 'Zorms(줌 시대의 규범)' 등 의사소통 기준 마련 '스몰 토크' 활용 수시로 의견 교환〉, 《매일경제》, 2020년 6월 22일.

노승욱, 〈[新트렌드.7] 원격 근무 시대, 보안 강화는 필수 | 편한 만큼 보안 취약 '원격 근무 딜레마' 백신 맹신 위험〉, 《매일경제》, 2020년 6월 22일.

박근희, 〈[아무튼, 주말] 안방 차지한 테이블, 베란다 오피스… 재택근무 시대 슬기로운 책상 생활〉, 《조선일보》, 2020년 6월 13일.

임소현, 〈포스트 코로나 '홈오피스' 트렌트에… 서재 가구 매출 상승세〉, 《뉴데일리경제》, 2020년 6월 24일.

김태일, 〈'재벌판' 국내 급식 시장 실상〉, 《일요시사》, 2019년 11월 21일.

백상경, 〈급식 시장 70% 점유한 대기업〉, 《매일경제》, 2017년 9월 5일.

김민정, 〈美 IT 대기업, 말로만 인종 다양성?… 6년간 개선 '미흡'〉, 《뉴스핌》, 2020년 6월 13일.

신민정, 〈"아침 메뉴 안 팔려" 맥도날드·던킨 등 패스트푸드 및 커피 체인 '울상'〉, 《한겨레》, 2020년 8월 2일.

〈포스코, 경력 단절 없는 육아기 재택근무제 시행〉, 《포스코 뉴스룸》, 2020년 6월 24일.

《코로나19로 인한 재택근무 현황》, 잡코리아·알바몬, 2020. 5.

《코로나19 이후 근로 형태 및 노동 환경 전망》, 한국경제연구원, 2020. 7.

김용섭, 《라이프 트렌드 2018: 아주 멋진 가짜 Classy Fake》, 부키, 2017.

김용섭, 《언컨택트 Uncontact》, 퍼블리온, 2020.

Johannes C. Bockenheimer, 〈GroKo-Zoff um Recht auf Home office〉, 《Bild am Sonntag》, 2020. 4. 26.

Amelia Lucas, 〈McDonald's to bring back some menu items cut during the pandemic〉, 《CNBC》, 2020. 6. 16.

Louis Hansen, 〈Coronavirus: Bay Area rents drop, but it's not just the pandemic〉, 《The Mercury News》, 2020. 7. 12.

7 로컬 & 메타버스: 공간의 새로운 중심이 되는 두 가지 욕망

〈에어비앤비 전 세계 다양한 액티비티를 집에서 즐기며 여행하는 '온라인 체험' 런칭〉, 《에어비앤비 뉴스룸》, 2020년 4월 9일.

최지희, 〈일본에서 화제라는 '온라인 숙박', 어떤 걸까〉, 《프레스맨》, 2020년 6월 19일.

박형준, 〈日 '포스트 코로나' 성큼… 도쿄-홋카이도-오사카-나고야 '랜선 건배'〉, 《동아일보》, 2020년 6월 4일.

이예화, 〈에어비앤비 온라인 체험 '랜선 탱고 떼창' 어땠나〉, 《벤처스퀘어》, 2020년 4월 20일.

홍지인, 〈당근마켓 "소비자가 가장 신뢰하는 중고 거래 서비스 1위"〉, 《연합뉴스》, 2020년 6월 25일.

이효석, 〈출시 5주년 당근마켓 "'슬세권' 책임지는 지역 플랫폼 되겠다"〉, 《연합뉴스》, 2020년 7월 15일.

김원, 〈천하의 넷플릭스도 떤다… 천만 관객 모은 '포트나이트'〉, 《중앙일보》, 2020년 5월 1일.

김효정, 〈75만 명 본 BTS '방방콘', 기네스 세계 기록 등재〉, 《연합뉴스》, 2020년 7월 23일.

김기윤, 〈BTS '방방콘'… 전 세계 400만 방방 뛰었다〉, 《동아일보》, 2020년 4월 20일.

김초희, 〈10년간 확 바뀐 해외여행 트렌드 '3가지'〉, 《투어코리아》, 2019년 3월 11일.

조성란, 〈코로나 이후 떠오를 프랑스 여행지 베스트3〉, 《투어코리아》, 2020년 7월 14일.

박대한, 〈[특파원 시선] 코로나19로 새삼 조명된 '영국식 정원' 빈부 격차〉, 《연합뉴스》,

2020년 6월 26일.

박지호, 〈사그라든 제주 이주 열풍… 작년 순유입 2천936명 그쳐〉, 《연합뉴스》, 2020년
5월 26일.

이현정, 〈코로나 나비효과… 수도권 인구 유입 늘고 지방 소멸 위험 커졌다〉, 《서울신문》,
2020년 7월 7일.

함규원, 〈'코로나 블루' 시대… 자연과 더불어 사는 농가 주택 뜬다〉, 《농민신문》, 2020년
7월 10일.

박세회, 〈'포스트 코로나 시대' 일본의 기업들이 탈도쿄 하는 이유〉, 《에스콰이어》,
2020년 7월 2일.

장진원, 〈[2030 파워리더 | IT-CONSUMER] 이동건 마이리얼트립 대표〉, 《포브스코리
아》, 2020년 1월 23일.

손요한, 〈마이리얼트립 글로벌 투자사들로부터 432억 원 투자 유치〉, 《플래텀》, 2020년
7월 27일.

이대식, 〈[포스트 COVID-19 시대 / 도시 ①] 아프리카 스와질랜드와 같은 뉴욕의 소득
불평등 지수〉, 《여시재》, 2020년 5월 24일.

모종린, 〈[포스트 COVID-19 시대 / 도시 ②] 국가만 재발견한 게 아니다, 우리는 동네
도 재발견했다〉, 《여시재》, 2020년 5월 28일.

정원엽, 〈[팩플]가상현실서 열린 컨퍼런스… 코로나19로 VR 다시 뜨나〉, 《중앙일보》,
2020년 3월 20일.

이대호, 〈에픽게임즈 '포트나이트', 뒷심 여전하네… 사회적 플랫폼 진화〉, 《디지털데일
리》, 2020년 6월 21일.

김미희, 〈랜선 영화 여행, 포트나이트에서 인셉션 본다〉, 《게임메카》, 2020년 6월 25일.

채성오, 〈'게임에서 영화 예고편을'… 포트나이트, 영화 '테넷' 티저 공개〉, 《블로터》,
2020년 5월 22일.

《The World's Cities in 2018》, UN Data Booklet.

Timothy Huzar, 〈Health and well-being improved by spending time in the garden,
study finds〉, 《Medical News Todays》, 2020. 5. 14.

Rebecca Jones, 〈HTC is hosting the first fully-virtual industry conference due to
coronavirus〉, 《PCGAMER》, 2020. 3. 10.

〈V²EC 2020 - Virtual VIVE Ecosystem Conference〉, 《ENGAGE》, 2020. 4. 15.

https://www.airbnb.co.kr/s/experiences/online

에픽게임즈 포트나이트 www.epicgames.com/fortnite

8 울트라 라이트웨이트: 트렌드 코드가 된 특별한 가벼움

이한경, 〈집콕 시대 '물건 노예'에서 벗어나는 지름길〉, 《주간동아》, 2020년 7월 27일(제 1249호).

변은영, 〈미니멀 라이프가 불러일으킨 '친환경 트렌드'〉, 《데일리팝》, 2020년 7월 14일.

정하은, 〈줄이고 정리하고… 다시 뜨는 예능 키워드 #미니멀 라이프[SS방송]〉, 《스포츠서울》, 2020년 6월 5일.

안정준, 〈진화하는 강철, 눈은 이제 미래 모빌리티로〉, 《머니투데이》, 2020년 7월 15일.

〈온실 가스 줄이는 플라스틱 자동차의 활약 [우리가 몰랐던 과학 이야기]〉, 《세계일보》, 2020년 7월 19일.

배동진, 〈"가볍게 더 가볍게…" 사활 건 경쟁 시작됐다〉, 《부산일보》, 2020년 2월 4일.

조귀동, 변지희, 심민관, 〈2030 운전 안 하고 차도 안 산다… 신규 면허 3년새 101만 → 66만 명 '뚝'〉, 《조선비즈》, 2020년 7월 26일.

한석희, 〈운전면허 안 따는 美 젊은이들… 이유가 "귀찮아서"?〉, 《헤럴드경제》, 2016년 1월 22일.

박태준, 〈[카&테크] BMW 7시리즈에 적용된 '경량화' 기술〉, 《전자신문》, 2019년 8월 15일.

홍지인, 〈와이즈앱 "차량 공유 서비스 이용자 87%가 20~30대"〉, 《연합뉴스》, 2019년 4월 10일.

홍성용, 〈"車를 왜 사요?"… 쏘카 회원 600만 명 육박〉, 《매일경제》, 2020년 1월 23일.

유다정, 〈코로나19 시대 콘텐츠 전략 "'밈'과 B급 코드도 주목해야"〉, 《디지털투데이》, 2020년 7월 22일.

최지윤, 〈참치도 시리얼도… B급 감성 더하니 잘 나가네〉, 《뉴시스》, 2020년 7월 16일.

노동규, 〈'밀가루' 입고 '시멘트 포대' 메고… B급 코드가 뜬다〉, 《SBS》, 2020년 7월 25일.

김은령, 〈13만 백성 이끄는 '빙그레우스 더 마시스'… B급 감성 통했다〉, 《머니투데이》, 2020년 5월 15일.

편지수, 〈'밈'에 빠진 MZ세대 "재미있으면 OK" 유튜브 뛰어든 기업 "B급 코드로 사로잡자"〉, 《경기신문》, 2020년 6월 15일.

방연주, 〈방송가 파고드는 'B급' '병맛' 코드〉, 《PD저널》, 2019년 9월 10일.

최수진, 〈'애슬레저룩'에 열광하는 패션업계〉, 《글로벌이코노믹》, 2019년 11월 11일.

최우리, 〈올해도 5월 더위…100년 전보다 빨라진 여름〉, 《한겨레》, 2020년 5월 4일.

《곤도 마리에: 설레지 않으면 버려라》(2019), 넷플릭스.

한국패션산업연구원 www.krifi.re.kr

기후정보포털 www.climate.go.kr

국립기상과학원 www.nimr.go.kr

국회기후변화포럼 www.climateforum.or.kr

9 다시, 계속 서스테이너블 라이프

한경진, 〈비싸도 '동물 복지 상품'이 잘 팔린다, 코로나가 바꾼 소비〉, 《조선일보》, 2020년 4월 29일.

권한일, 〈선진, '동물 복지 인증 먹거리' 선도 나서〉, 《식품음료신문》, 2020년 8월 4일.

이혜미, 〈저탄소 사과에 동물 복지 우유까지… 더 뜨거워지는 친환경 식재료 열풍〉, 《헤럴드경제》, 2020년 6월 1일.

이호동, 〈'동물 복지 계란' 요즘 잘 팔려요〉, 《농수축산신문》, 2020년 2월 28일.

김빛나, 〈"반찬·세제 필요량만 구입"… '일회용 포장 제로' 장보기도 OK〉, 《헤럴드경제》, 2020년 6월 2일.

문창석, 〈포장도 안해 주는 '불편한 슈퍼마켓' 지구의 미래를 판다〉, 《뉴스1》, 2019년 11월 30일.

이병욱, 〈'브랜드 계란 시장 80% 점유' 풀무원식품, "케이지 프리" 선언〉, 《애니멀라이트》, 2018년 8월 22일.

김경희, 〈욜로엔 없고 슬로라이프엔 있는 것은, 바로 공동체 정신〉, 《중앙선데이》, 2017년 9월 24일.

이미경, 〈코로나 자급자족… 상추 모종 판매량 3398% 늘었다〉, 《한국경제》, 2020년 5월 12일.

김세라, 〈코로나 이후 새롭게 발견한 '집'에서의 더 나은 일상〉, 《소비자경제》, 2020년 7월 27일.

김용섭, 《라이프 트렌드 2020: 느슨한 연대 Weak Ties》 부키, 2019.

《라이프 앳 홈 리포트 2020(Life at Home Report 2020)》 중간 보고서 #2, 이케아, 2020. 7.

Naaman Zhou, 〈Oxford Dictionaries declares 'climate emergency' the word of 2019〉,

《The Guardian》, 2019. 11. 21.

Part 3 Business & Consumption

10 트렌드 코드로서의 'RE': 왜 위기의 시대에 'RE'가 뜰까?

송종호, 〈김정태 新경영 혁신 '리셋·리빌드·게임'〉, 《서울경제》, 2019년 12월 2일.

조재영, 〈올해 1분기 재개봉 영화 130편… 작년보다 배 늘었다〉, 《연합뉴스》, 2020년 4월 2일.

김지예, 〈90년대생의 90년대 가요 리메이크까지… 여름 달군 '싹쓰리' 효과〉, 《서울신문》, 2020년 8월 10일.

이해리, 〈1990년대 '갬성', 2020년 여름 가요 시장 싹쓸이〉, 《일요신문》, 2020년 7월 23일.

김선희, 〈할리우드 영화 개봉 잇단 연기… 제작도 지연〉, 《YTN》, 2020년 5월 25일.

박형윤, 〈나이키 '쓰레기 신발' 출격 예고에… 리셀 시장 들썩〉, 《서울경제》, 2020년 6월 9일.

홍석윤, 〈쓰레기를 줄이자, 패션업계에 기술 바람〉, 《이코노믹리뷰》, 2019년 12월 17일.

권오경, 〈당신이 입는 옷이 지구를 망치고 있다〉, 《그린포스트코리아》, 2018년 11월 21일.

김금희, 〈무신사, 한정판 스니커즈 리세일 중개 서비스 '솔드아웃' 런칭〉, 《패션엔》, 2020년 7월 21일.

장병창, 〈미국 패션 리세일 시장, 코로나 이후 성장 가속〉, 《어패럴뉴스》, 2020년 7월 9일.

남도영, 〈네이버 스노우도 뛰어든 '스니커 리셀' 돈 되나 알아보니〉, 《테크M》, 2020년 3월 21일.

김채연, 〈무신사 '10번째 유니콘' 됐다… 기업 가치 2.2兆〉, 《한국경제》, 2020년 11월 11일.

조예진, 〈지드래곤×나이키 에어 포스 1 '파라-노이즈'는 어떤 스니커인가?〉, 《하입비스트》, 2019년 11월 22일.

박은애, 김정관, 〈20만 원짜리 스니커즈를 300만 원으로 만드는 "스니커테크"〉, 《인터비즈》, 2020년 5월 18일.

김윤주, 〈네이버·무신사 이어 롯데도… 스니커즈 리셀 '빅뱅' 신호탄〉, 《한겨레》, 2020년 7월 31일.

〈중국 운동화 시장을 휘감은 투기 광풍〉, 《아시아타임즈코리아》, 2019년 11월 14일.

이원형, 〈드롭·래플 등 ZM세대 겨냥한 뉴 판매 기법 '속속'〉, 《패션비즈》, 2019년 10월 31일.

민지혜, 〈지드래곤×나이키 신발 100배 수익… '리셀'에 뛰어든 대기업〉, 《한국경제》, 2020년 8월 10일.

김예랑, 〈나이키 '지드래곤 포스' 1300만 원?… 리셀가 '천정부지'〉, 《한국경제》, 2019년 11월 29일.

연선옥, 〈BMW·애플, 부품社에 "100% 재생 에너지만 써라"… 구글은 "원전도 무탄소 에너지"〉, 《조선비즈》, 2020년 7월 7일.

최재필, 〈"삼성도 RE100 참여를"… 애플, 한국서 '클린에너지 프로그램' 시동〉, 《전자신문》, 2020년 1월 27일.

조지민, 〈'전기가 뭐길래'… 반도체업계 전력 확보 안간힘〉, 《파이낸셜뉴스》, 2019년 3월 30일.

강기헌, 〈세계 1위 파운드리 TSMC가 풍력 전기 쇼핑 나선 이유는〉, 《중앙일보》, 2020년 7월 28일.

최재필, 〈애플·SK하이닉스 '빅딜'… 친환경 반도체 이례적 동맹〉, 《국민일보》, 2020년 7월 21일.

〈Apple, 이제 전 세계에서 100% 재생 가능 에너지로 가동〉, 《애플 뉴스룸》, 2018년 4월 10일.

류태웅, 〈LG화학·SK이노, 폴란드·헝가리 공장 'RE100' 도입… 정부, 국내 제도 보완 속도〉, 《전자신문》, 2020년 7월 8일.

박영민, 〈'RE100 1호 기업' 탄생… 바통 누가 이어받나〉, 《지디넷코리아》, 2020년 7월 10일.

최철, 〈저전력 메모리 기술이 선사하는 친환경 미래〉, 《삼성 뉴스룸》, 2020년 7월 29일.

남윤진, 〈사고 싶어 안달 나게 하는 한정판 스니커즈 4〉, 《에스콰이어코리아》, 2020년 6월 16일.

이지나, 〈나이키 2020 포럼에서 공개된 새로운 이노베이션〉, 《아이즈매거진》, 2020년 2월 6일.

《2020 Resale Report》, ThredUP, 2020. 5.

《코로나19 충격: 한국 영화 산업 현황과 전망》, 영화진흥위원회, 2020. 5.

《2020년 금융안정보고서》, 한국은행, 2020. 6.

《한계 기업 동향과 기업 구조 조정 제도에 대한 시사점》, 한국경제연구원, 2020. 7.

《에어비앤비의 중대 발표》, 에어비앤비 자료 센터, 2020. 5. 5.

영화진흥위원회 영화관입장권 통합전산망(KOBIS)

https://www.boxofficemojo.com/year/world/2020/

https://www.boxofficemojo.com/year/world/2019/

www.imdb.com

11 언컨택트 이코노미: 날개를 단 비대면 경제

조상래, 〈네이버, 2020년 2분기 실적 발표 전년 동기 대비 16.7% 증가 1조 9,025억↑〉, 《플래텀》, 2020년 7월 30일.

허민혜, 〈카카오, 2020년 2분기 최대 매출, 최대 영업 이익〉, 《플래텀》, 2020년 8월 6일.

고병기, 〈대만 파운드리 업체 TSMC, 코로나19에도 상반기 매출 35% 증가〉, 《서울경제》, 2020년 7월 10일.

구본권, 〈코로나에도 삼성전자 2분기 깜짝 실적… 반도체가 다 했다〉, 《한겨레》, 2020년 7월 30일.

강인선, 〈美선 화장품 매장을 꽃밭처럼 꾸며 눈길〉, 《매일경제》, 2020년 5월 24일.

전준상, 〈빅데이터 플랫폼 구축에 3년간 1516억 투입〉, 《연합뉴스》, 2019년 5월 13일.

신무경, 박희창, 〈AI-빅데이터 기반 게임사들, 금융-제조-콘텐츠 거침없는 진격〉, 《동아일보》, 2020년 8월 18일.

육성연, 〈던킨, 맥도날드, 스타벅스… 총 1400개 美 매장, 줄줄이 폐쇄〉, 《리얼푸드》, 2020년 8월 5일.

박민욱, 〈비대면 진료 만족도 '10점 만점에 9점'… "확대 시대적 흐름"〉, 《메디파나뉴스》, 2020년 7월 11일.

장길수, 〈"아마존, '죽스' 인수로 자율 주행 경쟁에 유리한 고지"〉, 《로봇신문》, 2020년 6월 29일.

오하종, 〈현대차그룹과 자율 주행 R&D 손잡은 '앱티브'… 정체는?〉, 《모터그래프》, 2019년 9월 24일.

문병선, 〈데이터 센터? 효성중공업의 갑작스러운 변신〉, 《블로터》, 2020년 8월 5일.

안별, 〈"자동차 4~5시간 거리, 모두 전기 비행기로 대체될 것"〉, 《위클리비즈》, 2020년 6월 26일.

안별, 〈굉음도 없다, 오염도 없다, 연료도 싸다… 조용히 떴다, 전기 비행기〉, 《조선일보》, 2020년 6월 26일.

안효문, 〈"인재 유출 막자" 아마존, 죽스에 1억불 추가 제안〉, 《IT조선》, 2020년 7월 10일.

김동그라미, 〈코로나19로 美 오프라인 소매점 철수 가속화〉, 《코트라 해외시장뉴스》, 2020년 8월 10일.

김치연, 〈미 백화점 메이시스 "3년간 125곳 폐점·2천 명 감원"〉, 《연합뉴스》, 2020년 2월 5일.

김은영, 〈하반기 패션매장 400개 문 닫는다… 코로나로 脫 오프라인 가속화〉, 《조선비즈》, 2020년 7월 26일.

김대현, 〈아마존, 자율 주행 스타트업 '죽스(zoox)' 12억 달러에 인수〉, 《와우테일》, 2020년 6월 29일.

happist, 〈처음으로 매출 감소를 보인 20년 2분기 구글 실적〉, 《꿈꾸는섬》, 2020년 8월 9일.

happist, 〈20년 2분기 애플 실적, 신제품과 웨어러블이 최고 매출을 이끌다〉, 《꿈꾸는섬》, 2020년 8월 9일.

이석원, 〈사상 최대 이익·첫 감소세… GAFA 2분기 실적 보니〉, 《테크레시피》, 2020년 8월 3일.

김수경, 〈페이스북, 코로나19 위기 속에도 이용자 수·매출·광고 수익 증가↑〉, 《브랜드 브리프》, 2020년 7월 31일.

〈Apple, 3분기 실적 발표〉, 《애플 뉴스룸》, 2020.7.30

Rachel Pittman, 〈Fast-Food Drive Thrus Got 20 Seconds Slower in 2019〉, 《QSR Magazine》, 2019. 10.

〈Dunkin' Brands Reports First Quarter 2020 Results〉, 《Dunkin' Brands Investor Relations》, 2020. 4. 30.

〈McDonald's Reports First Quarter 2020 Results〉, 《McDonald Newsroom》, 2020. 4. 30.

〈Starbucks Reports Q2 Fiscal 2020 Results〉, 《Starbucks Investor Relations》, 2020. 4. 28.

http://finance.daum.net/domestic/market_cap?market=KOSPI

김용섭, 《언컨택트 Uncontact》, 퍼블리온, 2020.